Einleitung

in das

System des Preußischen Civilrechts

von

Dr. Ludwig Eduard Heydemann,

Königl. Preuß. Geheimen Justizrath und Professor der Rechte in Berlin.

Zweite, völlig umgearbeitete Auflage des Grundrisses.

Zweiter Band.

Erste Lieferung.

Leipzig,

Verlag von Veit und Comp.

1868.

Druck von B. G. Teubner in Leipzig.

Uebersicht des Inhalts.

A. L. R.

Berichtigungen und Nachträge.

S. 2. Dieſe „urſprüngliche Beſitznehmung" erinnert lebhaft an den Römiſchen Ausſpruch: **Dominium rerum ex naturali possessione coepisse.**

S. 41 Anm. (88) Zeile 2 iſt noch zurückzuweiſen auf A. L. R. I. 1. §. 38: „Erb= oder andern Anfall" (oben Bd. I. S. 135); und

S. 42 Anm. zu den Allegaten aus A. L. R. I. 14. noch hinzuzufügen: §. 360: „aus Nebenverträgen, oder ſonſt".

S. 59 Z. 13 iſt in dem Citate aus Puchta die Note 1 zu leſen.

S. 83 im Text Z. 5 v. u. iſt ſtatt „bei" zu leſen: „die".

Im erſten Bande iſt

S. 273 Anm. 472 die Ziffer des Artikels des Code Nap. zu leſen: „1184".

S. 410 Z. 21 ſtatt „ach" zu leſen: „nach", und die Ziffer „3" vor „A. G. B." zu ſtreichen.

A. L. R. Th. I. Tit. 9. Von der Erwerbung des Eigenthums überhaupt, und den unmittelbaren Arten derselben insonderheit.

(Entw. Th. II. Tit. 6.)

Der systematische Zusammenhang der unmittelbaren und mittelbaren Erwerbungs-Arten mit der Theorie vom titulus und modus adquirendi: §. 1—6 h. t. (I. 2. §. 131—134), ist schon oben nachgewiesen worden: Bd. I. S. 41. 149. Vgl. Koch §. 101. 210. 226. 258. Born. §. (41.) 73 zu Anfg. 74. Sav. I. 12. (Herunterziehen der Gesetze in Eine Reihe mit den Entstehungsgründen der Rechtsverhältnisse, um die falsche Lehre vom titulus und modus adquirendi zu retten.) Puchta §. 47. 48. 143 g. E. 147. Eichh. §. 173. Gerber §. 88. Beseler (von hier an nach der Zweiten Auflage, v. J. 1866,) §. 89. zu Anfg. (Oestr. §. 380 fg. 423 fg. Code Nap. art. 711. 712.) Gruchot Beitr. VI. 419—426.

Die §§. 1. 2. h. t. enthalten eigentlich nur eine Wiederholung der §§. 131. 132. des Zweiten Titels: Gesetzrev. (Pens. XIII. Mot. zum Tit. 9) S. 80; Entsch. III. 115. 116.

Zum §. 4. (Ausnahme von der Regel des §. 3) h. t. vgl. als Beispiele: den im Präj. 1225 (v. J. 1842) berührten Fall; ferner: A. L. R. I. 9. §. 82 (Entsch. LIV. 38) und §. 88; §. 181. 221. 227 ff. 275. 285. 324. 327 ff.; §. 368 (Entsch. XVIII. 9); Tit. 11. 342 (Strieth. XXXII. 72 ad b. 76; XL. 41 ad b. 44 fg.); auch Strieth. XXXIX. 220 ad b. 222. —

Zum §. 5 (unmittelbare Erwerbung, — ohne Succession in das Recht eines Auctors) vgl. z. B. §. 194. 246. 289. 292 h. t. —

Zum §. 6 (mittelbare Erwerbung, — Uebergabe, — Succession in das Recht eines Auctors): Jur. Wochenschr. 1846 Sp. 377 ff. und

1847 Sp. 409 ff.); Arnsb. Arch. III. 560—566 (Abhdl. v. Sommer) und XVI. 163—168 (Ob. Trib. Erk. v. J. 1849); Entsch. X. 141; XVII. 22. 163; Strieth. XI. 224 (Modus der Uebergabe).

Der innere Zusammenhang und der eigenthümliche Charakter der einzelnen Abschnitte des Neunten Titels ist dargelegt: Bd. I. S. 42. 43.

Erster Abschnitt. Von der ursprünglichen Besitznehmung.

Koch 242. Born. §. 16 ad 1 u. §. 75. Puchta §. 154. Keller Pandekten §. 124. Eichh. §. 286. Gerber §. 91. Beseler §. 89 ad II. zu Anfg. Bluntschli Deutsches Privatrecht §. 64 ad 1. 2. (Oestr. §. 381. 382. Code Nap. art. 539. 713.) Gruchot VI. 427—432.

Unter allen unmittelbaren Erwerbungs-Arten gilt im Landrechtlichen Systeme*) nur diejenige als ursprüngliche Besitznehmung („originaria"), deren Gegenstand eine herrenlose Sache ist, auf welche noch Niemand ein Recht (in specie ein Vorrecht zur Occupation) hat: §. 7. h. t. [1]) vorausgesetzt, daß das Recht zur Occupation einer solchen Sache nicht ein Vorbehalt des Staats sei: §. 8 h. t. [2])

---

*) Im Gegensatze zu der althergebrachten Eintheilung, nach welcher alle Erwerbsarten, die sich nicht auf ein bisher schon vorhandenes Eigenthum eines Anderen stützen und das neue Eigenthum von diesem durch Succession ableiten, als originär gelten (Keller a. a. O.), ist also im L. R. Systeme die originäre Erwerbung des Eigenthums nur eine Species der unmittelbaren geworden, so daß die Begriffe „unmittelbar" und „originär" einander nicht mehr decken.

---

1) Der §. 7 A. L. II. 16 bezeichnet Sachen dieser Art als „von Anfang an" herrenlos, im Gegensatze zu den „erst in der Folge herrenlos gewordenen" Sachen. Es ist dies der Gegensatz des Absoluten und des Relativen. (Oben Bd. I. S. 42.)

2) Der Vorbehalt für den Staat bildet freilich nach A. L. R. die Regel, durch welche die den Privatpersonen eingeräumte Occupation zur Ausnahme wird: II. 16. §. 1. 2. 7. „Das ausschließende Recht, gewisse Arten der herrenlosen Sachen in Besitz zu nehmen", wird zum „gemeinen Eigenthum des Staats" gerechnet: II. 14. §. 21. 22. Immer aber hält das A. L. R. eine gewisse Mitte zwischen dem absoluten Gegensatze des Römischen Rechts (Quod enim nullius est, id ratione naturali occupanti conceditur: 3 pr. de A. R. D. XLI. 1) und des Code Napoléon (Les biens qui n'ont pas de maître, appartiennent à l'Etat: art. 713). Das A. L. R. beschränkt den Vorbehalt für den Staat auf herrenlose Grundstücke: I. 9. §. 15; II. 16.

Die Erwerbung selbst tritt zwar erst mit der wirklich vollendeten Besitzergreifung ein: §. 9. 10 h. t. (I. 7. §. 55—57: oben Bd. I. S. 353, bes. Anm. 673); Gesetzrev. S. 81. Doch darf Niemand ohne ein besonderes Recht einem Anderen die Besitzergreifung untersagen: §. 11 h. t., oder auf unerlaubte Weise einen Anderen in den Anstalten zur Besitzergreifung stören: §. 12 h. t. (vgl. §. 116 h. t. u. Entsch. LIII. 16 zu Anfg.), oder an der Besitzergreifung hindern: §. 13 h. t.

Zu besonderer Anwendung gelangen diese Grundsätze noch in den §§. 67. 343 h. t.

Zweiter Abschnitt. Von der Besitznehmung verlassener und verlorener Sachen.

Koch §. 243. §. 258. ad 2. a. Born. §. 74 ad 2. b mit Note 4; §. 75. zu Anfg. u. Note 2; §. 78. Puchta §. 154 ad 5. §. 157 ad 4 (Note i.) Keller §. 137 (Dereliction) vgl. mit §. 119 (caussa possessionis) u. §. 133 (iustus titulus; besonders ad 2: caussa derelicti). Eichh. §. 173 Note a. Gerber §. 91 ad 1. Beseler §. 89 ad II. a. Bluntschli §. 71 ad 1. (Oestr. §. 385—394. Code Nap. art. 717.)

---

§. 3 (wo, dem Entw. Th. I. Abth. III. Tit. IV. §. 3. u. dem A. G. B. II. 16. §. 3. entsprechend, statt „Vortheil" gelesen werden muß: „Vorbehalt"); erblose Verlassenschaften: II. 16. §. 4; nutzbare Landthiere, die noch in ihrer natürlichen Freiheit leben: ebend. §. 5 (Jagdregal: beseitigt durch die neuere Gesetzgebung; vgl. unten Abschn. 4 h. t.); unterirdische Naturschätze: I. 9. §. 106; II. 16. §. 6 (Bergwerksregal); Berggesetz vom 24. Juni 1865 (Ges.-Samml. S. 705 ff.). — Vgl. S. S. Zeitschrift II. 91 ff. (Sz.); Entsch. IX. 98 fg.; XIII. 431.

Des s. g. Strandrechts (Gerber §. 91; Beseler §. 65. Note 8; Bluntschli §. 71 ad 2) hat sich der Staat begeben: A. L. R. II. 15. §. 81—87; Publicandum vom 31. Decbr. 1801 Abschn. 1. von dem bei Strandungen und bei Bergung Strand- und Seetriftiger Güter zu beobachtenden Verfahren: N. C. C. Bd. XI. Sp. 1281—1286; Rechtsspr. I. 294—300; Westpreuß. Prov. Recht v. 1844 §. 76.

Der Bernstein ist ein vorbehaltenes Eigenthum des Staats: Publ. v. 31. Decbr. 1801 Abschn. 2: a. a. O. Sp. 1286—1288; Ostpreuß. Provinzialrecht v. J. 1801. 1802 Zusatz 228; Westpreuß. Prov. Recht v. 1844 §. 73—75, mit dem Gesetze vom 4. August 1865 Art. III. ad 5 (Ges.-Samml. S. 874). Ueber das Verhältniß des Strafgesetzbuches v. 1851 (§. 225. 226) zum Ostpreuß. Prov. Recht, insbesondere über die fortdauernde Gültigkeit der §§. 8—10 des Zusatzes 228, sind folgende Erkenntnisse des Ob. Tribunals aus den Jahren 1853. 1859. 1861 zu vergleichen: J. M. Bl. 1853 S. 445—448; 1859 S. 170—172 (Entsch. XL. 482 u. XLII. 66*—71*); Entsch. XLII. 59*—66*; J. M. Bl. 1861 S. 96—98 (Entsch. XLV. 480 und XLVI. 52*—63*).

Gans Beitr. S. 18—22. („Vom Finden".) Jurist. Zeitung 1835 Sp. 1063—1067. („Beitrag zur Lehre vom Finden".) Arnsb. Archiv XI. 96—109. Delbrück in Gerber und Iherings Jahrbüchern Bd. 3. S. 1—57. („Vom Finden verlorener Sachen".) Gruchot Beitr. VI. 433—461.

Die Objecte der Occupation, mit denen es dieser Abschnitt zu thun hat, haben, im Gegensatze zu denen des Ersten Abschnittes, so viel miteinander gemein, daß sie sich nicht mehr, wie jene, im so zu nennenden Naturzustande befinden. Im Uebrigen aber sind sie, wie sich ad I. u. II. zeigen muß, wesentlich von einander verschieden.

I. **Occupation derelinquirter Sachen:** Eine unmittelbare nicht-originäre Erwerbungsart an bereits wieder herrenlos gewordenen Sachen.

1. Gegenstand: eine bewegliche Sache. §. 14. 15 h. t. (II. 16. §. 3. 8 ff.)

2. Begriff der Dereliction: Aufgebung des Besitzes in der Absicht, sich des Eigenthums zu begeben: §. 16. 17 h. t.[3]) (I. 7. §. 117—121: oben Bd. I. S. 367; A. L. R. II. 16. §. 12—14; Strieth. (VIII. 181—183.) Vgl. noch wegen des Aufgebots von Sachen, welche der Eigenthümer im Stich gelassen hat, ohne daß der animus derelinquendi feststeht, das (zuerst in den Bresl. Ergänzungen Suppl. Bd. 1841 S. 311—313, nebst dem Gutachten des Revisors, abgedruckte) Justiz-Min.-Rescript vom 28. Mai 1830 mit dem §. 60 des Zoll-Strafgesetzes vom 23. Januar 1838 (Ges.-Samml. S. 90: betr. die von einem unbekannten Defraudanten zurückgelassenen Sachen) und Koch's Comm. ad §. 17 h. t.

3. Die singuläre Bestimmung des §. 18 h. t., nach welcher ein von seinem bisherigen Eigenthümer (sei es auch ohne animus derelinquendi) verstoßenes und hülflos sich selbst überlassenes Thier das Eigenthum desjenigen wird, welcher für dessen Pflege und Wiederherstellung sorgt, — ist an die Stelle einer zu unbestimmt allgemeinen Bestimmung des Entwurfs (§. 19 h. t.) getreten: „Wenn aber eine Sache in der Beschaffenheit, worinn sie gefunden wird, keinen Werth

---

3) Der in unseren §§. 16. 17. aufgestellte Gegensatz hat auch schon in den Römischen Rechtsquellen seinen Ausdruck gefunden. §. 47 J. de R. D. II. 1: Pro derelicto autem habetur, quod dominus ea mente abiecerit, ut id rerum suarum esse nolit; wogegen im §. 48 eod. Umstände bezeichnet sind, unter denen Sachen ausgeworfen werden: non eo animo, quo quis eas habere non vult.

hat, so ist zu vermuthen, daß solche von dem vorigen Eigenthümer verlaßen worden."[4])

II. **Occupation verlorener Sachen** (Finden im engeren Sinne): Eine nur auf Umwegen mögliche, gleichfalls nicht-originäre und doch als unmittelbar geltende Erwerbungsart. (Ein Stück aus der Deutschrechtlichen Verschweigungs-Theorie.)

Es handelt sich hier nicht mehr, wie ad I., um Sachen, welche deren Eigenthümer freiwillig wieder zu res nullius und damit zu Gegenständen der Occupation gemacht hat (l. pro derel. XLI. 7: Si res pro derelicto habita sit, statim nostra esse desinit et occupantis fit), sondern vielmehr um solche Sachen, welche dem Besitze des Eigenthümers oder auch nur der Gewahrsam des Inhabers ohne dessen Willen entkommen, mithin an sich nicht herrenlos, nicht zu Gegenständen der Occupation geworden sind. Dennoch war der Erwerb des Eigenthums an solchen (nicht-derelinquirten) Sachen schon nach Römischem Rechte möglich. Allerdings weder in Folge des bloßen „Findens"[5]), noch auch vermittelst der usucapio pro derelicto, die vielmehr nur auf die vom Nicht-Eigenthümer derelinquirten Sachen ging[6]), sondern nur un-

4) Der §. 19 des Entw. h. t. soll (nach der Mittheilung der Gesetzrev. S. 82) aus einer Bestimmung des Römischen Rechts abstrahirt worden sein, „wonach derjenige, der einen kranken von seinem Herrn hülflos verlassenen Sklaven zu sich nahm und für dessen Wiederherstellung sorgte, das Eigenthum desselben erwarb". In der That findet sich eine solche Bestimmung im Römischen Rechte nicht in der hier vorausgesetzten Allgemeinheit, sondern nur nach Maßgabe 2. C. de infantibus expositis (VIII. 52). Wohl aber erlangte der von seinem Herrn hülflos verlassene (derelinquirte) kranke Sklave ohne Weiteres die Freiheit: 2 qui sine manum. ad lib. perv. XL. 8. (Servo, quem pro derelicto dominus ob gravem infirmitatem habuit, ex Edicto Divi Claudii competit libertas.) Vgl. Sueton. Claud. cap. 25; 4 §. 5 C. de bon. lib. VI. 4; un. §. 3 C. de lat. lib. toll. VII. 6; Nov. XXII. cap. 12: CLIII. cap. 1; Sav. I. 359 fg. Note a ad 4.

5) Invenire wird von dem Finder einer res nullius gesagt: Item lapilli et gemmae et cetera quae in litore inveniuntur, iure naturali statim inventoris fiunt. (§. 18 J. de R. D. II. 1; cf. 3 Dig. eod. I. 8.) Auch die Neueren verstehen unter „Finden" (inventio) nur die Occupation der res nullius oder der res derelictae: Mühlenbruch Pandekten §. 247 ad 2.

6) 4. 5 pr. 6. h. t. XLI. 7; Mühlenbruch Pand. §. 262 Note 12; Keller §. 133 ad 2 („. . . so soll zwar durch Usucapion bewirkt werden, daß auch die von dem Nichteigenthümer derelinquirte Sache in des Adprehendenten Eigenthum komme, keineswegs aber, daß die von dem Eigenthümer oder Nichteigenthümer nicht derelinquirte Sache Eigenthum des Adprehendenten werde"). Wenn also Oestr. §. 392 bestimmt: „Erst nach der Verjährungszeit erlangt der Finder" (einer blos verlorenen, nicht derelinquirten Sache),

ter besonderen Umständen vermittelst der usucapio pro suo (aus einem putativen Titel)[7]), jedenfalls aber (seit Justinian) vermittelst der s. g. usucapio extraordinaria (welche den Mangel eines iustus titulus ersetzte).[8]) Nach Deutschem Rechte dagegen erwarb der Finder einer verlorenen Sache, und zwar in Folge vergeblichen Aufgebots, das Eigenthum an der Sache, — freilich nur zu $1/3$, da dem Richter $2/3$ zufielen. Dabei galt die kurze präculsivische Frist von 6 Wochen. Meldete sich noch innerhalb dieser Frist der Eigenthümer der verlorenen Sache, so brauchte derselbe dem Finder nur die etwa gehabten Kosten zu ersetzen. War jedoch der Eigenthümer von einem anderen Gerichtsbezirke, so behielt der Finder $1/3$ der Sache (als Fundlohn): Sachsenspiegel II. 37.[9]) Das A. L. R. hat hier von den Erfordernissen der Ersitzung oder Klagverjährung Abstand genommen, aber doch auch den Eigenthumserwerb nicht geradezu an das Finden geknüpft, sondern nur erst auf dem Umwege der Unterlegung des animus derelinquendi, nach vergeblichem Aufgebote, vermittelst der Adjudication ermöglicht.[10])

„gleich einem reblichen Besitzer, das Eigenthumsrecht", so darf man hierin, genau genommen, eine Uebereinstimmung mit dem Römischen Rechte nicht finden; wogegen das Cocceji'sche Project des Corp. Jur. Frid. Th. II. Lib. III. Tit. V. Art. I. §. 16. gerade den Titulus pro derelicto nach der correcten Römischen Ansicht dahin erläutert hatte: „wann iemand, welcher nicht Herr eines Dinges oder Gutes ist, solches derelinquiret, das ist, in seinem Vermögen nicht weiter haben will: In diesem Fall kan derjenige, welcher ein solches derelinquirtes Gut bona fide, (das ist, in der Meinung, daß derjenige, welcher das Ding derelinquiret, wircklich Eigenthümer gewesen, und solches zu derelinquiren Macht gehabt habe) an sich nimt, pro derelicto usucapiren."

7) Vgl. 5 pro suo (XLI. 10.): Usucapio rerum etiam ex aliis causis concessa, interim propter ea, quae nostra existimantes possideremus, constituta est, ut aliquis litium finis esset. (§. 1. . . . quod tamen ita interpretandum est, ut probabilis error possidentis usucapioni non obstet.) Puchta §. 157 g. E.

8) Mühlenbruch §. 263. 264; Keller §. 136. — In Folge des bloßen Erlöschens der Eigenthumsklage mit dem Ablaufe der Verjährungszeit erlangte der zur usucapio extraordinaria nicht qualifizirte Besitzer der verlorenen Sache nicht das Eigenthum, sondern nur die Sicherheit gegen die Vindication des Eigenthümers.

9) Verwandt damit ist S. Sp. II. 29. wegen der zugeflossenen Sachen. (Kostenersatz. Aufgebot. Sechswochenfrist.)

10) Zur Kritik der systematischen Behandlung dieser Lehre im A. L. R. vgl. Gans a. a. O.; Born. §. 78 Note 4 und Delbrück a. a. O. S. 39. 40. — Ueber die allmähliche Entstehung der L. R. Theorie gibt Born. zu Anfang des §. 78 (Note 3) näheren Aufschluß. Der Nerv der Sache liegt wohl in der alten Deutschrechtlichen „Verschweigung" nach fruchtlosem Ab-

Sz. S. 11 sucht die L. R. Theorie folgendermaßen zu begründen: „Die Vorschriften des Römischen Rechts über die Occupation gefundener Sachen sind äußerst kurz und unvollständig. Dieser Abschnitt enthält also lauter Ergänzungen der bisherigen gemeinen Rechte, die theils ex Principiis abstrahirt, theils aus Schriftstellern und den Monitis und Vorschlägen der Collegiorum und anderer Monenten genommen sind. Ich bemerke daher nur: 1) daß das öffentliche Aufgebot gefundener Sachen schon im Römischen Rechte vorkomme. l. 43. §. 8. D. de Furt.[11]); 2) daß die Vertheilung eines irgend beträchtlichen Funds zwischen dem Finder und den Armen schon von verschiedenen Rechtslehrern als billig und üblich bemerkt worden. Carpz. P. 11. c. 3. def. 15. n. 1. sqq.; 3) daß ebenso die Rechtslehrer, z. E. Hertius dem Finder, welcher die Sache dem Verlierer zurückgiebt, ein Praemium zusprechen." Die Schwäche dieser Begründung und die mehrfachen Incorrectheiten, welche darin vorkommen, sind der Kritik nicht entgangen.[12]) Inzwischen läßt sich nicht verkennen, daß auch hier wieder[13]) fast instinctiv an dem Deutschen Herkommen festgehalten worden ist.[14])

---

laufe der Präclusions-Frist: Unger in der Kritik des Sächsischen Gesetzbuches, Leipzig 1861, S. 110 und dessen System des österreichischen allgemeinen Privatrechts Bd. 2. S. 278 ff.

11) Dig. XLVII. 2.) ... Solent plerique etiam hoc facere, ut libellum proponant continentem invenisse, et redditurum ei qui desideraverit etc.

12) Vgl. besonders Koch's Comm. ad §§. 19. 31. 62 h. t.

13) Wie oben Bd. I. S. 287. 301. 318 (Anm. 586).

14) Aufgebot mit Präclusivfrist. Kostenersatz und Fundlohn, wenn der Verlierer sich meldet. Erwerb des Eigenthums an der gefundenen Sache, wenn das Aufgebot vergeblich bleibt. — Nach Römischem Rechte galt die Forderung eines Fundlohnes geradezu als unanständig: Quid ergo, si εὕρετρα (id est inventionis praemia) qui dicunt, petat? Nec hic videtur furtum facere, etsi non probe petat aliquid. (43 §. 9 de furtis.) Mehr dem Deutschen als dem Römischen Rechte entspricht die eigenthümliche Behandlung der Sache in unserem früheren Landesrechte. Es heißt nämlich in der Joh. Georg'schen L. O. v. 1594 Th. I. c. VI: Obwohl es zu Rechte versehen sei, daß ein Jeder, welcher fremdes Gut gefunden habe, dasselbe öffentlich auszubieten und wiederzugeben schuldig, so herrsche dennoch der Mißbrauch, daß die gefundenen Stücke mehrentheils unterschlagen werden. Deshalb wird verordnet: „wann hinführo einer ohngefehr etwas findet, daß derselbe solchs alsbaldt am nechsten Sontage von der Canzel soll lassen abkündigen". (Sachsensp. II. 37 §. 1: up bieden vor sinen buren unde to der kerken.) „Würde er aber solchs nicht thuen, und es würde hernacher offenbahr oder erwiesen, daß ehrs gefunden, soll er für ein Dieb desselben Gutts gehalten werden" (Sachsensp. a. a. O.: so is it düvech), „do sich aber nun nach geschehenen Auffbott, der, welcher das

Die Detail-Bestimmungen des A. L. R. sind zum Theil, in dem Bestreben, dem Eigenthümer das verlorene Gut zu bewahren, mehr polizeilicher als civilrechtlicher Natur. Fundlohn und Eigenthumserwerb an der gefundenen Sache bilden den civilrechtlichen Kern der folgenden Ausführung des Landrechts.

1. **Anzeige des Fundes an die Obrigkeit:** §. 19—22 h. t. Vgl. A. L. R. II. 15. §. 84: vom Finden gestrandeter Sachen, Westpreuß. Prov. Recht v. 1844 §. 75 (mit dem Gesetze v. 4. Aug. 1865 Art. III. ad 7 [oben Anm. 2]): vom zufälligen und insoweit erlaubten Finden des Bernsteins (Entsch. XXII. 467)).

Ist der Eigenthümer oder genauer der Verlierer („der vorige bloße Inhaber") der gefundenen Sache bekannt, so ist diese demselben von Hause aus zurückzugeben: §. 19. 59 h. t. (I. 7. §. 140: oben Bd. I. S. 369; vgl. den besonders in facto lehrreichen Fall bei Strieth. LX. 141—144, v. J. 1865.)

Auch die bei den Uebungen der Artillerie verschossene Eisen-Munition gehört nicht zu den derelinquirten Sachen, sondern muß von dem

---

Gutt verlohren, angiebet und erweiset, daß dasselbe sein sey" (Sachsensp. a. a. O.: sik dar to tien), „So soll ihm solches ohn endtgelt gefolget werden". (Also kein Fundlohn! Selbst nicht in dem Falle, daß der Verlierer von einem anderen Gerichtsbezirke ist, wo der Sachsenspiegel a. a. O. §. 2. $1/_3$ als Fundlohn gewährt.) „Findet sich aber keiner" (Sachsensp. §. 3: Nekumt aver nieman . . ., die sik dar to tie), „soll ein Richter dasselbe ins Hospitall oder den armen Leuten geben. Ein gemeiner armer Mann aber, soll solchs für sich behalten. Und da Zweifel fürfellt ob der Inhaber des gefundenen Guts, reich oder arm, so sol solchs auf der Obrigkeit Erkentnis gestellet seyn." (Also schon die moderne Ansicht vom Armenantheil, und zwar in viel größerem Umfange, als nach Sz. a. a. O. u. §. 45 ff. h. t.!) Gelegentlich mag hier noch bemerkt werden, daß auch schon der Schwabenspiegel (§. 347 der Laßberg'schen Ausgabe) dem Finder von Rechtswegen kein Fundlohn gewährte: vnd dem vinder wirt ze rehte nvt. wan daz er (d. i. der legitimirte Verlierer) im gerne git. Daran schloß sich für den Fall, daß sich kein Verlierer meldete, die Bestimmung über die Theilung der gefundenen Sache zwischen dem Reiche und einem Gotteshause, wobei der Finder von Rechtswegen abermals leer ausging: vnde ist daz nieman dar nach kvmet in drin iaren. so sol man ez enzwei teiln. vnd sol daz eine teil an daz riche geben. daz ander teil an ein gotes hus. vnd wellent si dem vinder oder dem pharrer. oder dem weltlichen rihter iht geben. von ir beider teile. daz ist wol billich. ez stat aber an in. (Eine 3jährige Frist findet sich übrigens auch einmal in einem unserer älteren Rechte, nämlich in dem Pommerschen Edicte v. J. 1743: unten ad 3. a. β.) Das Preußische Landrecht v. J. 1721, im Dritten Buche Tit. I. Artic. XI. sprach eventuell dem Finder allein das Ganze zu.

Finder abgeliefert werden: Cab. Ordre v. 23. Juli 1833 (Ges.-Samml. S. 86. 87.); Rescr. v. 22. Decbr. 1838 (Jahrb. LII. S. 627—629 u. J. M. Bl. 1839 S. 29. 30); Strafgesetzbuch v. 1851 §. 349 Nr. 5.

2. **Gerichtliche Verwahrung und Obsorge:** §. 23. (76) h. t. (Nach localen Anordnungen auch vorläufig blos polizeiliche Aufbewahrung: so für Berlin nach dem Rescr. v. 16. Octbr. 1812: Jahrb. I. 260[15]); für Schlesien nach einem Verwaltungs-Rescr. v. 6. Septbr. 1841: Min. Blatt für die innere Verwaltung 1841 S. 223.)

Unter geeigneten Umständen kann der Richter

a) die Verwahrung der Sache dem Finder selbst übertragen: §. 24—26 h. t. Dieser wird dadurch (nach §. 26) zum redlichen unvollständigen Besitzer.[16])

b) Die dem Verderben oder sonst (vgl. unten Anm. 88) einer beträchtlichen Werths-Verminderung unterworfenen Sachen, imgleichen solche Sachen, deren Aufbewahrung einen unverhältnißmäßigen (bis zur Hälfte ihres Werthes steigenden) Kostenaufwand erfordern würden, müssen öffentlich versteigert und, statt ihrer, das erlöste Kaufgeld, nach Abzug der dem Finder vorweg zu ersetzenden Unkosten, gerichtlich verwahrt werden: §. 27—30 h. t.[17])

3. Wenn sich binnen acht Tagen kein Verlierer meldet[18]), so erfolgt

a) das öffentliche Aufgebot. D. h. der Verlierer wird, bei Verlust seines Rechts, zu einem bestimmten, je nach dem Taxwerthe der gefundenen Sache kürzeren oder längeren, einmal oder mehrmals öffentlich bekannt zu machenden Termine Behufs seiner Anmeldung vor Ge-

---

15) So werden in den Regierungs-Amtsblättern und in den Zeitungen fortwährend die verschiedenartigsten Gegenstände in ganzen Massen „theils als muthmaaßlich gestohlen, theils als gefunden" durch polizeiliche Bekanntmachungen, aufgeboten.

16) Besitzer und nicht bloßer Inhaber: wegen seines selbstnützigen animus (Anspruch auf dereinstigen Zuschlag der Sache, mindestens auf Fundlohn); aber nur unvollständiger Besitzer: wegen der einstweiligen Anerkennung des fremden Eigenthums. Vgl. oben Bd. I. S. 327 u. 401. Anders im Falle des §. 53 h. t., wo der durch das Zuschlagserkenntniß in die conditio usucapiendi versetzte Finder schon die Rechte eines vollständigen redlichen Besitzers genießt. Vgl. A. L. R. I. 7. §. 175. 188. (Oben Bd. I. S. 388 u. 391.)

17) Der §. 29 (vgl. mit §. 47. 61. 66) h. t. erinnert in den Bestimmungen wegen der Futterungskosten für das gefundene Vieh an den Sachsenspiegel II. 37. §. 1: gelde die kost die jene dar mede gehat hevet, of it perd oder ve is.

18) Oder wenn sich Jemand als Verlierer meldet, dessen Legitimation zweifelhaft ist: Gesetzrev. S. 85. 86.

richt geladen: §. 31—42 h. t.[19]) (In dem Falle des §. 38. 39 — bei Gegenständen von höchstens Zehn Thalern am Werth — genügt die Bekanntmachung von Seiten des Finders und die Meldung bei demselben. Vgl. Rescr. 21. Januar 1839 ad 1: J. M. Bl. S. 64 und Koch Comm. ad §. 38. h. t.)

Anwendung finden diese Vorschriften (§. 31 ff.) auch noch

α) auf die auf Packhöfen befindlichen Sachen unbekannter Eigenthümer: (nach alter Praxis schon vor dem) Rescr. 10. Juli 1812 (Centralblatt 1837 Sp. 1122 ad 183, aus Mannkopf's Landrecht I. Nachtr. 8);

β) auf gestrandete Sachen (A. L. R. II. 15 §. 84: oben Anm. 2), nach Aufhebung des Edicts vom 4. April 1743 (welches die auf die Pommerschen Seeküsten gestrandeten Sachen erst nach drei Jahren für erledigtes und verfallenes Gut erklären ließ) durch Cab. Ordre v. 13. März 1814 (Ges.-Samml. S. 28). Nach Ostpreuß. Provinzialrecht findet jedoch das Aufgebot in Gemäßheit des §. 31 h. t. erst nach Jahresfrist Statt: Zusatz 229 §. 14.

b) Bleibt das Aufgebot (ad a) ohne Erfolg, so verfährt der Richter mit dem Zuschlage der Sache: und zwar bei einem Werthe von höchstens 100 Thalern an den Finder allein, in Ansehung des Ueberschusses über den Werth von 100 Thalern an den Finder und an die Armencasse zu gleichen Theilen: §. 43—48 h. t.[20]) (I. 15. §. 55.)

---

19) Der §. 32 h. t. hat eigentlich keine Bedeutung mehr, nach den eingetretenen Aenderungen des Entwurfes: Gesetzrev. S. 86. 87.

Das Organ für die öffentliche Bekanntmachung ist seit Neujahr 1850, an Stelle des Intelligenzblattes, der öffentliche Anzeiger des betr. Regierungs-Amtsblattes: Gesetz v. 21. Decbr. 1849 §. 3 (Ges.-Samml. S. 441). Nicht recht einig ist man darüber, ob die außerdem noch im A. L. R. vorgeschriebene Bekanntmachung durch die (inländischen resp. im Falle des §. 41. 42 h. t. ausländischen) Zeitungen seit der Verordnung vom 3. Mai 1804 (Abschn. I. §. 2: Mathis Jur. Monatsschr. Bd. I. S. 19; aufgenommen in den Anh. §. 59 zur Allg. Gerichts-Ordnung) fortwährend als eine wesentliche Förmlichkeit zu betrachten sei. Vgl. Mathis a. a. O. Note 2; Löwenberg Beitr. Bd. 2. S. 241—243. 667; Gesetzrev. S. 87; Born. §. 78 ad 2 Note 1; Koch Comm. ad §. 42 h. t.

20) Nach dem Entw. (§. 40 h. t.) sollte sogar der Finder nur $^1/_3$, die Armencasse $^2/_3$ erhalten. Der §. 48 h. t. (im Entw. noch nicht vorhanden) ist abstrahirt aus dem Verhältniß der deutschen zu der französischen Kolonie-Armencasse: Gesetzrev. S. 88. Doch macht auch, je nach dem Orte der Auffindung, der Fiscus seine Concurrenz geltend. So werden regelmäßig in den allgemeinen gerichtlichen Aufgeboten der „als gefunden oder herrenlos in gerichtliche Aufbewahrung genommenen Gegenstände“ die unbekannten Eigenthümer aufgefordert, sich binnen bestimmter Frist bei dem Ge-

Mit diesem Zuschlage scheint nun allerdings eine Adjudication im eigentlichsten Sinne gemeint zu sein: §. 49 h. t. („Durch den Zuschlag erlangen der Finder und die Armencasse das Eigenthum der Sache.")[21]) Allein in der That wird die beabsichtigte Wirkung des Zuschlages fast wieder aufgehoben durch folgende zwei Ausnahmen:

α) Wenn der Verlierer seinen Verlust in der Zeitung der Provinz (§. 622 h. t.; I. 21. §. 482) öffentlich bekannt gemacht hat, so soll der dennoch erfolgende Zuschlag dem Finder und der Armencasse nicht das Eigenthum, sondern höchstens die Rechte des vollständigen redlichen Besitzes (oben Anm. 16) verschaffen und sogar den fahrlässigen Richter strafbar machen: §. 50—54 h. t.[22])

---

richte zu melden, „widrigenfalls sie mit ihren Eigenthums-Ansprüchen werden präcludirt und die Sachen den Findern resp. der Armen-Casse **oder** dem Fiscus werden zugesprochen werden." Insbesondre aber werden, auf Grund spezieller gesetzlicher Anordnungen, a) die unbekannten Eigenthümer der bei den Post-Anstalten eingegangenen unbestellbaren Packet-Sendungen und (in Postwägen und Passagierstuben) herrenlos aufgefundenen Gegenstände durch öffentliche Bekanntmachung der betr. Post-Behörde aufgefordert, sich innerhalb vier Wochen zur Empfangnahme zu melden, „widrigenfalls der Inhalt der Sendungen und die aufgefundenen Gegenstände zum Besten der Post-Armen-Casse öffentlich werden versteigert werden", b) die unbekannten Eigenthümer der in den Wagen und Restaurations-Localien den Eisenbahn-Verwaltungen gefundenen Sachen durch öffentliche Bekanntmachung der betr. Eisenbahn-Behörde zu sorgfältiger Reclamation aufgefordert, „widrigenfalls die verlorenen Gegenstände nach Ablauf von 4 Wochen zum Besten der betr. Beamten-Pensionskasse meistbietend werden verkauft werden."

21) Eines förmlichen Zuschlagserkenntnisses bedarf es in allen Fällen, wo es die Aufgabe des Richters ist, die eingetretene oder fingirte Herrenlosigkeit einer Sache (vgl. J. M. Bl. 1859 S. 140: Ob. Trib. Erk. vom 17. März ej. a.) erst festzustellen und auszusprechen. So hier im §. 49. Ferner in dem Falle des §. 14 A. L. R. II. 16. Desgleichen in den oben ad §. 16 u. 31 ff. h. t. in den Rescripten vom 28. Mai 1830 u. 10. Juli 1812 vorgesehenen besonderen Fällen. Aber nicht in dem Falle des §. 76 h. t., weil dort durch die gerichtlichen Maßregeln eben nur die Eigenschaft der gefundenen Sache als eines Schatzes festzustellen ist, wonach sich die Herrenlosigkeit und die Erwerbung durch Occupation resp. Accession ohne weitere richterliche Vermittelung von selbst ergibt. (Deshalb sind auch im §. 76 weislich nur die §§. 23—42 h. t. allegirt: unten Abschn. 3 ad II. Anm. 29.)

22) Der Uebelstand, ja die Unhaltbarkeit einer Vorschrift, nach welcher dem Richter, der sich nicht verantwortlich machen will, ein fast unausführbares Studium der öffentlichen Blätter obliegen würde, müßte sich — trotz der in den Rescripten v. 1. August u. 28. Octbr. 1825 (Gesetzrev. S. 89) und v. 21. Januar 1839 ad 2 (J. M. Bl. S. 64) empfohlenen Auskunft-

β) Ohne Zulassung einer restitutio in integrum außer dem Falle ad α (§. 52: Nicht-Uebergang des Eigenthums durch den Zuschlag): §. 55 h. t., kann doch der Verlierer einer wenigstens 100 Thaler werthen Sache, der ohne alles sein Verschulden von dem ergangenen gerichtlichen Aufgebote (ad a) Wissenschaft zu erhalten und seinerseits die öffentliche Bekanntmachung (nach b α) zu erlassen verhindert war, gegen den Finder und die Armencasse die s. g. Bereicherungsklage (während der ordentlichen Verjährungszeit von 30 Jahren) anstellen: §. 56 h. t.

4. Wenn sich vor dem Zuschlage Jemand als Verlierer meldet, so ist

a) die Legitimationsfrage zwischen ihm und dem Finder zum Austrage zu bringen: §. 57—60.[23])

b) Der Verlierer (und zwar der Verlierer als solcher, gleichviel aus welchem Grunde er die Sache besessen oder inne gehabt hatte: Entsch. XLVI. 62 [Strieth. XLII. 117 fg.]), oder wer sonst die Sache zurück erhält (Koch Comm.), muß dem Finder, und zwar auch dem Finder einer gestohlenen Sache: Präj. 2341 (v. J. 1852: Entsch. XXII. 130—133), ein Fundgeld entrichten, welches in gewissen Prozenten von dem nach Abzug der Kosten übrig bleibenden Werthe der Sache festgesetzt ist: nämlich 10% von dem Werthe bis zu 500 Thalern und noch 1% von dem Ueberschusse des Werthes über diese Summe (also z. B. von dem Werthe von 2000 Thalern ein Fundgeld von 65 Thalern): §. 61—65 (105) h. t.[24])

---

mittel — auf eine unerträgliche Weise geltend machen, wenn es in der Wirklichkeit so genau damit genommen würde. Die Erfahrung lehrt aber, wie sich das Publicum mit den zumal in der Hauptstadt fast täglich vorkommenden, mitunter absonderlichen Privataufgeboten „gestohlener und verlorener Sachen" ganz gut selbst zu behelfen weiß.

23) Vgl. über diesen nicht ganz unbedenklichen Punkt die Gesetzrevisoren S. 85. 86; Born. §. 78 ad 5; Koch Comm. ad §. 58 h. t.

24) Oestr. §. 391 bestimmt den Finderlohn auf 10%, mit folgendem Zusatze: „Wenn aber nach dieser Berechnung die Belohnung eine Summe von tausend Gulden erreicht hat, so soll sie in Rücksicht des Uebermaßes nur zu fünf vom Hundert ausgemessen werden." Nun erreicht die Belohnung 1000 Gulden erst bei einem Werthe von 10,000 Gulden. Folglich beginnt nach richtiger Rechnung der geringere Prozentsatz (5%) erst bei dem Theile des Werthes, welcher über 10,000 Gulden hinaus geht. Hiermit ist nicht zu verwechseln die Bestimmung des §. 403, wonach für die Rettung einer beweglichen Sache „von dem unvermeidlichen Verluste oder Untergange", außer dem Ersatze des Aufwandes, eine verhältnißmäßige Belohnung von höchstens 10% bewilligt wird. (§. 1036. 1043. 967.) Unser A. L. R. II. 15. §. 85 verweist wegen des „Bergelohns" auf die Provinzialgesetze. Vgl. das oben Anm. 2 allegirte Publicandnm vom 31. Dcbr. 1801 Abschn. I. §. 7;

Für verlaufenes zahmes Vieh besteht das Fundlohn nur in dem Pfandgelde: §. 66 h. t. (I. 14. §. 439.) Vgl. oben Anm. 17.

Zweifelhaft ist sowohl die Statthaftigkeit wie die eventuelle Berechnung eines Fundlohns bei solchen Sachen, welche, wie Beweisurkunden, Hypotheken-Instrumente u. dgl.[25]), keinen gemeinen Werth (Taxwerth) haben, oder doch für jeden Anderen, als den rechtmäßigen Eigenthümer, werthlos sind. Gewiß eignen sich dergleichen Gegenstände nicht unmittelbar zur Behandlung nach den Vorschriften über gefundene Sachen: Jur. Wochenschr. 1840 S. 536 (Rechtsfall); Koch Comm. ad §. 62 h. t. Allein andererseits läßt sich nicht verkennen, daß die Absicht des Gesetzgebers für die Zubilligung einer verhältnißmäßigen Belohnung an den ehrlichen Finder spricht, der dem Verlierer Unannehmlichkeiten und Kosten (des Aufgebots, der Mortification 2c.) erspart: Hinschius in der Jur. Wochenschr. a. a. O. Vgl. z. B. die „billige" Belohnung in dem Falle §. 203 h. t.

5. **Mehrere Finder** werden nach den Grundsätzen von der Occupation (§. 9—13 h. t.) und vom gemeinschaftlichen Eigenthum beurtheilt: §. 67—69 h. t. (Born. §. 78 ad 4. a.)

Zum §. 68 („bestrebt") vgl. §. 10 h. t. und Oestr. §. 394. (Born. §. 75 ad 2. Note 3.)

6. **Verlust des Fundrechts.** (§. 70—73. 102 h. t.)

a) Verzögerung der Anzeige des Fundes über drei Tage macht den Finder der Belohnung verlustig: §. 70 h. t. Gemeint ist wohl in diesem §en mit der „Belohnung" (wie im unmittelbar vorangehenden §. 69 deutlicher gesagt ist: „Antheil und . . . Belohnung") nicht blos das Fundgeld, sondern jeder von dem Gesetze zugedachte Vortheil, also eventuell auch das Recht auf den Zuschlag resp. die Theilung mit der Armencasse: Rescript v. 4. Juni 1819. (Gesetzrev. S. 90; Centralblatt 1837 Sp. 760 ad 130.) Dafür läßt sich auch noch geltend machen, daß die Occupation des Finders erst durch das Zuschlags-Erkenntniß erfolgreich wird, dieses Erfolges aber der mit vorgeschriebener Anzeige zögernde Finder verlustig gehen soll. Es ist jedoch nicht zu übersehen, was vom Standpunkte allgemeiner Rechtsgrundsätze gegen diese Auffassung, also für die Beschränkung der „Belohnung" auf das

---

Ostpreuß. Prov. Recht Zusatz 220 §. 13; Westpreuß. Pr. R. §. 76. (Bergelohn in der Regel bis zu 1/3 des Werthes.) Für gewisse, antiquarisch der Erhaltung werthe Gegenstände wird auch gelegentlich von Amtswegen ein ungewöhnlich hohes Fundgeld geboten: Amtsblatt 1865 S. 204.

25) Dahin würden auch Lotterieloose und in der Zukunft fällige Coupons 2c. gehören.

Fundgeld spricht: Born. §. 78 ad 6. Note 3; Koch §. 243 Note 17; Comm. ad §. 70 h. t.

b) Verschweigung des Fundes über vier Wochen erzeugt gegen den Finder die Vermuthung des unredlichen Besitzes: §. 71 h. t. (I. 15. §. 41.)

c) Außergerichtliches Ableugnen des Fundes gegen den Verlierer macht den Finder zum unredlichen Besitzer: §. 72 h. t.

d) Ableugnen des Fundes auf Befragen des Richters[26]) machte nach §. 73 h. t. (vgl. I. 15. §. 39. 40; II. 20. §. 1132; Born. §. 62 ad 3 b. Note 1) den Finder zum Diebe. (Sachsenspiegel II. 37 §. 1: Svat so ieman vind, besakt he's of man dar na vraget, so is it düvech. Ebenso II. 29. — S. g. Funddiebstahl.) Der §. 226 des Strafgesetzbuchs v. 1851 hat jedoch auch den Fall unter die Kategorie der Unterschlagung gestellt, wenn Jemand die Gewahrsam der von ihm gefundenen Sache „der Obrigkeit" (also jeder Obrigkeit, außer dem Strafrichter selbst: Oppenhoff zum Strafgesetzbuch §. 226 ad voc. „Obrigkeit") wider besseres Wissen ableugnet. Vgl. J. M. Bl. 1859 S. 139—141. (Ob. Trib. Erk. v. 17. März ej. a.)

Dritter Abschnitt. Von gefundenen Schätzen.

Koch §. 244. Born. §. 79. Puchta 154 ad 3 und §. 399 ad 2. Keller §. 125 ad c. Eichh. 273 (Note c) und 286 (Note d). Gerber §. 91 ad 1. Beseler §. 89 ad II. b. Bluntschli §. 71 ad 4. (Oestr. §. 395—401. Code Nap. art. 716.) Gans Bemerkungen zur Lehre vom Schatz: in v. Kamptz Jahrb. XXXI. 3—11. Gruchot Beitr. VI. 567—597.

Dieser Abschnitt, dessen innerer Zusammenhang mit dem vorhergehenden Abschnitte und mit dem allgemeinen Streben nach Herstellung der größtmöglichen Sicherheit der Rechtsverhältnisse (Gesetzrev. a. a. O. S. 92) unverkennbar ist, beruhet im Wesentlichen auf den bekannten Römischen Rechtsgrundsätzen, welche gerade in der Lehre vom Schatz auch schon im gemeinen Deutschen Rechte die Oberhand gewonnen hatten.

---

26) Und zwar des Civilrichters: Jurist. Wochenschr. 1845 Sp. 431—434 (Rechtsfall); nicht der Polizei-Behörde: Jurist. Zeitung 1833 Sp. 1045. 1046 (Rechtsfall) oder einer anderen nicht-richterlichen Behörde: Gesetzrev. S. 91. (Postfiscal.) Den Schwerpunkt des Unterschiedes der §§. 72 u. 73 fanden die Gesetzesrevisoren (a. a. O.) mit Recht in dem Gegensatze der Bekanntschaft oder Nicht-Bekanntschaft des Finders mit der Person des Eigenthümers der verlorenen Sache.

I. Gegenstand.

Es handelt sich hier nicht mehr um solche Sachen, welche deren Herr verloren oder derelinquirt hat (oben Abschn. 2.), sondern um gewisse bewegliche Sachen, welche unter eigenthümlichen Umständen ihren Herrn verloren haben. (31 §. 1 de A. R. D. XLI. 1: Thesaurus est vetus quaedam depositio pecuniae cuius non extat memoria, ut iam dominum non habeat: sic enim fit eius qui invenerit, quod non alterius sit. Sav. IV. 485 Note a.) Die Definition des Schatzes im §. 74 h. t. ist nicht erschöpfend. Zwar auf Sachen „von einigem Werthe, . . . die über oder unter der Erde verborgen liegen", ist der Begriff absichtlich beschränkt worden.[27]) Aber die bloße „Unbekanntheit" des Eigenthümers genügt auch nach A. L. R. nicht. Vielmehr muß die Sache einmal einen Eigenthümer gehabt haben, der nur jetzt factisch „nicht auszumitteln" (unerforschlich) ist: §. 81 h. t. Weil also ihr Herr nicht mehr auszumitteln ist, gilt die Sache als herrenlos, obgleich das Eintreten einer Herrenlosigkeit gerade bei dem ursprünglichen Verbergen der Sache am Wenigsten beabsichtigt war. So aber herrenlos geworden, ist die Sache ein Schatz, zum Unterschiede von anderen gefundenen Sachen, selbst wenn solche verborgen gewesen waren: §. 104. 105 h. t.[28]) (67 de R. V. VI. 1: . . . si non thesauri fuerunt, sed pecunia forte perdita, vel per errorem ab eo ad quem pertinebat non ablata; 31 §. 1. de A. R. D. XLI. 1: . . . si quis aliquid vel lucri causa vel metus vel custodiae condiderit sub terra, non est thesaurus; 44 pr. de poss. XLI. 2: Peregre profe-

---

27) Im Entw. (§. 60 h. t.) hatte sich noch keine Andeutung über den Werth des Schatzes befunden. Bei der Umarbeitung fand zwar der Vorschlag, ein gewisses Minimum des Werthes zu fixiren (etwa 10 Thlr.) keinen Anklang; doch wurde es angemessen befunden, zur Beseitigung einer früheren Streitfrage (ob nur baares Geld, oder auch andere durch Menschenhand verborgene Sachen von Werth als Schätze anzusehen und zu behandeln seien) nur „Sachen von einigem Werthe" hierher zu ziehen (so daß nunmehr dem richterlichen Ermessen Spielraum gelassen ist): Gesetzrev. S. 92. Das Kriterium der Verborgenheit (z. B. Einmauerung über der Erde 2c.) ist auch nach A. L. R. wesentlich; dagegen die längere oder kürzere Dauer der Verborgenheit (Röm.: vetus depositio) gleichgültig.

28) Fundlohn nur im Falle des §. 105 (nicht des §. 104): Born. §. 79 ad 2. — Die Fassung des §. 104: „Verborgene Sachen, deren Eigenthümer nicht zweifelhaft ist, oder leicht entdeckt werden kann", darf übrigens nicht zu der Auslegung verleiten, als ob hier, zur Begünstigung des Finders, dem Eigenthumsprätendenten der Nachweis seines Eigenthums an den gefundenen Sachen, über die gemeinen Beweisregeln hinaus erschwert sein sollte: Strieth. XLVII. 238—242 (v. J. 1862).

cturus pecuniam in terra custodiae causa condiderat etc.) Eben deshalb gehören auch die s. g. unterirdischen Naturschätze (regale Fossilien) nicht hierher: §. 106 h. t. (II. 16. §. 6. 69 ff.)

II. **Verfahren:** §. 75—80 h. t.

Im Wesentlichen entspricht die Form und der Zweck des Verfahrens (Anzeige, Aufbewahrung, Aufgebot,) den Vorschriften des vorigen Abschnittes ad II. Nur der in der Natur der Sache begründete und in dem Allegate des §. 76 stillschweigend ausgedrückte Unterschied findet Statt, daß es bei dem Schatze eines Zuschlags-Erkenntnisses nicht bedarf. In der Natur der Sache ist dieser Unterschied begründet: denn es bedarf der obrigkeitlichen Mitwirkung nur zur Constatirung der Schatznatur; die Erwerbung (durch Occupation resp. Accession) ergibt sich dann von selbst. In dem Allegate des §. 76 ist der Unterschied ausgedrückt: denn dieses umfaßt nur die §§. 23—42 (wie schon im Entw. §. 61 h. t. nur die entsprechenden §§. 21—36).[29]) Unter Umständen, wenn die Schatznatur von selbst erhellet, bedarf es sogar nicht einmal des Aufgebots. (§. 79. 80 h. t.)[30])

III. **Rechte am Schatz.**

1. **Ausgleichung des** ius occupationis (des Finders) **mit dem** ius accessionis (des Grundeigenthümers); im Wesentlichen nach den Grundsätzen des Römischen Rechts (un. C. de thesaur. X. 15; §. 39 J. de R. D. II. 1): jedoch unter Zulassung des Schatzsuchens mit Bewilligung des Eigenthümers (abweichend von dem Römischen Erforderniß fortuitu oder forte, vel arando, vel alias terram alienam colendo, vel quocunque casu, non studio perscrutandi etc., selbst mit Ausschluß der Bewilligung des Grundeigenthümers: immo nec volentibus dominis etc.; so auch Code Nap. art. 716: par le pur effet du hasard), und ferner mit gewissen Abweichungen vom Römischen Rechte, welche zu Gunsten des Eintrittsrechtes des Fiscus in das A. L. R. aufgenommen sind.[31])

---

29) Vgl. oben Anm. 21; Gesetzrev. S. 93. 94 (nach der Entstehungsgeschichte und nach dem ganzen Inhalte dieses Abschnittes wird eine Erwerbung des Schatzes ohne Zuschlag „vorausgesetzt"; — und mit Recht: „weil die Erwerbung des Schatzes von selbst durch das Auffinden vor sich geht, während es bei gefundenen Sachen eines Moments bedarf, der solche als derelinquirt charakterisirt, und dieser liegt in dem Zuschlage an den Finder"); Born. §. 79 ad 3; Koch Comm. ad §. 76 h. t.; Entsch. LIV. 39.

30) Born. a. a. O. ad 1; Koch ad §. 80 h. t.

31) Man kann hier in der dem A. L. R. sonst nicht eigenen Begünstigung des Fiscus eine Reminiscenz aus dem früheren Deutschen Rechte finden:

A. Dem Finder auf eigenem Grunde gehört der Schatz ganz: §. 81 h. t.

B. Der Finder auf fremdem Grunde, welcher den Schatz

a) ohne besonderes Nachsuchen gefunden oder mit Bewilligung des Grundeigenthümers gesucht hat, theilt den Schatz mit dem Grundeigenthümer je zur Hälfte: §. 82—84 h. t.[32]); wogegen er,

b) wenn er ohne Bewilligung des Grundeigenthümers gesucht hat, sein Halbtheil an den Fiscus verliert: §. 85. (Entsch. XXII. 469.)

Die als streitig geltende Frage: ob dem Entdecker des Schatzes (§. 81. 82: „gefunden"; §. 83. 84: „entdeckt") vor dem von ihm etwa verschiedenen Occupanten der Vorzug gebühre, ist nach Preußischem Rechte gewiß zu Gunsten des Entdeckers zu entscheiden. Denn so weit hier überhaupt das ius occupationis anerkannt und erfolgreich ist, beruhet es lediglich auf dem Entdecken (Finden) des Schatzes; oder: so weit überhaupt die Entdeckung ein Recht auf den Eigenthumserwerb am Schatze gibt, gebührt auch dem Entdecker der Vorrang vor dem von ihm etwa verschiedenen Occupanten. Denn im Finden, nicht erst im Besitznehmen liegt das entscheidende Moment.[33])

Sachsenspiegel I. 35 §. 1: Al schat under der erde begraven deper den ein pluch ga, die hort to der koningliken gewalt. Vgl. Schwabensp. Laßb. Ausg. §. 197. 346. 347: höchstens $^1/_4$ Fundlohn. — Oestr. §. 399 zieht noch jetzt in allen Fällen $^1/_3$ des Schatzes zum Staatsvermögen und gibt dem Finder und dem Grundeigenthümer auch nur je $^1/_3$.

Lehrreich ist für das A. L. R. auch ein Rückblick auf das Preuß. Landr. v. 1685 u. 1721 (Buch III. Tit. I. Art. X „von gefundenen Güttern und Schätzen": im Wesentlichen Römisch) und ganz besonders auf das Cocceji'sche Project des Corp. Jur. Frid. Th. II (v. J. 1751) Lib. II. Tit. V. (Art. I.) §. 5 (in der ganzen Fassung und in der Begünstigung des Fiscus fast wie ein Vorbild des A. L. R. anzusehen).

Das Ostpreußische Prov. Recht v. 1801 Zusatz 13 und das Westpreußische v. 1844 §. 1 (mit dem Gesetze vom 4. Aug. 1865 Art. III ad 1) — beide ad §. 85 h. t. — geben, ganz nach Römischem Rechte, die von dem ohne Bewilligung des Grundeigenthümers suchendeu Finder verwirkte Hälfte des Schatzes nicht dem Fiscus, sondern dem Grundeigenthümer.

32) Zum §. 83, welchen die Gesetzrevisoren (S. 94) wohl mit Recht gegen den Vorwurf der Ueberflüssigkeit vertheidigen, vgl. 63 §. 3 de A. R. D.: ... nemo enim servorum opera thesaurum quaerit: nec ea propter tunc terram fodiebat, sed alii rei operam insumebat et fortuna aliud dedit etc. und Oestr. §. 401 (wo unterschieden wird, ob die Arbeitsleute einen Schatz zufällig finden oder zum Schatzsuchen ausdrücklich gedungen sind).

33) Vgl. Bielitz Commentar Bd. 2 S. 169—171 (ad §. 75 h. t.), Born. §. 79 ad 3. b, Koch Comm. ad §. 82 h. t., und vor Allem den überaus lehrreichen Fall in den Entsch. LIV. 33—44 (bei Strieth. LVII. 323—335) v. J. 1865.

C. Durch Benutzung vermeintlicher Zaubermittel und nicht minder durch Uebertretung von Polizeigesetzen wird jedes Anrecht auf den Schatz verwirkt, und zwar in allen Fällen zu Gunsten des Fiscus: §. 86—88 h. t.[34])

D. Anspruch (des Grundeigenthümers und des Fiscus) auf eidliche Manifestation des Fundes: §. 89 h. t. §. 28 und §. 29 Nr. 11 Pr. O. Tit. 22: Entsch. LIV. 43.

2. Rechtsverhältnisse der Miteigenthümer eines Grundstückes, auf welchem ein Schatz gefunden wird, sowie der Gränznachbaren: §. 90—93.[35])

3. Rechtsverhältnisse bei getheiltem oder eingeschränktem Eigenthume. (Im Zusammenhange mit der früheren Theorie vom s. g. ususfructus coniunctus und separatus.) Vgl. Entsch. XXIII. 393.

A. Bei getheiltem Eigenthume hat der nutzbare Eigenthümer des Grundstückes, auf welchem der Schatz gefunden wird (der Lehn-, Fideicommiß-Besitzer und Erbzinsmann), das volle Recht des

---

34) Diese Bestimmungen gehen in ihrer Allgemeinheit gegen Jeden, der sich solcher unerlaubter Mittel bedient, also nicht minder gegen den Grundeigenthümer wie gegen den Finder. Deutlicher hatte dieses der §. 69 Entw. h. t. ausgedrückt: „Beyde, der Eigenthümer und Finder, werden ihres Rechts, zum Besten des Fiskus, verlustig, wenn sie zur Entdeckung und Aufsuchung des Schatzes unerlaubte Handlungen vorgenommen haben." Worin solche unerlaubte Handlungen bestehen sollten, war freilich nicht detaillirt. Insbesondere fehlte noch die Bestimmung des jetzigen §. 86 wegen der vermeintlichen Zaubermittel. Das Corp. Jur. Frid. hatte dagegen (an der oben Anm. 31. angeführten Stelle ad 3) folgende Bestimmung: „Wann der Finder nicht von ohngefähr den Schatz entdecket, sondern heimlich an einem fremden Ort darnach gesucht oder gegraben hat, fällt dessen Hälfte gleichfalls dem Fisco anheim. Daß aber durch verbotene Kunst ein Schatz gefunden werden könne, ist ein Aberglaube, daher die in den vorigen Rechten darauf gesetzte Strafe cessiret." Das Preuß. Landrecht v. 1685 und selbst noch das v. 1721 (trotz der Redaction des aufgeklärten Cocceji) an dem oben Anm. 31 angeführten Orte war noch ganz ernsthaft auf Zauberei und Teufelskünste beim Schatzfinden eingegangen.

Die civilrechtliche Bestimmung des §. 86 h. t. gilt übrigens noch jetzt. An die Stelle der darin angedeuteten strafrechtlichen Bestimmungen des A. L. R. (Th. II. Tit. 20: gemeint ist in dem Allegate: „Abschn. 6"; besonders §. 220; vgl. §. 1402) sind in dem Str. G. Buch v. J. 1851 neue Spezialbestimmungen nicht getreten. Für die Sträflichkeit der hier in Frage stehenden unerlaubten Handlungen kommt also jetzt Alles darauf an, ob sie unter den Begriff des Betruges fallen (Str. G. B. §. 241).

35) Zur Entscheidung früherer Controversen: Gesetzrev. S. 95; Born. §. 79 ad 3. a. α u. γ. — Mit Recht beziehet Koch den §. 91 h. t. auch auf gemeinschaftliche Gränzmauern.

Grundeigenthümers auf den Schatz, so daß dieser sein freies Eigenthum wird: §. 94—96. (I. 18. §. 7; II. 16. §. 72. 119; Strieth. XXXV. 168.[36])

B. Anders bei eingeschränktem Eigenthume. Hier hat der Nießbraucher (wie nach Römischem Rechte: 7 §. 12 sol. matr. XXIV. 3 ... in fructum enim non computabitur) gar keinen Antheil an dem Schatze: §. 97 h. t. Eben so wenig der Erbpächter: §. 97.[37]) Dagegen hat der Superficiar (A. L. R. I. 22. §. 243—246) an einem über der Erde gefundenen Schatze die vollen Rechte eines Grundeigenthümers: §. 98 h. t. *)

4. Rechtsverhältnisse bei einem verkauften, aber noch nicht tradirten Grundstücke, — entsprechend der (von dem Römischen Rechte abweichenden) Theorie des A. L. R. (I. 11. §. 95 ff.) über periculum und commodum: §. 99—101 h. t.[38])

5. **Verwirkung des Finder-Rechtes am Schatze:**

A, auf fremdem Grunde und Boden, nach Analogie der §§. 70—73 h. t. (oben Abschn. 2 ad II. 6): §. 102 h. t.; und zwar so, daß die wegen Unterlassung der vorgeschriebenen Anzeige dem Finder entzogene Hälfte nicht an den Grundeigenthümer fällt, sondern zu Gun-

---

*) In diesem §. 98 ist, dem L. R. Sprachgebrauche gemäß, wie oben im Tit. 7 §. 9 (Bd. I. S. 327) die „Anmaßung" eines Rechts (nicht, wie Tit. 7 §. 19, als etwas „Eigenmächtiges", sondern) als etwas rechtlich Zuläſſiges gedacht.

---

36) Vgl. Gerber §. 77 Note 3; Beseler §. 82 Note 14; Born. a. a. O. ad β und Note 2. (Gemeinrechtliche Controverse und Sz.) Mit Recht moniren die Gesetzrevisoren (S. 95) die Ueberflüssigkeit des Schlußsatzes im §. 94 und des ganzen §. 95 h. t.

37) Der Entwurf §. 75 h. t. hatte dem Erbpächter gleiche Rechte mit dem Erbzinsmann gegeben. In Folge des Ablösungs-Gesetzes vom 2. März 1850 (§. 2 ad 2 und §. 5) gilt jetzt die Bestimmung unseres §. 97 in Betreff des Erbpächters als antiquirt, so daß diesem nunmehr die Rechte des Grundeigenthümers am Schatze unbeschränkt zustehen: Koch Comm. ad §. 97 h. t. Vgl. unten Anm. 56.

38) Gleichfalls zur Entscheidung einer frühren Controverse: Gesetzrev. S. 95; Born. a. a. O. ad δ u. Note 4. — Mit Recht wird übrigens im §. 100 h. t. „der Nutzen von einem solchen Schatze" als „das Eigenthum des Schatzes" ausgelegt und auf die in dem Falle des §. 120 A. L. R. I. 11. nothwendig eintretende Modification des §. 100 h. t. aufmerksam gemacht (so daß der Käufer, auf den das commodum bereits übergegangen war, doch nach der in dem Falle des allegirten §. 120 eintretenden Rückgängigkeit des Vertrages den Schatz nicht gewinnen kann): Gesetzrev. a. a. O.

sten des Fiscus erledigt wird: Präj. 2625 (v. J. 1855: Entsch. XXX. 421—431);[39])

B, auf eigenem Grunde und Boden: §. 103 h. t. (Geldstrafe bis zur Hälfte des Antheils am Schatze.)[40])

Vierter Abschnitt. Vom Thierfange.

Koch §. 245. Born. §. 76. 77. Puchta §. 154 ad 1. Keller §. 125 ad a. Eichh. §. 280. 284. 285. Gerber §. 67. §. 91 ad 2 und 4. §. 92—94. Beseler §. 89 ad II. d. §. 196. Bluntschli §. 71 ad 5. §. 84. 85. (Oestr. §. 383. 384. 503. Code Nap. art. 715.) Gruchot Beitr. VI. 597—624.

I. Sonderung der Befugniß zur Ausübung des Thierfanges von der systematisch allein hierher gehörenden Species der ursprünglichen Besitznehmung. (Oben Bd. I. S. 42.)

Nach Römischem Rechte war der Eigenthumserwerb durch Occupation der wilden Thiere eine reine Consequenz der Qualification derselben als res nullius; nur daß der Grundeigenthümer das Betreten seines Bodens zu jagdlichen Zwecken verbieten konnte: Omnia igitur animalia, quae terra, mari, coelo capiuntur, i. e. ferae bestiae, volucres, pisces, capientium fiunt .... Quod enim nullius est, id ratione naturali occupanti conceditur. Nec interest, quod ad feras bestias et volucres, utrum in suo fundo quisque capiat an in alieno. Plane qui in alienum fundum ingreditur venandi aucupandive gratia, potest a domino, si is praeviderit, iure prohiberi, ne ingrederetur. (1 §. 1; 3 pr. §. 1; 5 §. 3. de A. R. D. XLI. 1.)[41]) Damit stimmte in der Hauptsache (Zulässigkeit der freien Occupation) überein die im Sachsenspiegel II. 61. §. 1 ausgedrückte Ansicht: Do got den menschen geschup, do gaf he ime gewalt over vische unde vogele

39) Derselben Ansicht waren schon früher die Gesetzrev. S. 96 und Koch (Lehrb. §. 244 Note 4; Comm. ad §. 102); wogegen Born. §. 79 ad 4, in Uebereinstimmung mit einem Judicate aus dem Jahre 1840 (Jur. Wochenschr. 1841 Sp. 75—84) dem Grundeigenthümer den Vorzug geben wollte.

40) Der §. 103 h. t. gilt auch nach Emanation des Strafgesetzbuches v. 1851 nicht als aufgehoben: Oppenhoff zum Str. G. B. §. 226 ad voc. „Schatz." Wegen der in der Entfremdung eines auf fremdem Grunde und Boden gefundenen Schatzes zu erkennenden Unterschlagung vgl. Entsch. XXX. 359 fg. (XXIX. 473: Präj. 137 des Straf-Senats a. d. J. 1855.)

41) Vgl. auch 55 eod. von dem Eber in der Schlinge. (Laqueum... si in alieno, utrum cum permissu eius cuius fundus erat, an non permissu eius posuerim?)

unde alle wilde dier. Diese Ansicht ist jedoch in Deutschland nur in Ansehung der nicht-jagdbaren Thiere aufrecht geblieben. Das **Jagdrecht** dagegen erscheint schon nach alter Deutscher Auffassnng als Zubehör oder Ausfluß des Grundeigenthums: allerdings wesentlich geschmälert durch die später (seit dem sechszehnten Jahrhundert) ausgebildete Regalität der Jagd.

Nach dem Systeme des A. L. R. gehört die Jagdgerechtigkeit (§. 127 h. t.) zu den niederen Regalien: II. 16. §. 5. 30. 39—43. (II. 14. §. 24. 26.) Doch sind in den Abschnitt vom Thierfange (einer unmittelbaren Erwerbungsart) viele Bestimmungen mit eingeflossen, welche lediglich die Jagdgerechtigkeit (eine gewisse Befugniß zu jener Art der Erwerbung) betreffen: nämlich §. 127 h. t. (Begriff der Jagdgerechtigkeit); §. 130—140 (Jagdfolge); §. 141—147 (Wildschaden); §. 148 (Jagdcontraventionen: II. 20. Abschn. 7. [nicht 6.] §. 315 ff. vgl. mit §. 1145); §. 158 (Jagdgerechtigkeit auf fremdem Grunde und Boden, eine Servitut: I. 22. §. 248; Entsch. XVI, 421); §. 159—169 (Mitjagd und Koppeljagd).[42])

Dieses System ist in neuerer Zeit völlig umgewälzt und das Deutsche Recht des Thierfanges als **Ausfluß des Grundeigenthums** wiederhergestellt worden durch das Gesetz vom 31. October 1848 („betreffend die Aufhebung des Jagdrechtes auf fremdem Grund und Boden und die Ausübung der Jagd": Ges.-Samml. S. 343. 344). Die hier zu beachtenden Hauptmomente dieses Gesetzes sind: 1) Aufhebnng jedes Jagdrechts auf fremdem Grund und Boden, ohne Entschädigung, aber auch unter Wegfall der früheren Abgaben und Gegenleistungen des Berechtigten. (§. 1.) 2) Unstatthaftigkeit einer Trennung des Jagdrechts vom Grund und Boden in der Weise eines **dinglichen** Rechts. (§. 2.) 3) Jagdrecht jedes Grundbesitzers auf seinem Grund und Boden. (§. 3.) 4) Aufhebung des Rechts der Jagdfolge. (§. 4.) Nun ist zwar durch das Jagdpolizei-Gesetz vom 7. März 1850 (Ges.-Samml. S. 165—172) die **eigene Ausübung** des Jagdrechts wieder beschränkt und von gewissen Bedingungen abhängig gemacht worden.[43]) Allein das Jagdrecht selbst, als ein das Eigen-

---

42) Von diesen §§en fanden sich 160—163 noch nicht im Entwurfe (dessen §§en 128. 129. 130—135 übrigens die Landrechtlichen §§. 158. 159. 164—169 genau entsprechen). Der durch die Einschaltung zerrissene Zusammenhang wird wieder klar, wenn man §. 164 vor 159 liest: **Gesetzrev.** S. 103.

43) Vgl. u. A. Entsch. XIX. 117; XXII. 8. Eine unbefangene Würdigung und Analyse unserer neuen Jagdgesetze findet sich im **Arnsb.** Archiv XV. 566—578.

thum belastendes oder beschränkendes Recht, ist mit allen seinen Consequenzen und ohne Rücksicht auf die Art seiner Entstehung aufgehoben geblieben.[44] Dadurch haben zugleich die vorher angeführten, auf die Jagdgerechtigkeit bezüglichen Paragraphen unseres neunten Titels (mit Ausnahme der §§. 139. 140) ihre Anwendbarkeit verloren. Selbstverständlich ist diese Unanwendbarkeit in Ansehung des §. 127, soweit sich derselbe nebst den zubehörigen Bestimmungen II. 16. auf die Regalität des Jagdrechts beziehet, indem diese überhaupt aufgehört hat[45]); ferner in Ansehung der §§. 130—138, da die Jagdfolge völlig aufgehoben ist[46]); endlich in Ansehung des §. 154 und der §§. 158—169.

Zu Zweifeln gaben Anlaß die §§. 141—147 h. t., welche einen gewissen, wenn auch pro tempore noch geringen Schutz gegen den s. g. Wildschaden gewähren sollten (Sz. S. 11 und Jahrb. LII. S. 10).[47]) Unverkennbar ist der innere Zusammenhang solcher Bestimmungen mit der früheren Jagdgerechtigkeit. (Koch Fordr. §. 398 ad II.)[48]) Das A. L. R. verpflichtete den Jagdberechtigten nur dann zu Veranstaltungen gegen den Wildschaden, wenn er hohes Wild auf seinem Reviere in ungewöhnlicher Menge hegen wollte. Machte er sich in Anlegung oder

44) Entsch. XXII. 3. 6. 8; XXV. 398. 400 fg.

45) Entsch. XXII. 7. — Provinziell hatten auch in dieser Beziehung Verschiedenheiten stattgefunden. So waren die Bestimmungen des Ostpreußischen Provinzialrechts Zusatz 232 und des Westpreußischen §. 78—81 Ausflüsse des Jagd-Regals. In dem Herzogthum Westphalen dagegen gehörte die Jagd nicht zu den Regalien: Präj. 660 (v. J. 1839). In den vormals zu den Französischen Departements gehörigen Landestheilen war die (durch Französische Decrete aufgehobene) Jagdgerechtigkeit nicht unbedingt aufrecht erhalten worden: Präj. 576 (v. 1838); Präj. 1291 (v. 1843); Entsch. XVI. 410—422 (v. 1848).

46) Die (schon dem Sachsenspiegel II. 61. §. 4. bekannte) Jagdfolge (besser „Wildfolge": Gerber §. 93 Note 2; Beseler §. 196 Note 14) war auch nach unseren §§. 130—137. („üblich": Gesetzrev. S. 100) in der That auf die particularrechtliche Geltung beschränkt. So war die Jagdfolge üblich nach Ostpreuß. Prov. Recht Zusatz 14; nicht üblich nach Westpreuß. Pr. R. §. 2; desgleichen von den Grundstücken der Privaten in die Königl. Forsten nicht üblich in der Kurmark: Präj. 1230 (v. 1842).

47) Ueber die (bis zum Jahre 1848 erfolglosen) Ansätze der Gesetzgebung zur Verleihung eines besseren Schutzes gegen den Wildschaden vgl.: Edict die Regulirung der gutsherrl. u. bäuerl. Verhältnisse betr., v. 14. Sptbr. 1811, §. 57 ad C (Ges.-Samml. S. 298); Declaration dieses Edicts, v. 29. Mai 1816, Art. 102 (Ges.-Samml. S. 176); Cab.-Ordre v. 30. Sptbr. 1827 (mitgetheilt von den Gesetzrevisoren S. 101; danach zuerst abgedruckt in den Bresl. Ergänz. v. 1838 Th. I. S. 234); Cab.-Ordre v. 10. Novbr. 1838 (J. M. Bl. 1839 S. 12 Nr. 9); Entsch. XIX. 120. XXI. 350.

48) Vgl. auch Gerber §. 93. 220; Beseler §. 196 ad V.

Unterhaltung solcher Veranstaltungen einer Nachlässigkeit schuldig, so haftete er für den Schaden. In allen anderen Beziehungen und namentlich so lange der Jagdberechtigte sich eines Mißbrauchs in Hegung des Wildes nicht schuldig machte, war es jedoch lediglich Sache der Grundbesitzer, auf zulässige Weise das Wild von ihren Besitzungen abzuhalten und Vorkehrungen zur Abwendung des Wildschadens zu treffen.[49]) Freilich genügte der ungewöhnliche Wildstand allein, den Jagdherrn zu jenen Veranstaltungen zu verpflichten, ohne Rücksicht darauf, ob auch die Beschädigten selbst die gesetzlichen Abwehrungsmittel genügend angewendet haben mochten, indem vielmehr die von dieser Seite vergeblich angewendeten Verscheuchungsanstalten nur als ein erhebliches Beweismoment für einen ungewöhnlich großen Wildstand galten.[50]) Nun aber sind durch die Jagdgesetze v. 1848 u. 1850 jedem Grundbesitzer die Mittel gegeben, durch Vertilgung des schädlichen Wildes resp. durch wirksame Verscheuchung desselben seine Grundstücke vor Wildschaden zu bewahren. Die ihm sonach zur Abwehr des Wildschadens gestatteten Maßregeln muß deshalb auch der Eigenthümer selbst anwenden, und ein Anspruch an den Besitzer eines benachbarten Grundstücks entbehrt nunmehr jeglichen Fundaments.[51]) Hierauf beruhet das Präj. 2228 (v. J. 1850): „Die Verpflichtung desjenigen, der hohes Wild auf seinem Reviere hegen will, auf seine Kosten tüchtige Wildzäune anzulegen und zu unterhalten, ist, da die Voraussetzung, daß keine andern Mittel zur Abwendung der Beschädigungen angrenzender bebauter Ländereien vorhanden sind, nach dem Gesetze vom 31. October 1848 und dem Jagdpolizei-Gesetze vom 7. März 1850 nicht mehr zutrifft, aufgehoben. Auf vergangene Fälle ist die Vorschrift im §. 25. des zuletzt gedachten Gesetzes, daß ein gesetzlicher Anspruch auf Ersatz des durch das Wild verursachten Schadens nicht stattfinde, jedoch nicht zu beziehen." (Entsch. XIX. 113—121.)[52])

Demgemäß gelten jetzt mit Recht auch die §§. 141—147 h. t. als aufgehoben. Ohnehin waren dieselben da, wo ein Provinzialgesetz etwas Besonderes in abweichender Richtung bestimmt hatte, gar nicht

49) Entsch. XXI. 349.

50) Entsch. XIX. 119.

51) Entsch. XIX. 117.

52) Der Tenor dieses zu den §§. 144—147 h. t. eingetragenen Präjudicii ist hier nach der Präj. Samml. II. S. 11 mitgetheilt. In den Entsch. (S. 113) findet sich derselbe nicht so erschöpfend: es fehlt die Angabe des Motives („da die Voraussetzung ꝛc.") und die Anführung der neuen Gesetze, welche der Entscheidung zum Grunde liegen.

in Geltung getreten. Daher der (im Gegensatze zu einer Senatsentscheidung aus d. J. 1849 ergangene) Plenarbeschluß vom 1. December 1851 (Präj. 2324): „Die Bestimmung der Großherzoglich Hessischen Verordnung vom 6. August 1810 über die Verpflichtung des Jagdberechtigten zum Ersatze des Wildschadens[53]) ist durch das Publications-Patent vom 25. Juni 1825 im Herzogthum Westphalen für aufgehoben nicht zu erachten.“ (J. M. Bl. 1852 S. 11—13; Entsch. XXI. 338—351; Strieth. III. 346—352.) Die particularrechtliche Natur der Vorschriften über das Jagdrecht findet hier volle Anerkennung.[54])

Der §. 148 h. t. hat von selbst seine Bedeutung verloren, da an die Stelle der von demselben in Bezug genommenen Landrechtlichen Bestimmungen wegen der Jagdcontraventionen die §§. 274—277 des Strafgesetzbuches v. J. 1851 getreten sind, deren strafrechtlicher Gesichtspunkt in der Verletzung des Occupationsrechts eines Dritten beruhet.[55])

---

53) Diese Verordnung, welche den Jagdberechtigten ausschließlich für allen Wildschaden verantwortlich machte und zum Ersatz verpflichtete, ist in den Entsch. XXI. 349 analysirt.

54) J. M. Bl. 1852 S. 13; Entsch. XXI. 347. 348. 350 fg.; Strieth. III. 350 fg. Vgl. noch oben Anm. 45 u. Entsch. V. 318—327 (v. J. 1840; bes. S. 326: provinzialrechtl. Schutz des früheren Jagdrechts); auch Entsch. XXX. 189—197 (Präj. 2578 zum Ostpreuß. Prov. Recht Zusatz 240) mit J. M. Bl. 1865 S. 43 fg. und Entsch. XLV. 354—361 (Großherzogthum Posen): (provinziell) erlaubte Tödtung der auf fremden Jagdrevieren ledig umherlaufenden Hunde.

55) Vgl. Oppenhoff zu den angeführten §§en des Str. G. Buches. Einzelnes mag hier hervorgehoben werden. Für den Begriff der unerlaubten Ausübung der Jagd (auch todte jagdbare Thiere als Objecte der Jagdcontravention): Entsch. XXIII. 236—238 (v. J. 1856); auch XXVI. 161—163 (v. 1853: unerlaubte Aneignung eines bereits verwundeten Stückes Wild). Das Aufsuchen und Fangen oder Schießen nicht-jagdbarer wilder Thiere auf fremdem Jagdreviere bildet (nach der neueren Ansicht des Ob. Tribunals) kein nach §§. 274. 275 des Str. G. B. zu bestrafendes Vergehen: Entsch XXXIV. 355—362. (Präj. 205, v. J. 1856: schon in den Entsch. XXXII. 478 angezeigt; gegen das frühere Präj. 51: Entsch. XXV. 445.) In Beziehung auf das Jagdpolizei-Gesetz v. 1850 insbesondere vgl. Straf-Präj. 67, v. 1853: Entsch. XXVI. 446—448 (Ricken nicht mehr unbedingt geschont); Pr. 166, v. 1855: Entsch. XXXI. 314—318 (Jagen mit Bracken nicht mehr verboten); J. M. Bl. 1860 S. 462—464: Ob. Trib. Erk. v. 1860 (Verletzung der Hege- und Schon-Zeit durch bloßes Jagen; desgleichen durch Anschießen: J. M. Bl. 1864 S. 199 fg.); J. M. Bl. 1861 S. 40. 41: Ob. Trib. Erk. v. 1860 (Schonzeit für die männlichen Hirsche in Westpreußen); J. M. Bl. 1862 S. 158—160 (Schonung der Rehe im

Von weiteren Consequenzen, welche sich aus den Jagdgesetzen v. 1848 u. 1850 für civilrechtliche Verhältnisse ergeben haben, genügen hier folgende Andeutungen.

Die Aufhebung des Jagdrechts auf fremdem Grund und Boden erstreckt sich auch auf die im Eigenthume des Staates befindlichen Gewässer und gilt ohne Rücksicht auf seine Entstehungsart: Entsch. XXV. 396—401 (v. J. 1853); Strieth. XV. 360—363 (v. 1855: oben Bd. I. Anm. 895). Denn „Grund und Boden" bezeichnet allgemein: Grundstücke, Grundeigenthum, und dazu gehören nach dem klaren Wortsinne der Jagdgesetze auch Gewässer und nicht blos die feste Oberfläche der Erde. (Entsch. S. 399.)

Das in einem Erbpachtsvertrage dem Erbverpächter vorbehaltene Jagdrecht ist mit dem (nach §. 2 Nr. 2 des Ablösungs-Gesetzes vom 2. März 1850: Ges.-Samml. S. 80) von dem Erbpächter erlangten vollen Eigenthume auf denselben übergegangen[56]), und keine solche vorbehaltene Nutzung, welche (nach §. 5 des gedachten Gesetzes: a. a. O. S. 82) als fortbestehende Berechtigung von dem bisherigen Erbverpächter noch ferner ausgeübt werden darf: Präj. 2336 (v. 23. Decbr. 1851: Entsch. XXI. 476; XXII. 1—9). Denn bei der Verwandlung der Erbpacht in Eigenthum (1850) bestand schon (seit 1848) das Jagdrecht als ein das Eigenthum belastendes Recht gar nicht mehr. Es handelt sich also um eine in dem Eigenthum des Erbverpächters verbliebene, demselben untrennbar angehörige, von dem Nutzungsrechte des Erbpächters ausgeschlossene Nutzung, welche mit dem gesetzlichen Uebergange des Eigenthums von dem Erbverpächter auf den Erbpächter (1850), als ein Theil des Eigenthums, dem Erbpächter mit zufallen mußte. (Entsch. S. 6. 8. 9.)

Schon vor diesem Präjudiz war — ganz consequent — entschieden worden, daß derjenige, welcher früher ein ihm auf fremdem Grunde und Boden zustehendes Jagdrecht (und zwar zufällig an den Eigen-

---

Magdeburgischen nach geltender Spezialvorschrift); S. 251—253 (Durchgreifen neuerer Polizeivorschriften gegen ältere Provinzialgesetze über die Schonzeit); J. M. Bl. 1865 S. 122 fg. (Provinzielle Vorschriften, welche das Schießen von Rehböcken während der Schonzeit untersagen, in Geltung geblieben); Entsch. LV. 476 (Plenar-Straf-Präj. 307, v. 11. Juni 1866): „Der §. 51 A. L. R. II. 16. kommt in demjenigen Theile des Herzogthums Magdeburg, der früher zum Königreich Westphalen gehört hat, mit Ausschluß „der entgegenstehenden provinzialrechtlichen Bestimmungen, „zur Anwendung." (Ausgeführt LVII. 58*—77*.)

56) Analog dem Rechte des Grundeigenthümers am Schatze: oben Anm. 37.

thümer des Grundes und Bodens selbst) vererbpachtet hatte, in Folge der unentgeltlichen Aufhebung jedes Jagdrechts auf fremdem Grunde und Boden (1848) seinen Anspruch auf den Erbpachts-Kanon eingebüßt hat (obgleich factisch gerade der frühere Erbpächter des Jagdrechts als Eigenthümer des Grundes und Bodens das Eigenthum des Jagdrechts erlangte): Strieth. I. 229—233 (v. 13. Febr. 1851). Vgl. Entsch. XLV. 365.

Unter den im §. 3. Nr. 6 des Ablösungs-Gesetzes v. 2. März 1850 (Ges.-Samml. S. 80) ohne Entschädigung aufgehobenen „in Beziehung auf die Jagd obliegenden Leistungen“ sind auch Abgaben zu verstehen: Präj. 2429 (v. J. 1853: Entsch. XXIV. 488; XXV. 402—409). Insbesondere ist der Grund der Aufhebung solcher (Dienste, Leistungen und) Abgaben, welche zum Zweck der Ausübung des Jagdrechts auf fremdem Grunde und Boden eingeführt waren, eine natürliche Folge der gesetzlichen Aufhebung jenes Jagdrechts. (Entsch. S. 405.[57])

Ueber den Einfluß des Jagdgesetzes v. 1848 auf den vor Erlaß desselben erfolgten Verkauf einer Jagdgerechtigkeit vgl. Strieth. II. 262—271. (Eine Entscheidung aus d. J. 1851 in Divergenz mit einer früheren.)[58]) Danach muß der Kaufpreis für die (bereits tradirte) Jagdgerechtigkeit entrichtet werden, obgleich der Verkäufer die von ihm übernommene Berichtigung des Besitztitels für den Käufer (seit dem Gesetze v. 1848) nicht mehr erwirken kann. Imgleichen muß nach der Entsch. XLV. 361—365 (v. 1861) die jährliche Rente, für welche ein Jagdrecht auf fremdem Grund und Boden vor der Publication des Gesetzes v. 1848 veräußert worden ist, auch nach der Aufhebung dieses Rechts weiter entrichtet werden.

II. Thierfang als solcher.

1. Occupation.

A. Der allgemeine Grundsatz der Occupation findet reine Anwendung auf die Gegenstände des freien Thierfanges: §. 114 h. t.; und zwar selbst auf fremdem Grunde und Boden: nur mit der (dem Römischen Rechte — oben ad I. — fremden) Modification der un-

---

57) Wegen der Anwendbarkeit der Nr. 6 des §. 3. des Gesetzes v. 2. März 1850 vgl. ferner: Strieth. VII. 213—219 (v. 1852); X. 219—224 (v. 1853: auch in den Entsch. XXVII. 165—171); XVIII. 274—280 (v. 1855); Entsch. XLV. 361 ff. (oben im Texte).

58) S. 265 muß wohl — in Beseitigung eines den Sinn entstellenden Druck- oder Redactionsfehlers, der nirgends berichtigt ist — gelesen werden: „Auf die Appellation des Verklagten wies das App.-Gericht den Kläger ab.“

entgeltlichen Herausgabe im Falle des §. 115 (Sz. Jahrb. LII. 70)[59]; sowie mit dem Verbote der (einem Diebstahl gleich gestellten) Wegnahme der von dem Grundeigenthümer bereits eingefangenen Thiere: §. 116.

B. Vollendung der Occupation (ganz in Uebereinstimmung mit dem Römischen Rechte: §. 13. J. de R. D. II. 1; 5 §. 1. cf. 55 de A. R. D. XLI. 1.): §. (9. 10.) 128. 129 h. t.

2. **Gegenstände.**

A. Im Allgemeinen: Die weder jagdbaren noch zur Fischereigerechtigkeit geschlagenen Thiere (§. 114 h. t.)[60]), welche noch von keinem Menschen gefangen worden sind: §. 107 h. t.[61]), oder welche, eingefangen und gezähmt, doch in ihre natürliche Wildheit zurückgekehrt sind: §. 108, oder welche die ihnen vorher eigene consuetudo revertendi abgelegt haben (§. 15. J. de R. D.; 5 §. 5. de A. R. D.): §. 109. 110 h. t. (Oestr. §. 384: mit 42tägiger Frist.)

B. Besondere Arten.

a) Tauben sind, im Freien betroffen, ein Gegenstand des Thierfanges, soweit nicht ihr Eigenthümer, nach Maßgabe seines Ackerbesitzes, sie zu halten berechtigt ist: §. 111—113 h. t.[62]) Aber auch die mit Recht gehaltenen Tauben kann ein (von der Regierung bestätigter) Gemeindebeschluß für den Fall, daß dieselben zur Saat- und Erntezeit im Freien und besonders auf den Aeckern betroffen werden, zum Gegenstande des Thierfanges erklären: §. 40 der Feldpolizei-Ordnung v. 1. Novbr. 1847 (Ges.-Samml. S. 383).

b) Vogeleier und junge Vögel sind ein Gegenstand der freien

---

59) Vgl. §. 125 h. t. und II. 16 §. 35 und Born. §. 76 am Ende. (Note 5.)

60) Noch jetzt unterscheiden sich die jagdbaren Thiere (II. 16. §. 32: „vierfüßige wilde Thiere und wildes Geflügel, in so fern beide zur Speise gebraucht werden"), deren Fang nunmehr freilich als Ausfluß des Grundeigenthums dasteht, von den anderen wilden Thieren, welche, wie Bären, Wölfe ꝛc., ein Gegenstand des freien Thierfanges sind (II. 16. §. 33. 34). Von den im Wasser lebenden Thieren sind einige ein Gegenstand der Jagd: §. 171—173 h. t.

Vgl. v. Scholtz Märk. Provinzial-Recht Entw. §. 515—519 mit den Motiven Th. II. S. 385—388.

61) Gesetzrev. S. 97: „Einer Bändigung bedarf es nicht neben dem Einfangen."

62) Zu dem auf die Provinzialgesetze verweisenden §. 112 vgl. Stengel Beitr. I. 87 fg. (Altmärkisches aus d. J. 1771. 72) und IV. 136 fg. (Vorlandrechtliches a. d. J. 1778); auch v. Scholtz Märk. Prov. Recht (zweite Ausg.) Entw. §. 1—5 mit den Motiven I. 55—64; Goetze Altmärk. Pr. R. Mot. I. 58—62; v. Kunow Neum. P. R. Mot. S. 10—12.

Besitznahme (Gesetzrev. S. 98), soweit nicht Polizeigesetze entgegenstehen: §. 117 h. t. (II. 16. §. 57; Str. G. B. v. 1851 §. 347. Nr. 12.)[63])

c) Bienen.

Das Römische Recht hielt zwar die Bienen an sich für Gegenstände der freien Besitznahme: Apium quoque natura fera est etc. Allein es gewährte doch dem Eigenthümer des Mutterstocks ein gewisses Eigenthums- und Verfolgungs-Recht an dem ausfliegenden Schwarme: Examen quod ex alveo tuo evolaverit, eousque tuum esse intelligitur, donec in conspectu tuo est nec difficilis eius persecutio est: alioquin occupantis fit: §. 14 J. de R. D. (5 §. 2—4 de A. R. D.) Si cum apes meae ad tuas advolassent, tu eas exusseris, legis Aquiliae actionem competere Celsus ait. (27 §. 12 ad leg. Aquil. IX. 2.) In einigen Deutschen Rechtsquellen (besonders im Sächsischen Weichbild) galt dagegen die Biene so sehr als ein wilder Wurm, daß der ausgeflogene Schwarm herrenlos und zum Gegenstande der Occupation für denjenigen wurde, auf dessen Grund und Boden er sich niederließ. Im Allgemeinen aber schützen die Deutschen Rechte das Eigenthum an den Bienen und das Recht der Folge und des Wiedereinfangens auf fremdem Boden in einem noch ausgedehnteren Maße, als das Römische Recht (mit längerer Frist zur Verfolgung, — selbst bis an den dritten Tag): Gerber §. 91 ad 2; Beseler §. 89 Note 16. 17; Bluntschli §. 71 ad 5; Kraut Grundriß §. 112; Oestr. §. 384 (zwei Tage).

Im A. L. R. wird vorweg das Recht, Bienen zu halten, in enge Verbindung mit dem Grundeigenthum gesetzt: §. 118—120 h. t.[64]) Darauf folgt die Anerkennung des ausschließenden Rechts, welches dem

---

63) Vgl. auch Ostpreuß. Prov. Recht Zusatz 232 §. 6; v. Scholtz Märk. Pr. R. Entw. §. 6. Mot. I. 65; Götze Altmärk. Pr. R. Entw. §. 3. Mot. I. 62—64; v. Kunow Neum. Pr. R. Mot. S. 12 fg.

Besondere Polizei-Verordnungen (in unseren Amtsblättern wiederholentlich bekannt gemacht) haben für Berlin und dessen Umgebung das Wegfangen und Tödten der Vögel, so wie das Zerstören und Ausheben der Vogelnester, in sehr ausgedehntem Maße verpönt. (Z. B. Amtsbl. 1864 S. 149 fg.; 1867 S. 395 fg.)

64) Im §. 119 soll mit der „Heide" nur der Wald gemeint sein: Gesetzrev. S. 98. — Zu weit geht wohl die Anerkennung des mit dem Grundeigenthum verbundenen Rechts zur Haltung von Bienen, wenn nach einem Verwaltungs-Rescripte vom 28. Decbr. 1820 (v. Kamptz Annalen Bd. 4 S. 869) nicht einmal die (doch mit Gefahr für Menschen und Vieh verknüpfte) Aufstellung der Bienenstöcke in zu großer Nähe von Landstraßen dem Grundeigenthümer soll verwehrt werden können: A. L. R. II. 17 §. 10 und Gesetzrev. S. 99.

Eigenthümer des Mutterstocks auf zahme Bienenschwärme zusteht: §. 121; sowie des Rechts, die schwärmenden Bienen auch auf fremden Grund und Boden zu verfolgen und daselbst einzufangen: §. 122, allerdings gegen Ersatz der dadurch etwa verursachten Beschädigungen: §. 123. Erst wenn der Eigenthümer des schwärmenden Stocks die Verfolgung gänzlich aufgegeben hat, beginnt das Occupationsrecht des Grundeigenthümers, auf dessen Boden der Schwarm gefunden wird: §. 124.[65]) Auf dieser Ausgleichung der beiderseitigen Rechte beruhet die L. R. Theorie.[66])

Zum §. 125 h. t. vgl. oben Anm. 59 und zum §. 126: Entw. §. 95 und Gesetzrev. S. 98 fg.[67])

d) Wilde, nicht-jagdbare Thiere (oben Anm. 60) und unter besonderen Umständen selbst jagdbare Thiere: §. 149—157.

Von diesen §§. haben 149—151 und 154 in Folge der neueren Jagdgesetze ihre Anwendbarkeit verloren. (Koch im Comm.) Die §§. 152. 153 gehören zu II. 16. §. 59. Vgl. die Verordnung vom 15. Januar 1814, wegen Gestellung der zu den Wolfsjagden nöthigen Mannschaften. (Ges.-Samml. S. 1. 2.) In §. 155. 156 gilt der Vertheidigungsstand gegen jagdbare wie gegen nicht-jagdbare Thiere, nur mit der Modification des §. 157. (Gesetzrev. S. 103.)

---

65) Hierin liegt eine reine Anwendung der Theorie von der Occupation: die Bienen gelten als von ihrem Eigenthümer derelinquirt (vgl. §. 125: „von dem Eigenthümer verlassene Bienen") und sind dadurch zu res nullius und zu Gegenständen der Occupation für den Grundeigenthümer geworden. Der unserem §. 124 entsprechende §. 93 des Entwurfs hatte gelautet: „Sobald er aber von der Verfolgung abläßt und zurückkehrt 2c." Die jetzige Fassung ist gewählt worden, um das Mißverständniß zu vermeiden, welches entstehen könnte, wenn etwa der Eigenthümer der Bienen nur einstweilen von der Verfolgung abließe, vielleicht gar, um neue Anstalten zu treffen: Gesetzrev. S. 98. Eine besondere Frist für die Verfolgung ist also im A. L. R. eigentlich gar nicht abgegränzt worden.

66) Weder im Ostpreußischen noch im Westpreußischen Prov. Rechte finden sich besondere Bestimmungen wegen der Bienen. Auch in der Mark Brandenburg kommen die L. R. Vorschriften ohne Modification zur Anwendung: v. Scholtz Mot. I. 64 fg.; Götze Mot. I. 64. (Noch das Preuß. Landrecht v. 1721 hatte im Art. IV. Buch III. Tit. I. nur eine Uebersetzung aus 5 §§. 2. 3 de A. R. D. gegeben, wogegen Cocceji's Project des C. J. Fr. Th. II. Lib. II. Tit. V. §. 5 „Zweytens" und §. 6 Abs. 3. die Bienenschwärme mit der äußersten Consequenz als res nullius und Gegenstände der freien Occupation behandelte.)

67) Die polizeilichen Anstalten brauchen nicht blos auf Entfernung der s. g. Raubbienen gerichtet zu sein, sondern können ebensowohl auf Wegschaffung der Gelegenheit zum Rauben gehen.

C. Fischerei. (Eichh. §. 267. §. 269 ad IV. Gerber §. 94. Beseler §. 89 ad II. d. §. 197 ad A) VII. Bluntschli §. 79.)

a) In öffentlichen Gewässern (oben Bd. I. S. 417)*) gehört nach A. L. R. — und daran hat auch die neuere Gesetzgebung seit dem Jahre 1848 Nichts geändert — der Fischfang zu den niederen Regalien[68]). Derselbe kann deshalb in verschiedenartigem Umfange[69]) als ein ausschließendes Recht, d. i. als Fischereigerechtigkeit, vom Staate verliehen werden: §. 170 h. t.; II. 15. §. 73—78. Doch ist das einer Privatperson zustehende Recht zum Fischfang in einem öffentlichen Strome nur insoweit ein ausschließliches, als es dem Fischereiberechtigten erweislich vom Staate als Privilegium verliehen worden ist: Präj. 2576. Auch bezieht sich das in dem §. 170 h. t. dem mit der Fischereigerechtigkeit Versehenen beigelegte ausschließende Recht nur auf die dem Fischereirechte unterworfenen Thiergattungen, d. i. auf diejenigen Thiere, welche der Fischereiberechtigte sich aneignen darf und welche ihm ausschließlich gebühren sollen, soweit nicht die folgenden Paragraphen die Ausnahme bezeichnen: Präj. 2577. (Beide Präjj. vom 7. Decbr. 1854: Entsch. XXX. 184—188.) Die Ausnahme aber wird bezeichnet in den §§. 171—173 (oben Anm. 60), also der ausschließliche Gegenstand der Fischereigerechtigkeit in den §§. 174. 175 h. t.

*) Das dort zu Grunde gelegte Präj. 2253 ist jedoch neuerlich wieder aufgehoben worden, durch den Plenar-Beschluß vom 3. Juni 1867, welcher nunmehr festgestellt hat, daß die von Natur schiffbaren Ströme und Flüsse nur von dem Puncte an, wo diese Schiffbarkeit beginnt, als öffentliche (im Sinne des §. 38. A. L. R. II. 15. u. §. 21. II. 14) anzusehen sind: Entsch. LVII. 476.

68) Nach gemeinem Deutschem Rechte ließ sich die Regalität der Fischerei in öffentlichen Gewässern nicht behaupten. Auch bei uns ist diese Regalität ausgeschlossen, wo Provinzialrechte entgegen stehen, wie in der Provinz Preußen: Ostpreuß. Prov. Recht Zusatz 15 u. Westpreuß. Pr. R. §. 72. (mit dem Gesetze vom 4. August 1865 Art. III. ad 4). Vgl. Landr. v. 1721 Buch III. Tit. I. Art. III; Stengel Beitr. VI. 65: Erkenntniß aus d. J. 1780.) Auch im Herzogthum Westphalen ist die Fischerei kein Regal: Arnsb. Arch. XV. 563. Wo aber vor Einführung der Französischen Gesetze die Fischerei einem Gute in einem öffentlichen Flusse zugestanden hatte, da verlor dieselbe durch die Einführung jener Gesetze und durch die denselben entsprechende Behandlung die Eigenschaft als Gutspertinens und wurde Staatseigenthum: Entsch. XIV. 397—402 (v. J. 1846). Wegen der Mark Brandenburg vgl. v. Scholtz Mot. I. 70—72. II. 374 ff.; Strieth. VI. 15 fg.

69) Vgl. z. B. Entsch. XX. 203—208 (v. 1850: Fischerei-Recht als Dienstemolument).

Wird ein öffentliches Flußbett nach staatlicher Anordnung verlegt, so muß consequent die Fischereigerechtigkeit in den Privateigenthum gewordenen Theilen des alten Flußbettes als erloschen erachtet werden, selbst wenn diese Theile noch mit Wasser gefüllt und mit dem Flusse in Verbindung geblieben sein sollten: Gruchot Beitr. VII. 384—389 (App. Erk. aus d. J. 1862).

Im Uebrigen bezieht sich zwar der §. 170 h. t. nicht blos auf die Fischerei in öffentlichen Flüssen, da in dem §. 78 A. L. R. II. 15 auf jenen §. und folgende bis 192 hingewiesen wird. Allein der §. 170 enthält auch nicht eine unbedingte Ausschließung des Fischereirechts der Uferbesitzer eines Privatflusses, dem Fischereiberechtigten gegenüber. Hierauf beruhet das Präj. 1628 (v. J. 1845): „a) Den Uferbesitzern eines Privatflusses steht als Ausfluß des Eigenthums an dem Flusse auch das Recht zu, denselben zu befischen. Dieses Recht wird dadurch allein nicht ausgeschlossen, daß einem Dritten in demselben Flusse eine Fischereigerechtigkeit zukommt. b) Der §. 170 (h. t.) begründet dem Uferbesitzer gegenüber kein ausschließliches Recht des Fischereiberechtigten." (Präj. Samml. I. S. 30; mit den Gründen im Arnsb. Archiv XII. 61—73.)[70])

b) In Privatgewässern erscheint der Fischfang lediglich als Ausfluß des Eigenthumsrechtes, und zwar in geschlossenen Gewässern als Ausfluß des Grundeigenthums (s. g. zahme Fischerei), in uneingeschlossenen als Ausfluß des Uferbesitzes (s. g. wilde Fischerei).[71])

α) Die Fische in geschlossenen Privatgewässern befinden sich ipso iure, d. h. schon durch ihre Entstehung, in dem Besitze und Eigenthume des Grundherrn. (3 §. 14 de poss. XLI. 2: pisces, quos in piscinas coniecerimus, a nobis possideri etc. vgl. mit C. C. C. Art. 169.) Deshalb sind sie auch der Vindication unterworfen, wenn sie austreten und beziehentlich da, wo ein Dritter das Recht zu fischen hat, noch erkennbar bleiben: §. 176—179 h. t.[72])

---

70) Die gleichlautenden Erkenntnisse der beiden Vorderrichter finden sich im Arnsb. Arch. X. 621—627. 627—632. Ein Nachwort dagegen: S. 632—637. Doch ist auch später daran festgehalten worden, daß der Adjazent eines Privatflusses dem anerkannten Fischereiberechtigten gegenüber zur Mitfischerei berechtigt sei: Arnsb. Arch. XV. 649—658 (Appell.-Gerichts-Erk. aus d. J. 1852); Gruchot Beitr. VI. 618—620 (App. Erk. aus d. J. 1854).

71) Vgl. Jurist. Zeitung 1832 Sp. 803—807. 876—879. 919—923. 968—973. („Ueber die Rechte der Ufer-Eigenthümer von Privat-Gewässern.") Interessant für den Gegensatz zur Fischerei im Meere, an der es überhaupt keinen Besitz gibt, ist der Fall in den Entsch. LIII. 12—16 (v. J. 1865).

72) Die Gesetzrevisoren (S. 103) erklären zwar nicht mit Unrecht

β) In uneingeschlossenen Privatgewässern dagegen werden die Fische erst durch die dem Fischereiberechtigten zustehende Besitznehmung (Occupation: nach Analogie der jagdbaren Thiere) zu Gegenständen des Privateigenthums. Eben deshalb aber sind sie nicht vindicabel, wenn sie austreten: §. 180—183 h. t.[73])

Nun war es freilich nicht unbestritten geblieben, wer denn eigentlich ad β) der Fischereiberechtigte sei und wie weit insbesondere dessen Recht gehe.[74]) Doch ist im Wesentlichen der Grundsatz durchgedrungen, daß das Recht, einen Privatfluß zu befischen, den Uferbesitzern zusteht, und zwar als ein Ausfluß des Eigenthums derselben an dem Flusse, soweit sich ihr Ufer erstreckt; zumal im Zusammenhange mit dem durch §. 1 des Gesetzes vom 28. Febr. 1843 anerkannten privativen Nutzungsrechte der Uferbesitzer an Privatflüssen (oben Bd. I. S. 419. 427): Entsch. XV. 361—366 (v. J. 1846); Arnsb. Archiv XIV. 306—310 (App. Gerichts-Erk. v. J. 1848: Fischerei der Adjazenten resp. bis zur Mitte des Privatflusses); Strieth. VI. 12 ad c. 14. 15. (v. J. 1852)[75]); XXV. 142—146 (v. 1857).[76]) Vgl. auch Präj. 517 (v. 1838)[77]) und 1628 (v. 1845).[78])

---

die §§. 176. 177 für entbehrlich. Allein das Wort „gehören" im §. 177 ist nützlich für die richtige Auffassung des Gegensatzes ad α u. β: vgl. unten Anm. 77 (Präj. 517); auch Anm. 117.

73) Die an sich prinziplose Bestimmung des §. 183 (Koch Comm.) erklärt sich nur durch die Entlehnung derselben aus der Märkischen Fischerordnung vom 3. März 1690 (unten Anm. 80), zum Schutze des Nachwuchses der Fische: Born. 76 ad 2. Anm. 2.

74) Daß im A. L. R. das Prinzip des Eigenthums und der Nutzungen der Uferbesitzer an den Privatflüssen nicht ausgesprochen ist, beruhet blos auf einem Versehen bei der Redaction. Ursprünglich war jenes Prinzip in dem Titel von den Regalien ausdrücklich aufgestellt. Dort wurde es gestrichen, weil es nicht an der rechten Stelle stand. Man vergaß jedoch später, dasselbe in den gehörigen Titel zu verpflanzen. (Gesetzrev. Pens. XII. S. 203.)

75) Zu §. 180 fg. h. t.: Die Fischereigerechtigkeit in einem Strome berechtigt nicht zur Befischung der am Ufer desselben belegenen Ländereien, wenn sie beim Austreten des Stromes überschwemmt werden. Vgl. oben Bd. I. Anm. 894.

76) Bd. I. Anm. 902.

77) Dieses zum §. 74 A. L. R. II. 15. ergangene Präjudiz lautet wörtlich: „Wenn die Fischereigerechtigkeit in einem Privatfluß aus einer Verleihung des Staats ohne Bestimmung gewisser Grenzen hergeleitet wird, so findet die Festsetzung des §. 74 — daß sie sich nicht über den Uferbesitz hinaus erstrecke — Anwendung. Aus den Vorschriften der §§. 176. 177 A. L.

Der Begriff der Lachen (§. 183 h. t.), an denen der Berechtigte die Fischerei ausüben darf, findet seine erforderliche objective Begränzung in den Entsch. LVII. 20—24 (bei Strieth. LXII. 114—124), v. J. 1865, dahin, daß „erst dann, wenn das (ausgetretene) Wasser abgelaufen ist, von Lachen, als von stehen gebliebenem Wasser, welches nach allen Seiten von Land umgeben ist, die Rede sein kann."

c) Ausübung der Fischerei

α) in geschlossenen Privatgewässern (oben b. α) unbeschränkt: §. (184.) 185 h. t.[79]);

β) in öffentlichen, so wie in nicht eingeschlossenen Privat-Gewässern gewissen (im Wesentlichen polizeilichen) Einschränkungen unterworfen: §. 186—189 h. t.[80]) Der §. 187 gilt auch für öffentliche

---

R. I. 9. geht nicht hervor, daß für den Eigenthümer des Grundes und Bodens nur allein unter Voraussetzung der völligen Geschlossenheit des Gewässers ein Anspruch auf die Fische entspringe; vielmehr enthalten dieselben nur eine Anwendung des allgemeinen Rechtsprinzips: daß in der Regel das innerhalb der Grenzen eines Grundstückes belegene zu demselben gehört, und dazu benutzt werden kann. Die Anwendung dieses Prinzips auf die Fischerei in Privatflüssen steht aber mit der Vorschrift des §. 74. in vollkommenem Einklang." (Präj. Samml. I. S. 212.)

78) Oben ad a) vor Anm. 70.

79) Den §. 184. erklären die Gesetzrevisoren (S. 103 i. f.) mit Recht für überflüssig.

80) Provinziell gelten noch besondere Vorschriften für die Ausübung der Fischerei in öffentlichen und nicht eingeschlossenen Privatgewässern. So A) für die Mark Brandenburg die erneuerte Fischer-Ordnung vom 3. März 1690 (C. C. M. Th. IV. Abth. II. Cap. IV. No. VII. [nicht II, wie mitunter allegirt wird] Sp. 247—254), mit der Modification des §. 23 rücksichtlich der Elbe u. Oder: v. Scholtz Entw. §. 11. Mot. I. 72. II. 378; v. Kunow Entw. §. 10. Mot. S. 14; Götze Entw. §§. 8—12. 584. 585; Mot. I. 77 fg. II. 295—297. In neuerer Zeit ist freilich sowohl die Brandenburger „Erneuerte Fischerei-Ordnung vom 3. März 1690 (mit Ausnahme der darin enthaltenen, dem Civilrechte angehörigen Vorschriften, insonderheit der §§. 6—8. und 14. Abschnitt I und 17. 21—23. Abschnitt III), als auch das Capitel XI. der Magdeburger Polizei-Ordnung vom 3. Januar 1688 (vom Krebsen, Fischen u. Vogelstellen handelnd) aufgehoben worden: Allerh. Erlaß vom 1. März 1858 (Ges.-Samml. S. 281). Dagegen sind neue Fischerei-Polizei-Ordnungen ergangen: Für den Regierungs-Bezirk Potsdam unter dem 23. Juni 1858 (Amtsbl. Stück 27. Beilage sub Nr. 204, mit einer Declaration zum §. 17: A. Bl. S. 253), so wie für die Bezirke Berlin und Charlottenburg, 12. April 1859 (Amtsbl. S. 158—161).

B) Für Ostpreußen: Prov.-Recht Zusatz 15. (Zu §. 186 h. t.) Gegen das Flachs- und Hanf-Röten: Ostpreuß. Pr.-R. Zusatz 227; Cultur-Edict v. 14. Sptbr. 1811 (Ges.-Samml. S. 309). In neuerer Zeit, unter Auf-

Flüsse und die Anwendbarkeit desselben ist weder auf vollständige noch auf dauernde Flußversetzungen beschränkt: Strieth. XXV. 158—161 (v. 1857)[81]; XXIX. 1—4 (v. 1858). Zu einem Widerspruche gegen Bewässerungs-Anlagen sind jedoch die Fischereiberechtigten nicht mehr befugt; nur auf Entschädigung haben sie noch Anspruch: Gesetz über die Benutzung der Privatflüsse, v. 28. Febr. 1843, §. 18 (Ges.-Samml. S. 44).[82])

d) Ahndung der Rechtsverletzungen.

α) Confiscation der Netze und Fischereigeräthe des ohne Recht oder Erlaubniß Fischenden oder Krebsenden: §. 190 h. t.; Str. G. B. v. 1851 §. 19. (Confiscation der zur Begehung des Verbrechens oder Vergehens gebrauchten oder bestimmten Gegenstände; wozu das Boot des unbefugt Fischenden nicht schlechthin gerechnet wird: Ob. Trib. Erk. v. 1854 bei Oppenhoff ad §. 19.)

β) An die Stelle der im §. 190 h. t. angedeuteten Landrechtlichen Strafbestimmungen (II. 20. Abschn. 14. [nicht 13.] §. 1146. 1147. vgl. mit §. 321) sind getreten: die §§. 217 (Nr. 1) und 273 des Str. G. Buchs v. 1851.[83]) Mit den in dem zweiten Absatze des

---

hebung aller früheren dahin einschlagenden Bestimmungen u. Verordnungen: Drei Fischereiordnungen vom 7. März 1845, die erste für die Binnengewässer der Provinz Preußen (Ges.-Samml. S. 114—120), die zweite für das frische Haff (S. 121—138), die dritte für das Kurische Haff (S. 139—157).

C) Für die Provinz Posen: Fischerei-Ordnung vom 7. März 1845 (Ges.-Samml. S. 107—113). Vgl. Gemeinheitstheilungs-Gesetz v. 2. März 1850, Art. 6 (Ges.-Samml. S. 140).

D) Für die in der Provinz Pommern belegenen Theile der Oder, das Haff und dessen Ausflüsse: Fischerei-Ordnung vom 2. Juli 1859 (Ges.-Samml. S. 453—468), mit der Abänderung durch das Gesetz vom 30. März 1863 (Ges.-Samml. S. 125). Für den Regierungs-Bezirk Stralsund: Fischerei-Ordnung vom 30. August 1865 (Ges.-Samml. S. 941—956).

81) Hier wird (S. 160) auch angenommen, daß der §. 187 bei der Flußversetzung eine Benachtheiligung des Fischereiberechtigten als nothwendig voraussetze und daß deshalb der Nachtheil nicht besonders nachgewiesen zu werden brauche. Die Gesetzrevisoren (S. 104) wollten nur eine dem Berechtigten zum wirklichen Nachtheile gereichende Versetzung des Flusses untersagt wissen.

82) Beseler §. 197 Note 40. 41.

83) Auch hier ist der Gegensatz festgehalten zwischen dem Diebstahl von Fischen „aus Teichen oder Behältern" (§. 217 Nr. 1.) und dem unberechtigten Fischen oder Krebsen (§. 273): d. h. zwischen der Verletzung des Eigenthums und der Gewahrsam an Fischen und der Verletzung des Occupationsrechts (oben Anm. 55) durch unbefugte Ausübung der Fischerei. Doch ist in neuerer Zeit die Ansicht durchgedrungen, welche den §. 217. Nr. 1 nicht auf alle geschlossenen Gewässer erstreckt, sondern strict auf die darin be-

§. 273 aufrecht erhaltenen polizeilichen Bestimmungen der besonderen Fischerei-Ordnungen sind auch die auf diese Bestimmungen bezüglichen Strafandrohungen in Kraft geblieben, soweit der Thatbestand der Handlung nicht unter den §. 273 fällt. (Ob. Trib. Erkenntnisse aus den Jahren 1853 ff. bei Oppenhoff ad §. 273.)

e) Fischereigerechtigkeit ohne Grundeigenthum und deren Schranken: §. 191. 192 h. t. (Strieth. LXIV. 189—196.)

Fünfter Abschnitt. Von der Beute.

Koch §. 246. Born. §. 80. Puchta §. 154 ad 2; §. 143 Note b. Keller §. 125 ad b. Beseler §. 89 ad II. c. Bluntschli §. 71 ad 3. (Oestr. §. 402.) Gans Beitr. S. 155—163. („Von der Beute.") Oben Bd. I. S. 42. Gruchot Beitr. VII. 82—87. Heffter Europ. Völkerrecht (Ausg. 4 v. 1861) §. 130—140. (S. 231 ff.) Bluntschli: die Bedeutung und die Fortschritte des modernen Völkerrechts, Berlin 1866.

Nach Römischem Rechte war auch der Eigenthumserwerb durch Erbeutung eine reine Consequenz der Qualification des Gegenstandes derselben als res nullius (s. g. occupatio bellica[84]): Item quae ex hostibus capiuntur, iure gentium statim capientium fiunt. . . . Adeo quidem, ut et liberi homines in servitutem deducantur etc. . . . Et quae res hostiles apud nos sunt, non publicae, sed occupantium fiunt. (§. 17 J. de R. D. 5 §. 7; 7 pr.; 51 §. 1 de A. R. D.) Begründet war diese Consequenz in den völkerrechtlichen Begriffen der Römer, nach welchen die Rechtlosigkeit mit gegenseitigen Folgen angewendet wurde, und zwar nicht blos auf hostes, deren Begriff einen in völkerrechtlicher Form erklärten Krieg (iustum bellum) voraussetzte, sondern selbst auf alle Bürger solcher Staaten, mit welchen Rom nicht im Verhältniß einer friedlichen Anerkennung (foedus oder

---

zeichneten Teiche und Behälter beschränkt, und jede andere, dadurch nicht betroffene Art des unberechtigten Fischfanges nur als strafbaren Eigennutz (§. 273) betrachtet und bestraft: „Das unberechtigte Aneignen von Fischen aus geschlossenen Gewässern, welche sich im Privateigenthum befinden, und welche keine Teiche oder Behälter im Sinne des §. 217. Nr. 1. des Str. G. B. sind, fällt lediglich unter die Strafbestimmung des §. 273 des Str. G. B." (Plenum des Senats für Strafsachen, Präj. 247, v. J. 1858: Entsch. [XXXVII. 86*.] XXXIX. 17*—24*; auch im J. M. Bl. 1858 S. 98—101.)

84) Genauer wird unterschieden: occupatio bellica an unbeweglichem, praeda bellica an beweglichem Gute. (Heffter S. 231.)

amicitia) stand. 5 §. 2 de captivis. XLIX. 15 (Bedeutung des postliminium auch im Frieden): . . . nam si cum gente aliqua neque amicitiam neque hospitium neque foedus amicitiae causa factum habemus: hi hostes quidem non sunt: quod autem ex nostro ad eos pervenit, illorum fit: et liber homo noster ab eis captus, servus fit et eorum. Idemque est, si ab illis ad nos aliquid perveniat. (Sav. II. 38. VIII. 25.) Hiernach waren nur die feindlichen Grundstücke dem erobernden Staate vorbehalten: publicatur enim ille ager qui ex hostibus captus sit. (20 §. 1. de captivis.) Die beweglichen Sachen dagegen waren herrenlos, die Menschen servi sine domino: also Gegenstände der Occupation, und zwar dergestalt, daß nicht blos der Krieger, sondern Jeder zur Beute berechtigt war, und nicht blos gegen den Krieger, sondern auch gegen den friedlichen Angehörigen des fremden Staates.

Ganz anders nach modernem (christlichem: Sav. I. 54. 80) Völkerrechte, welches auch im Kriege nicht nothwendig eine Vernichtung oder Auflösung aller Rechtsverhältnisse findet (Heffter S. 232). Dem entsprechen die Vorschriften des A. L. R.[85])

I. **Beuterecht, in subjectiver und objectiver Hinsicht abweichend vom Römischen Rechte.** (Erwerbung des Eigenthums durch Erbeutung: Koch.)

1. **Das Recht, Beute zu machen** und demgemäß durch die bloße Besitzergreifung Eigenthum zu erwerben („eine nicht-originäre unmittelbare Erwerbungsart“: Born. §. 80 ad 1) beruhet auf besonderer Genehmigung des Staats, gebührt sonach nur dem Soldaten im Kriege (nie einem Nicht-Soldaten): §. 193. 194 h. t. (Heffter S. 240 Note 1.)

2. **Gegenstand der Beute.**

A. Von der Erbeutung gänzlich ausgeschlossen ist das unbewegliche Eigenthum: §. 198 h. t. (Heffter S. 236 Note 3), und dem Staate

85) Auch schon in Cocceji's Project des C. J. Fr. Th. II. Lib. II. Tit. V. beruhete der Art. VI (§. 34—38) „de occupatione rei hostilis“ auf wesentlichen „Restrictionen der Römischen Gesetze.“ Einen höheren Aufschwung zu dem bei Heffter a. a. O. angedeuteten Fortschritt des modernen Rechtsbewußtseins verkündet z. B. die internationale Convention vom 22. August 1864 (Ges.-Samml. S. 841—850), betreffend die Linderung des Looses der im Felddienste verwundeten Militairpersonen. (Neutralität der Lazarethe — Schonung der kranken und der Hülfe leistenden Personen und resp. des Privateigenthums, selbst nach erfolgter feindlicher Besitznahme.)

vorbehalten sind die erbeuteten Kriegs- oder Mundvorräthe[86]): §. 195 h. t. (Heffter S. 241 Note 1.)

B. Das Eigenthum feindlicher Unterthanen, die weder zur Armee gehören, noch derselben folgen, ist nicht Gegenstand der Beute, sondern allenfalls (nach ausdrücklicher Erlaubniß der Truppenbefehlshaber) Gegenstand der Plünderung: §. 197 h. t.[87]) (Heffter S. 240 Note 1.) Sonach bleibt als Gegenstand der Beute nur übrig:

C. Das bei feindlichen Combattanten, Marketendern und Lieferanten angetroffene bewegliche Gut (soweit solches nicht zu dem ad A vorbehaltenen gehört): §. 196 h. t.

Es läßt sich jedoch nicht verkennen, daß gerade die Combination der §§. 193. 196 und 197 zu einigen Bedenken über die Grundlage und die Tragweite des ganzen Beuterechts Anlaß geben konnte. Diese Bedenken aber haben neuerlich in einem, schon um seines Gegenstandes willen, der in nichts Geringerem bestand, als in fünf in dem Nachlasse des General-Feldmarschalls Fürsten von Blücher gefundenen Gemälden, welche einst dem Kaiser Napoleon I. gehört hatten und von dem großen Preußischen Feldherrn aus dem im Jahre 1815 gegen Frankreich geführten Kriege als Sieges-Trophäen mitgebracht waren, höchst interessanten, unter den Blücherschen Erben selbst geführten Rechtsstreite durch die Entscheidung unsres höchsten Gerichtshofes (Entsch. LIII. 49—56 und Strieth. LIII. 316—324: v. J. 1864) ihre Erledigung gefunden.

Da nämlich den einen gewissen Antheil an jenen Gemälden ansprechenden Miterben von dem desfalls beklagten Erben insbesondere der Einwand entgegengesetzt worden war, daß der Erblasser die im Wege der Beute in seinen Besitz gekommenen Bilder, im Mangel der besonderen Genehmigung des Staates nicht gültig erworben habe, dieser Einwand auch den Beifall des Appellations-Richters gefunden hatte, indem derselbe annahm, daß ein gültiger Eigenthums-Titel nicht vorliege und der Erblasser nach Preußischem Rechte nicht als redlicher Erwerber der Bilder erscheine, wenn er sie auch in gutem Glauben als Sieges-Trophäen mitgenommen habe, so gelangte die ganze in Frage stehende Theorie durch die Auslegung unseres höchsten Gerichtshofes,

86) Der Ausdruck Mundvorräthe (im §. 166 Entw. h. t.: „Mund-Bedürfnisse") ist nach der rev. mon. (Born. §. 80 ad 2 Note 3) gewählt worden, um die Ausdehnung der Vorschrift auf alle und jede Eßwaaren zu verhüten.

87) Das Wort „Plünderung" (welches sich im §. 168 Entw. h. t. noch ausgedrückt fand) ist in dem jetzigen §. 197 vermieden.

der die Auffassung des Appellations-Richters verwarf, im Wesentlichen mit folgenden Resultaten zum Austrage.

Der seinem Grunde und Inhalte nach nicht dem Privatrechte, sondern dem öffentlichen, insbesondere dem Völkerrechte angehörende §. 193 h. t. ist nicht so aufzufassen, als wenn Derjenige, welcher Beute machen wolle, in jedem speziellen Falle vorher vom Staate die Erlaubniß dazu erhalten haben, und als wenn diese Erlaubniß von dem Staate jedesmal zuvor durch einen besonderen Act ertheilt worden sein müsse. Vielmehr ist mit der Führung in den Krieg den Soldaten zum gewöhnlichen Beutemachen die nach §. 193. erforderliche Genehmigung des Staates ein für allemal ertheilt, — eine Genehmigung, die nichts Anderes ist, als ein den Soldaten gegebenes Privilegium, und zwar ein ius singulare, ein objectives Recht, nämlich der Satz des modernen Völkerrechts, auf welchen der §. 193. eine Hinweisung enthält: daß (unter Beschränkung des Römischen Rechts) eben nur noch der Soldat das Recht hat, Beute zu machen.

Mit Ausnahme des Falles der Plünderung des Eigenthums von nicht zur Armee gehörenden Personen nach §. 197 h. t., bedarf es also für die Truppen einer vorangehenden besonderen ausdrücklichen Erlaubniß des Befehlshabers zum Beutemachen überhaupt nicht. Für „alle anderen Sachen" der zur feindlichen Armee gehörenden Personen, mit Ausnahme der im §. 195. bezeichneten Vorräthe, wird im §. 196. das Beuterecht der Truppen ohne Unterschied des Ranges nicht erst statuirt, sondern als ein bestehendes stillschweigend vorausgesetzt.

Hiernach bedarf schließlich der Soldat, um außerhalb des Falles des §. 197. an Sachen des Feindes Beute zu machen, einer vorangehenden besonderen ausdrücklichen Erlaubniß des Staates nicht, also auch nicht der Befehlshaber der Truppen zur Ausübung des Beuterechts für seine Person. Und selbst in dem Falle des §. 197. würde der Befehlshaber eine solche Erlaubniß, nach der Natur der ihm generell ertheilten Vollmacht, nicht nöthig haben.

Gegen unerlaubtes Beutemachen und gegen Plünderung und Erpressung ꝛc. gibt es folgende Spezialgesetze: Kriegsartikel (v. 1808 Art. 4. 12: Ges.-Samml. S. 253. 255; [Mathis VI. 379. 381;]) v. 1844 Art. 30—34: Ges.-Samml. S. 280; Verordnung v. 27. Juni 1844 §. 56: Ges.-Samml. S. 295; Strafgesetzbuch für das Preußische Heer v. 1845 Th. I. §. 146—153: Ges.-Samml. S. 320—322. (Str. G. B. 1851 §. 284; Gesetz über den Belagerungszustand v. 4. Juni 1851 §. 10: Ges.-Samml. S. 453.)

II. **Beuterecht des Feindes.** (Verlust des Eigenthums durch feindliche Wegnahme: Koch.)

1. Die von dem Feinde gemachte Beute wird dessen Eigenthum erst dann, wenn er dieselbe in völlige Sicherheit[88]) gebracht

88) Der §. 201 ist natürlich nur von den feindlichen Truppen zu verstehen. Die Wendung: „bis in ihr Lager, Nachtquartier, oder sonst in völlige Sicherheit", ist für die Ausdrucksweise unserer Gesetze überhaupt charakteristisch. Diese beginnen nicht selten mit Exemplificationen und lassen dann erst mit einem „oder sonst" das Prinzip oder die Hauptsache, auf welche es eigentlich allein ankommt, folgen. Es ist einleuchtend, von welcher grundsätzlichen Wichtigkeit und von welchem praktischen Nutzen eine richtige Auffassung und Benutzung dieser Ausdrucksweise für die Auslegung und Anwendung unserer Gesetze sein muß, wenn es sich darum handelt, über Einzelheiten, Aeußerlichkeiten und Umschreibungen hinaus zu dem Kerne des legislativen Gedankens zu gelangen. Folgende Beispiele und Hinweisungen mögen zur Veranschaulichung dienen.

So beruhet der §. X. des Publications-Patents vom 5. Febr. 1794 auf der Distinction: „ob es noch in der Gewalt desjenigen, von dessen Rechten oder Pflichten die Rede ist, gestanden, und bloß von seinem freien Entschlusse abgehangen habe, die rechtlichen Folgen der frühern Handlung oder Begebenheit durch Willenserklärungen oder sonst, zu bestimmen, und auf andere Art, als in dem neuen Landrechte geschehen ist, festzusetzen; oder ob eine solche abändernde Bestimmung in seiner Gewalt und einseitigen Entschließung nicht mehr gestanden habe." Hier liegt offenbar das Moment der Entscheidung lediglich darin, ob das betr. Rechtssubject eine abändernde Bestimmung treffen durfte, oder nicht: oben Bd. I. S. 89; der Modus der Abänderung ergibt sich von selbst aus der Fassung: „durch Willenserklärungen, oder sonst," als untergeordnet und gleichgültig.

So folgt für den §. 39. A. L. R. I. 1. aus der Fassung: „in einem gemeinsamen Unglücke, oder sonst", so viel, daß die Bestimmung des Gesetzes auf jeden, unter den dort näher angegebenen Umständen gleichzeitig erfolgten Untergang des Lebens mehrerer Menschen bezogen werden muß und nicht blos auf den Fall einer gemeinsamen Calamität beschränkt bleiben darf: Bd. I. S. 137.

So folgt aus dem „oder sonst" im §. 187. A. L. R. I. 8.: daß es sich dort überhaupt nur um eine Erniedrigung des Grundes und Bodens handelt, gleichviel, wodurch dieselbe bewirkt werde: Bd. I. S. 451.

So ergibt sich aus dem „oder sonst" in dem §. 27 unseres neunten Titels (oben Abschn. II ad II. 2. b): daß das entscheidende generelle Kriterium in der drohenden Werths-Verminderung zu suchen ist, wovon sich das „Verderben der gefundenen Sache" nur als eine species darstellt.

Auf der Hand liegt die Tragweite des „oder sonst" im §. 317. A. L. R. I. 11: gemeint ist der Vorbehalt des Wiederkaufs für „alle Zeiten", wovon der Vorbehalt des Verkäufers „für sich und seine Erben" wiederum nur ein specieller Fall ist. Eben so beweist das „und sonst" im §. 996. desselben Titels, daß das entscheidende Merkmal des Verlagsrechts in der ausschließlichen Befugniß zum Absatz der Schriften, gleichviel an wen, zu finden ist.

hat: §. 201 h. t. (5 §. 1 de captivis: intra praesidia sua etc.[89])) So lange dagegen der Feind noch verfolgt wird, bleibt dem vorigen Ei-

---

Imgleichen beweist das „oder sonst" im §. 1060 desselben Titels, daß Kindheit und Krankheit nur als einzelne Gründe des Mangels angegeben werden, welcher den Beschenkten an der Aeußerung seiner Absicht, das Geschenk anzunehmen, hindert.

Für die verschiedenartigen Rechte des Bürgen in seinem Verhältniß zum Gläubiger, sofern ihn dieser von seiner Verbindlichkeit frei lassen soll, ergibt sich aus dem „oder sonst" in den §§. 318 u. 322. A. L. R. I. 14. der maßgebende Einfluß des Unterschiedes zwischen den überhaupt zu einer im Voraus bestimmten Zeit und den nicht zu einer im Voraus bestimmten (resp. bestimmbaren) Zeit zu erfüllenden Forderungen.

Der Gattungsbegriff des Vermögensverfalls und die besonderen Arten oder Symptome desselben (Concurs, Verschwendung, Verfolgung durch Execution u. s. w.) werden klar gestellt durch das „oder sonst" in dem §. 357. A. L. R. I. 14. und den §§. 179. 268 II. 2. (Für den §. 357. ist anzuführen, daß der Verschwender — worauf es dort allein ankommt — der Unsicherheit dringend verdächtig wird; sonst ließe sich allerdings dagegen geltend machen, daß man „verschwenden", namentlich zu verschwenden anfangen kann, ohne gleich in Vermögensverfall zu gerathen.)

Von weit greifender Bedeutung für die Beweisfrage überhaupt erscheint im §. 181 A. L. R. I. 16. die in ähnlichen Wendungen auch an aderen Stellen vorkommende Unterscheidung, ob etwas „nachgewiesen, oder sonst aus den Umständen klar zu entnehmen sei" (alias: klar erhelle). Denn daraus ergibt sich die dem Richter aus der Lage der Sache selbst gewordene Gewißheit und Ueberzeugung als das Generelle, wozu sich der technisch geführte Nachweis als Species verhalten mag.

Im A. L. R. II. 1. tritt das „oder sonst" mehrfach in prägnanter Bedeutung auf. Im §. 18 handelt es sich danach überhaupt um Kinder, welche sich selbst nicht vorstehen können, so daß die Minderjährigen nur eine Art, freilich die Hauptart solcher unselbständiger Kinder bilden; im §. 77. um die rückwirkende Kraft der Hebung eines früher bestandenen Eheverbotes, gleichviel wodurch diese Hebung erfolgt sein möge; im §. 233. um die Unzulässigkeit einseitiger Verfügungen des Ehemannes über die Substanz der eingebrachten Capitalien der Ehefrau, welcher Art jene Verfügungen auch sein mögen.

Fast berüchtigt, wegen der durch seine Fassung provocirten maßlos extensiven Auslegung, war der §. 183 unsres früheren Strafrechts (A. L. R. II. 20): „Muthwillige Buben, welche auf den Straßen, oder sonst, Unruhe erregen" rc.

Eine in einer alten Bauerordnung den Hofbesitzern auferlegte Beschränkung wird gelegentlich durch ein neueres Gesetz insoweit aufgehoben, als „durch Vertrag oder sonst ein Anderes ausdrücklich festgesetzt ist" (Entsch. XII. 440): eine ganz treffende Bezeichnung für eine contra ius publicum zugelassene s. g. autonomische Norm (oben Bd. I. S. 159).

Nicht anders, als mit diesem „oder sonst", verhält es sich denn auch mit ähnlichen Wendungen, wie: „und [oder] andere", aus denen sich schon in unserem neunten Titel §. 176. 180. der vollständige und klare Gegensatz der genthümer sein Recht vorbehalten, nur daß derselbe den Truppen, welche dem Feinde[90]) die Beute wieder abnehmen, eine billige Belohnung ent=

---

geschlossenen und uneingeschlossenen Gewässer von selbst ergeben hatte (oben Abschn. IV. ad II. 2. C. b).

Aber auch für die eben erst berührte Beweisfrage führt die sorgfältig ausgelegte Wendung: „oder was aus anderen Umständen erhellet" zu richtigen und fruchtbringenden Resultaten: A. L. R. I. 7 §. 100. (106) 108 (oben Bd. I. S. 365 fg.) u. 9 §. 510 (unten Anm. 214 h. t.). Im §. 223 A. L. R. II. 1. gehen „Juwelen, Gold, Silber" blos als Beispiele voran, denen das folgt, worauf es grundsätzlich eigentlich ankommt: „und andere bloß zur Pracht bestimmte Sachen." Ebenso folgt im §. 305 A. L. R. II. 2. auf die Exemplification der verschiedenen speziellen Gaben, welche zur „Ausstattung" im gesetzlichen Sinne gehören sollen, die Hinüberleitung zu dem eigentlich entscheidenden Gattungsbegriff durch die clausula generalis: „und überhaupt alles, was von den Aeltern zu dem Ende gegeben worden, damit das Kind in den Stand gesetzt werde, seine Heirath zu vollziehen, oder die abgesonderte Wirthschaft 2c. anzutreten." In umgekehrter Folge bringt im A. L. R. II. 1. der §. 59 erst das Prinzip der Gründe zur Versagung des älterlichen Ehe=Consenses, worauf dann in den §§. 60 ff. („Dahin ist besonders zu rechnen") eine genaue Beispielsammlung dem Prinzipe angefügt wird.

Im §. 156 A. L. R. II. 2. aber hatte früher der Mangel einer correcten Auffassung der Worte: „Alles andere, was den Kindern durch bloße Schenkungen 2c. zukommt", zu der seltsamen Auslegung Anlaß gegeben, als ob etwa die s. g. Abfindung einer geschwängerten Haustochter zu ihrem freien Vermögen (ad §. 151. 152) zu zählen sei, — einer Irrung, die leicht zu vermeiden gewesen wäre, wenn die Ausleger gleich Anfangs im §. 156. das richtige Gewicht auf „Alles andere" gelegt und in der Aufzählung der „Schenkungen" 2c. die bloße Illustration des Prinzips durch die einzelnen darunter begriffenen Fälle (die s. g. Exemplification) erkannt hätten.

Auch auf neuere Gesetze ließe sich zur Ergänzung dieses mehr sprachlichen als juristischen Excurses verweisen. So Ges.=Samml. 1821 S. 25: (§. 19) . . „an den öffentlichen Kochbuden und andern Anstalten"; (§. 20) „Alle diese und andere Vergehungen gegen die allgemeinen polizeilichen Vorschriften 2c." Und noch für den Ausdruck „oder sonst": Ges.=Samml. 1858 S. 417 („durch Vorzeigung der Aktie **oder sonst** in glaubhafter Weise dargethan"); ebenso 1859 S. 539 u. 1861 S. 71. 707 („durch Vorzeigung der Schuldverschreibung oder sonst in glaubhafter Weise"); während z. B. 1862 S. 331 ganz einfach und allgemein das grundsätzliche Erforderniß, ohne alle Angabe eines besonderen Beispiels, wie demselben zu genügen sei, aufgestellt wird („wer . . . . den stattgehabten Besitz in glaubhafter Weise darthut").

89) Hier ist, wie schon die Gesetzrevisoren (S. 105 zu Anfg.) bemerken, der gemeinrechtliche Grundsatz aufrecht erhalten, daß der Kriegführende zwar das von ihm selbst Erbeutete im Augenblicke der Besitzergreifung als sein Eigenthum ansieht, dasjenige aber, was ihm der Feind abnimmt, nicht eher als verloren und als Eigenthum des Feindes gelten läßt, als bis es in Sicherheit gebracht ist.

richten muß: §. 202—204 h. t. (Born. §. 80 ad 3. a. Note 2; Heffter S. 242 Note 3.)[91])

2. Die von dem Feinde erbeuteten und an Preußische Unterthanen veräußerten oder verschenkten Sachen treten iure postliminii[92]) wieder in ihr früheres Rechtsverhältniß und unterliegen deshalb dem Rückforderungs-Rechte ihres vorigen Eigenthümers nach allgemeinen gegen jeden redlichen Erwerber geltenden Grundsätzen: §. 199. 200 h. t. (I. 15. §. 24—26.)[93])

---

90) D. i. „ihm" im §. 202. Allerdings ist hier („bleibt dem vorigen Eigenthümer der ihm wieder abgenommenen Sachen" ꝛc.) das persönliche Fürwort nicht correct gebraucht. Der Landrechtliche Sprachgebrauch ist aber auch in der Behandlung des possessiven Fürworts weder gleichmäßig noch sicher genug. Dadurch entstehen gelegentlich Unklarheiten, von denen einige, durch Andeutung der in jedem Satze wirklich beabsichtigten Zurückbeziehung, hier vorweg beseitigt werden mögen. A. L. R. I. 14. §. 213: „Wer schriftlich erklärt, daß Jemanden auf seine Gefahr Credit gegeben werden könne" ꝛc.; §. 215: „Wer Jemanden den Auftrag macht, auf seine eigene Rechnung einem Andern Geld oder Waare zu creditiren" ꝛc.; §. 271: „Wer dafür, daß ein Dritter ein für ihn ohne seinen Auftrag vorgenommenes Geschäft genehmigen werde, sich verbürgt" ꝛc.; §. 377: „Wer für einen unfähigen Bürgen die Vertretung gegen seine Mitbürgen übernimmt" ꝛc.; 16. §. 251: „Wenn Jemand einem Andern den Auftrag macht, etwas, welches der Auftragende von einem Dritten zu fordern hat, bei demselben für seine eigene Rechnung zu erheben" ꝛc.

91) Der §. 204 h. t. geht nur auf den Fall, wenn unsere Truppen dem Feinde die Beute wieder abnehmen, bevor er dieselbe in Sicherheit gebracht hat. In diesem Falle verbleibt die Beute unseren Truppen, wenn sich kein Eigenthümer dazu meldet. Wenn dagegen unsere Truppen dem Feinde die Beute wieder abnehmen, nachdem er dieselbe in Sicherheit gebracht, also Eigenthum daran erworben hat, so stellt sich nach rechtlicher Consequenz die Sache anders. Dann nämlich muß die Beute unseren Truppen verbleiben, selbst wenn sich der frühere Eigenthümer dazu meldet. Auf einen solchen Fall findet auch das ius postliminii keine Anwendung. Vgl. Born. §. 80 ad 3. b. Note 3.

92) Auch die Römer verkannten nicht, daß ihr Eigenthum verloren gehe, wenn der Feind es erbeute. Nur wurden die Römischen Sachen dadurch zu res nullius. Erst mit ihrer Zurückbringung aus der feindlichen Gewalt wachten bei Gefangenen und bei gewissen Sachen (nicht bei Waffen u. dgl.) die früheren Rechte wieder auf: Puchta §. 143 Note b; Keller §. 125 Note 5 (wo der Pandektentitel de captivis, nicht de a. r. d. gemeint ist) und Note 6. Vgl. Heffter Völkerrecht §. 190. (S. 334 ff.)

93) Es ist ganz correct, daß der Erwerber der Beute hier ohne Unterschied als redlicher Besitzer behandelt wird. Denn im schlimmsten Falle durfte derselbe glauben, daß der Feind das Eigenthum durch Besitzergreifung erworben hatte: Gesetzrev. S. 105. Aus dieser Auffassung ergibt sich dann auch von selbst die Dauer des Rückforderungsrechts während der gewöhnlichen

III. **Anwendung des Beuterechts auf die Kaperei mit gewissen Modificationen:** §. 205—219 h. t.[94]); Anh. §. 7 (S. S. Zeitschr. I. 223 g. E.; Loewenberg Beitr. II. 24. 108. 114) und Anh. §. 8 (aus Nr. III. der schon oben Bd. I. S. 121 angeführten Declaration vom 24. Septbr. 1798: Loewenb. a. a. O. 24 fg. 114); Gesetzrev. S. 106. 107; Koch Comm. ad Anh. §. 7.

Zum §. 208 h. t. vgl. die Analogie des §. 201. (Heffter S. 245 Note 2.) Den §§. 209. 210 analog sind die §§. 202. 203. Nach §. 212 ist (in ganz natürlicher Abweichung von dem Beuterecht zu Lande) auch das Privateigenthum feindlicher Unterthanen (auf feindlichen Schiffen) gute Beute. Dagegen schützen die §. 213—215 das Privateigenthum der Befreundeten und der Neutralen selbst auf feindlichen Schiffen und das Eigenthum feindlicher Unterthanen auf neutralen Schiffen u. s. w. („Frei Schiff, frei Gut": Heffter §. 164.) Der §. 219 (II. 8. §. 2040) ist gegen die nicht-effective Blokade gerichtet. (Heffter S. 274 Note 2.)

Unverkennbar tragen schon diese unsere Landrechtlichen Bestimmungen das Gepräge des Geistes, in welchem Friedrich der Große „den Feldzug des vernünftigen Rechts gegen das positive" (Trendelenburg „Friedrichs des Großen Verdienst um das Völkerrecht im Seekrieg" — Vortrag v. 25. Januar 1866, in der Königl. Akademie der Wissenschaften —, Separatabdruck S. 16) geführt hatte. Aber „die Geschichte bedurfte gerade eines Jahrhunderts, um im Jahre 1856 den

---

Verjährungsfrist und die Unrichtigkeit der dem Rescripte des Ostpreußischen Provinzial-Departements vom 6. Mai 1808 (Mathis VII. 282—285) zu Grunde gelegten Ansicht (vom „Wiederkaufs- oder Näherrechte" des Eigenthümers): Gesetzrev. a. a. O.; Born. §. 80 ad 3. b; Koch Lehrb. §. 246 Note 10 und Comm. ad §. 199 h. t. — Ein hier einschlagender, nach Billigkeitsgrundsätzen entschiedener Rechtsfall aus vorlandrechtlicher Zeit (im Jahre 1757 hatten feindliche Truppen einen vom Fiscus an einen Privatmann verkauften Holzbestand weggenommen 2c.) findet sich in Klein's Annalen II. 218—222.

94) Im §. 210 muß das Allegat, anstatt §. 205, lauten: §. 203. (Declar. v. 24. Sptbr. 1798 ad Nr. II.) Im §. 217 ist mit dem Allegate gemeint: A. L. R. II. 8. Abschn. 13, d. i. §. 1934—2358, von denen namentlich die §§. 1959—1967 u. 2034 ff. hier einschlagen. Doch sind die §§. 1934—2358 aufgehoben, so weit sie sich auf die Versicherung gegen die Gefahren der Seeschifffahrt beziehen: Einführungsgesetz zum Allg. Deutschen Handelsgesetzbuch v. 24. Juni 1861 Art. 60 Nr. 1 (Ges.-Samml. S. 473). Auf jene Versicherung beziehen sich nun die Artikel 782—905 des Handelsgesetzbuches, von denen besonders 824 Nr. 2. 852. 853. 865 Nr. 2. hier zu beachten sind. Vgl. auch 708 Nr. 5. 6. und wegen der Kriegscontrebande: Art. 482. 564. 674.

von Friedrich im Namen der Vernunft und des Naturrechts erhobenen Anspruch auf Allgemeinheit zur wirklichen allgemeinen Anerkennung zu bringen." (Trendelenburg S. 17.)

Durch die Declaration vom 16. April 1856 haben die bei dem Friedensvertrage vom 30. März d. J. zu Paris betheiligten Mächte 1) die Kaperei völlig abgeschafft. Weiter ist in dieser Declaration vereinbart worden: 2) daß die neutrale Flagge auch das feindliche Gut deckt und 3) daß neutrales Gut unter feindlicher Flagge nicht mit Beschlag belegt werden darf — ad 2. und 3. jedoch mit Ausnahme der Kriegscontrebande —; endlich 4), daß die Blokaden, um rechtsverbindlich zu sein, effectiv sein müssen (was näher definirt wird): Ges.-Samml. 1856 S. 585—587. (Heffter S. 222. 295.) Dieser Declaration sind später die meisten übrigen Staaten beigetreten: Ges.-Samml. 1858 S. 568; Heffter S. 456—458. Für unser Recht schließt sich ergänzend an das Prisen-Reglement mit den Bestimmungen über das Verfahren in Prisensachen, genehmigt unterm 20. Juni 1864 (Ges.-Samml. S. 369—384).

Sechster Abschnitt. Von der Erwerbung der An- und Zuwüchse.

(Accession im weiteren Sinne, im Gegensatze zur Occupation.[95]))
Koch §. 247—251. §. 603 Note 8. Born. §. 81—85. Puchta §. 143 Note a. §. 150. §. 154 ad 4. §. 162—166. Keller §. 114 ad I. §. 138—143. Eichh. §. 173. 268. 269. Gerber §. 91 ad 3. §. 99. 100. Beseler §. 78 ad α. §. 89 ad III—V. §. 197 ad A.) IV. Bluntschli §. 64 ad 3. 4. §. 72 ad 1. 2. (Oestr. §. 404—422: „Von Erwerbung des Eigenthums durch Zuwachs." Und zwar: I. Natürlicher Zuwachs: §. 405 ff. II. Künstlicher Zuwachs durch Verarbeitung ꝛc.: §. 414 ff. III. Vermischter Zuwachs: §. 420—422. Code Nap. art. 546. 712: Droit d'accession. Art. 547—550: Du droit d'accession sur ce qui est produit par la chose. Art. 551—

95) Vgl. oben Bd. I. S. 42 fg. Genauer und schärfer ist freilich die systematische Ausscheidung der Accession im engeren Sinne von der Verarbeitung und von der Verbindung ohne Accession ꝛc., wie solche von Puchta und Keller a. a. O. durchgeführt wird. Vgl. Sav. II. 282 Note c.: „. . . so kann Eigenthum zwar erweitert werden ohne Zuthun des Eigenthümers (durch sogenannte accessio), aber nicht zuerst begründet." Allein die moderne Ausdehnung des Begriffs der Accession, welche auf der Erweiterung des Eigenthums aus den Objecten des Eigenthums beruhet, findet sich nicht blos im A. L. R., sondern auch in den anderen oben angeführten neueren Gesetzbüchern.

577: Du droit d'accession sur ce qui s'unit et s'incorpore à la chose. [546: sur ce qui s'y unit accessoirement, soit naturellement, soit artificiellement.]) Gruchot Beitr. VII. 87—133. 259—299.

I. Die Früchte — d. i. die s. g. fructus naturales und industriales, welche auf organischem Wege aus der Sache selbst hervorgehen (also mit Ausschluß der s. g. fructus civiles) —: §. 220 h. t.[96]), werden nach A. L. R., in wohlbedachter und consequenter Abweichung vom Römischen Rechte, in allen Fällen ohne Besitzergreifung Eigenthum des Nutzungs-Berechtigten: §. 221 h. t, (I. 2. §. 45; 7. §. 189. 193—195. 223. 248; 9. §. 275. 289 ff. 324 fg.; 21 §. 143 ff. 259.)

Nach Römischem Rechte erwarb der Nießbraucher und der Pächter das Eigenthum an den Früchten durch Perception (Quasi-Tradition, da die Früchte grundsätzlich dem Eigenthümer zuwuchsen): fructuarii fructus tunc fieri, quum eos perceperit (13 qu. mod. ususfr. VII. 4); eadem fere et de colono dicuntur (§. 36 J. de R. D. II. 1); etenim fructus, quamdiu solo cohaereant, fundi esse: et ideo colonum, quia voluntate domini eos percipere videatur, suos fructus facere (61 §. 8 de furtis. XLVII. 2; vgl. 6 de donat. XXXIX. 5:

---

96) In diesem §en werden als Früchte definirt: diejenigen Nutzungen einer Sache (I. 2. §. 110), welche nach dem Laufe der Natur, mit hinzukommender Bearbeitung (s. g. fr. industriales) oder ohne solche Bearbeitung (fr. naturales) aus der Sache selbst entstehen. Industriell sind also solche Früchte, welche die Natur ohne menschliche Arbeit nicht hervorbringen würde. Beiden gemeinsam ist die (nach dem gewöhnlichen Laufe der Natur) zu erwartende regelmäßige Wiedererzeugung durch das Früchte tragende Object; wogegen alle mit einer Verringerung der Substanz verbundenen Vortheile von dem Rechtsbegriff der Früchte ausgeschlossen bleiben: Entsch. XXIII. 151. Stroh und Dünger gehören demnach zu den Früchten des Guts: Strieth. XV. 347. Torf dagegen fällt nicht unter den Begriff von Früchten der Wiese, sondern gehört zur Substanz des Grundstücks: Strieth. XIII. 37. Vgl. Strieth. VI. 123 (Lehmerde); XXVII. 149. 155 (Ausbeute eines Bergwerks). Entsch. XXIII. 151 (Holzschläge?). Auch Strieth. XVII. 181 (Erträgnisse eines Gewerbebetriebes nicht als [civile] Früchte des Locals anzusehen). Im Code Nap. art. 547 u. 582—584 werden den fr. naturales und industriales auch gleich die s. g. fr. civiles (Puchta §. 37 Note b. c.; Keller §. 173 ff. S. 335. 337. 343) zur Seite gesetzt, deren das A. L. R. hier nicht gedenkt, und mit Recht nicht gedenkt, weil bei ihnen von einer Production (oder von einem Erwerbe durch Trennung) keine Rede sein kann. (Keller S. 273.) Eine accessorische Natur ist jedoch auch dieser eigenthümlichen Species der Nutzungen nicht abzusprechen, wenngleich die Zinsen eines Capitals zu dessen Früchten nicht gerechnet werden: Entsch. I. 240 (nicht 340); Strieth. XXXVI. 235—237 (v. J. 1860).

quasi traditio enim facta videtur etc.); der (Emphyteut und der) redliche Besitzer (in Beziehung auf die Früchte an die Stelle des Eigenthümers tretend) durch Separation als solche: bonae fidei autem possessoris (fructus fieri) mox quam a solo separati sint (13 qu. mod. ususfr. u. 25 §. 1. de usuris XXII. 1).[97]) Nach der alten Deutschen Rechtsanschauung dagegen galt der Fruchterwerb weniger als Ausfluß des Eigenthums, denn als Lohn der Arbeit („verdientes Gut"); daher der entscheidende Zeitpunkt der vollendeten Bestellung: Des mannes sat, die he mit sime pluge wirkt, die is verdenet, als die egede dar over gat; unde die garde, als he geseit unde geharket is. (Sachs. Sp. II. 58 §. 2.)[98]) Das A. L. R. entspricht nun insofern der Deutschen Rechtsanschauung, als es die Früchte schon vor ihrer Trennung vom Grund und Boden wie besondere Eigenthums-Objecte behandelt: oben Bd. I. S. 406; Präj. 885 (v. J. 1840); Strieth. XV. 308. Es bedarf also nur einer richtigen Auslegung der Worte „gleich bei ihrem Entstehen" im §. 221 h. t. in dem bereits vorher angedeuteten Sinne: „ohne Besitzergreifung."[99]) D. h. der Nutzungsberechtigte erwirbt das Eigenthum an den ihm zuwachsenden Früchten unmittelbar, also ohne daß es erst der durch den Willen des Eigenthümers vermittelten Perception nach Römischer Weise bedarf. Und dies steht in consequentem Zusammenhange mit der dinglichen Natur der Nutzungsberechtigungen überhaupt (oben Bd. I. S. 50 zu Anfg.), so wie mit den Grundsätzen über das Verhältniß des Nutzungsberechtigten und des redlichen Besitzers insbesondere (oben Bd. I. S. 391 ff., namentlich Anm. 799) zum Eigenthümer. Vgl. Gruchot IV. 461; Entsch. XXXIX. 153—155; Strieth. XXXIX. 215 fg.

II. Den Früchten gegenüber stehen die s. g. An- und Zuwüchse: §. 222 h. t. Diesen ist gemeinsam, daß sie — durch Natur oder Kunst — von außen her die Sache vermehren oder verbessern. Im Einzelnen aber sind sie sehr verschieden von einander: namentlich je nachdem es zum Erwerbe derselben noch der Besitzergreifung bedarf, oder nicht.

---

97) Puchta §. 150. 166; Keller S. 244. 272 fg. 334. 337 ad b.

98) Eichh. §. 363 ad II. (Note h); Gerber §. 100; Beseler §. 89 ad III. vgl. mit §. 78 ad α; Bluntschli §. 72 ad 2.

99) Mit Recht haben die Gesetzrevisoren (S. 107. 108.) hierauf aufmerksam gemacht, weil sonst das verkehrte Resultat eintreten würde, daß dem Nießbraucher in dem Augenblicke, wo sein Nutzungsrecht aufhört, auch die halb gereifte Saat und das junge Vieh im Mutterleibe zufiele. Vgl. oben Bd. I. Anm. 803. (Auch unten h. t. Anm. 122.)

1. Verhältnisse, in denen die Naturthätigkeit das Ueberwiegende ist.[100])

A. Avulsion.

Die Römische Theorie in Beziehung auf ein plötzlich abgerissenes und mit einem anderen Theile des Ufers verbundenes, also erkennbar gebliebenes Stück Land war eigentlich vollständig in den Einen Satz eingeschlossen: Quod si vis fluminis partem aliquam ex tuo praedio detraxerit et meo praedio attulerit: palam est eam tuam permanere. Plane si longiore tempore fundo meo haeserit, arboresque, quas secum traxerit, in meum fundum radices egerint: ex eo tempore videtur meo fundo adquisita esse. (7 §. 2 de A. R. D.; ebenso §. 21. J. de R. D.) Dem entsprachen die Vindications-Grundsätze: Ita demum . . . crustam (sc. ex fundo tuo lapsam in meum fundum) vindicari posse . . ., si non coaluerit nec unitatem cum terra mea fecerit. Nec arbor potest vindicari a te, quae translata in agrum meum cum terra mea coaluit. (9 §. 2 de damno infecto XXXIX. 2; vgl. 5 §. 3 de R. V. VI. 1.) Eine Eigenthums-Veränderung ging also erst vermittelst der durch die Natur vollbrachten Vereinigung vor sich, aber auch lediglich vermittelst dieser Coalescenz, ohne menschliches Zuthun. Anders nach A. L. R. Hier ist, wegen der Unsicherheit und Schwierigkeit der thatsächlichen Feststellung jenes Natur-Actes, die Geltendmachung des ursprünglichen Eigenthums an eine einjährige Präclusiv-Frist gebunden: §. 223 h. t.[101]) Aber auch nach dem Ablaufe dieser Frist geht die Eigenthums-Veränderung

---

100) Zum Wasserrecht gehörig. (Vgl. oben Bd. I. S. 416—428.) Bei der Redaction dieses Abschnittes wesentlich benutzt und auch jetzt noch überaus lehrreich ist die (zugleich mit einem zur Veranschaulichung diensamen Plane von einem Theile des Stromes ausgestattete) „Wasser- und Ufer-Ordnung für den Rhein-Strom, in dem Herzogthume Cleve und dem Fürstenthume Meurs", v. 2. Dcbr. 1774: N. C. C. Bd. V. Nachtrag zum Jahrgang 1775 Sp. 707—742.

101) Der vorige Besitzer ist ein solches Stück noch innerhalb Jahresfrist „wegzunehmen" berechtigt. Diese Fassung ist gewählt worden, weil nach den Worten des entsprechenden §. 194. Entw. h. t.: „so verbleibt dem vorigen Besitzer sein Recht darauf noch durch ein ganzes Jahr", während dieser Zeit selbst das Benutzungsrecht des vorigen Besitzers fortgedauert haben würde. (Gesetzrev. S. 108.) Der §. 195 Entw. hatte den Eintritt des Rechts zur Occupation daran geknüpft, daß der vorige Besitzer sich binnen Jahresfrist „nicht um den Naturalbesitz melde". Nachdem jedoch in dem jetzigen §. 223 das „Recht" des vorigen Besitzers schärfer begränzt war, konnte auch die gegenwärtige Fassung des §. 224 (Entw. §. 195) den Vorzug erlangen.

nicht ipso iure vor sich, sondern es kommt dann noch darauf an, daß von der Befugniß zur Occupation (Zueignung einer res derelicta oder quasi derelicta „durch die Besitzergreifung“) Gebrauch gemacht werde: §. 224 h. t. Aus der Fassung wie aus dem Sinne dieses Gesetzes leuchtet von selbst ein, daß hier von einer Ersitzung (einer Erwerbung durch fortgesetzten Besitz) nicht die Rede ist.[102])

Uebrigens ist durch diese Behandlung der Sache zugleich die im gemeinen Rechte bestrittene Entschädigungsfrage abgeschnitten. — Als eine glückliche, in der Fassung sogar besser gelungene Nachbildung unserer §§. 223. 224. erscheint Code Nap. art. 559, besonders g. E.... le propriétaire de la partie enlevée peut réclamer sa propriété; mais il est tenu de former sa demande dans l'année: après ce délai, il n'y sera plus recevable, a moins que le propriétaire du champ auquel la partie enlevée a été unie n'eût pas encore pris possession de celle-ci. (Die entscheidende Jahresfrist ist auch in Oestr. §. 412. adoptirt.)

B. Alluvion.

Im Gegensatze zu A. handelt es sich hier um ein allmähliches, unmerkliches Anspülen von Erdtheilen, also um ein, selbst wenn es von einer anderen Stelle abgespült sein sollte, unerkennbares und unvindicables Stück Land. Ein solches Anschwellen des Grundes und Bodens mag füglich dem Anwachsen der Frucht verglichen werden. Es ist deshalb in der Natur der Sache begründet, daß der Erwerb des Eigenthums an dergleichen Anschwellungen ohne weitere Besitzergreifung von Statten geht. So naturrechtlich ist schon die Römische Auffassung der Sache. §. 20 J. de R. D. (7 §. 1. de A. R. D.): Praeterea quod per alluvionem agro tuo flumen adiecit, iure gentium tibi adquiritur: est autem alluvio incrementum latens. Per alluvionem enim id videtur adiici, quod ita paulatim adiicitur, ut intelligere non possis, quantum quoquo momento temporis adiiciatur. (Gai. II. 70: . . . quod ita paulatim adicitur, ut oculos nostros fallat.) 12 pr. de A. R. D. (unten Anm. 104): Lacus et stagna, licet interdum crescant, interdum exarescant, suos tamen terminos retinent: ideoque in his ius alluvionis non adgnoscitur. (24 §. 3 de aqua XXXIX. 3: Lacus cum aut crescerent aut decrescerent, nunquam neque accessionem neque decessionem in eos vicinis fa-

102) Und doch haben selbst die Gesetzrevisoren den Fehlgriff gethan, den Fall des §. 224. mit den Fällen der §§. 235. 257. 260. auf Eine Linie zu setzen und unter die Kategorie der wahren Verjährung, und zwar der Acquisitiv-Verjährung, zu bringen. (Vgl. S. 118, 172, 195 Nr. 7 a. a. O.)

cere licet.) Vgl. Cod. VII. 41, de alluvionibus etc. Damit harmonirt grundsätzlich auch die gemeine Deutsche Rechtsanschauung. (S. Sp. II. 56 §. 2: Svat so dat water afschevet deme lande, dat hevet die verloren des dat lant is etc. Vgl. unten Anm. 115.)

a) Erwerb der Alluvionen nach A. L. R.

α) Das A. L. R. geht gleichfalls davon aus, jede Vergrößerung des Ufers durch angesetztes Land — sei es nun eine Verbreitung des Ufers durch das allmähliche Anspülen fremder Erdtheile, oder sei es eine neu angewachsene Erdzunge oder Halbinsel — dem Eigenthümer des anstoßenden Ufers „ohne weitere Besitzergreifung" zuzusprechen: §. 225—227 h. t. und II. 15. §. 55. 56 („ohne daß es einer besonderen Besitzergreifung bedarf": Strieth. LII. 188 fg., v. J. 1863); und zwar mit Ausschluß der Besitzer des gegenüberliegenden Ufers, selbst wenn jene Anspülungen oder Erdzungen der Breite nach bis über die Mitte des Flußbettes sich erstrecken: §. 228 h. t.

Diese Bestimmungen (§. 225—228) sollten freilich nach dem Präj. 809 (v. J. 1840) auf Alluvionen an schon in Besitz genommenen und erworbenen Strom-Inseln keine Anwendung finden. Allein durch das Präj. 2696 (v. J. 1858) ist außer Zweifel gesetzt worden, daß dieselben Grundsätze gelten müssen in Beziehung auf Alluvionen und neu anwachsende Erdzungen und Halbinseln, welche an dem Ufer des Festlandes, und (wie nach 56 pr. de A. R. D.: et quod postea ei insulae alluvione accessit etc.) auf solche, welche an dem Ufer einer Insel sich gebildet haben. (Entsch. [XXXVII. 85.*)] XXXVIII. 52 — 61.[103]))

So viel war übrigens schon durch eine frühere (auf das frische Haff bezügliche) Entscheidung (aus dem Jahre 1854) anerkannt worden, daß nach A. L. R. die Erwerbungsart durch Alluvion nicht auf Flüsse und Ströme beschränkt bleiben soll, vielmehr überall eintreten muß, wo ein allmähliches Anspülen fremder Erdtheile thatsächlich denkbar und möglich ist. Der rechtliche Grund, auf welchem die Allu-

---

103) In den Gründen (S. 59) wird auch der Fall referirt, welcher dem Präj. 809 zu Grunde gelegen hatte. Dieser war allerdings insofern anders geartet, als es sich in demselben nicht um eine Erweiterung der Alluvion der Breite nach (oben ad α), sondern um eine solche Erweiterung der Länge nach (oben S. 50 ad β) gehandelt hatte. (S. 60.) Doch war in der Begründung des Präj. 809 jedenfalls insofern gefehlt worden, als man aus dem §. 228 h. t. herleiten wollte, daß die §§. 225—227 nur auf Anspülungen an die Ufer des festen Landes, nicht aber auf Anspülungen an die Ufer einer schon eigenthümlich erworbenen Insel zu beziehen seien. (S. 60. 61.)

vion als modus adquirendi beruht, wird eben darin gefunden, daß die Ausmittelung des bisherigen Eigenthümers der einzelnen Erdtheile unmöglich ist. (Entsch. XXVIII. 312—317; auch bei Striethorst XIII. 289—292.)[104]) Wenn also ausnahmsweise einmal der Eigenthumsberechtigte (in specie mit Hülfe der Vorschriften vom Inselrechte) sich wirklich ermitteln läßt, so erscheint auch jener Grund ausgeschlossen: Strieth. LV. 244—247 (v. J. 1864).

β) Dem A. L. R. eigenthümlich ist die Behandlung einer der Länge nach über die Gränze des Erwerbers erweiterten Alluvion. Eine solche Verlängerung wird nämlich (abweichend vom Römischen Rechte) selbst dann für das Eigenthum des benachbarten Uferbesitzers erklärt, wenn sie mit dem Ufer desselben noch nicht zusammenhängt: §. 232—234 h. t.[105]) Doch ist dagegen eine dreijährige Ersitzung zulässig: §. 235.[106]) (Auch gegen den Fiscus: Präj. 930. S. unten ad C zu §. 257.) Zu dieser eigenthümlichen Art der Ersitzung genügt aber nicht jeder willkürliche Besitzact, sondern es ist eine Benutzung der Alluvion erfordert; übrigens bedarf es für den Erwerber weder eines Irrthums über das Eigenthum der Alluvion, noch einer mit der Entstehung der Alluvion allmählich fortschreitenden Besitznahme: Entsch. LI. 77—83 [Strieth. LI. 334—338] v. J. 1864.

γ) In allen Fällen (α und β) behält der Uferbesitzer das einmal erworbene Eigenthum an der Alluvion, selbst wenn dieselbe in der Folge durch das Wasser von seinem Ufer abgetrennt wird: §. 236 h. t.

b) Anlagen zur Verhinderung oder zur Beförderung von Alluvionen sind

α) zur Verhinderung, in dem Falle des §. 228 (oben

---

104) Die Alluvion gilt deshalb als von selbst ausgeschlossen, wo, wie bei Teichen und Seen, welche in dem ausschließlichen Eigenthume einer bestimmten Person sich befinden, die Voraussetzung des Zuflusses fremder Erdtheile nicht zutrifft: Entsch. a. a. O. S. 315. 316. Vgl. 12 pr. de A. R. D. (oben ad B) und Code Nap. art. 558.

Für den Begriff der Alluvion nach Französischem Rechte ist lehrreich ein Rechtsfall bei Strieth. XXXIII. 90—102 (v. J. 1859).

105) Ratio legis: Beseitigung der Schwierigkeiten und Verwickelungen für den Fall, daß die seitwärts erfolgte Verbreitung der Alluvion nachträglich mit dem Ufer des Nachbars zusammenwächst. (Sz. bei Born. §. 81 ad α. Note 1.) Das Römische Recht gab consequent jedem Uferbesitzer nur die mit seinem Ufer zusammenhängenden Anspülungen.

106) In diesem §. (235.) geht das „in beiden Fällen" auf §. 233 u. §. 234, also auf den Fall des eintretenden oder nicht eintretenden Zusammenhanges der Alluvion mit dem Ufer des Nachbars.

ad a. α): nach Maßgabe der §§. 229—231 h. t. im Wesentlichen erlaubt;

β) zur Beförderung, soweit es sich um die Ufer öffentlicher Flüsse handelt: nur in dem sehr beschränkten Maße der §§. 237—241 h. t.[107]) mit staatlicher Genehmigung (II. 15. §. 61. 62) gestattet. (Zuwiderhandlungen werden polizeilich geahndet: z. B. Amtsblatt 1863 S. 350.)

C. Insula in flumine nata.

Die Römische Theorie war höchst einfach und natürlich: Insula ... in flumine nata ..., si quidem mediam partem fluminis teneat, communis est eorum, qui ab utraque parte fluminis prope ripam praedia possident: pro modo latitudinis cuiusque fundi, quae latitudo prope ripam sit. Quodsi alteri parti proximior sit, eorum est tantum, qui ab ea parte prope ripam praedia possident. (§. 22. J. de R. D. und 7 §. 3 de A. R. D.; noch kürzer Gai. II. 72.) Also: α) Uebergang des Eigenthums ipso iure; β) gemeinschaftliches Eigenthum der beiderseitigen Uferbesitzer an der in der Mitte des Flusses liegenden Insel; alleiniges Eigenthum der Besitzer desjenigen Ufers, dem die Insel näher liegt. (Reale Theilung: 29 de A. R. D.) Ganz ähnlich der Sachsen-Spiegel II. 56. §. 3: Svelk werder sik ok irhevet binnen enem vliete, svelkeme stade he nar is, to dem stade hort die werder: is he vormiddes, he hort to beiden staden.

Das A. L. R. hat sich nun zwar im Wesentlichen an den Römischen Begriff einer insula in flumine nata angeschlossen, ist jedoch, was die Art der Erwerbung anbelangt, in zwei Beziehungen vom Römischen Rechte abgewichen und hat überdies eine neue Methode zur Ausschließung der nachbarlich Berechtigten angenommen.

a) Begriff.

Als eine Insel wird angesehen: eine bei gewöhnlichem Wasserstande mit einem gemeinen Fischernachen umfahrbare Erderhöhung

---

107) Eben weil hier ad β. nur von öffentlichen Flüssen die Rede ist, finden die Gesetzrevisoren (S. 109) ad α. eine fühlbare Lücke, indem es nach §. 229—231 unentschieden bleibt, ob der Uferbesitzer an einem Privatflusse, ohne selbst Schutzanlagen zu machen, dem gegenüberliegenden Nachbar die Beförderung des Anspülens untersagen dürfe, oder nicht. Vgl. auch Koch Comm. ad §. 229. 237 h. t. Jetzt sind die von den Gesetzrevisoren angeregten Bedenken nach dem Gesetze vom 28. Febr. 1843, besonders §. 13 ff. (oben Bd. I. S. 419. 424—428), zu entscheiden. Vgl. u. A. noch Strieth. LIII. 193—196 (v. 1864).

in dem Flußbette eines Stromes: §. 242 h. t.[108]); nicht ein nur durch Einbiegung oder Umströmung des Flusses abgesonderter Theil des festen Landes: §. 243 h.t.[109])

b) Erwerbung.

Obgleich hier die alte Vorstellung maßgebend geblieben ist, nach welcher das Recht der Uferbesitzer sich darin gründet, daß die Insel eine Accession des Flußbettes, das Flußbette aber eine Fortsetzung des nachbarlichen Ufers sei (Sz. in der rev. mon.), so wird doch das Römische Recht nicht unwesentlich umgestaltet:

α) durch das Erforderniß besonderer Besitzergreifung (Occupation): §. 244—246 h. t. (im Zusammenhange mit der früheren, vom A. L. R. übrigens nicht angenommenen Regalitätstheorie: unten Anm. 112);

β) durch die künstliche Theilung der Insel (genauer: des Occupationsrechts an der Insel) unter den Besitzern desjenigen Ufers, welchem die Insel am Nächsten liegt, resp. unter den beiderseitigen Uferbesitzern, nach der (in weiterer Abweichung von der schon im gemeinen Rechte gangbaren und vom Entwurfe §. 212 ff. h. t. recipirten Auslegung und Ausdehnung des einfacheren Römischen Grundgedankens gezogenen) Mittellinie: §. 247—253 h. t.[110])

Bei dem hier wesentlichen Erforderniß der Besitzergreifung

---

108) Eben so schon Entw. §. 208 h. t. (Rhein. Uferordnung — oben Anm. 100 — §. 41. 42: Zwölf Personen in einem offenen Nachen sollen die Insel rund herum befahren ꝛc. Bliebe dann der Nachen auf dem Grunde sitzen ꝛc.: „so wäre dieses ein Zeichen, daß die Insel schon mit dem entgegen liegenden nächsten Ufer contigu, und demselben fest angeflossen wäre" ꝛc.) Damit sind von selbst auch die s. g. schwimmenden Inseln ausgeschlossen, wie nach Römischem Rechte. (65 §. 2 de A. R. D.: . . . quae non ipsi alveo fluminis cohaeret, sed virgultis aut alia qualibet levi materia ita sustinetur in flumine, ut solum eius non tangat, atque ipsa movetur etc.)

109) Im Entw. noch nicht vorhanden. Aber auch das Römische Recht hat schon den Fall ausgenommen, wo durch den veränderten Lauf des Flusses ein Privatgrundstück nur die Form einer Insel bekommt (ager in formam insulae redactus est): §. 22 J. de R. D. u. 7. §. 4 de A. R. D.

110) Die gemeinrechtliche Auffassung findet sich anschaulich dargestellt in Höpfner's Commentar §. 310. (Reduction des Flusses auf ein rectangulum ꝛc.) Die Abweichung des A. L. R. vom Entw. beruhet auf der Erwägung, daß die beiden Ufer eines Flusses nicht leicht parallel laufen. Die Bestimmungen des A. L. R. führen jedoch zu Uebelständen, besonders wenn der Fluß gerade da eine Biegung macht, wo die Insel entstanden ist. Vgl. die Redactionsgeschichte und die Kritik bei den Gesetzrev. S. 110. 111. u. bei Born. §. 82.

hat sich denn auch wieder die Frage nach der den Anfang des Besitzes bestimmenden (die Besitzergreifung vollendenden) Handlung (oben Bd. I. S. 366) geltend gemacht (in specie: Vollendung der Besitznahme durch vollständige Bepflanzung): Entsch. XLVI. 41—49 (v. 1861).

c) Ausschließung der Nachbarn (zur Beseitigung einer unbequemen Gemeinschaft):

α) durch Präclusion, nach vorgängiger Aufforderung der Occupationsberechtigten und unter Vermittelung des Staats (Zueignung durch die Verwaltungs-Behörde): §. 254—256 h. t. (Sz. S. 12 mit der Goldbeck'schen Note)[111]; oder

β) durch dreijährige Ersitzung (wie oben im §. 235 h. t. ad B. a. β), also aus eigener Macht und ohne vorgängige Aufforderung der Nachbarn (Entsch. VI. 249. 250; LI. 80): §. 257 h. t.

Diese kurze Usucapionsfrist greift auch gegen den Fiscus, die Kirchen und gleichberechtigte Corporationen durch: Präj. 930 (v. J. 1840: Entsch. VI. S. 244—255.) Uebrigens hätte es sich von selbst verstehen sollen, daß nur ein Ufernachbar, nicht auch jeder Dritte zu solcher Insel-Ersitzung qualificirt ist: Strieth. XXXI. 325—327 (v. J. 1858).

D. Gemeinschaftliche Grundsätze für B und C.

a) Dem gemeinen Deutschen Rechte entsprechend (Eichh. §. 269 ad I; Gerber §. 99; Beseler §. 197 ad A. IV; Bluntschli §. 64 ad 4), gewährt das A. L. R., ohne Unterschied der öffentlichen und Privatflüsse, den benachbarten Uferbesitzern sowohl die Alluvionen (oben B. a. α), als die Inseln, — nur mit Vorbehalt der Regalität der in öffentlichen Flüssen entstehenden Inseln **nach Provinzialrechten**: §. 244 h. t. und II. 15. §. 67. (Gesetzrev. S. 108; Born. §. 81 ad α. Note 1; Koch Comm. ad §. 246

---

111) Sz. sucht zwar diese Neuerung durch das Princip zu rechtfertigen, daß der Staat einen Besitzer tragbarer Ländereien, welcher sie ganz unbearbeitet liegen läßt, zur Cultur anhalten, oder sie einem Anderen zur Bebauung zuschlagen darf. Es läßt sich jedoch nicht verkennen, daß eine solche anomale Adjudication durch die Verwaltungsbehörde (Provinzial-Regierung: Born. §. 82 — Bd. 2. S. 33 Note 1) auf einer inconsequenten Reminiscenz aus der Regalität der Inseln beruhet (Sz.: „Wenn viele Rechtslehrer sogar die ganzen Inseln in flumine publico ohne Unterschied dem Staate zusprechen" rc.); Koch Comm. ad §. 254 h. t. Auch die Gesetzrevisoren (S. 111) halten die §§. 254—256 für unnütz und den §. 257 für ausreichend.

h. t.; Entsch. VI. 255; XV. 365 [oben S. 32]; Strieth. XXXI. 326; Entsch. XLVI. 45.)[112])

Die Praxis hat auch dem Principe der Nicht-Regalität einen besonderen Ausdruck gegeben in dem von ihr fixirten Rechtsgrundsatze: „Das Flußbette eines öffentlichen Flusses ist nicht Gegenstand des besonderen Eigenthums des Fiscus." Zuerst ausgesprochen im Präj. 1016 (v. J. 1841: zum A. L. R. II. 15. §. 68). Festgehalten in späteren Entscheidungen: Entsch. XLII. 59 (v. 1859); XLV. 352 (Strieth. XL. 161: v. 1861).

b) Dem Staate untergeordnet ist das Recht der Privatbesitzer, indem sich dieselben das Durchstechen oder Wegräumen der Alluvionen wie der Inseln gefallen lassen müssen: §. 258 h. t.[113]), und zwar

---

112) In Cocceji's Project des C. J. Fr. Th. II. (v. 1751) Lib. II. Tit. V. §. 46 hatte es freilich geheißen: „Nachdem aber durch die Verfassung des Teutschen Reichs alle Insuln, wie die Flüsse und deren Alvei, ad Regalia hingewiesen worden, so können die Benachbarte sich kein Recht daran anmaßen." Dies entsprach der Ansicht derjenigen Rechtslehrer, welche die Regalität der Inseln in öffentlichen Flüssen allgemein annahmen. (Höpfner Comm. §. 313 ad 1.) Besonders lebhaft hatte Leyser die Regalität vertheidigt, schließlich jedoch mit der Modification, daß er den Privaten ein Recht zur Occupation einräumte, wenn Fiscus die Insel einige Jahre (per annos aliquot, binos saltem,) unbebauet lasse und so gleichsam derelinquire. (Medit. Spec. XXV. 4; DII. coroll. 3.) Im A. L. R. finden sich nur Ueberbleibsel jener Theorie: außer dem Erforderniß der Besitzergreifung (oben ad C. b. α; vgl. Entsch. XXVII. 49 [Strieth. XI. 137. 138: oben Bd. I. Anm. 918]: wegen der in diesem Erforderniß liegenden Eigenthums-Beschränkung bei Privatflüssen) noch die Anm. 111 und 114 bezeichneten Momente.

Was nun unsere Provinzialrechte betrifft, so hatte die Rheinische Uferordnung v. 1774 (oben Anm. 100) zwar die Alluvionen den Ufereigenthümern belassen (§. 15), aber die Inseln als Regale vorbehalten (§. 38). Im Ostpreuß. Prov. Recht Zus. 16 und im Westpreuß. §. 4 (Entsch. XLII. 57), so wie in Art. III. no. 2. des Gesetzes vom 4. Aug. 1865 (Ges. Samml. S. 874), heißt es ausdrücklich: „Inseln in öffentlichen Flüssen sind kein Vorbehalt des Staats." Dasselbe gilt nach Kurmärkischem u. Neumärkischem Prov.-Recht: v. Scholtz Entw. §. 12 (Mot. I. 73; II. 378); v. Kunow Entw. §. 11 (Mot. S. 14). Anders nach Altmärkischem Prov.-Recht: Goetze Entw. §. 583 (Mot. II. 292—295). — Nach Oestr. §. 407 und Code Nap. art. 560 sind die Inseln in schiffbaren Flüssen dem Staate vorbehalten.

113) Daß im §. 258 gelesen werden muß: „An- und Zuwüchse der Ufer, oder auch Inseln" — also mit Wegfall des Artikels „der" vor „Inseln" — erscheint nach §. 260 h. t. außer allem Zweifel: Gesetzrev. S. 112. Der Entw. §. 220 h. t. hatte die richtige Lesart. Im A. G. B.

α) im öffentlichen Interesse (zumal im Interesse der Schifffahrt):

a) in öffentlichen Flüssen, der Regel nach ohne Entschädigung: §. 259, mit Ausnahme einer billigen Vergütung nach mehr als fünfzigjährigem Besitze: §. 260;

b) in Privatflüssen, in allen Fällen gegen Entschädigung: §. 261;

β) im nachbarlichen Interesse: in allen Fällen gegen Entschädigung: §. 262.[114])

E. Alvei mutatio.

a) Verengung oder Zulandung eines Flußbettes (Grabens, Canales), oder Ablassung eines Landsees **durch künstliche Anstalten**, welche Kosten machen.

Hier gehört zur Erwerbung des Eigenthums — und zwar in dem nach der Theilungslinie ad C. b. β zu bestimmenden Umfange — die Besitznehmung. Daneben besteht die Verpflichtung, einen entsprechenden Beitrag zu den Arbeiten und Kosten der Ausführung jener Anstalten zu leisten: §. 263—269 h. t. Doch soll das Recht zur Occupation nicht gerade an die vorgängige Leistung dieses Beitrages nach Art einer Bedingung geknüpft sein: Entsch. XXXVII. 69—78 (v. J. 1857). Zur Erläuterung vgl. auch Ges.-Samml. 1863 S. 792 (Statut des Verbandes zur Regulirung eines Baches §. 3).

Uebrigens soll der §. 263 h. t. nicht blos auf öffentliche, sondern auch auf Privat-Flüsse anwendbar sein: Strieth. LXV. 26 fg. (v. J. 1866). Was aber die von mehreren Grundstücken begränzten Landseen insbesondere betrifft — §§. 267. 268 —, so wird consequent das Eigenthum derselben, in Ermangelung besonderen Erwerbes, den Anliegern nach der Ausdehnung des Uferbesitzes und bis zur Mitte des Gewässers als Pertinenz des am Ufer liegenden Grundstückes zugesprochen: Entsch. LII. 38—42 (v. J. 1864).

---

v. 1791 findet sich dagegen (I. 9. §. 258) schon der Fehler: „oder auch **der Insel**".

114) Unverkennbar ist der innere Zusammenhang der Bestimmungen ad b) theils mit der früheren Regalitätstheorie (oben Anm. 112 u. Born. §. 82 — Bd. 2 S. 33 Note 2: „Hier spielt die Regalität der Inseln hinein, deren der Staat sich nur quoad ius occupandi begeben hat"), theils mit dem ganzen Systeme unseres achten Titels in Ansehung der s. g. gesetzlichen Einschränkungen des Eigenthums, welche entweder zum Besten des gemeinen Wesens (oben Bd. I. S. 410 ff.), oder zum Besten der Nachbarn (S. 418 ff.) angeordnet sind, und zwar je nach den Verhältnissen ohne Entschädigung, oder gegen Entschädigung. Vgl. Entsch. XX. 6. 7. u. Sydow Comp. Consl. S. 14 fg. (§. 23.)

b) Veränderung des Flußbettes durch **Naturereigniß.**

Das Rechtsverhältniß des alveus derelictus ist dem der insula in flumine nata (oben ad C) ganz analog. Daher gibt das Römische Recht den alveus derelictus, der ja aufgehört hat eine res publica zu sein, den bisherigen Ufereigenthümern, nach den auch bei der insula in flumine nata geltenden Theilungsgrundsätzen; wogegen der novus alveus von selbst iuris publici wird, später aber, falls der Fluß in sein früheres Bett zurückkehrt, in das Eigenthum seiner Anlieger übergeht. Von einer Entschädigung Derjenigen, welche durch dergleichen Zufälle Grundeigenthum einbüßen, ist keine Rede. Vgl. §. 23. J. de R. D.; 7 §. 5; 30 §. 1; 56 §. 1 de A. R. D. Auf blos vorübergehende Ueberschwemmungen finden diese Grundsätze natürlich keine Anwendung (neque enim inundatio speciem fundi commutat): §. 24. J. eod.; 7 §. 6. eod. Auch das Deutsche Recht behandelt den agang, of he verdroget, der Insel gleich: S. Sp. II. 56 §. 3. (Am Schluß der oben ad C, S. 51 angeführten Stelle.)[115])

Nicht minder beruhet die Theorie des A. L. R. auf einer grundsätzlichen Gleichstellung des verlassenen Flußbettes mit den in dem Flußbette entstandenen Inseln.

α) Trotz des Fluß-Regals gilt nach Preußischem Rechte die Regalität so wenig an dem verlassenen Flußbette, wie an den Inseln.[116]) Der Staat hat demnach kein Recht auf die Substanz des Flußbettes, z. B. auf die in dem Bette befindlichen Steine: Entsch. XLII. 54—59 (v. J. 1859); oben ad D. a. g. E.

β) Vielmehr gehört das von dem Wasser verlassene Flußbette den benachbarten Uferbesitzern, soweit denselben die in dem Flusse entstehenden Inseln gehören: §. 270 h. t. und II. 15. §. 68. Nur findet das für die Inseln geltende Erforderniß besonderer Besitzergreifung auf das verlassene Flußbette keine Anwendung. Dafür spricht nicht blos das den von selbst eintretenden Erwerb bezeichnende Wort „gehören", welches hier nur ungenau auch von den Inseln

---

115) In Fortsetzung der oben ad B. angeführten Stelle, von dem Landverlust durch Abspülung (S. Sp. II. 56 §. 2), heißt er weiter: Brict it (das Wasser) aver enen nien agang, dar mede ne verlûset he (der Ufereigenthümer) sines landes nicht.

116) Anders wieder bei Cocceji a. a. O. (oben Anm. 112) §. 48: „Wann ein Fluß auf einmal sein voriges Bett (pristinum alveum) verläſſet, und sich einen neuen Alveum macht, so wird der Alveus derelictus nicht unter die benachbarten Güter getheilet, sondern er gehöret zu Unsern Regalien ꝛc."

gebraucht wird[117]), sondern fast noch mehr die der Alluvion verwandte Natur des hier in ununterbrochenem Zusammenhange mit dem Ufer bleibenden neugewonnenen Landes (gleichsam einer potenzirten Alluvion). In diesem Sinne ist denn auch neuerlich die hier immerhin zulässige Controverse von unserem höchsten Gerichtshofe entschieden worden: Entsch. LVI. 35—38 (Strieth. LXII. 109—113), v. J. 1865.

γ) Soweit es sich nicht um eine durch die Natur selbst veranlaßte bloße Schmälerung oder Erweiterung des Flußbettes handelt: §. 274 h. t., tritt eine wohlerwogene Abweichung ein von dem nach Römischem Rechte Gewinn und Verlust bringenden Walten des Zufalls, indem eine Ausgleichung des dem Eigenthümer des durchbrochenen Bodens erwachsenen Schadens[118]) erzielt wird, sei es durch directe Ueberweisung des verlassenen Flußbettes, sei es (nach Umständen[119])) durch Entschädigung aus dem Werthe desselben: §. 271. 273 h. t. und II. 15. §. 69. Zur Erläuterung vgl. auch Ges.-Samml. 1865 S. 810 (Statut eines Deichverbandes §. 8: Verwendung der in das Eigenthum des Deichverbandes gefallenen „verlassenen Flußbetten" zur Entschädigung der resp. Betheiligten).

δ) In Ansehung der nur zeitweiligen Ueberströmungen entspricht der §. 272 h. t. den vorher allegirten Römischen Stellen von der inundatio. Derselbe bezieht sich also auch nicht auf den, bei Hochwasser regelmäßig oder gewöhnlich stattfindenden Austritt des Wassers auf

---

117) Vgl. oben Anm. 72. u. Gesetzrev. S. 113 zu Anfang.

118) Genauer: „eine Entschädigung derjenigen Unterthanen des Staats, welche durch den neuen Canal des Flusses an ihrem Eigenthume gelitten haben." (Ueber den Gebrauch des Wortes „Canal" auch von einer nicht durch Menschenhand bewirkten Anlage vgl. Entsch. X. 246. 251. (Oben Bd. I. S. 419 fg.)

119) Der Mangel an Rücksicht auf die Umstände, welche die (dem Entw. §. 225 noch fehlende) Landrechtliche Alternative (§. 271: „Flußbette oder dessen Werthe") begründen, charakterisirt den übrigens auch vom Römischen Rechte abweichenden art. 563 des Code Napoléon, welcher ohne Unterschied der Fälle dem Eigenthümer des durchbrochenen Grundes das verlassene Flußbett als Entschädigung zuspricht, also „den Knoten zerhauet, statt ihn zu lösen": Gesetzrev. S. 112. 113. Oestr. §. 409 hat die alternative Entschädigung nach A. L. R. angenommen.

Uebrigens mag hier nicht unbeachtet bleiben, daß schon das Preuß. Landrecht v. 1721 (Buch III. Tit. I. Art. V §. II.) die „Strenge des Rechten", wonach der vom Wasser später wieder verlassene novus alveus nicht an seine vorigen Eigenthümer zurück fiel, verwarf. („Aber die Vernunfft und Billigkeit scheinet dawieder zu seyn.")

benachbarte Grundstücke, sondern auf solche Ueberströmungen, welche durch besondere Ereignisse, durch ungewöhnliche Gewalt des Wassers, herbeigeführt werden: Strieth. LI. 157—161 (v. J. 1863).

c) Der Staat, welcher **vermittelst Durchstichs** dem Strome einen anderen Lauf anweisen läßt, gewinnt zwar die unbeschränkte Verfügung über das verlassene Flußbette, muß aber sowohl die darunter leidenden Grundeigenthümer (wie bei Landstraßen), als auch resp. die Fischereiberechtigten vollständig entschädigen: II. 15. §. 70—72. Die Gesetzrevisoren (S. 112) wollen diese Bestimmungen (und demgemäß auch die daran geknüpfte Frage: ob in solchen Fällen die Eigenthümer des verlorenen Bodens das verlassene Flußbette zur Entschädigung annehmen müssen, oder statt dessen Geldentschädigung fordern können?)[120]) mit dem Gegenstande des gegenwärtigen Titels nicht in Verbindung gesetzt wissen. Doch ist, unter vergleichender Erwägung der Vorschriften dieses Titels, erkannt worden, daß, wenn der Durchstich mit Genehmigung des Staates von einem Anderen (z. B. von einer Eisenbahn-Gesellschaft) ausgeführt wird, das Vorrecht des Staates zur Aneignung des trocken gelegten Flußbettes, in Ermangelung eines besonderen Vorbehaltes, auf jenen Anderen übergeht: Entsch. XLV. 351—354 (v. J. 1861: ausführlicher bei Strieth. XL. 156—163).

2. **Verhältnisse, in denen die menschliche Thätigkeit das Ueberwiegende ist.**

Hier tritt von den beiden naturrechtlich anerkannten Erwerbungsgründen die Formation (Arbeit) in den Vordergrund und die Occupation (Machtäußerung) in den Hintergrund. Dabei gelangt zu besonderer Bedeutung die Frage von dem Verhältniß zwischen accessorium und principale. (Accessions-Eigenschaft.) Imgleichen die Frage von dem Verhältniß zwischen den eigenthumsrechtlichen und den obligatorischen Folgen der Benutzung fremder Stoffe.[121])

---

120) Gelegentlich scheint der höchste Gerichtshof sich gegen das Wahlrecht der Privateigenthümer zu erklären, indem es Entsch. XLV. 353 heißt: der Staat könne sich das Flußbett aneignen, „wenn er es nicht vorzieht, es zur Entschädigung der nach §. 71, II. 15. A. L. R. zu Entschädigenden zu verwenden."

121) Es ist auch den Gesetzrevisoren (S. 113) nicht entgangen, in wie enger Verbindung mit der Erwerbung des Eigenthums z. B. diejenigen Sätze stehen, welche — als Folgesätze der Vertretung des außercontractlichen Schadens nach den Graden der Culpa — eigentlich nur die aus einer unredlichen Bestellung fremden Grundes und Bodens erwachsenden Ansprüche

A. Verbindung beweglicher Sachen mit unbeweglichen.

a) Auf organischem Wege: Säen und Pflanzen.

Nach Römischen Begriffen ging durch das Wurzelschlagen der Pflanze wie durch das Aussäen des Samens in fremdem Boden eine förmliche Verwandlung des Eigenthums auf organischem Wege vor sich (ex quo radices egerit planta, proprietas eius commutatur): Pflanze und Samen wurden integrirende Theile des Grundstückes und somit Eigenthum des Grundeigenthümers (plantae quae terra coalescunt solo cedunt, ... frumenta quoque quae sata sunt solo cedere intelliguntur; — gemeiniglich ausgedrückt: solo cedit quod solo inplantatur), und nur auf den Ersatz des Werthes resp. der Impensen gingen gewisse Rechtsmittel: §. 31. 32 J. de R. D. 7 §. 13; 9 pr.; 26 §. 2 de A. R. D. 11 C. D. R. V. III. 32. (Puchta §. 164 Note J. Keller §. 139 g. E.)

Nicht ohne Einfluß des älteren Deutschen Rechtes (Beseler §. 89 Note 20) und im Anschluß an die in der gemeinrechtlichen Praxis erweiterte Erstattung der Impensen (Born. §. 83 ad 1. Note 4) hat dagegen das A. L. R. dem Nutzungsberechtigten als solchem (vgl. oben ad §. 221 h. t.) den Vorrang eingeräumt: mit folgender Casuistik.

α) Der Eigenthümer des Samens oder der Pflanze bringt solche in fremden Boden.

A) Grundsatz.

Sobald der Samen ausgesäet ist oder die Pflanze Wurzel getrieben hat, fällt das Eigenthum an den „Nutzungsberechtigten des Bodens": §. 275 h. t. Erst in diesem Momente hört der Samen resp. die Pflanze auf, Gegenstand der Vindication zu sein; denn es liegt einer von denjenigen Fällen vor, in welchen das Eigenthum einer Sache durch deren physische Veränderung verloren geht: I. 16. §. 1.

Bedenklich erscheint allerdings die Anwendung des §. 275 h. t. auf Bäume oder gar auf ganze Baumpflanzungen, welche danach von dem Nutzungsberechtigten, z. B. dem bloßen Pächter! — wie von einem Superficiar (I. 22. §. 243 ff.) — als separates Eigenthum (oben Bd. I. S. 406) behandelt und bei Beendigung seines Nutzungsrechtes mit hinweg genommen werden dürften. (Koch Comm. ad §. 275 h. t.) Wegen eines solchen gewiß unzuträglichen Resultates hat es deshalb mehr für sich, dem Nutzungsberechtigten auch an den Bäumen nur sein sonstiges Nutzungsrecht, in der Regel also nur den Fruchtgenuß, zuzu-

---

betreffen. Vgl. u. A. Entsch. XXIII. 270. (Unrechtmäßige Bereicherung auf Grund des Eingreifens in den Rechtskreis eines Anderen.)

gestehen. (Born. §. 83 ad 1.) Eine beschränkende Auffassung, zu deren Unterstützung sich noch aus den folgenden Paragraphen (§. 276. 279.) der Ausdruck: „Früchte genießen (ziehen)" beibringen läßt.[122])

Interessant für das Verhältniß unseres §. 275 zum §. 282 des Strafgesetzbuches ist eine Entscheidung aus d. J. 1859: Entsch. XL. 21*—26*.

B) Wahlrecht.

Der Grundsatz ad A) soll jedoch keinen Zwang für den Nutzungsberechtigten in sich schließen. Vielmehr hängt es von der freien Wahl desselben ab, ob er die Früchte von der ihm fremden Bestellung genießen will, oder nicht.

a) Will er dieselben genießen, so muß er dem Besteller die Aufwendungen vergüten: §. 276 h. t., und zwar dem redlichen Besteller nach dem vollen Maße: §. 277, dem unredlichen in dem beschränkten Umfange: §. 278.

b) Will er von der Bestellung keine Früchte ziehen, so steht ihm die weitere Wahl frei:

entweder den Boden anders zu nutzen; in welchem Falle der Besteller das ius tollendi ausüben kann: §. 279. 280[123]);

oder die Früchte, gegen Ersatz der entzogenen Bodennutzung, dem Besteller zu überlassen: §. 281 h. t.[124])

Es muß jedoch der systematische Standpunkt dieser lediglich für eine der unmittelbaren Erwerbungsarten ertheilten Vorschriften (ad α) mit voller Consequenz festgehalten werden, um diejenigen Verhältnisse mit Klarheit auszusondern, auf welche diese Vorschriften keine Anwendung finden. Dahin gehört natürlich vor Allem das Verhältniß des Säenden und Pflanzenden, welcher zugleich redlicher Besitzer des Grundstückes selbst war, wegen dessen der §. 282 h. t. auf die entsprechenden besonderen Bestimmungen des Siebenten Titels (vgl. oben Bd. I. Anm. 793) ausdrücklich hinweist. Es kann aber keinem gegründeten Bedenken unterliegen, die Anwendung unserer Vorschriften allgemein da auszuschließen, wo das Säen und Pflanzen entweder

---

122) Verwandt mit dieser beschränkenden Auslegung ist auch diejenige, welche oben Anm. 99 zum §. 221 h. t. gerechtfertigt werden mußte.

123) Für die Ausübung dieses ius tollendi war Anfangs eine Frist von acht Tagen gesteckt worden. Diese findet sich schon nicht mehr im §. 232 Entw. h. t. Jetzt muß also das ius tollendi sofort oder doch ohne Behinderung der Bodenarbeit des Nutzungsberechtigten ausgeübt werden. (Born. §. 83 ad 1. Note 5; Koch Comm. ad §. 280 h. t.)

124) Diese dem A. L. R. eigenthümliche Beschränkung des ius tollendi wird gerechtfertigt von Born. §. 83 ad 1 g. E. (Note 1.)

eine von irgend einem (wie auch immer gearteten) Besitzer des Grundstückes bewirkte Verwendung oder Melioration ausgemacht hat und deshalb den anderweiten Bestimmungen des Titels 7. unterliegt, oder in Folge eines, wenn auch formell mangelhaften Vertrages, als Titels einer mittelbaren Erwerbungsart (bei der ein Auctor existirt und eine Succession stattfindet), und einer darauf gegründeten Besitzeinräumung und Besitznehmung, also bei bestehendem Vertragsverhältnisse, stattgefunden hat: Strieth. LV. 32. und LX. 270.

β) Der Nutzungsberechtigte[125]) bringt in seinen Boden fremden Samen oder fremde Pflanzen.

Hier kann es sich nur um die Ersatzverbindlichkeit gegen den Eigenthümer des Samens oder der Pflanzen handeln. Diese ist selbst dem redlichen Besteller nach dem höchsten Preise jener Gegenstände auferlegt: §. 283 h. t.[126]), und erstreckt sich im Falle des Dolus auch auf das lucrum cessans: §. 284 h. t. (I. 6. §. 10: oben Bd. I. S. 296; vgl. unten §. 303. 306 h. t.)

γ) Unter Beifügung des unpassenden Marginale: „Vom Pflanzen der Bäume", folgt eine Reihe von Bestimmungen, welche sich in der That nicht mehr auf das Pflanzen von Bäumen rc., sondern lediglich auf solche Rechtsverhältnisse beziehen, bei denen es sich um bereits vorhandene Bäume handelt. Mit völliger Beseitigung der Römischen Interdicte de glande legenda und de arboribus caedendis (Puchta §. 399 ad 1. und 3; Keller §. 112 g. E.; 114 ad I.; 160) entspricht das A. L. R. im Wesentlichen, wenn auch mit einigen Modificationen, der alten Deutschen Rechtsanschauung vom Ueberhang und Ueberfall, wie sich diese besonders im Sachsenspiegel II. 52 (von dem Hopfen, der sich über den Zaun flicht und von den über den Zaun gehenden Baumzweigen) und in dem Satze: der den boesen tropfen geniesset, geniesset auch den guten (Grimm. Rechtsalterth. S. 550—552) ausdrückt. (Eichh. §. 173. Gerber §. 91 ad 3. Beseler §. 89 ad IV. Bluntschli §. 72 ad 1. Oestr. §. 422.) Vgl. Koch §. 235 Note 5.; §. 605 ad II.; Forder. §. 227.

λ) Das Eigenthum eines auf der Gränze stehenden Baumes richtet sich nach dem Grunde und Boden, aus dessen Erde

125) Die Worte „auf seinem Grunde" im §. 283 und „der Eigenthümer des Bodens" im §. 284 gehen nach dem ganzen Zusammenhange mit α) augenscheinlich auf jeden Nutzungsberechtigten. (Koch Comm.)

126) Gegen die billigere Meinung von Sz., der dem redlichen Besteller nur die Erstattung des mittleren Werthes oder des sonst landesüblichen Preises hatte auferlegen wollen: Born. §. 83 ad 2. Note 2.

der Stamm kommt: §. 285 h. t., ist also den Nachbarn gemeinschaftlich, wenn der Stamm selbst auf der Gränze (d. i. auf dem Gränzraine: Koch Comm.) steht: §. 286. (Ebenso Oestr. §. 421.)[127]) Wo es, wie nach Schlesischem Auenrechte (Entsch. XXXI. 15. 16), ein gewissen Grundbesitzern vorbehaltenes Eigenthum gibt, da mögen diesen (also nach Schlesischem Auenrechte den Gutsherrschaften) auch die auf Rainen (Wegen und Uferrändern) wachsenden Bäume (und Gesträuche) ausschließlich zugesprochen werden: Koch Schles. Arch. Bd. 5. S. 64 ff. (Ob. Trib. Erkk. v. 1829 und 1841.)

B) Die unter dem eigenen Grunde und Boden fortlaufenden Wurzeln eines fremden Baumes (oder einer fremden Hecke: I. 8. §. 177)[128]) braucht der Grundbesitzer so wenig zu dulden wie die über seine Gränze herüber hangenden Zweige: §. 287 h. t.[129])

a) „Will er aber selbige weghauen, so muß er das Holz dem Eigenthümer des Baumes ausliefern": §. 288; wogegen auch der Eigenthümer des Baumes „wohl befugt" ist, auf seinem eigenen Grunde und Boden die auf den Grund des Nachbars hinüberhangenden Zweige wegzuhauen: §. 291 h. t.

Nun war der §. 288 allerdings gerade in der Absicht redigirt worden, um die im gemeinen Rechte bestrittene Frage (eine freilich zur Ungebühr bestrittene Frage: Entsch. XXX. 434) deutlich zu entschei-

---

127) Nach Römischem Rechte scheint freilich nicht sowohl der Stamm, als vielmehr das bloße Wurzeltreiben für die Frage von der Gemeinschaftlichkeit des Baumes entscheidend gewesen zu sein: ... prope confinium arbor posita si etiam in vicini fundum radices egerit, communis fit. §. 31 J. de R. D.; 7 §. 13 de A. R. D. Doch muß dagegen wohl durchgreifen, wenn an anderen Stellen (19 pr. comm. div. X. 3.; 83 pro socio. XVII. 2) auf den Ort der Entstehung (arbor in confinio nata) Gewicht gelegt und am Ende der für die Beseitigung der eindringenden Baumwurzeln entscheidenden Stelle (vgl. die folgende Anm.) geradezu gesagt wird: Si radicibus vicini arbor aletur, tamen eius est, in cuius fundo origo eius fuerit. (6 §. 2 arb. furtim caes. XLVII. 7. Vgl. Weber zum Höpfner'schen Comm. §. 327 Note 3.)

128) Das Eindringen der fremden Baumwurzeln in unsere Erde gilt natürlich auch nach Römischem Rechte, bei aller sonstigen Verschiedenheit vom Deutschen Rechte, als Verletzung unseres Eigenthums. 6 §. 2 arb. furt. caes. XLVII. 7: Si arbor in vicini fundum radices porrexit, recidere eas vicino non licebit: agere autem licebit, non esse ei ius (nicht eius: Keller §. 114 Note 5), sicuti tignum aut protectum, immissum habere. 1 C. de interd. VIII. 1: ... nec arboris quidem occasionem vicino nocere oportere.

129) Ist auch beziehentlich von den Wurzeln und Zweigen eines gemeinschaftlichen Baumes zu verstehen: Siewerts Materialien IV. 167—176.

den: ob der Nachbar überlaufende Zweige und Wurzeln selbst abhauen könne, wenn der Eigenthümer des Baumes sich dazu nicht verstehen wolle. (Born. §. 117 g. E. — Bd. 2. S. 144 Note 5.) Dennoch wurde der Umfang des nachbarlichen Rechtes auch nach A. L. R. wieder zweifelhaft: ob nämlich der Nachbar mit der ihm zugestandenen Selbsthülfe sich begnügen müsse, oder auch gegen den Eigenthümer des Baumes auf Fortschaffung des Ueberhanges klagen könne? Dieser Zweifel ist in dem Sinne der Spezialbeschränkung jenes Rechts entschieden worden durch das Präj. 2615 (v. J. 1855): „Der Eigenthümer eines Grundstücks, in dessen Luftraum die Zweige der seinem Nachbar gehörigen Bäume überhangen, ist nicht berechtigt, von dem Letzteren zu verlangen, daß er die überhangenden Zweige wegschaffe, sondern Dieser ist nur verpflichtet zu dulden, daß Jener dieselben aus dem Bereiche seines Eigenthums entferne, alsdann aber auch befugt, die Auslieferung des abgehauenen Holzes zu fordern.“ (Entsch. XXX. 431—437; Striethh. XVI. 255—261; Arnsb. Jur. Monatsschr. v. 1855 S. 348—353.[130]))

b) Duldet der Grundbesitzer die überhangenden Zweige, so ist er dafür auch berechtigt, diejenigen Früchte sich zuzueignen, welche der Eigenthümer des Baumes nicht einsammeln kann, ohne entweder den Grund des Nachbars zu berühren, oder Instrumente zum Herüberlangen anzuwenden, oder die Aeste herüberzubeugen: §. 289. 290 h. t.[131]) Der eigentliche Ueberfall kommt ihm — dem Nachbarn — ohnehin ausschließlich zu Statten: §. 292.

C) Der durch Sturmwind ganz oder zum Theil auf den Grund des Anderen geworfene Baum soll

a) sammt den an demselben nach erfolgter Wegschaffung noch befestigten Früchten (also auch denen, welche nach B. b. dem Nachbar zugefallen sein würden,) dem vorigen Eigenthümer verbleiben: §. 293. 294 h. t.; jedoch durch den Letzteren, bei Verlust seines Rechtes, auf Verlangen des Nachbars,

b) ohne Zeitverlust (d. i. binnen 24 Stunden: Koch im Comm.)

---

130) Ebendas. S. 54—56 findet sich die Ausführung eines früheren Appell.-Erkenntnisses im entgegengesetzten Sinne. (Wie im Code Nap. art. 672: . . . Celui sur la propriété duquel avancent les branches des arbres du voisin, peut contraindre celui-ci à couper ces branches.)

131) Im Anschluß an diese Bestimmungen gewinnt dann allerdings der §. 291 (oben ad a) noch die besondere Bedeutung, daß der Eigenthümer des Baumes auch die an den von ihm abzuhauenden Zweigen hangenden Früchte an sich ziehen kann. (Arnsb. Monatsschr. a. a. O. S. 56.)

von dem nachbarlichen Grunde weggeschafft werden: §. 295 h. t.; wobei dann der Eigenthümer des Baumes den aus dem Wegschaffen desselben hervorgehenden Schaden in allen Fällen vergüten muß: §. 296; den durch den Umsturz verursachten Schaden aber nur nach Maßgabe seiner Culpa: §. 297.

b) Auf mechanischem Wege: Bauen auf fremdem Boden oder mit fremden Materialien.

Weil hier keine organische Verbindung eintritt, so galten im Römischen Rechte die entgegengesetzten Grundsätze wie ad a. Zwar fiel auch bei der s. g. inaedificatio das Eigenthum des Gebäudes immer an den Eigenthümer des Bodens. (Gai. II. 73: Praeterea id quod in solo nostro ab aliquo aedificatum est, quamvis ille suo nomine aedificaverit, iure naturali nostrum fit, quia superficies solo cedit.) Allein das Eigenthum an den verbauten Materialien wurde als unverändert fortdauernd gedacht, nur daß die Vindication (bis zum etwaigen Wiederaufhören der Verbindung) suspendirt blieb. Geholfen wurde mit anderen Rechtsmitteln: actio de tigno iuncto auf das duplum gegen Jeden, der fremdes Material verbaut hatte, ad exhibendum auf das Interesse gegen denjenigen, welcher mala fide fremdes Material verbaut hatte; exceptio doli gegen die rei vindicatio, zum Ersatze der Impensen desjenigen, welcher seine Materalien auf fremdem Boden verbaut hatte, ohne daß er um das fremde Eigenthum des Bodens wußte. §. 29. 30 J. de R. D. 7 §. 10. 12 de A. R. D. 23 §. 6. 7; 37; 59 de R. V. Puchta §. 164 Note m. §. 169 g. E. Keller §. 139 zu Anfg.

Die Theorie des A. L. R. beruhet auf casuistischen Unterscheidungen, welche der Praxis den Anhalt zu weiteren Ausführungen gegeben haben.[132])

α) Der Eigenthümer des Materials hat auf fremdem Boden gebaut.

A) Ohne Vorwissen des Grundeigenthümers.

Für diesen Fall ist (nach Analogie von a. α. B.: oben S. 60) dem Grundeigenthümer ein Wahlrecht gegeben. Es hängt von ihm ab, das Gebäude zu erhalten, oder abbrechen und wegschaffen zu lassen: §. 327. h. t.[133])

---

132) Vgl. auch Oestr. §. 417—419. (Dem A. L. R. nachgebildet, aber abgekürzt und in umgekehrter Ordnung der Fälle.)

133) Dieser §. (327) bezeichnet „ein für sich selbst bestehendes Gebäude auf fremdem Grund und Boden." Darunter hat man jede Bauanlage ver-

a) Abbruch und Wegräumung auf Kosten des überdies nach dem Grade seiner Culpa zur Entschädigung verpflichteten Bauenden: §. 328.

b) Erhaltung des Gebäudes, mit weiterem Wahlrecht des Grundeigenthümers: §. 329.

aa) Der Grundeigenthümer kann das Gebäude selbst behalten, unter Erstattung der Baukosten nur in quantum locupletior factus est (Leyser Medit. Spec. CCCCXLVII. 1. 2): §. 330.

bb) Der Grundeigenthümer kann das Gebäude dem Bauenden überlassen, gegen reichliche Entschädigung nach dem Maße: §. 331.

β) Mit Vorwissen des Grundeigenthümers.

Auf diesen Fall — in welchem es gleichgültig ist, wie der Grundeigenthümer zu seiner Wissenschaft gelangt sein mag, so daß es einer Anzeige von Seiten des Bauenden nicht bedarf (Koch Lehrb. §. 249 Note 4; Entsch. IX. 7. 8; Strieth. XI. 218) — findet das ad A. eingeräumte Wahlrecht keine Anwendung. D. h. der Grundeigenthümer, welcher nicht sofort nach erhaltener Nachricht (spätestens binnen 24 Stunden: Koch im Comm.) seinen Widerspruch gegen die Fortsetzung des Baues (schriftlich oder auch nur mündlich: Born. §. 84

---

standen, welche als solche für sich und als unverbunden mit einem bereits vorhandenen Gebäude besteht, also u. A. auch eine freistehende (Garten-) Mauer: Arnsb. Arch. X. 60—62. Man kann jedoch noch weiter gehen und (mit Koch im Comm. ad §. 327) sogar ein auf einer fremden Mauer errichtetes Bauwerk hierher ziehen; wie 28 de A. R. D.: Si supra tuum parietem vicinus aedificaverit, ... fieri ... tuum proprium; quemadmodum tuum fieret, quod in solo tuo alius aedificasset; auch 2 C. de R. V. III. 32: Si inferiorem partem aedificii, quae solum contingit, ad te pertinere probare potes, eam quam vicinus (tuus) imposuit, accessisse dominio tuo non ambigitur.

Demgemäß ist denn auch eine gemeinschaftliche Mauer wie eine (theilweise) fremde behandelt und das Eigenthum einer, von einem Nachbar auf der ganzen gemeinschaftlichen Mauer errichteten Mauer, dem anderen Nachbar und resp. Miteigenthümer der unteren gemeinschaftlichen Mauer, so weit die neu errichtete Mauer auf seiner Hälfte ruhet, — als durch Accession, und zwar speziell durch Inädification, erworben — zugesprochen worden: Strieth. LVIII. 61—65 (v. J. 1865). Daß aber auch im A. L. R. nur ein wirklich cohärirendes, nicht ein bewegliches Gebäude vorausgesetzt ist, ganz wie 60 eod. (horreum frumentarium mobile), kann keinem Bedenken unterliegen.

Uebrigens ist durch die nach A. L. R. ausschließlich in die Hände des Grundeigenthümers gelegte Entscheidung das ius tollendi des Bauenden (nach Maßgabe 27 §. 5. und 38 de R. V. VI. 1; Entsch. IX. 5 g. E.) von selbst absorbirt.

Den Gegensatz zu α) bilden unten die Bestimmungen ad δ).

ad 1.) zur Wissenschaft des Bauenden gelangen läßt, muß mit der bloßen Entschädigung für Grund und Boden sich begnügen: §. 332 h. t. Der Anspruch auf diese Entschädigung ist zwar nur ein persönlicher, der Entschädigung ist die Natur einer dinglichen (auf dem verlorenen Grundstück ruhenden) Last nicht zuzuschreiben: Entsch. LVI. 39—44 (v. J. 1866). Das sonstige Verhältniß zwischen principale und accessorium kehrt sich aber hier gerade um (solum cedit aedificio): Entsch. IX. 6. Denn durch das Gesetz selbst wird die Rechtsfiction der Einwilligung des Grundeigenthümers in den Bau aufgestellt: Entsch. XXXVIII. 71. Oder: Der unterlassene Widerspruch gegen den Bau ist einer (stillschweigenden) Entäußerung des Grundes und Bodens, gegen Entschädigung dafür, gleich gestellt: Strieth. XXXVI. 83. (Durch den ohne Widerspruch wissentlich geduldeten Bau wird der Eigenthümer des Grundes und Bodens zum Verkaufe des letzteren verpflichtet; der Bauende hat das Eigenthum des fremden Grundes und Bodens erworben und ist nur zur Entschädigung verpflichtet: Entsch. XXI. 91.) Diese Bestimmung ist dem A. L. R. eigenthümlich, während die Grundsätze ad **A.** im Wesentlichen schon der gemeinrechtlichen Praxis geläufig waren.[134]) Vorausgesetzt wird freilich für die starke Wirkung der blos stillschweigenden Einwilligung in dem Falle des §. 332 h. t. ein solcher „Grundeigenthümer", der das volle und ganz unbeschränkte Eigenthum am Grund und Boden hat: Strieth. XLVII. 255—260 (v. J. 1862). Auch darf ad **A.** und **B.** nicht außer Acht gelassen werden, daß unsere §§. 327 u. 332, nach ihrer systematischen Stellung, eine unmittelbare Erwerbart des Eigenthums, also zugleich den Titel zu demselben betreffen; weshalb folgerecht aus ihnen nur das Recht zum Besitze, nur eine petitorische Einrede in Bauprozessen, nicht aber die Entscheidung in possessorio über den letzten ruhigen Besitzstand (das Recht des Besitzes: oben Bd. I. S. 379 fg. ad ε) hergeleitet werden kann: Strieth. XLIV. 120—123 (v. 1861). Endlich sind noch die Gränzen scharf zu ziehen zwischen den Folgen des §. 332. in Beziehung auf die Abtretung von Grund und Boden und den Folgen der Vorschriften des Titels 22. in Beziehung auf die Einräumung von Servituten: Entsch. XXI. 87—92 und Strieth. LVI. 267 ff. (unten ad **C.** α).

---

134) In dem ad aa), S. 65, angeführten Specimen wird insbesondere ausgeführt, daß der Grundeigenthümer zwar nicht mit dem Schaden des Bauenden sich bereichern solle, daß aber die Regel: omne, quod solo inaedificatur, solo cedit, auch nicht zum Schaden des Grundeigenthümers ausschlagen, dieser mithin nicht gezwungen werden dürfe, das Gebäude wider seinen Willen zu behalten und zu bezahlen.

C) Im Gegensatze zu B. wird schließlich noch der Fall, wenn der Besitzer eines ganzen Guts (d. i. irgend eines Grundstückes, nicht gerade eines Complexes von Grundstücken: Koch Comm. ad §. 333 h. t.; Strieth. XVII. 21; Entsch. XXX. 36) Gebäude darauf errichtet, und hiernächst das Gut nebst den Gebäuden dem Eigenthümer zurückgeben muß, — berührt und durch Verweisung auf die entsprechenden Paragraphen des Siebenten Titels (§. 204—211: oben Bd. I. S. 395 fg. ad a, b, und §. 238: S. 400 ad c) erledigt: §. 333 h. t. (Vgl. oben §. 282 h. t.)

Die systematische Bedeutung dieses Gegensatzes (in B. und C.) liegt darin, daß in dem Falle des §. 332 die Besitznahme des Bodens nur als Mittel zu dem Zwecke des Bebauens sich darstellt (Inädification: Verwendung des Bodens zu einem Gebäude), wogegen der §. 333 auf alle diejenigen Fälle sich bezieht, in denen das Bauen gar nicht als Selbstzweck auftritt, sondern die Errichtung von Gebäuden nur folgeweise aus dem Besitze eines Grundstücks hervorgeht und als Nebenhandlung den Charakter einer bloßen Aufwendung annimmt (Impensen und Meliorationen: Anlegung eines Gebäudes für ein Grundstück): Entsch. XXX. 35.

Praktische Consequenzen:

a) Der §. (327 und) 332 ist nicht anwendbar auf solche Fälle, in denen zwischen dem Bauenden und dem Grundeigenthümer ein Vertragsverhältniß bestand, vermöge dessen letzterer dem ersteren den Grund und Boden zur Benutzung übergeben hatte, indem dann die für dieses Rechtsverhältniß (z. B. für Pacht, Precarium oder sonst abgeleiteten Besitz) gegebenen Vorschriften die entscheidende Norm geben müssen (wie dies auch aus §. 333 gefolgert wird): Strieth. XVII. 19—22 (v. J. 1855); XL. 125—128 (v. 1861); LVI. 267—270 (v. 1865).

b) Der §. 332 ist anwendbar

aa) auf den Fall eines von einem Miteigenthümer auf dem gemeinschaftlichen Grunde und Boden errichteten Gebäudes: nach dem argumentum a potiori, daß, was schon von dem Bau auf fremdem Grund und Boden gilt, jedenfalls auch von dem Bau auf gemeinschaftlichem — also rücksichtlich des Miteigenthümers gleichfalls fremdem — Boden gelten muß: Strieth. XI. 216—218 (v. 1854);

bb) auf solche Fälle, in denen über die Abtretung der Baustelle ein unförmlicher Vertrag geschlossen worden war, oder genauer: in denen der Bauende den Besitz des Platzes zum Zweck der Erbauung durch Uebergabe in Folge eines (aus irgend einem Grunde) ungültigen Vertrages erlangt hatte. „Denn der Bauende kann, wenn er auch in Bezug auf den mittelbaren Erwerb nicht in bona fide, sondern als unrechtfertiger Besitzer anzusehen ist, dennoch in Bezug auf den unmittelbaren Erwerb durch Inädification in gutem Glauben sein, indem er auf Grund des Gesetzes aus dem Umstande, daß der Eigenthümer um den Bau gewußt und demselben nicht widersprochen hat, mit Recht die Einwilligung folgert." (Entsch. XXXVIII. 64.) Nur der dolus des Bauenden soll durch diese Auffassung ungeschützt bleiben. (Born. §. 84 ad 1; Entsch. a. a. O. 72.) Auch hier greift wieder ein argumentum a potiori durch: daß nämlich, wenn schon demjenigen, der ohne Widerspruch des Eigenthümers fremden Grund und Boden bebaut, die Vorschrift des §. 332 zu Statten kommen soll, dies um so mehr zu Gunsten desjenigen geschehen muß, der selbst in der Meinung redlich war, daß der Grund und Boden nicht dem Anderen mehr, sondern ihm gehöre; oder daß, wenn ein besonderer Consens in den Bau, obschon in unverbindlicher Weise, ertheilt worden war, der Bauende um so mehr Veranlassung hatte, den Bau auszuführen (es sei denn, daß der Consens selbst nur unter gewissen Beschränkungen gegeben war und in so weit einen Widerspruch des Eigenthümers gegen die unbeschränkte Benutzung des Grundes und Bodens in sich schloß). Vgl. Entsch. XXX. 31—37 (v. J. 1855); XXXVIII. 61—65 und 66—74 (v. 1858); Strieth. XXXVI. 80—83 (v. 1859).[135])

β) Der Grundeigenthümer hat auf seinem Boden mit fremden Materialien gebaut.

Für diesen Fall gelten im Wesentlichen die Römischen Grundsätze, insofern auch nach A. L. R. der Eigenthümer der Materialien weder diese noch gar das Gebäude selbst vindiciren kann, vielmehr der Grundeigenthümer das Gebäude behält und nur den Eigenthümer der Materialien für den Verlust derselben (nach Maßgabe seiner Culpa) zu entschädigen hat: §. 334. 335 h. t. (Koch Lehrb. §. 239 Note 15;

---

135) Im Kampfe mit dieser Gestaltung der neueren Praxis hat Koch an der Auffassung fest gehalten: daß die Grundsätze von der Inädification unanwendbar seien, wenn in Folge einer formlosen (mündlichen) Uebereinkunft gebaut, also eine mittelbare Erwerbung vorhanden sei; daß dagegen durch die bloße Einwilligung des Grundeigenthümers in den Bau, ohne Abschließung eines Ueberlassungsvertrages über die Baustelle, die Natur der Erwerbungsart als einer unmittelbaren nicht geändert werde: Lehrb. §. 249 ad II. 1; Comm. ad §. 332 h. t. (Besonders gründlich und ausführlich in der vierten Ausg. des Comm., v. J. 1862.)

§. 249 ad II. 2; Comm. ad §. 334 h. t.; Born. §. 84 ad 2 Note 3; Mühlenbruch Pand. §. 252 Note 10.)

γ) Es ist mit fremden Materialien auf fremdem Boden gebaut.

Hier entsteht ein aus α) und β) gemischtes Rechtsverhältniß:

A) Dem Grundeigenthümer gegenüber gestaltet sich das Verhältniß des Bauenden nach α): §. 336 h. t.

B) Dem Eigenthümer der Materialien muß der Bauende nach β) gerecht werden: §. 337 h. t.

C) Der Eigenthümer der Materialien hat

a) an den Grundeigenthümer als solchen gar keinen Anspruch: §. 338 h. t.

b) Auch das im §. 339 h. t. angedeutete Vorzugsrecht des Eigenthümers der Materialien in dem Vermögen desjenigen, welcher die Materialien verbaut hat (Pr. O. Tit. 50 §. 424: Gesetzrev. S. 114), ist, so problematisch es schon an sich war (Koch im Comm. ad h. §), jedenfalls mit der Concurs-Ordnung von 1855 verschwunden (Wentzel und Klose Comm. S. 521).[136])

δ) Bei dem Bauen an der Gränze gilt eine gewisse Begünstigung des einmal fertig Gewordenen.

Im Gegensatze zu α), wo von einem **ganz** auf fremdem Boden neu errichteten Gebäude die Rede ist, handelt es sich hier um das — mehr oder weniger culpose — Vorrücken des auf eigenem Grund und Boden geführten Baues über die nachbarliche Gränze: Entsch. XXXVIII. 74—78 (v. J. 1858), vgl. mit Strieth. XI. 217 (v. 1854) und LII. 83 fg. (v. 1863). Und zwar handelt es sich nicht um solche Fälle, in denen die Gränze bereits bebaut ist und der Streit z. B. die Benutzung einer auf der Gränze befindlichen Mauer betrifft, sondern lediglich um den Fall der Aufführung eines Baues auf der Gränze: Strieth. LVI. 240—242 (v. 1864).

Für diesen Fall bedarf es nun der vorgängigen Anzeige an den Nachbarn: §. 340 h. t., welche durch das bloße Wissen und Schweigen

136) Die §§. des (gedr.) Entwurfs und des A. L. R. entsprechen einander (wenn auch nicht durchweg in materieller Uebereinstimmung), wie folgt:

Entw. II. 6.	A. L. R. I. 9.
§. 271—274	§. 327—331.
§. 275	§. 332.
§. 276—278	§. 340—342.
§. 279	§. 333.

Die L. R. §§. 334—339 sind also erst bei der Umarbeitung des Entwurfs eingeschaltet worden.

des Nachbars nicht ersetzt wird: Präj. 288 (v. 1837) und Strieth. XI. 216—218 (v. 1854). Ist also die gehörige Anzeige (in specie auch nur an Einen von mehreren Miteigenthümern des Nachbargrundstückes: Strieth. LIX. 30—33, v. J. 1865) erfolgt und die angegebene Baulinie von dem Nachbarn — sei es auch nicht schriftlich: Präj. 668 (v. 1839)[137]) und Strieth. LIII. 218—220 (v. 1864), oder auch nicht einmal ausdrücklich: Arnsb. Arch. XIII. 73 (Reinhard) u. Koch im Comm.; auch Strieth. XLI. 36 ad b) und 39 — genehmigt worden, so braucht der Bauende, selbst wenn er aus mäßigem Versehen die angegebene Linie überschritten hat, und selbst wenn beide Theile um die Gränzüberschreitung wissen, dennoch den einmal fertig gewordenen Bau nicht wieder zu beseitigen, sondern nur den dem Nachbar entzogenen Grund und Boden (nach einer billigen Taxe) zu vergüten (den Grundschaden zu ersetzen): §. 341 h. t. (Arnsb. Arch. XII. 457.) Dafür gewinnt er das Eigenthum an dem von ihm bebauten nachbarlichen Grund und Boden, aber allerdings nur dieses, also nicht etwa das Eigenthum oder die Benutzung einer nachbarlichen oder gemeinschaftlichen Gränzmauer: Strieth. LXV. 119—122 (v. 1866).

Dagegen muß er das Gebäude auf seine Kosten bis innerhalb seiner Gränzen einziehen und noch außerdem die Nachbaren entschädigen, wenn er

entweder die Anzeige ganz unterlassen,

oder, des nachbarlichen Widerspruches ungeachtet, über die wahre Gränzlinie — d. i. hier die Eigenthumsgränze (nicht die im §. 139 ff. Tit. 8. vorgeschriebene Baulinie von resp. 3 und $1^1/_2$ Werkschuhen): Pl. Beschl. v. 18. April 1843 (J. M. Bl. S. 192 Nr. 118; Entsch. IX. 3—14) — fortgebauet,

oder die nachbarlich genehmigte Baulinie aus Vorsatz oder grobem Versehen überschritten hat: §. 342 h. t. Vgl. Arnsb. Arch. XII. 458; XIII. 74 fg.; Strieth. XLV. 118—124 (v. 1862); LX. 216—218 (v. 1865).

Systematisch gehören diese Bestimmungen zu der Lehre von der Accession als einer unmittelbaren Erwerbungsart, insofern das Eigenthum an nachbarlichem Grund und Boden durch den die Gränze überschreitenden Bau erworben werden kann. Doch läßt sich eine gewisse

137) Freilich verliert die nur unter der Bedingung einer dem Nachbar zu gewährenden Gegenberechtigung mündlich ertheilte Genehmigung der Baulinie ihre Kraft, wenn der andere Contrahent durch Zurücktreten von dem geschlossenen Vertrage sich der mündlich zugesagten Gegenleistung entzieht: Entsch. XXVII. 37. 42 (v. J. 1853). Vgl. oben Bd. I. S. 213.

Verwandtschaft mit der Lehre von den sog. Legalservituten nicht verkennen. Vgl. Entsch. IX. 5. 7. 10. 13 fg. (ad 1—3); Arnsb. Arch. XII. 465. 466; XIII. 70—77; oben Bd. I. S. 439 ff. (bes. 443); Koch §. 237 Note 19; §. 249 ad III; §. 603 (op. nov. nunc.); Born. §. 84 ad 1.[138])

B. Verbindung beweglicher Sachen mit beweglichen und Verarbeitung beweglicher Sachen. (Koch §. 250. 251. Born §. 85.)

a) Die vierfache Thätigkeit der **Verbindung** (adiunctio), der **Vermengung** (commixtio), der **Vermischung** (confusio) fremder Sachen mit eigenen, der **Verarbeitung** fremder Materialien (s. g. specificatio).[139])

Hier treten wesentliche und bei der Redaction[140]) absichtlich angenommene Abweichungen vom Römischen Rechte hervor, indem das A. L. R. einerseits die verschiedenen Arten jener vierfachen Thätigkeit als solche mehr unter Einen und denselben Gesichtspunkt wirft[141]), andererseits

138) Schon in dem oben (Anm. 134) benutzten Spec. von Leyser findet sich (ad 8) eine Anerkennung des Billigkeitssatzes: daß bei einer geringfügigen Ueberschreitung der Gränze nicht der Abbruch des Gebäudes, sondern nur eine Entschädigung für den entzogenen Grund und Boden gefordert werden dürfe.

Im Römischen Rechte hatte wenigstens so viel gegolten, daß der Nachbar in seinem Luftraume eine mäßige (weniger als $^1/_2$ Fuß betragende) Ausbauchung der nachbarlichen Scheidemauer (si quando inter aedes binas paries esset, qui ita ventrem faceret etc.) dulden mußte: 17 pr. si serv. VIII. 5; Puchta §. 145 Note i; Keller §. 113 Note 7; Vangerow §. 297 Anm. ad 9.

Für die Anwendbarkeit unserer §§. 340. 341 auch bei geltendem Lübischem Rechte: Strieth. XLI. 36—39 (v. J. 1861). Vgl. Entsch. XVII. 388—392 (oben Bd. I. Anm. 938); Strieth. I. 276 ff. (Entsch. XXI. 410 ff.: oben Anm. 943); Strieth. XXXVI. 112—114.

139) Der hier nothwendigen, ja selbstverständlichen Voraussetzung, daß es an einer besonderen Uebereinkunft mit dem Eigenthümer der fremden Sachen oder an der Einwilligung desselben in die Verbindung ꝛc. fehle (Puchta §. 163 zu Anfg.; Keller §. 138 ff. an mehreren Stellen: S. 265. 268. 271), ist im A. L. R. ein bestimmter Ausdruck gegeben: „ohne Wissen und Willen des Eigenthümers" (§. 298. 299 h. t.) oder: „ohne dessen Zuthun" (§. 308. 314. 315). Verwandt damit ist auch der Ausdruck „eigenmächtig": unten Anm. 144.

140) Die leitenden Gesichtspunkte finden sich bei Born. §. 85 ad 4: Aus unerlaubten Handlungen keine Rechte zu gewähren; dem Eigenthümer der Sache statt dieser keine andere aufzubringen; die unsichere Gränze zwischen Haupt- und Nebensache außer Anwendung zu setzen; den Gewinnenden nie mit dem Schaden des Verlierenden zu bereichern.

141) Es kann hier genügen, an die bekannten Römischen Grundzüge zu

der Redlichkeit oder Unredlichkeit des Thätigen nicht blos in obligatorischer Hinsicht, sondern auch in Ansehung des Eigenthumserwerbes einen entscheidenden Einfluß einräumt.[142])

aa) Im Verhältniß zu **Einem Eigenthümer**, dessen Sachen der Vereinigung mit anderen oder der Verarbeitung unterworfen worden sind.

---

erinnern. Bei der **Specification** (ex aliena materia speciem aliquam facere) liegt der Schwerpunkt der Entscheidung darin, ob der frühere Zustand des Stoffes wieder hergestellt werden kann, oder nicht. Im ersten Falle überwiegt das Eigenthum am Stoffe, im zweiten die Formgebung (eine höhere Occupation). Bei den **Vereinigungen** wird unterschieden: adiunctio, Verbindung der **Form** nach, wobei der (immerhin relative: **Keller** §. 46) Satz eingreift: accessorium sequitur principale, und commixtio und confusio, Verbindungen dem **Stoffe** nach, so jedoch, daß eigentlich nur im Falle der unauflöslichen confusio eine Aenderung im Eigenthum entsteht (Miteigenthum pro indiviso, nach Qualität und Quantität der Stoffe), während bei der commixtio Jeder das Eigenthum an seinem Stoffe behält (quia singula corpora in sua substantia durant). Vgl. **Puchta** §. 154 ad 4. §. 163. 164; **Keller** §. 138. 140. 142. Das A. L. R. dagegen unterscheidet bei der Specification gar nicht zwischen der Möglichkeit oder Unmöglichkeit der Wiederherstellung des früheren Zustandes der Stoffe, behandelt die drei Vereinigungen durchgehends und namentlich (Verbinden, Vermengen, Vermischen) neben einander und materiell einander gleich, und stellt auch die Specification, wenigstens im Falle des dolus malus (oben ad β. A), ganz auf gleiche Stufe mit den unauflöslichen Vereinigungen. (Vgl. besonders noch ad bb.) S. 75.)

Eine andere Methode hatte noch der **Entwurf** §. 244—270 h. t. (II. 6.) befolgt, indem er zuerst die Specification und die Adjunction jede für sich behandelte, dann Commixtion und Confusion zusammen faßte, und nur zum Schluß ganz kurz (unten Anm. 154) das gemeinsame Verhältniß jener vier Arten der Thätigkeit mehreren Stoff-Eigenthümern gegenüber berührte.

Das Preuß. Landrecht v. 1721 handelte nur von der Specification (Buch III. Tit. I. Art. VI: „Von Gemächte aus frembder Materi"); **Cocceji's** Project des C. J. Fr. Th. II (v. 1751) Lib. II. Tit. V. in ziemlich breiter Ausführung: zuerst von der Specification (§. 8—13), dann von der Commixtion und Confusion (§. 14—16), zuletzt von der Adjunction (unter der Bezeichnung „Accession": §. 17—27; schließlich an dem „Exempel des Gebäudes" erläutert: §. 28—31, ja sogar noch auf Bäume und Pflanzen erstreckt: §. 32. 33).

142) Wegen des nach Römischem Rechte für den Erwerb des Eigenthums gleichgültigen Momentes der bona oder mala fides des Verbindenden und des Specificanten, vgl. **Puchta** §. 154 Note h; **Keller** §. 140 S. 268 und §. 142 am Ende; **Born.** §. 85 ad 4. Die nach dem A. L. R. maßgebende Unterscheidung zwischen der Redlichkeit und Unredlichkeit des Specificanten galt im Wesentlichen schon nach dem in der vorangehenden Anm. citirten Preuß. L. R. v. 1721 (Art. VI) u. Cocc. Proj. (§. 12); auch nach dem **Entw.** §. 248.

α) Jede auflösbare Vereinigung, mag dieselbe in einer Verbindung (der Form nach) oder in einer Vermengung oder Vermischung (dem Stoff nach) bestehen, muß auf Kosten desjenigen, der die Vereinigung vorgenommen hat, wieder getrennt werden: §. 298 h. t. (Koch §. 239 Note 14.)

β) Bei der unauflöslichen Vereinigung (Verbindung, Vermengung, Vermischung), sowie bei jeder Verarbeitung (Formgebung, Specification: also ohne Rücksicht darauf, ob der frühere Zustand des verarbeiteten Stoffes wieder hergestellt werden kann, oder nicht[143])) wird weiter unterschieden, ob die Verfügung über die fremde Sache dolo malo („betrüglicher Weise und in der Absicht, seinen Vortheil mit dem Schaden eines Andern zu befördern") vorgenommen ist, oder nicht.[144])

A) Dolo malo.

Für diesen Fall ist dem Eigenthümer der fremden Sachen ein Wahlrecht gegeben. Es hängt von ihm ab: das Product — das aus der unrechtmäßigen Verfügung „entstandene Ganze" —

a) als sein Eigenthum zu behalten, — nur gegen die, obenein dem Fiscus verfallende[145]), Vergütung des niedrigsten Werthes der Arbeit oder der Zuthaten: §. 299—301,

oder

b) dem Producenten zu überlassen, — und zwar gegen Ersatz des (nach §. 85. A. L. R. I. 6.[146]) höchsten Stoffwerthes: §. 302, resp. mit weiterer Entschädigung für damnum emergens und lucrum cessans nach allgemeinen Rechtsgrundsätzen[147]): §. 303 h. t.

143) Es ist eben dem A. L. R. eigenthümlich, daß der frühere Eigenthümer sich darauf in keinem Falle einzulassen braucht": Koch Comm. ad §. 299 h. t.

144) Das A. L. R. bedient sich hier, zur Bezeichnung des Gegensatzes, ausschließlich der Worte: „betrüglicher Weise" (§. 299. 302), „Betrüger" (§. 301) und „ohne Betrug" oder „nicht betrüglicher Weise" (§. 304. 307). Dennoch scheint darunter nicht „Betrug" im technischen Sinne, sondern (mit Koch im Lehrb. u. Comm.) der gewöhnliche und allgemeine Gegensatz zwischen dem Verfahren in bösem und in gutem Glauben verstanden werden zu müssen. Als „eigenmächtig" wird gelegentlich auch das nicht-betrügliche Verfahren bezeichnet: §. 306. 313. Vgl. oben Anm. 139.

145) Das A. L. R. sucht bei jeder Gelegenheit dafür zu sorgen, daß innerhalb und außerhalb vertragsmäßiger Verhältnisse jeder als unerlaubt geltende Gewinn an den Fiscus falle. Vgl. I. 5. §. 50 (oben Bd. I. S. 200); 11. §. 160. 684. 714. 719. 1071; 16. §. 173. 205. 206. 211; II. 8. §. 1940. 1955 fg. 1963 fg.; 12. §. 109 u. Anh. §. 143.

146) Oben Bd. I. S. 317.

147) Oben Bd. I. S. 295 fg. ad a; unten Anm. 151.

B) Nicht dolo malo.

Für diesen Fall wird die eigentliche Specification von den bloßen Vereinigungen geschieden.

a) Bei der kunst- und handwerksmäßigen Specification[148]) gelangt die Arbeit zur Ehre[149]): der Specificant erwirbt durch die Verarbeitung selbst[150]) das Eigenthum an der neu gebildeten Sache: §. 304 h. t., so jedoch, daß er dem Eigenthümer des Stoffes, nach dessen Wahl, den Stoff entweder in Natur oder nach dem höchsten Werthe ersetzen muß: §. 305, resp. mit weiterer Entschädigung für damnum emergens und lucrum cessans, nach Maßgabe des Grades[151]) seiner Verschuldung: §. 306.[152])

---

148) Die Bezeichnung im §. 304 h. t.: daß die Materialien durch die Verarbeitung „ihre bisherige Form verloren, oder eine neue Gestalt angenommen haben" (In nova fert animus mutatas dicere formas Corpora ...: Ovid. Metamorph.), deutet augenscheinlich auf kunst- oder handwerksmäßige Verarbeitung", wie aus dem Gegensatze im §. 307 (ohne kunst- od. handw. Verarb.") hervorgeht. Damit ist zugleich die bloße Vermischung (confusio) von der eigentlichen Formgebung geschieden. Es liegt eben zum Grunde, daß die eigentliche Formgebung nur auf kunst- oder handwerksmäßigem Wege vor sich gehe, ohne daß an dem strengen Erforderniße des Entw. §. 245 h. t. (II. 6.) festgehalten ist: das aus den fremden Materialien verfertigte „Kunstwerk" müsse „nach dem Erkenntniß der Sachverständigen in der Akademie aufgestellt zu werden verdienen."

149) Mit bewußter Rückkehr zu der trefflichen Proculejanischen Ansicht: Cum quis ex aliena materia speciem aliquam suo nomine fecerit: Nerva & Proculus putant, hunc dominum esse qui fecerit: quia quod factum est, antea nullius fuerat (7 §. 7. de A. R. D. XLI. 1; Sav. I. 286 Note f; III. 279 Note g): Born. §. 85 ad 2. b. α (Note 2).

150) Dieser ipso iure eintretende Erwerb ist deutlich bezeichnet durch das Wort „verbleibt" im §. 304 h. t. (Koch Comm.)

151) Da der dolus hier (ad B.) ausgeschlossen ist, so kann vom Ersatze des lucrum cessans natürlich nur im Falle der culpa lata die Rede sein: oben Anm. 147.

152) Die §§. 305. 306 werden (außer in den §§. 309. 313 h. t.) noch allegirt: II. 8. §. 1394. Der vorangehende §. 1393 lautet: „Derjenige ist für den Eigenthümer des Schiffes zu halten, auf dessen Veranstaltung selbiges erbauet worden, wenn gleich die Materialien einem Dritten gehört haben." Diese, vom Römischen Rechte (61 de R. V.: ... proprietas totius navis carinae causam sequitur, wo also der Schiffskiel alles Uebrige nach sich ziehet, als wäre er der Grund und Boden für den Bau: Puchta §. 164 Note i; Keller Instit. §. 67 ad V (S. 52) und Pand. §. 140 Note 2) abweichende Entscheidung entspricht durchaus den allgemeinen Landrechtlichen Grundsätzen von der Specification und ist deshalb auch jetzt noch materiell als geltend anzusehen, obgleich formell die §§. 1393. 1394 zu den durch das Allg. Deutsche Handelsgesetzbuch aufgehobenen und nicht durch

b) Bei bloßen Vereinigungen ohne kunst- oder handwerksmäßige Verarbeitung (Verbindung, Vermengung, Vermischung) bleibt dem Eigenthum seine Ehre: der Schwerpunkt der Entscheidung ruhet auf dem Uebergewicht des Eigenthums am Stoff: §. 307 h. t.

aa) Ist der Antheil am Stoff überwiegend auf Seiten desjenigen, über dessen Sache ohne sein Zuthun verfügt worden, so gebührt diesem nach §. 308 das Recht der Wahl: das nunmehrige Ganze

entweder dem Verfügenden zu überlassen, — und zwar gegen Vergütung der Materialien resp. weiteren Schadensersatz, wie ad a (nach Maßgabe der §§. 305. 306): §. 309,

oder

selbst zu behalten, —

nur gegen Vergütung des gemeinen Werthes (oben Bd. I. S. 147) der von dem Verfügenden beigetragenen Materialien, resp. des (etwa geringeren) Werthes der bei der Sache entstandenen Verbesserung: §. 310. 311.

bb) Ist der Antheil am Stoff überwiegend auf Seiten des Verfügenden, so verbleibt diesem zwar das Ganze, jedoch gegen Leistung des Ersatzes und der Vergütung wie ad a (nach Maßgabe der §§. 305. 306): §. 312. 313.

cc) Ist endlich das Uebergewicht des einen oder des anderen Antheils zweifelhaft, so gilt wieder das Wahlrecht nach aa) zu Gunsten desjenigen, ohne dessen Zuthun die Verfügung stattgefunden hat: §. 314.

bb) Im Verhältniß zu mehreren Eigenthümern, deren Materialien „verarbeitet, verbunden, vermengt oder vermischt" worden sind.[153])

α) Zwischen dem Verfügenden auf der einen und den mehreren Eigenthümern auf der andern Seite wird über das Eigenthum an dem nunmehrigen Ganzen nach den ad aa) ausgeführten Grundsätzen entschieden, — nicht anders, als ob dem Verfügenden nur Ein Eigenthümer gegenüber stände: §. 315 h. t.

β) Für das Verhältniß jener mehreren Eigenthümer

---

andere Bestimmungen ersetzten §§en gehören. (Einführungsgesetz Art. 60 ad 1: Ges. Samml. 1861 S. 473.)

153) So werden hier (§. 315) alle Arten der Vereinigung und Verarbeitung zusammengefaßt. (Oben Anm. 141.)

untereinander wird im Wesentlichen das Uebergewicht der Werth-Antheile am Stoff maßgebend.[154])

A) Ueber eine zu treffende Wahl entscheidet

a) die nach den größeren Werth-Antheilen zu messende Stimmenmehrheit: §. 316, eventuell

b) das Loos: §. 317.[155])

B) Behalten danach die Interessenten das Eigenthum an dem nunmehrigen Ganzen, so bietet die Qualität der Materialien den Anhalt zu einer weiteren Unterscheidung.

a) Waren die Materialien gleichartig, so werden deren Eigenthümer nunmehr Miteigenthümer des Ganzen: §. 318.

b) Waren die Materialien ungleichartig, so entscheidet wieder:

aa) das Vorrecht des größeren Werth-Antheils: §. 319, eventuell

bb) bei einander gleichen Werth-Antheilen, das Loos[155]): wer nunmehr, gegen Abfindung der übrigen Interessenten, das Ganze behalten soll: §. 320.

Die Abfindung erfolgt nach Verhältniß der Werth-Antheile an den Materialien zu dem — eventuell durch Licitation unter den Interessenten festzustellenden — Werthe des nunmehrigen Ganzen: §. 321—323.[156])

---

154) Nicht ohne willkürliche (im Entw. §. 268—270 h. t.: oben Anm. 141, noch nicht vorhandene) Casuistik: Koch §. 251 Note 6; Comm. ad §. 323 h. t.

155) Zweimal wird hier auf das Loos recurrirt, welchem überhaupt im Allg. Landrecht sowohl grundsätzlich als in vielen einzelnen Anwendungen Raum gegeben ist, wo es sich um die „Auseinandersetzung über gemeinschaftliche Sachen" handelt: unten zu Tit. 11. §. 569 ff.

156) Die Gesetzrevisoren (S. 113) bemerken die singuläre Abweichung des §. 322 h. t. (Licitation unter den Interessenten) von dem allgemeinen Grundsatze des §. 89. A. L. R. I. 17 (Antrag jedes Interessenten auf öffentlichen Verkauf). Sie rechtfertigen diese singuläre Vorschrift mit der Erwägung, daß es hier nicht eigentlich auf eine Theilung, sondern vielmehr auf die Abfindung der Interessenten an dem Ganzen ankomme, welches wegen Ungleichartigkeit der Beiträge nicht als gemeinschaftliches Eigenthum betrachtet, sondern einem von ihnen zugesprochen werden solle. — Genau genommen ist freilich das gemeinschaftliche Eigenthum auf Grund der communio incidens ganz von selbst vorhanden (so daß auch keine Besitzveränderung und keine neue Erwerbung vor sich geht: Koch Comm. ad §. 320 h. t.); doch soll eben nach der Eigenthümlichkeit des besonderen Falles das gemeinschaftliche Eigenthum dem Alleineigenthum Eines Interessenten Platz machen.

b) **Benutzung** fremder Thiere zur Befruchtung.

An sich gehört der naturale Grundsatz[157]), daß der Eigenthümer des Mutterthieres auch Eigenthümer der Frucht desselben „verbleibt": §. 324 h. t., nicht in den Zusammenhang derjenigen Verhältnisse, bei welchen es sich um die Folgen der menschlichen Thätigkeit handelt, sondern oben hinauf zu I. (§. 220. 221 h. t.; Koch §. 247 Note 2; Born. §. 83 zu Anfg. Note 4.) Inzwischen ist hier einerseits der allgemeine Gesichtspunkt des Zuwuchses von außen her (oben ad II.) nicht zu verwerfen, wenn das Thier des einen Herren von dem Thiere eines anderen Herren befruchtet worden ist; andererseits gerade der besondere Gesichtspunkt der Benutzung einer fremden beweglichen Sache zur Bereicherung oder Erweiterung der eigenen gleichsam von selbst gegeben, wenn der Eigenthümer des Mutterthieres es ist, der die Befruchtung veranlaßt hat. Dies ist der Fall des §. 325 h. t. Wenn nämlich die Befruchtung „mit Vorwissen und Genehmigung" des Eigenthümers der Mutter erfolgt ist, so soll dieser dafür dem Eigenthümer des befruchtenden Thieres eine (nach localen Grundsätzen zu bestimmende) Vergütung (das s. g. Sprunggeld) gewähren.[158])

Weiter greift dann noch der §. 326, indem er jede „ohne Vorwissen und Genehmigung eines oder des andern Theils" erfolgte Befruchtung nach beiden Seiten den allgemeinen Grundsätzen des Sechsten Titels über die Schadloshaltung (oben Bd. I. S. 294) unterwirft.[159])

---

157) 25 §. 1. de usuris. XXII. 1.: ... in percipiendis fructibus magis corporis ius ex quo percipiuntur, quam seminis ex quo oriuntur, adspicitur; 5 §. 2 de R. V. VI. 1.: ... si equam meam equus tuus praegnantem fecerit, non esse tuum, sed meum, quod natum est. Das Mutterthier ist der Boden, das Junge die Frucht, welche jener trägt. Vgl. Cocc. C. J. Fr. a. a. O. (oben Anm. 141) §. 1. ad 9. und §. 56. („Jure ventris.")

158) Nach Römischen Begriffen konnte in solcher Benutzung sogar ein furtum gefunden werden: 52 §. 20 de furtis. XLVII. 2.

159) So läßt sich die systematische Stellung der (im Entw. noch gar nicht vorhandenen) §§en 324—326 zu dem Abschnitte von der durch menschliche Thätigkeit eingeleiteten Verbindung beweglicher Sachen mit beweglichen (oben 2. B.) wohl rechtfertigen.

Anders nach der naiven Ausführung des (Anm. 157 allegirten) §. 56 C. J. Fr.: daß der Herr des Weibleins nicht nur das Eigenthum an der Frucht erlange, sondern auch in keinem Falle schuldig sei, dem Herrn des Männleins den Werth des Samens zu ersetzen, weil der Same nicht ad patrimonium des vorigen Besitzers gehöre, dieser auch keinen Schaden in seinem Vermögen leide, sondern der Same als ein Excrementum naturae verloren gehe.

Siebenter Abschnitt. Von Preisgegebenen Sachen oder Geldern.

(Iactus oder sparsio missilium: oben Bd. I. S. 43.) Koch §. 243. Born. §. 75 g. E. Puchta §. 148 Note k. Keller §. 128 g. E. Sav. IV. 107. 108. (Schenkung.) Gruchot VII. 299—303.

I. Der Ausgang wird im A. L. R. genommen von dem, auch im Römischen Rechte beachteten Elemente der Dereliction.[160]) Die ausgeworfenen Gegenstände gelten als herrenlos, bis dieselben („nach den Regeln der ursprünglichen Besitzergreifung": oben Abschn. I. h. t.[161]) von irgend Jemandem occupirt werden: §. 343. 344 h. t.

II. Daran schließt sich jedoch eine Modification der im Röm. Rechte hier vorherrschenden Theorie der Tradition an eine incerta persona[162]), für den Fall, wenn Sachen oder Gelder „nur für gewisse Personen" (also auch z. B. für eine gewisse Classe von individuell immerhin incertae personae) Preis gegeben sind. Das Occupationsrecht dieser Personen gilt als ein ausschließliches, mit der Consequenz, daß die von dritten unberechtigten Personen vorgenommene thatsächliche Occupation (nicht etwa stillschweigend zu Gunsten der Berechtigten ausschlägt, sondern) rechtlich als nicht-erfolgt angesehen wird, das Eigenthum des Preisgebenden also unverändert bleibt und nur diesem das Rückforderungsrecht zusteht: §. 345—347 h. t. (Vgl. A. L. R. I. 7. §. 58: „zum Vortheil eines Andern" 2c.)

III. Erforderniß polizeilicher Genehmigung resp. Beobachtung polizeilicher Vorsichts-Maßregeln: §. 348.349 h. t.[163])

---

160) 5 §. 1. pro derel. XLI. 7: Id quod quis pro derelicto habuerit, continuo meum fit, sicuti cum quis aes sparserit aut aves emiserit: quamvis incertae personae voluerit eas esse, tamen eius fierent cui casus tulerit: eaque cum quis pro derelicto habeat, simul intelligitur voluisse alicuius fieri.

161) Genau genommen, handelt es sich hier um eine nach der L. R. Terminologie unmittelbare nicht-ursprüngliche Erwerbungsart (Abschn. II. h. t. ad I). Uebrigens ist die Unmittelbarkeit dieser Erwerbungsart charakteristisch für das A. L. R., im Gegensatze zu der im Röm. Rechte vorherrschenden Mittelbarkeit derselben: Koch Comm. ad §. 343 h. t.

162) 9 §. 7 de A. R. D. XLI. 1.: ... interdum et in incertam personam collocata voluntas domini transfert rei proprietatem, ut ecce qui missilia iactat in vulgus; ignorat enim quid eorum quisque excepturus sit: et tamen, quia vult quod quisque exceperit eius esse, statim eum dominum efficit. (Eben so §. 46 J. h. t. II. 1, von den die missilia auswerfenden Prätoren oder Consuln.)

(Achter Abschnitt. Von Erwerbung der Erbschaften. Unten im Erbrecht).

Neunter Abschnitt. Von der Verjährung.

S. S. Zeitschr. III. 391—600 („Materialien“ zu diesem Abschnitte des A. L. R.) und 657—685 („Studien“ zur Lehre von der Verjährung). Jacobi Ravii principia universae doctrinae de praescriptione, nach dem Tode des Verfassers von Eichmann besorgte und illustrirte Ausgabe, Jena 1780: von großem Einfluß auf die Redaction unseres Abschnittes. (Vgl. Sav. V. 265.)

Koch §. 146—163. Born. §. 86—113. Thöne (Fundam.-Lehren) §. 290—328. Förster Theorie und Praxis des heutigen gemeinen preußischen Privatrechts (Bd. I, 1865) §. 46 (Allgemeines), §. 57. (Verj. durch Nichtgebrauch), §. 120 (Einrede der Verj.) und Dessen Klage und Einrede nach preußischem Recht (1857), besonders §. 31, S. 114 ff. (Unterbrechung der Verj.), §. 50, S. 162 ff. (Untergang der Einreden durch Verj.), §. 59, S. 211 (Klageverj.).

Puchta §. 73 (Verj. als vermeintlicher Gattungsbegriff), §. 77 (Unvordenkliche Zeit), §. 89—92 (Aufhebung der Klagen durch Verj.), §. 95 (Aufhebung der Einreden durch Nichtgebrauch, aber nicht durch Verj.), §. 155—161 (Ersitzung). Keller (Erste Ausg.) §. 76 (S. g. praescriptio acquisitiva und extinctiva), §. 77 (Unvordenkl. Zeit), §. 84—89 (Klageverj.), §. 92 (Verj. gewisser Einreden), §. 131—136 (Ersitzung). Sav. III. 369—377 (Verhältniß der Usucapion zum Irrthum), 398—403 und 407—427 (Beziehung des Irrthums auf die Klagverjährung); IV. 297—318 (Zeit als Bestandtheil juristischer Thatsachen. Usucapion, Klagverjährung 2c. im Allgemeinen); 318, 480—535 (Unvordenkliche Zeit); V. 265—437 (Aufhebung des Klagrechts durch Verj.; von S. 413 an: Anwendung auf Exceptionen*); VI. 55—61 (Klagverj. und Usucapion nach der Litiscontestation).

Eichh. §. 176. 177. Gerber §. 66 (Unvordenkl. Zeit), §. 101 (Ersitzung). Beseler §. 52 (unvordenkl. Verj.), §. 53 ad 6 (Klagen-

---

*) Vgl. oben Bd. I. S. 260. 261 ad a.

---

163) Unsere §§. 343—348 finden sich schon vollständig und gleichlautend im Entw. §. 280—285 h. t. (II. 6.) Nur der §. 349 (vom Schadensersatz: vgl. A. L. R. I. 3 §. 13; 6 §. 16. 26) ist hinzugefügt worden.

verj.), §. 89 ad VI (Verj. als Erwerbsart). Bluntschli §. 62 (Gewere von Jahr u. Tag), §. 63 ad 5. 7 (Ersitzung an Grundstücken), §. 72 ad 3 (Ersitzung an beweglichen Sachen). Oestr. §. 1451—1502 (Th. 3. Hauptst. 4: „Von der Verjährung und Ersitzung".). Code Nap. art. 712. 1234. 2219—2281 (Liv. III. Tit. XX: De la prescription).

Gruchot Beitr. VII. 402—477. 560—623. VIII. 92—147. 262—299.

Die Abstraction eines Gattungs-Begriffes der Verjährung als unmittelbarer Erwerbsart (oben Bd. I. S. 43) ist nicht erst eine Erfindung der Redactoren unseres Gesetzbuches.

Deutliche Spuren davon finden sich schon in der vorlandrechtlichen Gesetzgebung.

Das Preuß. Landrecht v. 1721 (und zwar, so weit es zunächst hier von Interesse ist, ganz in Uebereinstimmung mit dem von 1685,) handelt in seinem dritten Buche de acquirendo rerum dominio etc. „Wie man Haab und Gut an sich bringe, und dero Eigenthumb überkomme, auch deroselben Gewehr oder Besitz erlange 2c." Tit. IV, de usucapionibus et temporum praescriptionibus, zerfällt in vier Artikel, deren erster die Ueberschrift führt: „Von Ersitzung oder Verjährung beweglicher und unbeweglicher Haab und Güter", der zweite: „Von Verjährung oder Ersitzungen der Rechtlichen Sachen und Klagen", der dritte: „Von Praescriptionen und Verjährungen, dardurch kein Eigenthumb der Güter erlanget: Sondern werden allein als Exceptiones und Schutzwehren wieder etzliche persöhnliche Klagen eingewandt," der vierte endlich: „Wie die Verjährung, Ersitzung und Praescription interrumpiret, unterbrochen und zerstöhret werde." Der erste Artikel insbesondere beginnt mit der Erklärung des gemeinnützigen Zweckes der „Usucapion, Praescription und Verjährung" (nach gemeinen und Particular-Rechten): „damit das dominium und Eigenthumb der Haab und Güter bey denjenigen, so sie lange Zeit mit rechtmäßigem Titel inne gehabt und besessen haben, nicht allewegen ungewiß und zweiffelich sey, sondern seine gewisse bestimmte Zeit habe, über welche derselbige (sic) nicht weiter angefochten noch molestiret oder gestritten möge werden." Daran schließt sich die Begründung dieses Rechts-Institutes mit der Erwägung: daß „die rechten Eigenthumbs-Herren" inzwischen Zeit genug zur Wahrnehmung und Verfolgung ihres Rechtes gehabt hätten.[164])" „Da sie aber in solcher so langer Zeit solches verlassen, so ist **dafür zu halten**, daß sie ihrer Güter selbst **nicht achten**[165]), und dieselbige **williglich** in frembde Hände **wollen** kommen lassen." Der zweite Artikel unterscheidet zwischen Servituten und anderen Rechten. Wegen der Verjährung oder Präscription der Servituten („unleibliche Dinge, so den Feld- und Stadt-Gründen, so wol auch den Persohnen anhangen") wird lediglich auf die vorangehenden Titel verwiesen.[166]) „Andere Rechtliche Sachen aber, jura et actiones zu Latein[167]) genannt, mögen mehrerntheils durch die längste praescription oder Verjährunge der dreyßig Jahre, Jahr und Tag auffgehaben perimiret und getödtet werden. Dann durch Verfliessung so langer Zeit, alle actiones, Ansprüche und Forderungen zumahl, die belangen gleich Erbschafften, Schulden, Erb, Eigen, Jurisdictiones und andere Gerechtigkeiten, und wie das sonst Nahmen haben mag, gäntzlich verlöschen und untergehen." Der dritte Artikel beginnt mit der Erklärung des Zweckes der bloß zur Ausrede dienlichen „praescriptiones und Verjährungen". Diese „Exceptiones, welche ihr Wesen und Substantz fürnehmlich von der Zeit hero genommen" (praescr. oder exc. temporis), seien „auch darumb erfunden, damit die Zanck und Hader bey nahe nicht unsterblich und ewig, sondern abgekürtzet und abgeschnitten würden". (Anm. 164.)

Noch systematischer geht das (Cocceji'sche) Project des C. J. Fr. Th. II. (v. 1751) Lib. III. Tit. V. zu Werke. Dieser Titel ist überschrieben: „Wie das Dominium civile acquiriret werde durch die Verjährung. (De Usucapione et Praescriptione.)" In den Einleitungs-§§en (1—4) wird von der Erwägung ausgegangen, daß nach den na-

164) l. de usurp. XLI. 3: Bono publico usucapio introducta est, ne scilicet quarundam rerum diu et fere semper incerta dominia essent: cum sufficeret dominis ad inquirendas res suas statuti temporis spatium. (Gai. II. 44.) 5 pr. pro suo. XLI. 10: Usucapio rerum etiam ex aliis causis concessa interim propter ea quae nostra existimantes possideremus constituta est, ut aliquis litium finis esset. (2 pr. de aqua. XXXIX. 3: ... minuendarum scilicet litium causa.) Sav. V. 267—273.

165) Vgl. 3 C. de ann. exc. VII. 40: ... contra desides homines et sui iuris contemtores etc.

166) Ersitzung der servitutes continuae: Tit. II. Art. III. §. II. III, der discontinuae: §. IV; Verlust der Servituten durch Nichtgebrauch: §. VII. Ersitzung des Nießbrauchs: Tit. III. Art. I. §. IV; Endigung desselben durch Nichtgebrauch: §. XIV.

167) Die Anspielung auf die res incorporales des Römischen Rechts (J. II. 2; l. §. 1. de R. D. I. 8.) ist in dieser ganzen Stelle unverkennbar.

türlichen Rechten das Unrecht, welches in dem Besitze fremden Gutes u. dgl. m. liege, durch die Länge der Zeit eher vermehrt als vermindert werde, also nicht zum Erwerbe von Eigenthum oder Gerechtsamen führen könne. „Weil aber dem gemeinen Wesen daran gelegen, daß diejenigen, welche lange Jahre ein fremdes Gut besitzen, oder eine Gerechtsame darauf exerciren, einmal in Sicherheit gesetzet werden; so haben die Gesetze nicht ohne Grund eine gewisse Zeit vorgeschrieben, nach deren Ablauf der Besitzer eines solchen fremden Guts, oder darauf gebrauchten Gerechtsame, nicht weiter in Anspruch genommen werden kan. Welches die **Verjährung** genannt wird." Um nun die Confusion zu beseitigen, in welche diese so nützliche Materie durch die Römischen Gesetze und das Jus Canonicum gebracht worden sei, werden „bloß drei Arten von Verjährungen" beibehalten und demnächst in drei Artikeln abgehandelt. I: „Von der Usucapion" (§. 5—30). II: „Von einer Verjährung, welche durch den Ablauf einer Zeit von 30 bis 40 Jahren geschicht. (De Praescriptione.)" (§. 31—45.) III: „Von der Verjährung, welche durch eine undenkliche Possession geschiehet. (De Possessione Immemoriali.)" (§. 46—55.) Die Usucapion wird definirt als „ein Modus, wodurch das Eigenthum eines Dinges, oder eine Gerechtsame auf einem fremden Gut, (Jus alienum) oder die Freyheit von einem auf seinem Gut haftenden onere, acquiriret wird." (§. 5.) Im Gegensatze zu dieser „per usucapionem geschehenden Verjährung", welche außer dem Besitz auch bonam fidem und iustum titulum erfordern, wird dann das Principium („daß dem Publico daran gelegen, daß die Possessiones sive rerum sive jurium einmal eine Gewißheit haben mögen",) auch auf die Fälle anwendbar befunden, „wann iemand in 30 und 40 Jahren ein Ding (Rem) oder eine Gerechtsame (Jus) nicht vindiciret; wann er sein ihm in re aliena zustehendes Recht nicht gebraucht, oder wann er seine Action gegen den Schuldner nicht anstellet". Hier sei, „nichts billiger, als daß derselbe in poenam negligentiae des Dinges oder seines juris verlustig erkläret werde", — und zwar ohne nach der fides oder dem titulus desjenigen zu fragen, welcher das fremde Ding oder Recht „besitzet". Demgemäß ist schließlich „die Praescriptio nichts anders, als eine Acquisition eines Dinges durch den Ablauf einer Zeit von 30 bis 40 Jahren". (§. 31—33.) Mit anderen Worten: es wird nicht blos die s. g. Acquisitiv-, sondern auch die s. g. Extinctiv-Verjährung unter den Begriff einer Eigenthums-Erwerbs-Art gebracht. Eine Methode, welche sich materiell damit rechtfertigen läßt, daß hier in der That immer eine Erwerbung stattfindet:

sei es positiv durch eigene Thätigkeit (Ersitzung), sei es negativ durch des Gegners Unthätigkeit (Nichtgebrauch).

Ja schon dem Römischen Rechte läßt sich eine entsprechende Anschauung vindiciren, wenn man von dem Gesichtspunkte der Wechselwirkung zwischen der Erwerbung und der Veräußerung ausgeht, welche einander entsprechen: .... vix est enim, ut non videatur alienare, qui patitur usucapi. Eum quoque alienare dicitur, qui non utendo amisit servitutes. (28 de V. S.)[168])

In den Vorarbeiten zum A. L. R. hatte nun die Lehre von der Verjährung Anfangs einen Theil der Lehre vom Besitz gebildet. (Mat. S. 395.) Es wurde jedoch bald für angemessen befunden, dieselbe unter die „modos acquirendi dominium“ zu verpflanzen. (Mat. S. 114: oben Bd. I. S. 324 Anm. 603. Mat. S. 451.) Gelegentlich hatte man auch wohl an eine Aussonderung der bloßen Extinctiv-Verjährung gedacht. (Mat. S. 399: „in den 3ten Theil des Gesetzbuchs“, d. w. in den Theil von den gemischten Rechtswahrheiten.[169]) Mat. S. 451: „unter die modos tollendi obligationem.“)

Die systematische Stellung der Verjährungslehre im A. L. R. beruhet sonach lediglich auf der Unmittelbarkeit der Erwerbsart. Was aber die Begründung der Theorie selbst betrifft, so ist diese von den Redactoren nicht sowohl aus den rechtsphilosophischen Ansichten ihrer Zeit geschöpft worden, als vielmehr aus den in der Theorie und Praxis des gemeinen Deutschen Rechts zur Herrschaft gelangten Abstractionen.

Unter den rechtsphilosophischen Ansichten jener Zeit hatte dei Ansicht von der s. g. Präsumtion der Dereliction das Uebergewicht. Diese Präsumtion sollte demjenigen entgegenstehen, der seine Sache aus fremdem Besitze zu vindiciren oder sein Recht auszuüben verabsäumte.[170]) Nun läßt sich freilich nicht verkennen, daß der früher Be-

---

168) Es liegt eben auch in jeder s. g. erwerbenden Verjährung ein negatives Element: das des Nichtgebrauches und dadurch des Rechts-Verlustes auf der anderen Seite. Vgl. Sz. (Mat. S. 507): „Eine Verjährung durch Besitz, bei welcher nicht von Seiten desjenigen, gegen welchen präscribirt wird, ein Nichtgebrauch seines Rechts hinzukäme, läßt sich gar nicht denken 2c.“ und Stahl (unten Anm. 173): „Extinktiver Erwerb ist derjenige, welcher in Beziehung auf ein bereits bestehendes Eigenthum eines Andern, aber nicht als dessen Fortsetzung, sondern als dessen Aufhebung vor sich geht. Er besteht in der Ersitzung“ 2c.

169) Oben Bd I. S. 32. 33 (Anm. 71). Mathis XI. 205.

170) Vgl. die von Born. §. 87. allegirten Stellen aus Hugo Grotius, Pufendorf und Chr. Wolf.

rechtigte schwerlich jemals den positiven Willen gehabt haben mag, sein Recht aufzugeben.[171]) Allein jene Präsumtion sollte ihn ja nur als ein Nachtheil, gleichsam als eine Strafe, für die Nicht-Manifestation, für die Unthätigkeit seines Willens treffen.[172]) Und in der That kommen die Versuche einer philosophischen Begründung der Verjährung auch bei den neuesten Rechtslehrern mit einer, trotz der verschiedensten formellen Wendungen unverkennbaren materiellen Uebereinstimmung, mehr oder weniger immer wieder auf den inneren Zusammenhang zurück, welcher sich zwischen jener scheinbar positiven Rechtserfindung und den natürlichen Folgen der Thätigkeit resp. Unthätigkeit des rechtlichen Willens herstellen läßt. Der Gebrauch ist der Kern des Eigenthums: in ihm offenbart sich die Thätigkeit des über das Eigenthum herrschenden Willens. Durch den Gebrauch kann deshalb der thätige Wille eine ihm rechtlich noch nicht unterworfene Sache sich zu eigen machen (usu — capere). Durch den Nichtgebrauch dagegen stört der Wille den Zusammenhang zwischen dem beherrschenden Rechtssubject und dem beherrschten Rechtsobject. Aus dem im Laufe der Zeit fortgesetzten Nichtgebrauche folgt deshalb nicht blos als Strafe, sondern als Consequenz des — seiner eigentlichen Natur zuwider — unthätig gewesenen Willens: der Verlust der Herrschaft über das Object, in welchem der Wille sich so lange nicht geäußert, nicht manifestirt hat, — der Verlust des nicht-gebrauchten Rechts. Die Wirksamkeit des thätigen Willens führt zur Ersitzung. (Erwerb durch fortgesetzten Besitz.) Die Folge des unthätigen Willens ist Verjährung. (Verlust durch den im Laufe der Jahre fortgesetzten Nichtgebrauch: die Deutsche **Verschweigung**.)[173])

---

171) Sav. IV. 307. 308.

172) H. Grot.: ... qui rem suam ab alio teneri scit, nec quicquam contradicit multo tempore, is ... non videtur id alio fecisse animo, quam quod rem illam in suarum rerum numero esse nollet. Pufend.: ... quod pro derelicto rem habere iudicaretur, qui diu eandem vindicare neglexerit, cum longo tempore ad id occasiones vix deesse iudicentur.

173) Hegel Rechtsphilosophie §. 64: Ohne die subjective Gegenwart des Willens — Gebrauch, Benutzung oder sonstiges Aeußern des Willens — wird die Sache, als von der Wirklichkeit des Willens und Besitzes verlassen, herrenlos 2c. „Die Verjährung gründet sich auf die Bestimmung der Realität des Eigenthums, der Nothwendigkeit, daß der Wille, etwas zu haben, sich äußere." Gans System des Römischen Civilrechts im Grundrisse, Berlin 1827, S. 218: „Das der Ersitzung zu Grunde liegende Moment ist die stillschweigende, oder als solche angenommene Einwilligung des Herren der ersessenen Sache." (Aehnlich schon die

Im vollen Gegensatze zu allen solchen philosophischen Deductionen geht die (zur Rechtfertigung der Abweichungen von der Theorie des Römischen Rechts und mehr noch von dem damaligen Gerichtsbrauche bestimmte) Anmerkung zum Entw. (Th. II. S. 217. 218; Mat. S. 501—504) geradezu davon aus, der Verjährung jede naturrechtliche Begründung abzusprechen. Es heißt dort wörtlich (ad 1): „Die Verjährung ist an sich **nicht natürlichen Rechtens**[174]), denn in der

Canonische Annahme eines stillschweigenden Verzichts: cap. 15. X. de privilegiis. V. 33 [renunciasse tacite]; Chr. Wolf's Definition der praescriptio als amissio iuris proprii ex consensu praesumto; Pr. L. R. v. 1721 in der oben im Zusammenhange angeführten Stelle: daß sie ihre Güter „williglich in frembde Hände wollen kommen lassen"; vor Allem Sz. — oben Bd. I. S. 43 —: „daß dieser langwierige fortgesetzte Besitz die Stelle der Einwilligung des vorigen Eigenthümers . . . vertreten kann.") Stahl Philosophie des Rechts Bd. 2. Abth. 2. S. 229—231: Rechte, die auf dem Willen des Berechtigten beruhen, erfordern ihrem Wesen nach auch eine Actualität desselben. — Die gänzliche Unactualität hat eine Gränze, an der sie zum Verluste des Rechts führen muß. — S. 301: Ersitzung als extinctiver Erwerb. (Oben Anm. 168.) Trendelenburg Naturrecht auf dem Grunde der Ethik, Leipzig 1860, S. 180: „Es liegt im Begriff des Eigenthums als eines angebildeten Werkzeugs, daß der Wille mit seinen Zwecken darin lebe. Wenn der Wille des Eigenthümers daraus zurücktritt, so hört es auf, zu sein, was es sein sollte; es ist nicht mehr Werkzeug, und die Sache erscheint dadurch wie herrenlos ꝛc." Unter gewissen Bedingungen wird angenommen, „daß der Eigenthümer stillschweigend auf das Eigenthum verzichtet habe". (Verjährung.) „Die Offenbarung des Eigenthums liegt im Gebrauch. Der lange Zeit ausgesetzte Gebrauch kann daher als Zeichen des aufgegebenen Eigenthums gelten" ꝛc. (Das Gesetz schützt nicht „den trägen Willen".)

174) Also ganz nach den von Born. (§. 87) beigebrachten Ansichten von Darjes und Pachaly. — Der bei der Redaction unseres Gesetzbuches auch auf diesem Rechtsgebiete nicht unbenutzt gebliebene Leyser (Mat. S. 396) gibt in seinem Spec. CCCCLIV ad I. II. vier Hauptbeweggründe an, welche ihn für die Annahme der naturrechtlichen Beschaffenheit der Verjährung bestimmen: 1) die Billigkeit (in Abwägung des Verhältnisses zwischen den beiden einander gegenüber stehenden Interessenten); 2) die stillschweigende Dereliction; 3) die sonst unvermeidliche Verwirrung und Verdunkelung der Rechte; 4) das Beispiel Jephtha's im Buche der Richter XI. 26. (. . . „quare tanto tempore" [per trecentos annos] „nihil super hac repetitione tentastis?") Merkwürdig bleibt es, daß in dem zugleich von Leyser beigebrachten (im J. 1712 an ihn selbst gerichteten) Briefe von Leibnitz der große Philosoph die Verjährung durchaus nicht auf speculativem Wege, sondern vielmehr mit rein praktischen und ziemlich handfesten, von der selbstverschuldeten Rechts- und Beweis-Verdunkelung hervorgenommenen Argumenten zu begründen sucht: Ego praescriptionis temporalis fundamentum colloco non in animo derelinquendi, cum nemo rem suam iactare facile credendus sit, sed in rei obscuratione per moram eius, in

Natur der Sache liegt nichts, warum ein Recht blos um deswillen, weil davon in einer gewissen Reihe von Jahren kein Gebrauch gemacht worden, verlohren gehen sollte. Um das Eigenthum der Dinge gewiß zu machen, und weit aussehende verwickelte Prozesse zu verhüten" (oben Anm. 164), „ist sie **durch positive Gesetze** eingeführt worden."

Hiermit ist der positive Beweggrund für die Einführung der Verjährung im Princip anerkannt. Dieser beruhet in dem Bedürfniß, das Dasein und den Umfang der Rechtsverhältnisse dadurch sicher zu stellen, daß die an sich unvermeidliche Ungewißheit in möglichst enge Zeitgränzen eingeschlossen wird. (Sav. IV. 305.) Daneben galten und gelten freilich auch noch andere Beweggründe, welche mehr oder weniger von negativer Natur und doch mit dem Hauptgrunde verwandt sind. Der positive Beweggrund ist gleich wirksam für die uralte Usucapion (und deren Entwickelungen in dem nonusus und in der longa possessio bei den Servituten), für die Klagverjährung, für die Proceßfristen und für so manche andere Fristen, vermittelst deren das Dasein eines Rechtsverhältnisses davon abhängig gemacht ist, daß menschliche Thätigkeit oder Unthätigkeit während eines bestimmten Zeitraumes ununterbrochen fortdaure. (Sav. IV. 298—302. 305.) Die s. g. Präsumtion der Tilgung und die s. g. poena negligentiae sind zwar zunächst und vorzugsweise auf die Klagverjährung bezogen, passen jedoch auch auf die Ersitzung. Denn der Sinn jener Präsumtion besteht in der Unwahrscheinlichkeit, daß der Berechtigte seine Klage so lange versäumt haben würde, wenn nicht das Recht selbst auf irgend eine, jetzt nur nicht erweisliche, Art wirklich aufgehoben worden wäre. Eben so aber läßt sich auch für die Ersitzung die Unwahrscheinlichkeit geltend machen, daß ein anderer Eigenthümer, wenn ein solcher vorhanden wäre, seine Vindication so lange versäumt haben würde. (Klagverjährung als eine Präsumtion der Tilgung einer Schuld. Usucapion als ein präsumtives Eigenthum.) Und jene poena soll nicht minder bei der Ersitzung wie

---

cuius potestate erat agere iis temporibus, quibus nondum interciderant vel evanuerant auxilia discutiendae causae. Et natura ipsa suggessit etiam plebi hanc rationem. Solent enim vulgo dicere: cur non prius egit, cur tamdiu exspectavit ..... Alia, quae vulgo adhuc affertur ratio, ut esset finis litium, non sufficit. Non enim ideo cuiquam suum est adimendum, sed acceleranda iustitiae administratio. Haec ergo ratio vim non potest nisi a mora eius petere, qui iustitiae administrationem protrahit ita, ut inde difficilis reddatur vel plane obtineri non possit.

bei der Klagverjährung, eigentlich nur als Rechtfertigung für die scheinbare Härte des gegen den Berechtigten ausgeübten indirecten Zwanges zur Thätigkeit angesehen werden. Denn in der That wird dem Berechtigten nur zugemuthet, seine Unthätigkeit, nicht aber sein Recht dem gemeinen Wohl (dem gemeinnützigen Zweck der Rechtssicherheit) zum Opfer zu bringen. (Sav. IV. 305—307. V. 268—271.) Ja selbst die scheinbar specifischen Gründe der — auf schnelle Rechtsverfolgung, auf Erleichterung der sicheren Entscheidung ꝛc. ꝛc. berechneten — Klagverjährung, welche darauf hinauskommen, die Vertheidigung, besonders die Beweismittel des Beklagten gegen die willkürliche Verzögerung des Klägers in Schutz zu nehmen (Sav. III. 408. V. 271 272), würden sich ohne Zwang auch auf die Ersitzung, wenigstens auf das negative Element derselben (oben Anm. 168), ausdehnen lassen.

Zu solcher Gemeinsamkeit der Einführungsgründe (Sav. V. 267) war überdies schon im reinen Römischen Rechte eine stets fortschreitende materielle Annäherung der Usucapion und der Klagverjährung getreten. (Sav. IV. 314. 315.) Eine Annäherung, welche im Canonischen Rechte wenigstens bis zur Vereinigung der Usucapion mit der Klagverjährung unter einem gemeinsamen Gattungsbegriff weiter geführt wurde. (Sav. IV. 315—317. V. 332.) Darüber hinaus ging erst die Wissenschaft und Praxis der neueren Juristen, — zum Theil gestützt auf den schon bei den Glossatoren des zwölften Jahrhunderts erkennbaren unrömischen Sprachgebrauch, nach welchem das Wort praescriptio seiner wahren Bedeutung (exceptio, Einrede, also mit dem Zusatze temporis, temporalis o. dgl.: „Einrede aus einer Klagverjährung") entfremdet und zur directen Bezeichnung des durch Zeitlauf herbeigeführten Verlustes oder Erwerbes von Rechten verwendet worden war. (Sav. IV. 310. 313—315. V. 266.)[175]) So erhob sich aus

175) In dieser materiellen Bedeutung hat die Präscription auch in unseren vorlandrechtlichen Quellen Anwendung gefunden. Joh. Georg's L. O. v. 1594 Th. II. c. 51: „Ob ein Wiederkauff oder Pfandt könne praescribiret werdenn". Th. V. c. 52: „Ob die Pfandungen eine lauffende Praescription verhindern." Ja sogar „die Exceptio praescriptionis" (!) findet sich in den oben angeführten Stellen des Preuß. Landrechts v. 1721 (art. III. §. I) und des C. J. Fr. v. 1751 (§. 45; unten Anm. 309): ein ungeschickter Ausdruck, von welchem sich auch die heutige Praxis noch nicht entwöhnt hat. (Entsch. XXII. 36.) Im A. L. R. selbst kommt als regelmäßiger technischer Ausdruck vor: „Verjährung; ausnahmsweise: Präscription. So: „dreißigjährige Präscription" im Marginale zu §. 625 ff., im §. 638 h. t. und im §. 122. II. 4; „funfzigjährige Präscription" im Marg. zu §. 656 ff. und im §. 660 h. t.; „eine zehnjährige Präscription" (incorrect gebraucht von einer Frist zur Erhaltung von Beweismitteln) in I. 11. §. 753. 755;

der Klagverjährung (zumal bei der Verwandtschaft derselben mit anderen Rechtsinstituten, in denen gleichfalls das Zeitelement als Bedingung einer Rechtsänderung, die fortdauernde Unthätigkeit als Grund des Verlustes von Rechten vorkommt,) die Abstraction des Verlustes der Rechte überhaupt vermittelst der fortwährend versäumten Ausübung, und aus der Usucapion die Abstraction des Erwerbes der Rechte überhaupt vermittelst der fortgesetzten Ausübung. Schließlich bedurfte es dann nur noch einer geringen Steigerung dieser Abstractionen, um beide unter Einen Gattungsbegriff zu bringen: den der Verjährung (praescriptio), welche danach in erlöschende (extinctiva) und erwerbende (acquisitiva) zerlegt wurde. Und diese bis zur unbestimmtesten Allgemeinheit gesteigerte Abstraction eines so zerlegten Gattungsbegriffs der Verjährung ist gerade in das A. L. R. übergegangen. (Sav. IV. 299. 300. 309—313. V. 266. 346. 406. Puchta §. 73 g. E. und Vorlesungen Bd. I. S. 153 fg.: „ein willkührliches Collectivum für total verschiedene Rechtsinstitute." Keller §. 76.)[176])

Den entscheidenden Einfluß auf die endliche Gestaltung dieser Lehre hat unter den ziemlich zerfahrenen Ansichten der Redactoren des A. L. R.[177]) die Ansicht von Sz. gewonnen, welche sich in folgende

---

die „Präscription" (zu Gunsten der Erben des Verwalters ꝛc.) in I. 14 §. 153; „Präscriptionsfrist" in II. 8. §. 907.

Nicht zu übersehen ist Hugo's Verdienst um die Einbürgerung des Kunstausdrucks „Ersitzung". (Civilist. Magazin Bd. 4. S. 247—250, ad voc.: „Praescriptio, préscription".) Der Ausdruck „ersitzen" ist freilich nicht zuerst von Kant gebraucht, sondern kommt in der Bedeutung von Usucapiren schon in der Bambergischen Halsgerichtsordnung vom Jahre 1507, art. 268, §. 3, in der Carolina (art. 209) und bei Luther vor: Grimm Deutsches Wörterbuch s. v. „Ersitzen".

176) Wie sehr sich übrigens dieser Gattungsbegriff aus der unverkennbaren inneren Verwandtschaft der an sich verschiedenartigsten Rechtsinstitute im modernen Rechtsbewußtsein befestigt hat, das tritt unter Anderm recht praktisch hervor bei der Lehre von der s. g. nicht-rückwirkenden Kraft der Gesetze: Sav. VIII. 426. 427. — In der That braucht man auch nur den umgekehrten Gang der von der Usucapion zu gewissen Formen der s. g. Extinctiv-Verjährung fortschreitenden Römischen, und der von der Verschweigung zur Ersitzung fortschreitenden Deutschen Rechtsentwickelung von einem allgemeineren Standpunkte ins Auge zu fassen, um — bei dem schließlich in einander fließenden Resultate jener entgegengesetzten Rechtsbildungen — die moderne vollständige Abstraction eines gemeinsamen Gattungsbegriffs eher gerechtfertigt zu finden, als die (schon von Sav. IV. 317. 318 gerügte) Halbheit ungenügender Vermittelungsversuche.

177) So hatte Klein den Grund der Verjährung lediglich in dem langwierigen Besitze einer Sache oder eines Rechts erkennen wollen. Die Ver-

Hauptmomente zusammenfassen läßt. Die praescriptio acquisitiva gründe sich auf das Princip: Publici interest, ut dominia rerum sint certa. Sie habe eigentlich eine praesumtionem iuris et de iure zum Grunde: daß derjenige, der eine Sache oder ein Recht durch lange Jahre ex iusto titulo ruhig besessen habe, wirklicher Eigenthümer der Sache sei. (Die allgemeine Präsumtion der iusta possessio werde hier bis zur Abschneidung des Gegenbeweises extendirt)[178] Die praescr. extinctiva dagegen sei bloße poena negligentiae. (Mat. S. 421.)[179]

---

jährung durch bloßen Nichtgebrauch habe keinen natürlichen Grund. Nur das allgemeine Beste könne vielleicht erfordern, daß die Bürger des Staats genöthigt werden, ihr Recht in Zeiten zu rügen. Doch dürfe auch dies nicht dem Schuldner selbst, sondern nur dessen Erben zu Gute kommen. Ueberhaupt bestehe die billigste Art der Verj. durch Nichtgebrauch in der Einschränkung gewisser (in rechtlichen Formen gegründeter) Vorzüge (z. B. der Wechselkraft) auf eine bestimmte Frist. (Mat. S. 399. 400, vgl. mit S. 412. 413 §§. 276. 287—290.) Kircheisen hatte, zur Vermeidung der „Zersplitterung der Materien", in seinem Entwurfe alle Arten der Verjährung durcheinander geworfen, um sie unter einen einheitlichen Gesichtspunkt — des Erwerbes neuer oder des Verlustes erworbener Rechte durch den Ablauf eines von den Gesetzen bestimmten Zeitraumes — bringen zu können. (Mat. S. 422—446.) v. Tevenar wollte die Extinctive Verjährung aus zwei verschiedenen Gesichtspunkten betrachtet wissen: 1) aus dem des Eigenthümers, an dessen Sache das Recht des Anderen verloren gehe, also die natürliche Freiheit wieder hergestellt und erworben werde (praescr. ext. als — praescr. acqu. einer Freiheit); 2) aus dem des Gegentheils, der durch den Nichtgebrauch seines Rechts dieses Recht verliere. (Mat. S. 453 fg.) Als den praktisch durchzuführenden Hauptzweck der Verjährung überhaupt wollte v. T. (Mat. S. 459) festhalten: „die Rechte, die aus dem Besitze entspringen, bis zur Legitimation einer Sache oder eines Rechts zu erheben", (vgl. oben Bd. I. S. 325 Anm. 605 — Mat. S. 116 — Tevenar's Ansicht von dem Besitze selbst, als einer blos interimistischen Legitimation zu einer Sache), „und den vielen Zweifeln und Processen über die Rechtmäßigkeit des Eigenthumes, Nutzungsrechtes, oder einer Dienstbarkeit vorzubeugen." Meistens bediene man sich der Verjährung doch nur als einer Schutzwehr, — weil man mit dem ursprünglichen Titel seines Rechts unbekannt sei rc. (Mat. S. 459. 460.) Unverkennbar ist die Verwandtschaft der Tevenar'schen Ansicht mit der oben erwähnten Auffassung der Usucapion als eines präsumtiven Eigenthums (Sav. IV. 307), welche freilich noch bestimmter bei Sz. auftritt. (Anm. 178.)

178) Präsumtives Eigenthum: Anm. 177 i. f.

179) Auf diesen exclusiven Charakter der praescr. ext. kommt Sz. wiederholentlich zurück: Mat. S. 461. 482. 512. 527. Daß übrigens die praescr. ext. von der einen Seite allemal praescriptionem acquisitivam von der anderen Seite voraussetze, hielt Sz. eigentlich für unrichtig (S. 421. 422), oder doch für subtil und unpraktisch (S. 455. 456). Allein schließlich gab er soviel zu, daß, wenn man es „genau ausdrücken" wolle, der Andere (der von seiner Verbindlichkeit befreit wird) „libertatem naturalem wieder erlange" (S. 461).

Jede Veränderung in dem Rechte, welche ex lapsu temporis entstehe, sei in der That Verjährung, „wenn man es auch nicht so nenne". Von diesem summum genus sei die praescr. acquisitiva blos eine species. (Mat. S. 453.) Es gebe also überhaupt nur zwei Arten der Verjährung: durch Nichtgebrauch und durch Besitz. Und die General-Eintheilung „der praescriptio in extinctivam et acquisitivam" erscheine vollkommen gerechtfertigt. (Mat. S. 506—508.)

Demgemäß umfaßt im A. L. R. die Verjährung durch Besitz nicht blos die Römische Usucapion, sondern auch zugleich die auf dem Besitze beruhenden Fälle der Römischen Klagverjährung, während die allgemeine Verjährung durch Nichtgebrauch als einen einzelnen, aber hervorragenden Bestandtheil in sich schließt: die Klagverjährung, insbesondere diejenigen Fälle der Römischen Klagverjährung, wobei von einem Besitze des Beklagten gar nicht die Rede ist. (Sav. V. 346. 406.) Im Römischen Rechte schieden sich plastisch, trotz ihrer inneren Verwandtschaft (Anm. 176): der Erwerb des Eigenthums und der Servituten durch Usucapion und longi temporis possessio (Ersitzung); die Aufhebung der Servituten durch nonusus und libertatis usucapio (Erwerb der Freiheit von der Servitut auf der Seite des Eigenthümers); die Klagverjährung. (Sav. VIII. 426. 427.) Eine vollständige Rückkehr zu den Römischen Elementen empfiehlt sich nun freilich nicht für die praktische Behandlung des A. L. R., wohl aber eine gewisse Auflösung der Landrechtlichen Abstractionen in ihre concreten Theile. (Sav. IV. 313. 316.) Eine solche Auflösung und Sonderung haben bereits die Gesetzrevisoren versucht und mit Erfolg durchgeführt. (Pens. XIII. Mot. zum Tit. 9. S. 115—172.) Ihre Methode, an welche sich auch Thöne a. a. O. genau angeschlossen hat, liegt dem folgenden Systeme im Wesentlichen zu Grunde.[180]

---

180) Die Gesetzrevisoren gehen von den praktischen Uebelständen aus, welche sich schon an die unbegränzte Fassung des Landrechtlichen Begriffs der Verjährung im Allgemeinen knüpfen. Unter diesen Begriff gerathen die heterogensten Fälle der zur Ausübung oder Erhaltung gewisser Rechte gesetzten Fristen, auf welche doch die Regeln der Verjährung nicht ohne die heilloseste Rechtsverwirrung angewendet werden dürfen. Daran schließt sich weiter die Verwerfung der Landrechtlichen Abstraction einer Verjährung durch Nichtgebrauch (insbesondere), welche in zwei disparate Elemente zerfällt: in die Verjährung der Klagen, weil sie in einem bestimmten Zeitraum nicht angestellt sind, und in das Erlöschen der Servituten, weil sie nicht ausgeübt worden. Indem nun zwei so verschiedenartige Rechtsverhältnisse zusammengeworfen sind — da doch bei dem ersteren nur Eine Art der Ausübung des Rechts, nämlich die Anstellung der Klage, bei den anderen dagegen die fort-

I. Allgemeine Grundsätze.

1. Begriff und Eintheilung.

A. Der abstracte Begriff der Verjährung im §. 500 h. t. ist aus drei Momenten zusammengesetzt. Diese sind: 1) der Ablauf einer bestimmten Zeit; 2) die unterlassene Ausübung gewisser Rechte; 3) eine vermöge der Gesetze entstehende Veränderung an diesen Rechten. Das zweite Moment (der Nichtgebrauch) ist erst im Fortgange der Redaction aufgenommen worden, um die Verjährung von gewissen anderen durch den Zeitverlauf entstehenden Aenderungen in den Rechten zu unterscheiden.[181]) Allein auch noch in seiner jetzigen Fassung ist der Grund-

---

währende Ausübung des Rechtes selbst in Frage steht —, so ergeben sich unvermeidliche Schwankungen in den Gegensätzen und praktische Schwierigkeiten in der Anwendung der gemeinsamen abstracten Grundsätze. Hiernach gelangen die Gesetzrevisoren schließlich zur concreten Sonderung von drei Arten der Verjährung: Ersitzung — Klagverjährung — Erlöschen dinglicher Rechte durch unterlassene Ausübung (Verj. durch Nichtgebrauch κατ' ἐξοχήν). In diesen drei Kategorien sind alle Fälle einer wahren Verjährung erschöpft. Sie haben zwar gewisse Grundsätze mit einander gemein, sind jedoch objectiv keiner Vermischung unter einander, und keiner Verwirrung mit heterogenen Fällen ausgesetzt. Die dinglichen Rechte treten natürlich in ihrer großen Deutschrechtlichen Ausdehnung auf. — Ihre systematische Stellung würde der ganzen Lehre von der Verjährung, nach Französischem und Oesterreichischem Vorgange, in einem eigenen Schluß-Titel anzuweisen sein. (Gesetzrev. S. 115—121.)

181) Der erste Versuch einer klaren Bestimmung des Grundbegriffs der Verjährung (Mat. S. 422. 423) lautete: „Wenn aus dem Ablaufe einer bestimmten Zeit eine Abänderung in dem Rechte, vermöge der Gesetze, entsteht, so wird solches eine Verjährung genannt.“ (Mat. S. 451 §. 1.) Im (gedr.) Entwurfe §. 400 h. t. wurden die Rechte, um welche es sich dabei handelte, schärfer fixirt: „. . . . in den Rechten gewißer bestimmter Interessenten“. Dann erst erfolgte, auf ein gewichtiges Monitum, die Einschaltung des bis dahin noch fehlenden Moments: „wegen unterlassener Ausübung gewisser Rechte“. (Sz.: Mat. S. 511. 512.) Im letzten Stadium trat nur eine leichte Aenderung der Fassung hinzu, indem die wenig elegante Formel: „so ist (eine Verjährung) vorhanden“, angenommen wurde (Mat. S. 565), welche sich in dem jetzigen §. 500 findet, auch sonst dem Landrechtlichen Sprachgebrauche (I. 8. §. 14; 11. §. 511. 522; 13 §. 6; 14 §. 9 u. §. 200) nicht fremd und noch in dem Strafgesetzbuche v. 1851 (§. 40. 41. 59. 156. 211. 222. 223.) nicht vermieden ist.

Ein wesentliches Element in der Definition der Verjährung ist übrigens von Anfang an unverändert geblieben: die Beschränkung auf die „vermöge der Gesetze“ eintretenden Rechts-Veränderungen; d. i. die Beschränkung auf die s. g. praescriptio legalis der Neueren, im Gegensatze zu der s. g. praescr. iudicialis, testamentaria, conventionalis. (Sav. IV. 305 Note v. Puchta Vorlesungen zu den Pandekten Bd. I. S. 153.) Die weiteren Eintheilungen der praescr. acquis. in constitutiva u. translativa ꝛc. (Puchta begriff ein so ausgedehnter, daß derselbe auf unzählige gesetzliche Fristen paßt, in denen jene drei Momente zusammen treffen und welche dennoch mit der Verjährung Nichts zu theilen haben, insbesondere aber den eigenthümlichen Regeln über den Anfang und den Ablauf der Verjährung, so wie über die Restitution gegen die vollendete Verjährung, nicht unterworfen werden können. Es bleibt der begründete Vorwurf stehen: „daß die Verfasser des Allg. Landrechts sich des Unterschiedes zwischen den Verjährungsfristen und den Fristen zur Ausübung irgend einer Befugniß nicht ganz klar bewußt gewesen sind." (Entsch. VI. 393. XL. 7.)

Schon in den Vorarbeiten zum A. L. R. hatte sich gelegentlich die Einsicht geltend gemacht, daß es mit den ächten Verjährungs-Fristen doch seine besondere Bewandtniß habe. So schickte Klein dem in seiner Materialien-Sammlung §. 246 gegebenen ausführlichen Verzeichniß der Verjährungs-Fristen (Mat. S. 404—407) u. A. folgende Bemerkung voran: „Nach meiner geringen Beurtheilung ist die sogenannte Verjährung der Quittungen und Schuldscheine u. s. w., wobei nicht das Recht selbst verloren geht, sondern nur die rechtliche Vermuthung verändert wird, nicht zu der eigentlichen Verjährung zu rechnen." (S. 403.) v. Tevenar erkannte die Schwierigkeit, die Verjährung so allgemein zu erklären, daß solche auf alle Gegenstände der Verjährung eine Anwendung finde. Bei verschiedenen Zeitgeschäften[182]) verursache der Ablauf einer bestimmten Zeit nach den Gesetzen in dem Rechte eine Abänderung, ohne daß diese Abänderung „im eigentlichen Verstande eine Verjährung" genannt werden könne. (Mat. S. 452.)[183]) Sz. wollte dies freilich nicht recht zugestehen (S. 453: oben S. 90), bezeichnete aber doch schließlich selbst gewisse durch den Zeitverlauf in den Rechten entstehende Aenderungen, „die keine Verjährung sind": z. B. bei Erreichung der Volljährigkeit und bei betagten Obligationen. (S. 511. 512.) In der That geschah jedoch Nichts für eine gehörige Sonderung der verschiedenartigen Fristen. Im Register zum A. L. R. laufen diese s. v. „Verjährung" (S. 339—342) in bunter Verwirrung durch einander. Und in den Text unseres Gesetzbuches ist der Begriff der Verjährung in jener unbestimmten Allgemeinheit übergegangen, welche der rettenden hypo-

---

a. a. O.) finden sich in unseren Materialien nur noch bei Klein. (S. 407. 412. 413.)

182) Nach einem von den Herausgebern beigefügten Fragezeichen scheint dieses Wort unsicher zu sein.

183) Gewiß paßte Tevenar's Bemerkung auch auf die Fristen in der Prozeßordnung. (S. S. Studien S. 659 ad 2. II.)

thetischen Auffassung (Sav. IV. 312. 313.) nur spärlichen Raum läßt. (Entsch. XL. 10, Zeile 2. Strieth. XXXVIII. 34 ad a. 36 fg. Koch Comm. Ausg. 4. ad §. 500 u. 565 h. t.)[184])

Die Gesetzrevisoren haben (im Jahre 1829: a. a. O. S. 116—118. 121. 172. 195—201) alle diejenigen, ohne Rücksicht auf die Erfordernisse der Verjährung ablaufenden Fristen auszuscheiden gesucht, an deren Innehaltung durch das Gesetz das Dasein eines Rechts oder einer besonderen Beschaffenheit dieses Rechts geknüpft ist (S. S. Studien S. 659 ad 2. II). Die Resultate der von den Gesetzrevisoren gemachten Zusammenstellung mögen hier ihren Platz finden, weil man in der Folge vielfach daran angeknüpft hat.

Es sind im Ganzen 72 im A. L. R. vorkommende Fristbestimmungen, bei welchen die Frage aufgeworfen wird, ob darauf der Begriff der Verjährung anzuwenden sei. Von diesen fallen nun, nach der Auffassung der Gesetzrevisoren folgende 44 nicht unter den Begriff der Verjährung: A. L. R. **I. 4.** §. 45. 51. 92; **5** §. 94—101; **9** §. 70. 71; §. 421. 424; §. 552. 556; **11** §. 224; §. 289; §. 415; §. 435; §. 641; §. 738. 739 und 20 §. 425; (11) §. 753; §. 1090. 1091; §. 1113. 1118; §. 1129. 1133; **14** §. 35; §. 320; **16** §. 106. 107; §. 277—279 (II. 8 §. 1288. 1269—1281); §. 503—508; **18** §. 121. 151; §. 159. 630; §. 253; **20** §. 452; §. 609. 610. 645. 655; **21** §. 349; **II. 1.** §. 41; §. 392. 410; §. 579; **2** §. 7. 17; **7** §. 278; §. 339—341; **8** §. 594—604 (Dauer der Beweiskraft der Handlungsbücher); §. 963—973 (Fristen zur Präsentation eines Wechsels); §. 1007—1009. 1046. 1047. 1060 (Fristen zur Aufnahme und Versendung der Wechselproteste); §. 1346; §. 2443. 2444 (I. 20 §. 323); **11** §. 393. 979. 1093; **14** §. 41; **16** §. 105; §. 155. 163; §. 188—205; §. 278; **18** §. 101. 102. Als ächte Verjährungsfristen gel-

---

184) Die absolute Auffassung, nach welcher alle Rechte überhaupt fähig wären, durch fortgesetzte Ausübung erworben, durch Versäumniß verloren zu werden, entspricht freilich nicht blos der Methode des A. L. R. im Allgemeinen (in der abstracten Behandlung des Begriffs, der Eintheilung und der Gegenstände der Verjährung), sondern auch manchen weit gehenden Anwendungen im Einzelnen (z. B. I. 11. §. 839). Allein das starre Festhalten an jener absoluten Auffassung würde zu so unerträglichen Consequenzen führen, daß man es der Praxis nicht verdenken sollte, wenn sie einen Anhalt zur Abhülfe in der hypothetischen Auffassung sucht, nach welcher man nur die im positiven Rechte anerkannten besonderen Fälle unter den Begriff der Verjährung stellt, wogegen man sonstige zur Ausübung oder Erhaltung gewisser Befugnisse gestattete Fristen ablaufen läßt, ohne darauf die Erfordernisse der Verjährung anzuwenden.

ten demnach den Gesetzrevisoren folgende 28: A. L. R. I. **5** §. 343. 344 und 11 §. 68; **6** §. 54; **8** §. 142 (Widerspruchsrecht aus zehnjährigem Besitze von Fenstern); **9** §. 224. 235. 257. 260 (verschiedene Ersitzungen); **11** §. 351; §. 837. 839; §. 849; **14** §. 150—153; §. 154—159; **15** §. 30; **17** §. 141; §. 308 (II. 8 §. 672—674); II. 1. §. 97. 128. 130; §. 721; §. 1083; **2** §. 440; **7** §. 160; §. 430; **8** §. 958—960 (Klage des Trassanten auf Entrichtung der Valuta); §. 903—907. 908. 1079. 1130. 1131. 1208. 1209. 1212. 1216. 1218 (Wechselklage); §. 1253. 1283. 1297. 1302 (Klage aus Assignationen ꝛc.); §. 2346—2358 (Klage auf Vergütung bei Versicherungen); **11** §. 870; **12** §. 103. Anhg.-§. 141; **18** §. 595; §. 847—852; **20** [§. 659. 660;] §. 1272.[185])

Noch haben die Gesetzrevisoren eine Reihe von Fristen angedeutet, auf welche selbst der ungemessene Landrechtliche Begriff der Verjährung schon um deswillen keine Anwendung findet, weil dabei der Fall einer unterlassenen Ausübung gewisser Rechte nicht vorhanden ist: I. 4. §. 159; 11. §. 199. 202 ff. 245. 246. 330; 12. §. 22. 196. 201; 16. §. 243. 245. 250; 18. §. 185. 372. 744. 772. 778; 21. §. 204. 299. 301. 307. 536; 23. §. 36; II. 1. §. 690. 1077; 2. §. 19; 11. §. 334. 335. 902; 18. §. 25. 547. 791. 823. 866. 894.

Endlich haben sie (S. 121) die lehnrechtliche Verjährung (A. L. R. I. 18. §. 657—669), die Verjährung von Rechten des Personenstandes (II. 7. §. 160. 527; 9. §. 17—20. 94. 95), so wie die Verjährung im öffentlichen Recht, — des Patronats, der Jurisdiction u. s. w. (II. 11. §. 574—576. 611. 612) auf die analoge Anwendung der allgemeinen Grundsätze von der Ersitzung resp. von dem Erlöschen dinglicher Rechte durch unterlassene Ausübung (oben Anm. 180) zurückgeführt.

Die Rechtslehrer haben verschiedene Kriterien und Kategorien von Fristen aufgestellt, ohne jedoch zu übereinstimmenden Resultaten in der Aussonderung der ächten Verjährungs-Fristen zu gelangen.[186])

In der Praxis sind theils gewisse allgemeine Grundsätze, zur Charakterisirung der „wahren“ („wirklichen“, „eigentlichen“) Verjährungsfristen, ausgesprochen, theils einzelne zweifelhafte Fristen, je nach ihrer

185) Die 72 Numern der Gesetzrevisoren finden sich zum ersten Male vollständig und richtig abgedruckt in dem s. g. V Männerbuch (Breslauer Ergänzungen ꝛc.) Suppl. Bd. I. (v. J. 1841) S. 336—339; incorrect bei Thöne S. 290 Anm. 12.

186) Es genügt in dieser Beziehung Grävell S. 146 ff. (Anm.), Born. §. 90 (bes. Note 3), Koch §. 149 (bes. Note 12) und v. Daniels (Lehrb. des preuß. Privatrechts) Bd. 4. S. 202—204 zu vergleichen.

besonderen Natur, entweder als ächte Verjährungsfristen anerkannt, oder als unächte bei Seite gesetzt worden.

Von allgemeinen grundsätzlichen Aussprüchen mögen etwa folgende herauszuheben sein.

Eine „wirkliche Verjährungsfrist ist anzunehmen, wenn das Merkmal zutrifft, daß durch den Ablauf derselben „ein bestimmter Verpflichteter, einem bestimmten Berechtigten gegenüber, von einem Dulden, Geben oder Leisten dergestalt befreit wird, daß der bisherige Berechtigte die Befugniß, sein Recht gegen den Verpflichteten gerichtlich zu verfolgen, verliert"; nicht aber in solchen Fällen, „wo dem Berechtigten kein bestimmter Verpflichteter gegenübersteht, oder der Verpflichtete von keinem Dulden, Leisten oder Geben befreit wird, sondern nur von einer, an eine gewisse Zeit geknüpften gesetzlichen Befugniß Jemandes die Rede ist, deren Nichtausübung zwar für ihn den Verlust der Befugniß zur Folge hat, aber nicht zugleich einen Andern von einer Verbindlichkeit befreit": Entsch. IV. 346—348 (v. J. 1839). Von dem Begriffe der Verjährung sind nicht nur vielerlei Fristen, an welche die Ausübung eines Rechts geknüpft ist, sondern „namentlich auch diejenigen Veränderungen in den rechtlichen Befugnissen oder Verhältnissen einer Person ausgeschlossen, welche, wenn gleich nach einem gewissen Zeitabschnitte, doch schon lediglich mit Ablauf einer, den Anfang oder die Dauer der Ausübung eines Rechts bestimmenden Frist, eines dies a quo oder ad quem, eintreten": Entsch. VI. 393 (v. 1840) und XIV. 225 (v. 1846). In den Begriff der Verjährung („in der engeren Bedeutung") passen solche Fristbestimmungen nicht, welche mit der gesetzlichen Wirkung der „Befreiung eines Verpflichteten" oder der Hebung einer „ehemals bestandenen Verbindlichkeit" ganz unverträglich sind: Entsch. IX. 45. 46 (v. 1844). Denn in solchen Fällen liegt der Grund für die mit dem Ablaufe der Fristen eintretende Abschneidung der Rechts-Verfolgung „nicht in irgend einer Vermuthung für die Aufhebung dieser Rechte, sondern lediglich darin, daß sie überhaupt von Hause aus nur innerhalb der vorgeschriebenen Frist verfolgbar waren": Entsch. XIV. 225. 226. Das „Unterscheidende der Extinctiv-Verjährung beruhet darin, „daß ein Recht durch dessen Nichtgebrauch binnen einer vorgeschriebenen Frist verloren geht": Entsch. XVII. 126 (v. 1848). „Zu verjährende Rechte, an denen eine Veränderung eintreten soll, müssen nothwendig selbstständige, bereits vollständig erworbene sein" (nicht solche, deren Existenz noch erst vom Eintreten einer Bedingung abhängt): Entsch. XVII. 364 (v. 1849). Die „wahre" Extinctiv-Verjährung ist etwas ganz Anderes, als die im A.

L. R. einmal „uneigentlich" so genannte Präscription. Es gibt viele gesetzliche Fristen, „welche nicht eigentliche Extinctiv-Verjährung benannt werden können, — wo es sich vielmehr nur um einen terminum ad quem . . . handelt." Dergleichen Fristbestimmungen stehen also auch Minorennen entgegen. „Wo das Gesetz besondere Fristen regelt und nicht auf die Verjährungs-Einreden hinweist, ist es überhaupt bedenklich, auf Einreden einzugehen, welche aus dem Privilegium der Minderjährigen herrühren": Entsch. XXVI. 266—269 (v. 1853). Das A. L. R. hat zwar den abstracten Verjährungsbegriff adoptirt. Allein dennoch gibt es auch in unseren Gesetzen sehr viele, zur Ausübung oder Erhaltung gewisser Befugnisse gestattete Fristen, welche nicht an die Regeln der Verjährung gebunden sein können, vielmehr „ganz für sich bestehen und ihren eigenthümlichen Regeln folgen, oder ablaufen, ohne daß es auf die Erfordernisse der Verjährung ankommt." Die Verjährung „bezieht sich blos auf gewisse Rechte und bei einzelnen Classen von Rechten in verschiedener Weise, indem sie bei diesen durch besondere Grundsätze bestimmt wird." Ihr Begriff bleibt also ausgeschlossen in solchen Fällen, wo entweder blos die Parteien von dem Eintritte oder von der Wahrung eines Zeitpunktes die Erwerbung, Erlöschung oder Verfolgbarkeit eines Rechtes abhängig machen (Anordnungen in einem Vertrage oder in einer letztwilligen Verfügung, welche mit einer Zeitbestimmung verknüpft sind); oder wo der Richter innerhalb der vom Gesetze ihm eingeräumten Befugnisse Termine und Fristen zur Vornahme gewisser Handlungen mit der Wirkung des Verlustes gewisser Rechte bei Versäumung des Termins oder der Frist bestimmt (Präclusionen); oder wo die Gesetze selbst das eine oder das andere rechtliche Verhältniß von dem Eintritte einer Zeit abhängig machen, sei es, daß sie die Unterlassung einer gewissen Handlung mit einer Rechtsverwirkung bedrohen, oder daß sie den Eintritt in eine neue personenrechtliche Stellung (z. B. die Volljährigkeit) bedingen: Entsch. XL. 7—10 (v. 1858). Dem in unbestimmter Allgemeinheit gefaßten Landrechtlichen Begriff der Verjährung ist eine nur hypothetische Bedeutung (oben Anm. 184) beizulegen, so daß sein Inhalt zunächst unbestimmt bleibt und lediglich die im positiven Rechte besonders anerkannten Fälle unter denselben zu subsumiren sind: Entsch. XL. 10 (v. 1858) und Strieth. XXXVIII. 36 (v. 1860). Auch ist zwar nicht überall ein entscheidendes Gewicht darauf zu legen, wenn das Gesetz selbst eine Frist als Verjährung bezeichnet; doch müssen, wo dieses geschieht, überwiegende Gründe dafür vorhanden sein, die Frist dennoch nicht als eine ächte Verjährungs-, sondern als eine bloße Präclusiv- oder s. g. Erklärungs-Frist zu betrachten: Strieth. XLIII. 136 fg. (v. 1861); vgl. auch Entsch. XXVI. 269 zu Anfg. Der charakteristische Unterschied besteht darin, daß bei den Fristbestimmungen im Allgemeinen eine Begebenheit oder Handlung, wenn sie gewisse rechtliche Folgen haben soll, innerhalb der festgesetzten Frist erfolgen muß, bei der Verjährung aber ein factischer Zustand um deswillen, weil er eine gewisse Zeit bestanden hat, auch als zu Recht beständig anerkannt wird, indem entweder ein Recht in Folge längerer thatsächlicher Ausübung erworben, oder ein solches in Folge längerer Nichtausübung verloren wird: Strieth. XLVIII. 324 fg. und Entsch. L. 98 fg. (v. 1863). Präclusiv-Fristen aber unterliegen überhaupt nicht den Regeln über den Anfang und die Unterbrechung der Verjährung: Strieth. L. 299 (v. 1863).

Eine besondere Erwägung in der Praxis ist folgenden einzelnen Fristen gewidmet worden.

Die in einem Vertrage, und namentlich in einem Assecuranz-Vertrage[187]), vereinbarte präclusivische Frist, innerhalb welcher ein gewisses durch den Vertrag begründetes Recht, also namentlich ein Entschädigungs-Anspruch aus dem Versicherungs-Vertrage, bei Verlust eines solchen Rechtes oder Anspruches, im Wege der Klage geltend gemacht („vor den Richter gebracht") werden muß, ist nicht als eine Verjährungs-Frist anzusehen (so wenig wie irgend eine für die Erfüllung eines bestimmten Vertragsrechts vereinbarte Frist): Entsch. XIV. 222—226 (Präj. 1722, v. J. 1846); XVII. 361—365 (v. 1849); XXI. 64—68 (Strieth. II. 130—134: v. 1851); Strieth. XXXVIII. 34—38 (v. 1860).[188])

Die gesetzlichen Fristen, innerhalb deren der Berechtigte auf erfolgte Bekanntmachung des geschlossenen Kaufes über die Ausübung des Vorkaufsrechtes — bei Verlust desselben für den gegenwärtigen Fall — sich erklären muß (A. L. R. I. 20. §. 609. 610), sind nicht zu den Verjährungs-Fristen zu zählen, gehören vielmehr in die Classe derjenigen Fristen, welche zur Erklärung über die Annahme von angebotenen Verträgen bestimmt sind (I. 5. §. 94--101). Gegen ihre Versäumung kommt deshalb auch dem Fiscus die Wiedereinsetzung in

187) Wegen der Verjährung der Rechte aus Assecuranz-Verträgen nach §. 2346—2358 A. L. R. II. 8. vgl. Entsch. XVII. 364. 365 und XXI. 66. (Unten Anm. 301.)

188) Ob für die Charakterisirung solcher Fristbestimmungen gerade der Gesichtspunkt der Bedingung glücklich gewählt ist, läßt sich freilich bezweifeln: Koch Comm. Ausg. 4. ad §. 100. A. L. R. I. 4. und §. 565 h. t. (Unten Anm. 302.)

den vorigen Stand nicht zu Statten: Präj. 884 (v. J. 1840: Entsch. VI. 385—398, bes. 393 ff.)[189])

Auch die zur Ausübung des Wiederkaufsrechtes (durch Vertrag oder Gesetz) bestimmte Frist (A. L. R. I. 11. §. 314) gehört nicht zu den Verjährungs-Fristen, sondern zu denjenigen Fristen, innerhalb deren ein gewisses Recht, um wirksam zu werden, materiell ausgeübt werden muß, wenn es nicht von selbst mit dem Ablaufe der Frist erloschen sein soll („Zeitfrist zur Geltendmachung der rechtlichen Befugniß eines Rechts" — sic —): Strieth. XVI. 155—158 (v. J. 1855).

Die Bestimmung des Gesetzes, „daß die Beweiskraft eines Schuldinstruments durch zehnjährige Präscription vom Todestage des Schuldners ab erlischt" (A. L. R. I. 11 §. 753: oben Anm. 175), enthält keine Verjährungs-Frist, und steht also auch Minorennen entgegen: Präj. 2476 (v. J. 1853: Entsch. XXVI. 263—269). Denn es handelt sich dabei nicht um die definitive Zu- oder Aberkennung eines Darlehns, sondern lediglich um die Dauer der Beweiskraft eines Schuldscheines, genauer: um das Recht des Gläubigers, sich des von

189) Dieses Präj. hat nämlich im Uebrigen grundsätzlich festgestellt, daß die Restitution des Fiscus nach Maßgabe des §. 177. A. L. R. I. 14 (wo es sich um „eine kürzere als die gewöhnliche Verjährungsfrist" handelt) nur bei Versäumung wirklicher Verjährungsfristen Anwendung findet. Vgl. Entsch. VI. 253 fg. 390 ff. und XXIII. 105 fg. Die Anwendbarkeit des §. 177 auf einen bestimmten Fall hängt deshalb davon ab, ob die Frist, gegen deren Ablauf die Restitution gesucht wird, zu den Verjährungsfristen zu zählen ist: Entsch. VI. 393. (Wegen des bezeichnenden Wortes „gewöhnlich" vgl. auch u. A. A. L. R. I. 11. §. 850 und II. 8. §. 2414.) Der §. 177 lautet wörtlich: „Vorstehende Verordnungen (§. 174. 175. 176)" — d. s. die Bestimmungen über die, im Uebrigen der Regel nach grundsätzlich abgeschnittene, ausnahmsweise aber bei Prozessen „wegen erlittener Läsion" zugelassene restitutio in integrum zu Gunsten des Fiscus oder anderer mit ihm gleich privilegiirter Corporationen — „finden auch alsdann Anwendung, wenn außer Prozessen, die Gesetze die Befugniß zur Ausübung eines gewissen Rechts, oder Entgegensetzung eines Einwands, an eine kürzere als die gewöhnliche **Verjährungs**frist gebunden und dabey wegen dieser moralischen Personen keine besondere Ausnahme gemacht haben."

Grammatisch ließe sich also vielleicht die Auslegung rechtfertigen, als ob hier implicite auch Prozeßfristen (in specie) zu den Verjährungsfristen (in genere) gezählt seien. Allein der Sinn des Gesetzes würde einer solchen Auslegung schon dann entgegenstehen, wenn man den §. 177. zunächst nur isolirt betrachtete. Um so mehr entspricht die im Präj. 884. durchgedrungene Beschränkung der hier angedeuteten „kürzeren Verjährungsfristen" auf „wirkliche" Verjährungsfristen dem Geiste der Landrechtlichen Verjährungslehre in ihrem großen und ganzen Zusammenhange.

dem Schuldner ausgestellten Schuldscheines gegen dessen Erben als eines Beweismittels zu bedienen. Macht also der Gläubiger nicht binnen zehn Jahren seit dem Tode des Schuldners von diesem Beweismittel Gebrauch, so gilt dasselbe als nicht existirend. Deshalb ist auch die ganze Vorschrift (§. 753) in dem Systeme unseres Gesetzbuches gar nicht unter die Verjährung und unter die desfallsigen Einreden subsumirt worden. (Entsch. XV. 174; XVII. 126; XXVI. 266. 268. 269. Vgl. unten Anm. 282.)

Die im §. 158 A. L. R. I. 14. gedachte fünfjährige Frist, binnen welcher dem Verwalter die von ihm zu legende Rechnung abgefordert werden muß, widrigenfalls die Rechnungslegung für erlassen erachtet wird, ist nicht als eine Verjährungsfrist anzusehen: Pl. Beschl. v. 6. December 1858. (Präj. 2703: Entsch. XXXIX. 478 und XL. 1—18; J. M. Bl. 1859 S. 27—32.) Denn es liegt hier nichts Anderes vor, als eine, die Verwirkung eines Rechtes nach sich ziehende (aus dem eigenthümlichen Verhältnisse zwischen Verwalter und Prinzipal wohl gerechtfertigte) gesetzliche Fiction. Der Verlust des Rechtes, Rechnungslegung zu verlangen, tritt nicht, wie bei der Verjährung, als unmittelbare Folge der versäumten Ausübung binnen bestimmter Zeit, sondern als mittelbare Folge dieses Nichtgebrauches ein. Die unmittelbare Folge des letzteren bestehet vielmehr in der Fiction einer juristischen Thatsache, namentlich einer Willenserklärung, und zwar des Erlasses. Und die Wirkung dieser gesetzlichen Fiction ist nur die, daß die Beweislast (vgl. auch Entsch. XXXIII. 367 fg.) auf den Prinzipal übergeht, insofern er materielle Ansprüche aus der Verwaltung gegen den Verwalter geltend machen will. Die Frist des §. 158 ist also lediglich eine Frist zu der bestimmten ausdrücklichen Willenserklärung des Prinzipals an den Verwalter, unter dem Präjudiz des sonst anzunehmenden Erlasses.[190])

---

190) Koch hatte von jeher (besonders Fordr. §. 299 ad II. 1.) — gegen die meisten Autoren, mit Einschluß der Gesetzrevisoren, und gegen die frühere Praxis des Ob. Tribunals — die Ansicht verfochten, welche jetzt durchgedrungen ist: es liegt eine Erklärungs-Frist vor, d. h. eine Frist, nach deren Verlaufe eine bestimmte Erklärung (Erlaß) fingirt wird. Wegen der früheren Behandlung derselben als einer Verjährungs-Frist vgl. insbes. Entsch. IV. 341 ad I u. 348 (v. J. 1839); XIX. 196. 197 (v. 1849); Strieth. VII. 290 (v. 1852). Eine Annäherung an die jetzt durchgedrungene Ansicht findet sich schon Entsch. XXIV. 429 (Strieth. VIII. 298: v. 1853). Das in Folge des Pl. Beschlusses d. 6. Dcbr. 1858 ergangene Erkenntniß v. 22. März 1859 (Strieth. XXXIII. 87—90) hat zugleich die weitere Consequenz gezogen für die (nach S. 30. 31. J. M. Bl. a. a. O.

Die Vorschrift des §. 721 A. L. R. II. 1., nach welcher es einer ausdrücklichen Verzeihung gleich geachtet wird, wenn der beleidigte Ehegatte, nach erhaltener überzeugender Kenntniß, die Ehe ein Jahr hindurch fortgesetzt hat, sanzirt nicht eine Verjährungsfrist, sondern eine (aus dem Verlaufe der Zeit entstandene) Vermuthung der Verzeihung. Daraus folgt, daß der Lauf dieser Frist auch während der Minderjährigkeit des beleidigten Ehegatten beginnt: Strieth. VII. 112—114 (v. J. 1852), so wie, daß die Anstellung der demnächst wieder zurückgenommenen Ehescheidungsklage als Unterbrechung einer Verjährung nicht angesehen werden kann: Strieth. LIII. 171—173 (v. 1864).

Auch die Vorschrift des §. 728 A. L. R. II. 1. — betr. die Zulässigkeit des getrennten Lebens der Eheleute während der Zeit der ausgesetzten Publication des Scheidungsurtels — enthält nicht die Sanction einer Verjährungs-Frist, auf welche die Vorschriften über Verjährung (namentlich §. 535 h. t., vom Nicht-Anfange der Extinctiv-Verjährung gegen Minderjährige) anzuwenden wären: Präj. 2401 (v. J. 1852: Entsch. XXIII. 480; vgl. XLII. 241—244).

Im §. 7 A. L. R. II. 2. ist nicht eine Verjährung, sondern nur ein von dem Gesetze sanzirtes stillschweigendes Anerkenntniß zu finden: Entsch. IX. 45—47 (zum Pl. Beschl. v. 22. Januar 1844; vgl. XL. 11 ad b).[191]) Dagegen ist im §. 440 desselben Titels nicht eine bloße Präclusiv- oder Erklärungs-Frist, sondern eine ächte Verjährung (der Pflichttheils-Klage) erkannt worden: Rechtsf. IV. 273 fg. (v. J. 1848); Entsch. XXIV. 129—133 (v. 1852); Strieth. IX. 186—192 und XI. 321 fg. (v. 1853); Strieth. XXXVIII. 220—224 (v. 1860); Entsch. XLIV. 192 fg. (auch bei Strieth. XXXIX. 57 fg.: v. 1860); Strieth. XLIII. 133[192])—137 (v. 1861); unten Anm. 285 i. f.

---

bei Begründung des Pl. Beschlusses noch außer Berathung gestellte) Frage: ob dem Verwalter, nachdem ihm binnen der 5jährigen Frist die Rechnung außergerichtlich abgefordert worden, von Neuem die 5jährige Frist, oder nur die 30jährige Verjährung zu Statten komme? Und zwar ist, gerade weil in dem §. 158 keine Verjährungs-Frist gefunden wird, ganz consequent (Präj. 2579: Entsch. XXX. 37) und der früheren Praxis (Erk. aus d. J. 1842: Entsch. XL. 4. 5) entgegen, die Entscheidung dahin ausgefallen, daß jenem Verwalter nur noch die 30j. Verj. zu Statten komme.

191) Dieselbe Ansicht findet sich schon bei den Gesetzrevisoren. A. M. ist Koch. (Lehrb. §. 770 Anm. 6; Comm. ad §. 7 l. c.)

192) Mit dem Allegate S. 133 Anm. ** ist augenscheinlich gemeint: Bd. 9 (nicht 19) des Striethorst'schen Archivs.

Im §. 142 A. L. R. I. 8. hatten schon die Gesetzrevisoren (S. 195 ad 5) nicht eine bloße Erklärungs-Frist („mit deren Ablaufe der Nachbar für einwilligend in die Anlegung der neuen Fenster erachtet wird": wie oben Bd. I. S. 445, Anm. 963, mit Koch angenommen wird), sondern eine ächte Verjährungs-Frist gefunden, indem ein zehnjähriger Besitz von Fenstern die Befugniß gebe, dem Vorbauen in einer gewissen Nähe zu widersprechen. Diese Ansicht hat in neuerer Zeit den Beifall des höchsten Gerichtshofes gewonnen: Entsch. LI. 69—76 (Strieth. XLII. 234—239), v. J. 1861.[193])

Die im §. 4 Absatz 10 der Städte-Ordnung vom 30. Mai 1853 (Ges.-Samml. S. 263 fg.) festgesetzte Jahresfrist zur Anmeldung der Befreiungen von Gemeinde-Abgaben und Leistungen, so wie der Ansprüche auf Entschädigung, ist als eine Verjährungs-Frist nicht anzusehen, da es mit dem auf eine unverzüglich eintretende definitive und gleichmäßige Regulirung des Beitragsverhältnisses aller Eingesessenen des Gemeindebezirks gerichteten Zwecke des Gesetzes und mit einer vollständig geregelten städtischen Verwaltung unvereinbar sein würde, nach abgelaufener Frist nicht nur überhaupt noch Reclamationen zuzulassen, sondern auch dabei — mit erheblicher Verzögerung der definitiven Regulirung — die im Gesetze gar nicht in Bezug genommenen Grundsätze der Verjährung zur Anwendung zu bringen: Strieth. XLVIII. 324—326 und Entsch. L. 97—100 (v. 1863).

Die im §. 50 des Strafgesetzbuches bestimmte Frist von drei Monaten, in Betreff der nur auf den Antrag einer Privatperson zu bestrafenden Verbrechen oder Vergehen (Civilklage wegen Beleidigung oder Mißhandlung u. s. w.), ist nicht eine Verjährungs-, sondern eine Präclusiv-Frist und deshalb auch dem Einwande der Minderjährigkeit nicht unterworfen: Strieth. L. 295—300 und LI. 148—152 (v. 1863).

Beispielsweise und gelegentlich sind verschiedene gesetzliche Fristen zur Ausübung gewisser Rechte aus der Reihe der ächten Verjährungs-Fristen ausgeschieden worden. So die Frist zur Ausübung des Rechts, einer Erbschaft zu entsagen und das Inventarium Behufs der Erhaltung der Beneficialerben-Qualität gerichtlich niederzulegen; eine Ehe nach entdecktem Irrthum oder Betruge als unverbindlich anzufechten; die Prozeßfristen so wie die Fristen zur Geltendmachung eines Vorzugs

193) Eine stillschweigende Verzichtleistung sei hier nicht erfindlich, sondern eine Verjährung durch Besitz. Dieselbe beginne mit dem Eröffnen der Fenster. Die bloße Eröffnung der Fenster auf das Nachbargrundstück genüge, um den Besitz zu erwerben, ohne daß es des Besitzes eines besonderen Untersagungsrechtes bedürfe.

im Concurse (Koch §. 511): Entsch. IV. 348 und XIV. 212. Ferner die Fristen, in denen ein Anerbieten angenommen werden muß, damit ein Vertrag zu Stande komme, A. L. R. I. 5 §. 94—101: Entsch. VI. 391. 396 und Strieth. XVI. 157[194]); die Fristen im A. L. R. I. 11. §. 435; ebend. §. 738. 739 und 20. §. 425. 426: Entsch. VI. 391 und XIV. 225; die Frist I. 16 §. 106: Entsch. XIV. 225. Ein ganzes Stück aus dem Register der Gesetzrevisoren findet sich zusammen gestellt: Entsch. XXVI. 267. 268.

In den nachlandrechtlichen Gesetzen (Gesetzrev. S. 202; Entsch. L. 98 fg.) herrscht nun zwar nicht durchweg mit technischer Schärfe ein gleichmäßiger, jeden Zweifel ausschließender Sprachgebrauch; doch werden im Wesentlichen mit genügender Deutlichkeit und Erkennbarkeit, wenngleich in verschiedenartigen Wendungen, die ächten Verjährungs- und die bloßen Präclusiv- (oder Erklärungs-) Fristen aus einander gehalten. Der ächten Verjährungs-Fristen, welche in neueren Gesetzen vorkommen, wird unten bei den einzelnen Arten der Verjährung gedacht. Hier handelt es sich, ganz abgesehen von den präclusivischen Fristen prozessualischer Natur, bei denen ohnehin eine Gleichstellung oder Verwechselung mit ächten Verjährungs-Fristen ausgeschlossen ist[195]), um die Aufforderung gewisser Interessenten, von ihrem Rechte bis zu einem bestimmten Termine, bei Vermeidung der Präclusion, Gebrauch zu machen; zu welchem Behufe, nach Vorschrift der Gesetze, spezielle Vorladungen oder doch (unbekannten Prätendenten gegenüber) wiederholte öffentliche Mahnungen ergehen müssen: Loewenberg Beitr. I. 191; Koch §. 215. 511; Förster Bd. I. S. 83 Note 31. Und in dieser Beziehung mag es füglich genügen, auf einige von den unzähligen Fällen hinzuweisen, in welchen der Sprachgebrauch der Gesetze die rein präclusivischen Fristen oder Termine ausdrücklich und technisch als solche bezeichnet.[196])

---

194) Koch §. 149 (Anm. 10) charakterisirt die Frist für die Annahme eines angebotenen Vertrages als eine Bedenkzeit, und die Unthätigkeit (das Stillschweigen) bis zum Ablaufe dieser Bedenkzeit als eine — die vorausgegangene Anfrage oder Aufforderung zurückweisende — Willenserklärung.

195) So werden Präclusivfristen im Prozesse ausdrücklich bezeichnet, um einige Beispiele anzuführen: Ges.-Samml. 1845 S. 37; 1847 S. 174 (§. 19); 1849 S. 37 (§. 126. 131); 1860 S. 203 (§. 6) u. s. w.

196) So technisch und geläufig ist der Ausdruck „präclusivisch", daß eine entsprechende Deutsche Bezeichnung nur selten vorkommt, wie z. B. „ausschließend": Ges.-Samml. 1865 S. 49 (§. 69); „schließlich": 1838 S. 509 (§. 21); auch wohl gemischt „präclusivische Endfrist": 1863 S. 83 (§. 2).

So wird der Inhaber eines (vom Schuldner aufgekündigten) Pfandbriefes, der sich auch nach dem zu erlassenden öffentlichen Aufgebote bis zu dem endlichen Präclusions-Termine nicht meldet, „mit seinem Rechte auf die im Pfandbriefe ausgedrückte Special-Hypothek" präcludirt (allerdings unter Vorbehalt seines Rechts auf die landschaftliche Generalgarantie): Ges.-Samml. 1808 S. 443, §. 387—390 (Ostpreußen); 1830 S. 128 (Anwendung der §§. 387—390 auf alle landschaftlichen Credit-Systeme); 1835 S. 115, §. 50 (Schlesien: vgl. z. B. Potsd.-Berliner Amtsblatt 1864 S. 75. 211. 274. 383 und 1865 S. 18. 394); Ges.-Samml. 1838 S. 366 ad 7 (Pommern); 1851 S. 542, §. 103. 104 und (in dem besonderen Falle der Bildung von Pfandbriefen ohne Bezeichnung der Spezial-Hypothek) 1864 S. 316, §. 5 (Westpreußen); 1864 S. 619 (Posen). So wird den Ansprüchen unbekannter Inhaber resp. Prätendenten an (bereits verjährte) Pfandbriefe noch ein Präclusiv-Termin gestellt: Ges.-Samml. 1845 S. 99; 1849 S. 79 ad 7 (Schlesien).

Insbesondere wird die Geltendmachung gewisser Forderungen an den Staat oder an einzelne Provinzen, Departements, Städte u. s. w. (aus Scheinen, Obligationen, Coupons, Anweisungen, Anerkenntnissen, Anleihen, Lieferungen, Leistungen u. s. w.) besonderen Präclusiv-Fristen unterworfen: Ges.-Samml. 1820 S. 64 (Baarzahlung für verloosete Lieferungsscheine) und 1822 S. 195 (Umschreibung derselben in Staats-Schuldscheine); 1820 S. 72 (Tresorscheine 2c.) und 1824 S. 240 ad **XIII** (Kassen-Anweisungen an Stelle der Tresorscheine 2c.); 1820 S. 111. 112 (Kriegsforderungen 2c. aus dem Jahre 1812); S. 197 (Kriegs-Anleihe v. J. 1745); S. 203 (Zwangsanleihe aus den Jahren 1813 u. 1814, im ehemal. Mil.-Gouvernement zwischen der Oder und Weichsel); 1821 S. 32 (Staatsschulden-Zinsscheine); S. 99. 100 (Kriegslieferungen aus d. J. 1805 und 1806, im vormal. Großherzogthum Warschau); 1821 S. 186 ad 3 (Kriegsleistungen im Herzogthum Sachsen) und 1829 S. 99 (Niederlausitz); 1822 S. 46 (Verwaltungs-Ansprüche aus dem Herzogthum Sachsen); S. 47 (Haupt-Nutz- und resp. Brennholz-Cassenobligationen); S. 49 (Schlesische Zwangsanleihe v. J. 1813); 1822 S. 181. 182 und 1845 S. 470 (Staatsanleihen im ehemal. Herzogth. Warschau); 1822 S. 182. 183 (Forderungen aus der ehemal. Herzoglich-Warschauschen Verwaltung an das Großherzogth. Posen und die Kreise Culm, Thorn und Michelau) und 1823 S. 164, 1826 S. 51, 1829 S. 11. 12, 1835 S. 177 (Kriegs-Schulden der Regierungs-Departements Posen und Bromberg), auch 1823 S. 179. 180 (Entschädigungs-Ansprüche inländischer Gläubiger der s. g. Bayonner Capitalien), 1828 S. 45—48 (Pensions-Ansprüche der vormals Herzoglich-Warschauschen Offiziere), 1829 S. 120 und 1832 S. 226 (Brand-Entschädigungs-Ansprüche aus der Feuerversicherungs-Sozietät des ehemal. Herzogthums Warschau: vgl. noch 1836 S. 116 fg., §. 5 Nr. 2 und 1838 S. 10); 1822 S. 205 und 1823 S. 21 (Gehalts-, Wartegeld- und Pensions-Entschädigungen); 1822 S. 221—223 (Forderungen aus den Jahren 1806—1819 an die Servis- und Garnison-Administration); 1823 S. 17 (Forderungen von Eingesessenen in den wieder erworbenen, an Frankreich abgetreten gewesenen, Landestheilen, für Lieferungen an vaterländische Truppen bis zum Tilsiter Frieden); S. 18 (Ansprüche der Staats-Bau-Gläubiger aus der Französischen Verwaltungszeit); S. 20 (Umschreibung Magdeburgscher Landes-Obligationen ꝛc. in Staatsschuldscheine); S. 157 (Kriegsschuld der Provinz Altmark); S. 161. 162 (Lieferungs-Forderungen aus der Französischen Militair-Verpflegungs-Periode vom 1. März 1812/13); 1823 S. 180 (Umtauschung resp. Verifizirung der Kur- und Neumärkschen Interims-Scheine und Kurmärkschen Obligationen) und 1842 S. 32 (Einlösung der älteren Kur- und Neumärkschen Zins-Coupons und Zinsscheine aus der Zeit vor dem 1. Jan. 1822); 1823 S. 156 (Verwaltungs-Ansprüche an das vormalige Königreich Westphalen und das Großherzogthum Berg) und 1826 S. 40 (Regulirung des Schuldenwesens der vormaligen Westphälischen Departements der Elbe, der Saale und des Harzes); 1823 S. 174. 175 (Verification Westphälischer Reichs-Obligationen resp. Umschreibung in Staatsschuldscheine); 1827 S. 19 und 1844 S. 596 (Zentralschuld des ehemal. Königreichs Westphalen); 1824 S. 14. 15 (Partial-Obligationen und Coupons aus der Münsterschen Anleihe von 1805); S. 100 (Ansprüche von Gläubigern jenseits der Weser und des Rheins an die der Immediat-Commission überwiesenen Restenfonds); 1825 S. 162 (Forderungen an den ehemaligen Freistaat Danzig); S. 235 (Verwaltungs-Ansprüche an das diesseitige Gebiet von Erfurt und Blankenhain aus den Zeiten der Fremdherrschaft); 1827 S. 35 (Landständische Schulden des Herzogthums Westphalen, s. g. Fourage-Capitalien, aus dem 7jährigen Kriege); 1832 S. 5 und 1841 S. 288 (Ansprüche an den Domainen-Fiscus, auf die Polcher Dingtagsbesitzungen); 1836 S. 170 (Austausch der alten Cassen-Anweisungen gegen neue: ohne Zulassung von „Anmeldungen zum Schutze gegen die Präclusion“); 1837 S. 97 (Zinsenrückstände von Königsberger Magistrats-, s. g. von Bennigsenschen und Stadt-Obligationen aus den Jahren 1808—1820); S. 221 (Ansprüche an den Staat und an die ritterschaftliche

Privatbank aus den, gegen neue Cassen-Anweisungen umzutauschenden, Bankscheinen: ohne Zulassung von „Anmeldungen zum Schutze gegen die Präclusion"); 1844 S. 42 (Kriegscontribution einiger Kreise aus d. J. 1806); 1851 S. 335 fg. §. 3 (Umtausch alter Cassen-Anweisungen 2c., ohne Zulassung von „Anmeldungen zum Schutze gegen die Präclusion"; vgl. jedoch die Nachfrist: 1855 S. 266 fg. und die nachträgliche Ersatzgewährung: 1857 S. 304 [ad §. 2. z. B. Amtsblatt 1863 S. 107. 129 und, nach mehrfachen Wiederholungen, 1867 S. 391]); auch Ges.-Samml. 1851 S. 367 §. 21 (Ansprüche auf Vergütigung von Kriegsleistungen innerhalb eines Jahres nach erfolgter Demobilmachung anzumelden; die nicht angemeldeten Ansprüche mit 3monatlichem Präclusivtermine öffentlich aufzurufen 2c.: z. B. Amtsblatt 1867 S. 391).

Zur Anmeldung der aus den Jahren 1765 bis 1810 herrührenden Ansprüche an die Hauptbank und deren Provinzialcomtoirs wurde im Jahre 1845 (Ges.-Samml. S. 97) eine besondere Präclusiv-Frist gestellt. Zur Einlösung oder zum Umtausch von Banknoten werden gewisse Präclusiv-Termine vorbehalten resp. festgesetzt: Ges.-Samml. 1846 S. 444, §. 35 (Preußische Bank); 1848 S. 148, §. 14 und 1863 S. 341, §. 11 (Städtische Bank zu Breslau); 1849 S. 369, §. 38 (Ritterschaftl. Privatbank in Pommern); 1850 S. 305, §. 19 (Bank des Berliner Kassen-Vereins); 1855 S. 725, §. 20 (Cölnische Privatbank); 1856 S. 643, §. 21 und Seite 888, §. 20 (Magdeburger und Königsberger Privatbank); 1857 S. 200, §. 21, S. 248 §. 20, S. 711 §. 21 (Dortmunder, Danziger, Hagener Privat-Actienbank), S. 271, §. 20 (Provinzial-Actienbank des Großherzogthums Posen).

Präclusivische Endfrist für den Umtausch gewisser Eisenbahn-Actien: Ges. Samml. 1863 S. 83 (§. 2).

Einjährige präclusivische Frist zur Nachzahlung der Zinsen oder Dividenden von Eisenbahn- oder anderen Actien (nach vorgängiger Unterbrechung der vierjährigen Verjährungsfrist durch gehörige Anzeige der Beschädigung oder des Verlusts der betr. Coupons oder Scheine): Ges. Samml. 1863 S. 17 (§. 25), S. 679 (§. 10); 1864 S. 135 (§. 23), S. 288 (§. 9), S. 498 (§. 25).

Präclusiv-Termin für Handlungen oder Erklärungen von Actionairs: Ges. Samml. 1840 S. 311 (§. 29).

Präclusivische Fristen (von 3 Monaten), an welche die neuere Gesetzgebung über Bewässerungs- und Entwässerungs-Anlagen (oben Bd. I. S. 424 fg.) die Geltendmachung von Widerspruchsrechten resp. Entschädigungsansprüchen bindet: Ges. Samml. 1843 S. 45 (§. 21. 22) und 1846 S. 27 (§. 3 ff.). Vgl. auch Ges.-Samml. 1843 S. 278 (§. 29).

In dieselbe Kategorie der Verwirkung materieller Rechte gehören noch viele andere Fälle, in denen Einwendungen, Beschwerden, Entschädigungsansprüche innerhalb einer gewissen präclusivischen Frist geltend gemacht werden müssen. So beim Deichwesen: Ges. Samml. 1848 S. 54 (§. 2: „daß diejenigen, welche sich binnen der zu bezeichnenden Frist nicht gemeldet haben, mit späteren Einwendungen nicht mehr gehört werden sollen"); bei Entwässerungs-Anlagen: z. B. 1856 S. 126 und 600 (nur binnen einer Frist von vier Wochen können „Beschwerden gegen das Kataster" erhoben werden); in Beziehung auf die aufgehobenen Grundsteuer-Befreiungen und Bevorzugungen: 1861 S. 333 (§. 13: „Einwendungen" und „Ansprüche auf Gewährung einer Entschädigung" ... „binnen einer Präclusivfrist von drei Monaten ... anzubringen").

Mehr zum formellen Verfahren gehören die dabei für die Einlegung des Recurses (an das betr. vorgesetzte Ministerium) gestellten „präclusivischen Fristen". So bei Bewässerungs- und Entwässerungs-Anlagen 6 Wochen: G. S. 1843 S. 46 (§. 23) und S. 48 (§. 32); 1850 S. 376 (§. 11); 1856 S. 464 (§. 3); 1863 S. 800 (§. 37); 1864 S. 16 (§. 6), S. 193 (§. 36), S. 451 (§. 13); 1865 S. 123 (§. 6) u. s. w.; (4 Wochen): G. S. 1865 S. 122 (§. 5), S. 163 (§. 10) u. s. w.; beim Deichwesen: 1848 S. 55 (§. 7) vgl. mit 1850 S. 519. 543; 1865 S. 809 (§. 6); beim Eisenbahnbau (10 Tage): 1863 S. 35 (§. 65); bei Feuersocietäten (6 Wochen): 1853 S. 999 (§. 121) mit 1862 S. 382; 1864 S. 434 (§. 98); 1865 S. 49 (§. 69); bei gewissen gewerblichen Anlagen (14 Tage); 1861 S. 751 (§. 7); beim Steuerwesen (6 Wochen): 1851 S. 199 (§. 14 ad d); 1861 S. 334 (§. 14).

Nicht minder sind die s. g. Reclamationen gegen Steuer-Veranlagungen bestimmten präclusivischen Fristen unterworfen. So bei der Klassensteuer und der klassifizirten Einkommensteuer (3 Monate): G. S. 1851 S. 199 (§. 14 ad a) und S. 203 (§. 23); bei der Gewerbesteuer (10 Tage): G. S. 1861 S. 700 (§. 9 unter Nr. 8); bei der Grundsteuer: 1864 S. 685 (§. 8 ad a: 6 Wochen) und S. 688 (§. 13: 10 Tage); auch z. B. Amtsblatt 1865 S. 213 (betr. die gegen den Inhalt der Heberolle binnen 3 Monaten anzubringenden Einwendungen) u. s. w.

In dem Statut einer Hypotheken-Actiengesellschaft (G. S. 1864 S. 247 fg., Art. 21) ist die Einreichung gewisser Reclamationen an Eine Monats-Frist gebunden, mit der Erläuterung: „wer innerhalb dieser Zeit nicht reclamirt, erkennt dadurch stillschweigend den im Verzeichniß aufgeführten Stand seines Amortisationscontos als richtig an.“ Also ist hier, ohne daß die Frist wörtlich als eine „präclusivische“ bezeichnet würde, gerade ein charakteristisches Merkmal der präclusivischen, im Gegensatze zur Verjährungs-Frist, ausgedrückt: das stillschweigende Anerkenntniß!

Von besonderer materieller Bedeutung sind (oder waren) dann aber endlich noch gewisse präclusivische Fristen zur Berichtigung des Besitztitels u. Anmeldung der Real-Ansprüche*): Ges. Samml. 1815 S. 186 ff. (§. 2 ff.) mit 1817 S. 7. 8 und 1818 S. 47; 1820 S. 102 ff. mit 1821 S. 189, 1822 S. 40. 194, 1823 S. 34. 127. 166; 1820 S. 107 (§. 6: „innerhalb des durch das Hypothekenpatent vorgeschriebenen Präclusivtermins“); 1825 S. 158 (§. 22) mit 1826 S. 64, 1827 S. 85; auch 1834 S. 50. 52 (§. 15. 21) mit 1844 S. 71 fg. (§. 2) und 1845 S. 104 fg. (§. 17. 19—21); 1864 S. 37 (§. 12. 13, mit dem prägnanten Zusatz im §. 14: daß gegen den Ablauf der festgesetzten Präclusivfrist „die Wiedereinsetzung in den vorigen Stand ... in allen Fällen, ohne Unterschied des Rechtsgrundes, aus welchem sie nachgesucht wird, ausgeschlossen und jede richterliche Fristerstreckung unzulässig“ sein soll); ferner zur Anmeldung gewisser Ansprüche bei Jagdgemeinheits-Theilungen: 1843 S. 116 und 131 (§. 6); zur Anmeldung von Entschädigungsansprüchen wegen aufgehobener Gewerbe-Berechtigungen: 1845 S. 79. 80 (§. 4—6); zur Geltendmachung von Eigenthumsansprüchen auf regulirungsfähige bäuerliche Stellen, oder von Entschädigungsansprüchen wegen deren Entziehung: 1846 S. 219 (§. 1); 1850 S. 101 (§. 78) mit 1857 S. 235. 236 und 1858 S. 274 (§. 5); zur Anbringung von Einwendungen, welche nicht privatrechtlicher Natur sind, gegen die Errichtung gewisser gewerblicher Anlagen: 1861 S. 750 (§. 3).**)

---

*) Vgl. Präj. Samml. I S. 326 fg. (zum Hyp. Patent v. 22. Mai 1815); Entsch. XXII. 214 ff. (Wirkung der Präcl. der Realprätendenten); XXIV. 315—327 (Präj. 2406, v. J. 1852).

**) Ein Irrthum in der Aufzählung der einzelnen hier gemeinten Anlagen (Ges.-Samml. 1861 S. 749 unter Nr. I des §. 1. des Gesetzes, wo es heißen soll: „Knochen-Brennereien, -Kochereien und -Bleichen“) hat seine Berichtigung erst in der Ges. Samml. 1864 S. 620 gefunden.

B. General-Eintheilung in extinctive und acquisitive Verjährung.

Die Auffassung des in jeder Art der Verjährung liegenden negativen Elements, des Nichtgebrauchs (oben Anm. 168 und 181), wird schon in einigen abstracten Sätzen der Einleitung des A. L. R. systematisch vorbereitet. Dort gestaltet sich nämlich die Verjährung als eine besondere Ausnahme von einer allgemeinen Rechtsregel. Diese Rechtsregel besteht in einer Folgerung aus einer Voraussetzung: weil nicht vermuthet wird, daß Jemand sich seines Rechtes habe begeben wollen (Einl. §. 105), so muß die Willensäußerung zur Entsagung oder Uebertragung eines Rechtes deutlich und zuverlässig sein (Einl. §. 106: „also").[197] Daran schließt sich als Ausnahme von der Regel der Satz: „Doch kann, nach näherer Bestimmung der Gesetze, ein Recht auch durch den unterlassenen Gebrauch, oder durch den Mißbrauch desselben, verloren gehen." (Einl. §. 107.)

Das in diesem Satze bezeichnete positive Moment, der Mißbrauch, gehört nicht weiter hierher.[198] Das negative aber, der Verlust eines Rechts „durch den unterlassenen Gebrauch," berührt eben jenen negativen Charakter aller Verjährung, und zwar in einer sehr prägnanten Weise: das Recht geht verloren durch das Thun oder vielmehr Unterlassen des berechtigten Subjects; wobei auf die solchen Verlust bestimmenden Gesetze nur hingewiesen wird: „nach näherer Bestimmung der Gesetze." Der §. 500 unseres neunten Titels dagegen hebt genauer hervor den Causalnexus zwischen jenem Unterlassen und den Verjährungs-Gesetzen selbst, für welche das Unterlassen den Bestimmungs-Grund abgibt: „wegen unterlassener Ausübung gewisser Rechte" entsteht „eine Veränderung an diesen Rechten vermöge der Gesetze." (Oben Anm. 181.) Dadurch gestaltet sich der §. 500 als die Grundlage für die Aufstellung des allgemeinen Begriffs der Verjährung im §. 501 und dessen weitere Entwickelung durch die beiden Hauptarten derselben in den §§. 502 und 503. Für die General-Eintheilung der Verjährung bietet also der §. 501 den allgemeinen und umfassenden

---

197) Vgl. A. L. R. I. 4. §. 4. 57: oben Bd. I. S. 167. 172 fg.

198) Ueber den Landrechtlichen Begriff des „Mißbrauchs" vgl. I. 8. §. 27. 28 (oben Bd. I. S. 408 fg. ad VIII). Fälle der Verwirkung eines Rechts wegen Mißbrauchs: Einl. §. 72 (Mißbrauch eines Privilegiums: oben Bd. I. S. 126); I. 21. §. 387 (Mißbrauch eines Mieth- oder Pacht-Rechts); 23. §. 17—21. 41 (Mißbrauch einer Zwangs-Gerechtigkeit); II. 2. §. 91. 266 (Mißbrauch der älterlichen Rechte); [II. 20. §. 241. 337. 338. 412. 516. 993 fg.].

Gedanken, an welchen sich die besonderen Erfordernisse der extinctiven Verjährung im §. 502, der acquisitiven im §. 503 unmittelbar anschließen.

a) Der zur Bezeichnung aller Arten der Verjährung bestimmte §. 501 h. t. entspricht im Wesentlichen dem §. 401 des (gedr.) Entwurfes, welcher freilich die (erst im letzten Stadium eingeschalteten) charakteristischen Merkmale der durch die Verjährung zu verlierenden Rechte („Rechte, die Jemand gehabt hat,") und der durch die Verjährung zu erwerbenden Rechte („neue Rechte") noch nicht angegeben hatte. [199]) Dagegen fand sich in dem Entw. noch ein besonderer (nicht ins A. L. R. übergegangener) §. (402), welcher das in jeder Art der Verjährung liegende negative Element ausführlich beschrieb: „Jede Verjährung setzt voraus, daß der, gegen welchen sie statt finden soll, von seinem Rechte, innerhalb der durch die Gesetze bestimmten Frist, keinen Gebrauch gemacht habe." [200])

b) Der §. 502 h. t. erklärt den „Nichtgebrauch des Rechts" für „in der Regel" hinreichend, wenn „durch Verjährung nur ein Recht verloren, und der Verpflichtete bloß von der daraus fließenden Verbindlichkeit frey werden" soll. Hierin findet also der rein negative Grund der Extinctiv-Verjährung (Nichtgebrauch des Rechts, Nicht-Bethätigung des rechtlichen Willens) und die rein negative Wirkung derselben (Rechts-Verlust) den vollständigen Ausdruck. Der entsprechende §. 403 des (gedr.) Entwurfs hatte den eintretenden Rechts-Verlust noch nicht accentuirt. [201])

c) Wenn dagegen „ein neues Recht durch Verjährung erworben werden" soll, so erfordert dazu der §. 503 h. t. „außer dem Nichtgebrauch des entgegenstehenden Rechts, auch den Besitz und die Ausübung dieses neuen Rechts von Seiten des Erwerbenden". Hier-

---

199) Mat. S. 504: §. 401; S. 565: §. 510 (501). — Die dem (gedr.) Entw. vorangegangenen Redactions-Versuche sind zu ersehen aus S. 412 (§. 275: vage Definition der praescriptio acquisitiva und extinctiva); S. 422. 423 (§. 770. 771: Zeitablauf als Grund jeder Verjährung, wogegen Sz. einwendet, daß bei der praescr. acquisitiva weder das Wesen noch der Grund im Ablauf der Zeit, vielmehr in dem qualificirten — „ex justo titulo erlangten und durch eine gewisse Zeit ruhig continuirten" — Besitz liege); S. 453 (§. 2: mit Ausnahme der Wortstellung schon ganz wie §. 401 des gedr. Entwurfs).

200) Vgl. die Einleitung vor dem Ersten Theile des Entw. §. 122—127, wo die Theorie ausgeführt wird, daß eigentlich ein Recht durch die unterlassene Ausübung nicht verloren gehe, daß jedoch der Staat, aus Gründen des gemeinen Wohls, den Bürger zur Ausübung seines Rechtes nöthigen und (im Interesse der Rechtsgewißheit) die durch eine gewisse Zeit unterlassene Ausübung mit dem Verluste des Rechts „strafen" könne.

201) Mat. S. 505: §. 403; S. 565: §. 511 (502).

in finden also die beiden Elemente der Acquisitiv-Verjährung ihren Ausdruck: das negative (der Nicht-Gebrauch des Rechts, die Nicht-Bethätigung des Willens auf der einen Seite), wie das positive (die entsprechende Bethätigung des Willens auf der anderen Seite). Das zu erwerbende (zu ersitzende) Recht heißt hier „neu". Und eben so schon in dem im Wesentlichen gleichlautenden §. 404 des (gedr.) Entwurfs, nur daß in diesem statt „(Nichtgebrauch) des entgegen stehenden Rechts" gesagt war: „(Nichtgebrauch) von Seiten des vorigen Besitzers."[202])

Gerade die abstracte Gestalt, in welcher hier die beiden Hauptarten der Verjährung unter Einem Gattungsbegriff, jedoch mit Sonderung ihrer eigenthümlichen Kriterien, auftreten, hat der Praxis vielfach Reiz und Anlaß zu concreter Entwickelung und Anwendung gewährt.

So wird zur Entscheidung ganz spezieller Streitfragen ausgegangen von der Natur der Verjährung als einer generellen, nur den durch die Gesetze statuirten Beschränkungen unterliegenden Erwerbungsart von Rechten: Entsch. XLIII. 63, — und zwar einer keineswegs blos einseitigen, auf „einfache Rechte" (ebendas. S. 64 Z. 1.) beschränkten Erwerbungsart, welche also auf der einen Seite nur Rechte, auf der anderen nur Verbindlichkeiten erzeugen könnte, sondern vielmehr einer in gewisser Weise auch zur Constituirung eines wechselseitigen Rechtsverhältnisses geeigneten Erwerbungsart: Entsch. XVII. 10. 14. 16.

So zeigt sich insbesondere der Ausdruck des negativen Elementes der Verjährung in der praktischen Anwendung überaus ergiebig und fruchtbar. Es wird daraus die bei jeder Art der Verjährung auf Beseitigung der Unsicherheit des Rechtszustandes gerichtete Absicht des Gesetzes entwickelt: Entsch. XXX. 41; die Verjährung durch den bloßen Nichtgebrauch des Rechts als selbstwirksamer Grund der Tilgung von Verbindlichkeiten erkannt: Entsch. X. 109. 110; das gegenständlich unterscheidende Moment der Extinctiv-Verjährung (dem allgemeinen

---

202) Mat. S. 505: §. 404; S. 565: §. 512 (503). — Uebrigens sind die gegenwärtigen §§. 502. 503 gemeinschaftlich erwachsen aus den vorangegangenen Redactionsversuchen: S. 412 (§. 276. 277); S. 422 fg. (§. 772. 775. 776); S. 453 (§. 3. 4: die erste Art der Verjährung) und S. 475 (§. 41. 42: die zweite Art der Verjährung). Diese Versuche sind durchzogen von dem Bestreben, die charakteristischen Merkmale für den Verlust und den Erwerb der Rechte zu combiniren. Vgl. besonders Sz. (S. 423 fg.): „Der General-Grundsatz ist: Alle Rechte, die in einer Einschränkung der Freiheit und Rechte eines Andern bestehen, gehen per solum non usum intra tempus lege definitum verloren", und S. 453. 475: der Rechts-Verlust folgt aus der bloßen unterlassenen Ausübung, der Erwerb dagegen aus dem fortdauernden Besitz.

Begriffe der Verjährung gegenüber) gefolgert: nämlich ein Recht, dessen wirklicher Verlust eintritt: Entsch. XVII. 126. 129, und respective (nur) durch die fortgesetzte Ausübung abgewendet werden kann: Ebendas. 286. Nicht minder wird daraus hergeleitet die Unstatthaftigkeit der Beschränkung der Extinctiv-Verjährung auf Obligationen: Strieth. XV. 251. 252. Auch der Ausdruck: „in der Regel", im §. 502 h. t. (vgl. 508 h. t. und I. 7. §. 130; 19 §. 29) erweist sich — zunächst noch ganz abgesehen von Allem, was sich zu §. 504 ff. ergeben wird — als bedeutsam, wenn man Beispielsweise nur die Ausnahme im Tit. 19 §. 32. damit vergleicht: Entsch. XIV. 273; XVII. 287, die Anwendbarkeit der Regel auch auf den Fall, wenn die Existenz der Forderung selbst bestritten wird, ins Auge faßt: Entsch. XLIX. 117. 118 (Strieth. LI. 29. 30), und den Mangel einer Ausnahme von der Regel in dem Falle des Präj. 882 (oben Bd. I. S. 368. Anm. 732; ferner Strieth. XLVI. 247 und LIII. 30—32) deutlich erkennt.

So wird endlich die (im §. 503 h. t. ausgedrückte) Combination der beiden Elemente der Ersitzung praktisch benutzt: Entsch. XIX. 131; LI. 80 (Strieth. LI. 335) und insbesondere die Natur des hier erforderlichen Besitzes in verschiedenen Beziehungen entwickelt: Entsch. XXII. 23. 24 (Continuität des Usucapions-Besitzes); XLVIII. 47. 49 (Usuc.-Besitz der Ehefrau); LI. 75 (Charakteristischer Fall einer „Verjährung durch Besitz": oben Anm. 193).

2. **Gegenstände der Verjährung.**

Der einmal zum Grunde gelegte abstracte Gattungsbegriff der Verjährung drängt mit unvermeidlicher Consequenz zu dem mißlichen Versuche, etwas seiner Natur nach rein Negatives — den Umfang derjenigen Rechte, welche keinen Gegenstand der Verjährung bilden, mithin nicht durch Verjährung verloren gehen sollen — positiv zu bezeichnen und abzugränzen.

A. Vorangestellt ist die Bemerkung, daß Rechte des Eigenthums durch die Unterlassung des Gebrauchs nicht erlöschen, „so lange die Sache oder das Recht, welche den Gegenstand des Eigenthums ausmachen, in dem Besitze des Eigenthümers sich befindet:" §. 504 h. t.[203])

---

203) Mit Recht erklärt Gruchot (VII. 416) diese „Vorschrift" für selbstverständlich. Sie beruhet auch in der That nur auf der — bei Umarbeitung des (gedr.) Entwurfs, welchem eine solche Bestimmung noch fehlte — von Sz. zweimal (und zwar in verschiedenen Wendungen: Mat. S. 510. 511) gemachten Bemerkung, daß Rechte des Eigenthums (Eigenthümers), ihrer Natur nach, per solum non usum nicht erlöschen, so lange nur die Sache

Die hiernach ungelöst gebliebene Frage: ob, wenn „die Sache ꝛc. sich nicht in dem Besitze des Eigenthümers befindet", die Eigenthums-Klagen auch nach Preußischem Rechte der Verjährung unterliegen? — schien zwar nach strenger systematischer Consequenz verneint werden zu müssen, ist jedoch von unserem höchsten Gerichtshofe in neuerer Zeit wiederholentlich bejahend entschieden worden: Gruchot VII. 416—419.[204]) Zuerst wurde nämlich diejenige Auslegung des §. 504 h. t. verworfen, nach welcher der Eigenthümer sein Eigenthum an der — nicht in seinem Besitz befindlichen — Sache durch Verjährung nur insofern sollte verlieren können, als ein Anderer durch Acquisitiv-Verjährung dasselbe erwerbe. Es wurde dagegen im Princip angenommen, daß dem Eigenthümer — der sich nicht im Besitz (oder Mitbesitz) der Sache befunden habe, und dann nach Ablauf der Verjährungszeit die Sache (oder einen Theil derselben) von dem Besitzer verlange — allerdings die Extinctiv-Verjährung im Wege stehe, weil „von dem Augenblick an, wo seine Sache an einen Anderen gelangte, sein Anspruch auf Zurückforderung ins Leben getreten (actio nata) war": Entsch. XXII. 36. 37. (Strieth. IV. 233: v. J. 1852.) Danach wurde der §. 504 als Ausnahme von der Regel (der allgemeinen Zulässigkeit der Verjährung) aufgefaßt und vermittelst des argumentum e contrario aus diesem §en gefolgert: daß von dem Augenblicke, wo der Besitz des Eigenthümers aufhört, die Regel wieder eintrete. Zu den res merae facultatis gehöre das hier in Frage stehende Rückforderungsrecht nicht: Strieth. XXIV. 72. 73 (v. J. 1857). Vgl. noch Strieth. LV. 57 ff. (v. J. 1864). Wäre man freilich nicht durch die nun einmal im A. L. R. adoptirte Methode darauf angewiesen, zu erforschen, was danach als res m. f. angesehen werden müsse und was nicht (vgl. dagegen die kritische Bemerkung der Gesetzrevisoren unten Anm. 207 i. f.), so würde man leicht jenes argumentum e contrario weiter dahin ausführen können: daß nicht blos die Eigenthumsklage, sondern das Ei-

---

oder das Recht (selbst), dessen Gegenstand sie sind (welche der Gegenstand des Eigenthums sint), sich in possessione vel quasi des Eigenthümers (im Besitz des domini) befindet. Diese Bemerkung ist zum Gesetze erhoben worden: Mat. S. 565, §. 513 (504). Was aber Sz. (S. 511) noch hinzugefügt und an einem Beispiele auszuführen gesucht hatte — daß nämlich jene Rechte, wenn sie einmal aus dem Besitze des Eigenthümers herausgekommen sind, allerdings per solum non usum erlöschen, sollte auch keine praescriptio acquisitiva von Seiten eines Andern hinzugekommen sein —, das ist nicht ins Gesetzbuch übergegangen.

204) Und zwar, nach Gruchot's treffender Bemerkung (S. 419), in der That den Bedürfnissen des Rechtsverkehrs entsprechend.

genthumsrecht selbst, und in Folge dessen auch die Klage der Extinctiv-Verjährung nach allgemeinen Rechtsgrundsätzen unterliegen müsse.

Beispielsweise finden sich übrigens solche Rechte des Eigenthums, welche nach Maßgabe des §. 504 durch die bloße Unterlassung des Gebrauchs nicht erlöschen sollen: A. L. R. I. 18. §. 657 (Lehnsherrliche Rechte); 21 §. 94 (Recht des Eigenthümers auf die zum Nießbrauch gegebene Sache; Entsch IX. 316 (Recht der Grundbesitzer in der Feldmark zur Theilnahme an der Gemeinweide); Strieth. LV. 54 ad b. 59—61 (Recht des Eigenthümers des Fundgrubenterrains zum Erbkux). Vgl. unten ad F. (§. 664 h. t.) g. E.

B. Die Hauptausnahme von der Regel (des Verlusts der Rechte durch bloßen Nichtgebrauch) sollen die s. g. Res merae facultatis bilden, welche umschrieben werden: „Rechte der natürlichen oder der allgemeinen bürgerlichen Freiheit, denen durch Gesetze oder rechtsgültige Willenserklärungen keine besondere Form oder Bestimmung vorgeschrieben ist": §. 505 h. t.; wozu „besonders" gezählt wird: das Recht, „in seiner eigenen Sache etwas, worüber die Gesetze nichts besonderes bestimmen, zu thun, oder nicht zu thun": §. 506; — natürlich mit dem Vorbehalte der Ersitzung eines Untersagungsrechts auch gegen dergleichen Befugnisse: §. 507.[205])

Die vielgescholtene Eintheilung der res oder actus in merae facultatis (wenn Jemand eine Handlung ausüben oder unterlassen kann, ohne blos dadurch zu ihrer ferneren Ausübung oder Unterlassung verpflichtet zu werden) und non merae facultatis (wobei das Gegentheil stattfindet) — eine Eintheilung, welche auch dadurch nicht an Werth gewinnt, daß ihre Erfindung auf die ersten Nachfolger der Glossatoren *) zurück geführt und nicht blos von unserem A. L. R., sondern auch noch von andren neueren Gesetzbüchern (Code Nap. art. 2232; Oestr.

*) Gelegentlich mag hier auch noch auf die interessante Behandlung der Sache bei Hugo Grotius II. 4. §. 15. (Quae merae sunt facultatis, nullo tempore amitti etc.) hingewiesen werden.

205) Den §§. 506. 507 entsprechen im Wesentlichen schon die Entw. §§. 405. 406 (Mat. S. 505), welche aus einem besonderen Fassungsvorschlage von Sz., bei Gelegenheit der von ihm bezeichneten „Quelle der Lehre von den rebus merae facultatis" hervorgegangen waren (Mat. S. 456). Erst bei der Umarbeitung des Entwurfs wurde das Recht, in seiner eigenen Sache etwas zu thun oder nicht zu thun, als eine bloße species von den rebus merae facultatis erkannt und demgemäß ein voranzuschickender Satz entworfen (Sz.: Mat. S. 514), der (nach einer nicht unwesentlichen Erweiterung im letzten Stadium: Mat. S. 506 §. 514) den jetzigen §. 505 bildet.

§. 1459) in der Lehre von der Verjährung zur Anwendung gebracht worden ist[206]) — hatte bereits in dem oben (S. 81) angeführten Titel V. des C. J. Fr. P. II. Lib. III. (§. 27. 38.) den Anhalt geboten zu einer mit Beispielen reichlich ausgestatteten Erläuterung, weshalb die res merae facultatis nicht usucapirt werden können. („Dann dergleichen Dinge dependiren von eines ieden Menschen freyem Willen, welcher Macht hat, sich deren zu gebrauchen und nicht zu gebrauchen; folglich kan hier kein Besitz eines juris alieni statt finden.") In den Vorarbeiten zum A. L. R. waren die res merae facultatis mehrmals aufgetaucht (Mat. S. 422. 456. 468. 471. 506), bis endlich Sz. dieselben ex professo behandelte und so die in unser A. L. R. übergegangene Auffassung herbeiführte: Mat. S. 512— 515.[207])

Im inneren Zusammenhange mit dieser Auffassung der s. g. res m. f. stehen noch manche andere Bestimmungen des A. L. R., wie z. B.

In diesem ist also die allgemeine Bestimmung über die res m. f. enthalten, an welche sich nunmehr der §. 506 als Spezialbestimmung anschließt. — Die Wandelungen in der Fassung des jetzigen 507 ergeben sich aus den Mat. S. 456 (Sz' erster Vorschlag), S. 505 (Entw. §. 406), S. 514 (Sz' erweiterter Vorschlag) und S. 566 (§. 516: concentrirte und definitive Fassung).

206) Vgl. zu dem, was Gruchot VII. 420—423 beigebracht hat, noch folgende Autoren: Sav. V. 267: „Die Vertheidiger dieser irrigen Lehre" (von dem Untergang aller Rechte überhaupt durch fortwährend versäumte Ausübung) „pflegen dann wohl einzelne, seltene Fälle als Ausnahmen ihrer grundlosen Regel zu behandeln, zu deren Bezeichnung der ganz entbehrliche Kunstausdruck res merae facultatis erfunden worden ist." Puchta §. 48 Note f: „Für eine ganz allgemeine Endigungsart von Rechten hat man die Nichtausübung während einer gewissen Zeit gehalten, von welcher Regel dann nur einzelne Rechte eine Ausnahme machen sollten, die man res merae facultatis nannte. Die Sache verhält sich in der That umgekehrt." [Zusatz in den Vorl.: „. . . res m. f., welche man so genannt hat, weil es in dem reinen Belieben des Berechtigten stehe (ohne nachtheilige Folgen für ihn zu haben), das Recht auszuüben oder nicht."] Höpfner Commentar über die Inst. §. 400 ad 3. (Achte Aufl., von Weber, 1818, S. 298 fg.) Thibaut Pandekten §. 1025 (Ausg. 6) oder §. 204 (Ausg. 9), mit der dort citirten Schrift desselben Verfassers über Besitz und Verjährung. Mühlenbruch Pand. (Aufl. 4. v. Madai) §. 129. (. . . „zu der . . . sehr entbehrlichen Distinction der s. g. res oder actus merae und non merae facultatis" ꝛc.) Auch Sav. IV. 517 fg. und Beseler §. 52 ad II. (Bei der unvordenkl. Verj.)

207) Besonders S. 513 fg.: „Jeder Mensch und jeder Bürger des Staates haben, qua tales, Rechte, die durch keine positiven Gesetze bestimmt oder eingeschränkt sind, und deren Ausübung, wann, wie und bei welcher Gelegenheit solche geschehen solle, von ihrer Willkühr lediglich abhängt. Diese Rechte heißen res merae facultatis. Aus dem Begriffe folgt schon, daß diese Rechte per solum non usum nicht verloren gehen können, und daß also da-

I. 17. §. 76. 77. 373 (Gem. Theil. Ordnung vom 7. Juni 1821 §. 26); 23. §. 7; II. 7 §. 428 (Sz. Mat. S. 600 ad d.); II. 11. §. 923. 935. Insbesondere finden sich reichhaltige Beziehungen auf den die Unverjährbarkeit der res m. f. — eben vermittelst der Ersitzbarkeit eines entgegengesetzten Untersagungsrechts — durchbrechenden §. 507 h. t. (Gruchot VII. 424): I. 7. §. 86. 126—128; 8 §. 130. 145; 9. §. 574. 576—578; 18. §. 658. 663; 23 §. 22; II. 7 §. 429; 11 §. 611. 612. 924.

Auch die Praxis sieht sich nicht selten veranlaßt, auf den Begriff der res m. f. zurückzukommen, zumal wegen des modificirenden §. 507 h. t. Vgl. in chronologischer Folge der Erkenntnisse: Arnsb. Arch. III. 65 fg. (Anlage und Unterhaltung von Befriedigungen in freier Feldflur als res m. f.: oben Bd. I. S. 447); Entsch. III. 176 (die s. g. interpellandi potestas keine res m. f.); V. 29 (Mitausübung des Schankrechts von Seiten des Verleihers als res m. f.); XV. 426 (Mithut von Ausmärkern 2c. — oben Bd. I. S. 406 -- als Recht des „freien" Eigenthums durch bloßen Nichtgebrauch nicht verloren); Strieth. X. 252—257 (Disposition über die Art der Verwaltung eines Stiftungsvermögens in der Gestalt einer res m. f.); XI. 237 (Disposition über

bei eigentlich keine Präscription stattfinde, indem sich dabei keine dem gemeinen Besten und der Gewißheit der Rechte schädliche Negligenz, die per jacturam juris zu strafen wäre, gedenken läßt." (Nun folgen Beispiele.) „Es können aber zu dem bloßen Nichtgebrauch eines solchen Rechtes der natürlichen Freiheit andere Umstände hinzutreten, welche machen, daß der Berechtigte einer negligentiae schuldig wird, welche die Gesetze mit eben dem Grunde, wie bei andern Rechten, durch den Verlust desselben strafen. Die natürliche Freiheit kann nämlich verschiedentlich eingeschränkt werden. Untersagt nun Jemand dem Andern die Ausübung eines solchen juris merae facultatis, so schränkt er ihn dadurch in seiner natürlichen Freiheit ein. Beruhiget sich der Andere bei dieser Einschränkung, läßt er sich solche gleichsam stillschweigend gefallen, und enthält er sich, dem zu Folge, des Gebrauches seiner natürlichen Freiheit; so macht er sich einer Nachlässigkeit schuldig, welche, wenn sie durch rechtsverjährte Zeit fortdauert, mit dem Verluste des Rechtes ganz füglich gestraft werden kann."

Daß übrigens auch mit einer vermeintlich besseren Fassung, wie etwa:

> „res m. f. seien solche Rechte, denen keine specielle Verbindlichkeit eines Dritten correlat sei",

wenig zu helfen sein würde, haben die Gesetzrevisoren klar erkannt, weil eben die Ausnahme von der Verjährung überhaupt nicht darnach ermessen werden kann, ob die Ausübung eines Rechts als res m. f. angesehen werde. Denn das Gesetz hat nur diejenigen Rechte zu bezeichnen, welche ein Gegenstand der Verjährung sind, nicht diejenigen, welche kein Gegenstand derselben sein können. (Gesetzrev. a. a. O. S. 123.)

das vermöge des Traufrechts auf das belastete Grundstück fallende Wasser als res m. f.); Entsch. XXXIII. 391 (Tragweite der §§. 504—507: auf den Fall des Verlustes und des Erlöschens von Rechten beschränkt, nicht auf den Erwerb der Rechte des Eigenthümers durch einen Anderen zu erstrecken); Strieth. XXXI. 366 (Recht zur Benutzung von Flußwasser — oben Bd. I. S. 419 — als res m. f.); XXXII. 58 (Errichtung von Gebäuden auf eigenem Grund und Boden als res m. f.); XL. 79 (Verschließung einer Thür als actus m. f.); oben Bd. I. S. 422 (Deckung eines Grundstücks gegen das wild ablaufende Wasser als res m. f.); Strieth. LXIII. 106—111 (Veränderung eines Wehrs nicht m. f.) u. a. m.[208])

C. Was nun folgt, ist nicht sowohl eine Ausnahme von der Regel, als vielmehr eine Anwendung derselben (Strieth. XXIV. 73), indem anerkannt wird, daß persönliche Rechte an einen Anderen, imgleichen Rechte auf fremdes Eigenthum „in der Regel" (§. 502) durch den bloßen Nichtgebrauch erlöschen können: §. 508 h. t.[209]) (I. 19. §. 29; 20 §. 243 ff. und §. 646; 22 §. 50. Gruchot VII. 425. 426.)

Augenscheinlich sind jedoch in unserem §. 508 die persönlichen Forderungen („persönliche Rechte an einen Andern") und die dinglichen Rechte („Rechte auf fremdes Eigenthum") fast gleichgültig neben einander gestellt, und so konnte denn auch hier wieder die Vermengung der beiden Elemente (der auch an dieser Stelle von den Gesetzrevisoren S. 123 fg. a. a. O. gerügte Mangel an Sonderung der Verjährung der Forderungen von dem Erlöschen der Rechte auf fremdes Eigenthum) nicht ohne Einfluß bleiben auf die praktische Auseinandersetzung des Verhältnisses zwischen gewissen persönlichen und dinglichen Rechten, in specie zwischen der persönlichen Forderung des Pfandgläubigers und dem dinglichen Rechte desselben auf das Pfandobject. Der Austrag dieses streitigen Verhältnisses — welches sich besonders in der Frage gipfelt: ob und in wie weit durch Verfolgung des dinglichen Rechts (des Pfandrechts oder der Hypothek) auch das persönliche Forderungsrecht erhalten werde, — gehört freilich in das Pfandrecht: A.

---

208) Das zu den §§. 504—506 h. t. eingetragene Präj. 1437 (v. J. 1844: Samml. I. S. 35) hätte allerdings (nach dem im Vorwort S. X. aufgestellten Grundsatze) zu §. 513 A. L. R. I. 20 (wo dasselbe nur remissiv angeführt wird: S. 119) gestellt werden können. Die Nachforderung einer formgemäßen Urkunde über den Erwerbstitel läßt sich in der That kaum zu den res m. f. zählen: Koch Comm. ad §. 506.

209) Das „in der Regel" ist erst bei Gelegenheit der definitiven Fassung des (nach dem Vorschlage von Sz. Mat. S. 456 gestalteten) §. 407 des (gedr.) Entwurfs (Mat. S. 505 fg.) eingeschaltet worden. Mat. S. 566, §. 517 (508).

L. R. I. 20 §. 246—248 und §. 534. 535 (und im Wesentlichen schon ebenso: Entw. II. 19. §. 174—176 und §. 387. 388). Allein die Wurzeln dieses Verhältnisses erstrecken sich gerade in die Vorarbeiten zu unserem §. 508 und lassen sich hier leicht offen legen. Als nämlich gegen den (unserem §. 508 fast wörtlich entsprechenden) Entw. §. 407:

> „Persönliche Rechte an einen Andern, ingleichen Rechte auf fremde Sachen, können durch den bloßen Nichtgebrauch erlöschen",

monirt worden war:

> daß doch beim Pfandgeschäfte weder der debitor die Befreiung von der Schuld durch Verjährung erlangen könne, so lange sich das Pfand noch als Pfand in den Händen des creditoris befinde; noch auch das Recht des debitoris, das Pfand einzulösen, verjähre, wenn er auch davon in noch so langer Zeit keinen Gebrauch gemacht habe,

so führte Sz. dagegen aus, daß die angenommene Theorie „ihre gute Richtigkeit" habe. Und zwar nach zwei Richtungen hin:

1) „Das persönliche Recht des creditoris, die Bezahlung der Schuld von dem debitor zu fordern, kann allerdings per non usum erlöschen, aber sein jus reale auf das Pfand erlischt nicht, weil er solches durch die fortgesetzte Detention des Pfandes ausgeübt hat."

2) „Dagegen verliert auch der debitor sein Recht zur Wiedereinlösung des Pfandes nicht, weil der Pfand-Inhaber solches nur in seinem Namen besitzt und causam possessionis suae nicht mutiren kann."

Ad 1) beruft sich Sz. auf den §. 176. Entw. II. 19 (jetzt §. 248 A. L. R. I. 20), nach welchem in Ansehung desjenigen Theiles der Schuld, welcher aus dem Pfande nicht bezahlt werden kann, die gewöhnlichen Regeln der Verjährung stattfinden; ad 2) verweist Sz. auf den §. 179. Entw. a. a. O. (jetzt §. 251 A. L. R. a. a. O.), durch welchen dem Erben des Pfandinhabers, wenn er nur sonst in bona fide ist, die Ersitzung des Eigenthums vorbehalten wird: Sz. Mat. S. 515. (Vgl. die Studien Mat. S. 660. 661 und Gruchot VII. 457.) Gegen die Auffassung von Sz. ad 1) bleibt freilich das Bedenken bestehen, daß grundsätzlich wohl das principale (die persönliche Forderung) fortdauern kann, während das accessorium (das verstärkende dingliche Recht) untergeht, daß aber nicht umgekehrt das accessorium fortdauert, während das principale erlischt: A. L. R. I. 2. §. 140. 141. vgl. mit Einl. §. 108 und Tit. 16 §. 2. Doch hat in der Praxis die Ansicht Anerkennung gefunden, daß die persönliche und die Pfand-Klage neben und unabhängig von einander laufen, daß also die persönliche Forderung verjährt sein kann, während die Pfand- oder Hypotheken-Klage noch fortdauert: Koch §. 157 Note 5; wogegen die Verjährung der persönlichen Forderung durch Anstellung der Pfandklage nicht als unterbrochen gilt, — Letzteres nach dem gerade zum §. 508 h. t. eingetragenen Präj. 219 v. J. 1837: „Die Verjährung der persönlichen Schuldverbindlichkeit des ursprünglichen Schuldners wird durch die alleinige Verfolgung des Hypothekenrechts von Seiten des Gläubigers gegen den dritten Besitzer des für die Schuld verpfändeten Grundstücks nicht unterbrochen."

Weiteres über diese Verwickelung unten zum §. 511 (Anm. 220) und zum §. 562 h. t.

D. Unter Entscheidung einer bedeutenden gemeinrechtlichen Controverse[210]), wird

> auch das Recht, jährliche Leistungen und Abgaben von der Person oder dem Grundstück eines Andern zu fordern,

der Verjährung durch den bloßen Nichtgebrauch unterworfen: §. 509 h. t.; es sei denn die Einforderung solcher Gefälle aus bloßer Nachsicht unterlassen: §. 510.[211])

---

210) Gruchot VII. 426—428. (Gerber a. a. O., Jahrb. II. 46 ff., deducirt aus dem Charakter der Reallastenobligation — als einer Obligation, aber mit gespaltenen Leistungen —: daß eine 30jährige Unterlassung der Klaganstellung aus Veranlassung der fälligen Einzelprästationen eine Vernichtung des Klagerechts aus der Obligation überhaupt bewirken müsse.) Vgl. noch Eichh. §. 167 ad III. 2; Gerber §. 172 Note 4; Beseler §. 190 ad V; Bluntschli §. 92 ad 5; und zu Oestr. §. 1480 („. . . das Recht selbst wird durch einen Nichtgebrauch von 30 Jahren verjährt") auch Code Nap. art. 2263: Après vingt-huit ans de la date du dernier titre, le débiteur d'une rente peut être contraint à fournir à ses frais un titre nouvel à son créancier ou à ses ayant-cause. (Weil eben in 30 Jahren nicht blos die einzelne Jahresleistung, sondern das Recht, die Rente selbst, verjährt: Zachariä Französ. Civilr. II. 319 fg.)

Unsere Gesetzrevisoren (S. 121 fg. u. 124) wollen die hier in Frage stehenden Prästationen nicht als Forderungen, worauf sich die Klagverjährung bezieht, sondern nach der Analogie der Rechte auf fremdes Eigenthum behandelt wissen. Von diesem Gesichtspunkte aus beurtheilen sie auch die alte Streitfrage, ob bei den annui reditus die Verjährung nur auf die fällig gewordenen Termine (7 §§. 4. 6. C. de praescr. XXX. [VII. 39]; 4 de annuis legatis XXXIII. 1; 10 quando dies legatorum XXXVI. 2), oder auf das Recht selbst (14 C. de fundis patrim. [XI. 61]: Zinsfreiwerden eines dem öffentlichen Schatze zinsbaren Grundstückes durch Verjährung) sich beziehe. Vgl. Sav. III. 224. V. 310—312. 360. 365.

211) Zuerst war vorgeschlagen worden, daß nur die einzelnen Jahres-Prästationen der Verjährung (in 30 J.) unterliegen sollten, es habe sich denn „der Verpflichtete durch ausdrückliche Versagung dieser Prästation gegen

Es handelt sich hier um s. g. affirmative Rechte: A. L. R. I. 7. §. 80, insbesondere um Reallasten; wie denn unsere §§en direct allegirt werden: II. 7. §. 494; 11. §. 871, und noch mit anderen Stellen in Beziehung stehen: I. 18 §. 664; II. 8. §. 40.

Beachtenswerth ist die schon in unseren vorlandrechtlichen Quellen ganz in gleichem Sinne getroffene Entscheidung jener Controverse. Bereits in Joh. Georg's L. O. v. 1594 heißt es Th. I. c. 24 („Erbzinß ob derselbe durch Jährliche nicht zahlung gantz oder zum Teill könne verjäret werden"): „Es wird zurechte sehr zweiffelhafftigk disputiret, ob Zinse und Pächte gantz oder zum teill können praescribiret werden. Als wenn ein Zinßmann in 30 Jahren keine Zinß erleget, noch darüber gemahnet worden, oder wenn einer in 30 Jahren fünff fl. Zinß oder Achtzehen Scheffel Kornn gegeben, da doch 6 fl. oder einen Winspel Korn jehrlich zugebenn vor schrieben wordenn. Und wie wohl die Rechte disfalß einen Unterscheit machen unter den Contracten und Testamenten, Inns Keyserliche Cammergericht aber ohne Unterscheidt gesprochen wirdt, daß in obgesagten Fellen keine praescriptio stat habe, Dieweill aber für richtiger angesehen, auch in den benachtbahrten örtern geordnet und gesprochen wirdt, daß die Järigen Pechte oder Zinse so woll als **die hauptsumme undt hauptschult** gantz oder zum teill innerhalb 30 Jahren verjäret werden können, So laßen wir es auch darbey beruhen, und soll in unserm Lande darauf hinführo gesehen und gesprochen werden." Und im Preuß. Landr. v. 1721 (wie schon in dem v. 1685) lautet in dem oben (S.

denjenigen, welcher solche verlangt, in den Besitz gesetzt". (Mat. S. 443 fg.: §. 927. 928.) Dann wurde die Entscheidung der bestrittenen Frage angeregt: „daß künftige Gefälle, Zehenten, Erbzinse durch die Verjährung verloren gehen" (Mat. S. 469: v. T.); worauf Sz. bemerkte: „Man unterscheidet die Verjährung der verfallenen Prästationen, und die des Rechts, die künftigen zu fordern. Der Analogie ist es aber gemäß anzunehmen, daß wer sein Recht, dergleichen Prästationen zu fordern, innerhalb 30 Jahren nicht ausübt, solches ebenfalls per non usum verliere." (Mat. S. 470.) Dem entspricht sonach die in den §§. 408. 409 des (gedr.) Entwurfs (Mat. S. 506) getroffene, von Sz. (S. 516 ad 9 und S. 517 ad 11) vertheidigte Entscheidung, welche — wenn auch mit einigen Wandelungen in der Fassung — in unsere L. R. §§en 509. 510 übergegangen ist. (Wegen dieser Wandelungen in der Fassung vgl. Mat. S. 506: Entw. §. 408, mit S. 566: §. 518 [jetzt §. 509]; Mat. S. 506: Entw. §. 409, mit S. 517: Sz' Aenderungs-Vorschlag, und S. 566 fg.: §. 519 [jetzt §. 510]. Ein noch im letzten Stadium (S. 567) von einem Mitgliede der Gesetz-Commission eingebrachter, auf wesentliche Erschwerung des Beweises „der bloßen Nachsicht" gerichteter Vorschlag blieb unberücksichtigt.)

80. 81) angeführten Tit. IV. Art. II. der §. VI: „Ob aber jährliche Zinse und Pächte in totum gantz und gar können praescribiret oder verjähret werden, ist eine schwere Disputation im Rechten. Wir lassen Uns aber hierin derer Meynunge gefallen, daß die jährliche Zinse und Praestationes, welche aus einer Zusage oder Contract ihren Ursprung haben, so sie über Rechts verwährte Zeit, als nehmlich über dreißig Jahre, Jahr und Tag nicht erleget, können verjähret und praescribiret werden, nicht allein daß die versessene Zinse nicht zu zahlen, sondern daß **auch die zukünfftigen** nicht dörffen erleget werden. Welches auch in Testamenten und letzten Willen, ohne Unterscheid, aus Krafft dieser Unserer Meynung, dieweil im Rechten derowegen auch Zweiffel gewesen, statt haben, und dergestalt daß die Zinse verjähret und praescribiret werden sollen, darauff dann Unsere Gerichte hinführo zu erkennen und zu sprechen haben." Kurz faßt sich endlich das C. J. Fr. (1751) a. a. O. (oben ad B) §. 37: „III) Gleichergestalt kann iemand sich durch diese Praescription von allen real- und personal-Obligationen liberiren, womit er einem dritten verbunden ist; wann nemlich derjenige, welcher ein Jus agendi hat, binnen 30 Jahren seine Action nicht anstellet." [212])

Wie nun in den Vorarbeiten zu unserem A. L. R. eine diesen Präcedentien gleichartige Auffassung sich Bahn brach, ergibt sich aus den (Anm. 211 erörterten) Materialien. Als durchschlagend ist dabei die — zwischen dem (gedr.) Entwurfe und dem A. L. R. liegende — Aeußerung von Sz. (Mat. S. 516) anzusehen: „Das Recht, Gefälle, Pächte, Zinsen u. s. w. zu fordern, es mag nun ex pacto oder ex lege seu ex statu entspringen, ist nur Ein Recht; und daraus, daß dieß Recht alljährlich ausgeübt wird, folgt nicht, daß mehrere Rechte vorhanden sind."

Hiernach gewinnt die Vergleichung der einander entsprechenden §§en des Entwurfs und des A. L. R. ein besonderes Interesse.

---

212) Der §. 37. handelt überhaupt von der 30jährigen Ersitzung der „unkörperlichen Dinge". „Solchergestalt kann iemand I) durch eine Possession von 30 Jahren eine Servitut, Jagd-Gerechtigkeit, item jährliche Renthen, Zehenden, ꝛc. auf eines andern Gut acquiriren" ꝛc. II) Kann auch iemand die Freiheit von allen diesen auf seinem Gut haftenden Gerechtigkeiten acquiriren; wann nemlich derjenige, welchem diese Jura zu exerciren zustehet, solche binnen 30 Jahren nicht exerciret oder gebrauchet." Daran schließt sich dann die oben mitgetheilte Bestimmung ad III.

Entw.	A. L. R.
§. 408. Auch das Recht, **künftige** Gefälle, Zehenten, Pächte, Erbzinsen, und andre dergleichen Prästationen, von der Person oder dem Grundstück eines andern zu fordern, kann durch den bloßen Nichtgebrauch verjährt werden.	§. 509. Auch das Recht, jährliche Leistungen und Abgaben von der Person oder dem Grundstücke eines Andern zu fordern, kann durch den bloßen Nichtgebrauch verjährt werden.
§. 409. Doch bleibt dem Berechtigten der Nachweiß, daß die Hebung dieser Gefälle, durch den gesetzmäßigen Zeitraum, aus bloßer Nachsicht unterlassen worden, vorbehalten.	§. 510. Doch findet die Verjährung nicht Statt, wenn entweder aus einer während der Frist geäußerten Erklärung des Berechtigten, oder aus der Beschaffenheit der Zeiten, aus der Verfassung der Verpflichteten oder aus andern Umständen, klar erhellet, daß die Einforderung solcher Gefälle aus bloßer Nachsicht unterlassen worden.

Im Entw. wie im A. L. R. bezeichnet also der Anfang mit dem Worte „Auch", die reine Anwendung der (im Entw. §. 407, im A. L. R. §. 508) vorausgeschickten Regel des Erlöschens der persönlichen Rechte an einen Anderen, wie der Rechte auf fremdes Eigenthum, durch den bloßen Nichtgebrauch. Aber mit dieser Anwendung der Regel zugleich entscheidet der Gesetzgeber die sonst streitige Frage ganz consequent dahin, daß eben das Recht selbst, und nicht blos jede einzelne jährliche Leistung, der erlöschenden Verjährung unterliegen soll; nur daß der Entw. noch in der früheren concreten Weise die „künftigen" Gefälle rc. beschreibt (vgl. Pr. L. R. v. 1721 a. a. O.: „auch die zukünftigen" rc.), während das A. L. R. scharf und grundsätzlich das Object des Rechts als „jährliche Leistungen und Abgaben" überhaupt bezeichnet. Von dem (auch in unseren vorlandrechtlichen Quellen verworfenen) Unterschiede zwischen Contracten und Testamenten findet sich schon im Entwurfe, also schon vor der von Sz. empfohlenen Gleichstellung von pactum, lex und status, keine Spur mehr.[213]) Nicht min-

213) Bei dieser Gleichstellung der Rechte ex pacto mit denen ex lege seu ex statu fehlt freilich die Berücksichtigung der Rechte ex testamento; während im Pr. L. v. 1721 a. a. O. gerade die Unterscheidung zwischen den Willenserklärungen inter vivos und mortis causa ausdrücklich

der war das früher — unter Anwendung der Grundsätze von dem Gebrauche einer res merae facultatis — für die Verjährung der annui reditus etc. aufgestellte Erforderniß eines Widerspruchs des Verpflichteten gegen die von dem Berechtigten geforderte Leistung (Ludwig in v. Kamptz Jahrb. V. 79. 80; Koch Fordr. §. 12 ad 3), bereits dem Entwurfe fern geblieben. (Oben Anm. 211 zu Anfg.) Was aber den gegen die Verjährung zugelassenen Beweis geübter Nachsicht anbelangt, so ist im A. L. R. allerdings dieser im Entw. unbedingt zugelassene Beweis auf gewisse thatsächliche Voraussetzungen (Strieth. IV, 82) beschränkt, mithin die Regel der Extinctiv-Verjährung der hier in Frage stehenden Rechte, dem Entwurfe gegenüber, wesentlich verstärkt worden.[214])

Vor und noch während der Redaction unseres Gesetzbuches hatte die Praxis der Preußischen Gerichte geschwankt. Aus den Jahren 1749 und 1768 werden sogar entgegengesetzte Entscheidungen des Geheimen Ober-Tribunals selbst beigebracht.[215]) Und gerade in die Zeit der Um-

---

verworfen worden war. Allein man kann füglich annehmen, daß Sz. die Gleichstellung der Prästationen aus Willenserklärungen überhaupt (also aus Willenserklärungen inter vivos und mortis causa) mit den Prästationen aus einer Rechtsregel (ex lege s. ex statu) beabsichtigte. Damit stimmt freilich das Resultat der Gesetzgebung insofern nicht, als unser §. 509 auf Privatlasten beschränkt geblieben ist und nach §. 655 ff. wegen der öffentlichen Lasten und Abgaben andere Grundsätze gelten. Vgl. Koch Fordr. §. 12 ad 3: Ausg. 2. Bd. I. S. 138—141. (Nur in den Comm. zum §. 509 hat sich, was die Auffassung des Pr. L. R. v. 1721 betrifft, ein Versehen eingeschlichen.)

214) Diese Beschränkung des Beweises der Nachsicht beruhet im Wesentlichen auf dem (oben Anm. 211 g. E. angedeuteten) Vorschlage von Sz. zur Umfassung des Entw. §. 409, welchen Hen einige Monenten hatten gänzlich streichen, andere auf den Fall der ausdrücklich erklärten Nachsicht beschränken wollen. (Mat. S. 517.) Wie die Sache jetzt steht, so kann nach A. L. R. §. 510. die geübte Nachsicht immerhin eben sowohl aus einer Erklärung des Berechtigten, als aus den Umständen erwiesen werden. („Aus den Umständen": denn die Wendung: „oder aus andern Umständen", welche sich an die vorangehenden Exemplificationen [Beschaffenheit der Zeiten, Verfassung der Verpflichteten,] anschließt, bezeichnet in der That die Hauptsache, auf welche es eigentlich allein ankommt, — nämlich: „aus den Umständen". Vgl. oben Anm. 88.)

215) Und zwar aus dem J. 1749 für die Verjährung des Rechtes selbst, aus d. J. 1768 für die Verjährung der einzelnen Jahresleistungen: v. Kamptz Jahrb. V. 78. In den Gründen des Erkenntnisses aus d. J. 1768 (das Datum des Trib. Erkenntnisses constirt eigentlich nicht; aber die Sententia appellatoria a qua war vom 6. Mai 1768) heißt es von der „exceptio praescriptionis" wörtlich: „welche ohnedem in dergleichen annuis praesta-

arbeitung des Entwurfs in das A. G. B. fällt die — auf eine wohl motivirte „Anfrage" der Clevmärkischen Regierung über „die bekannte Streitfrage"[216]) — ergangene Entscheidung der Gesetz-Commission vom 26. Dcbr. 1789 (der Cl. Regierung durch Hofrescript vom 11. Januar 1790, auch zur Nachachtung bei ähnlichen Fällen, zugefertigt): „daß das Recht, künftige Gefälle, Zehenden, Pächte, Erbzinsen und andre dergleichen Prästationen von der Person oder dem Grundstücke eines andern zu fordern, durch den bloßen Nichtgebrauch verjährt werden könne, auch hierin eine Ausnahme nur alsdann[217]) Statt finde, wenn ausgemittelt werden kann, daß der Zehendpflichtige durch betrügliche Handlungen, Collusionen mit den Pächtern und dergleichen, die Einhebung des Zehenden, der Pächte rc. während des Laufes der Verjährung gehindert habe." (Klein Annalen Bd. 6. S. 310—312.)

Die nachlandrechtliche Praxis steht in der Behandlung der affirmativen Rechte sicher und fest auf den Grundsätzen der §§. 509. 510 h. t. und läßt sich nicht irren, wo es auf die Erkenntniß der fortdauernden Natur solcher Rechte, auf die Unterscheidung der Privatlasten von den öffentlichen Lasten (zumal wegen des nur bei letzteren erforderlichen Widerspruchs des Verpflichteten: oben Anm. 213), auf einseitige oder gegenseitige Berechtigung und Verpflichtung ankommt: Entsch. XIII. 50; XVI. 200; XVII. 314 fg.; XX. 201; L. 281 fg.; Strieth. VIII. 266. 268 ff. (Dammpflichten als gemeine — nicht öffentliche — Lasten); XLVI. 245 ff. (Nichtgebrauch in gegenseitigen Verhältnissen); J. M. Bl. 1863 S. 307 (Comp. Confl.) u. s. w.

Besonders lehrreich ist die Anwendung unserer §§en auf Darlehnszinsen als wiederkehrende Leistungen, welche der erlöschenden Verjährung nicht unterliegen, wenn der Gläubiger dem Schuldner, sei es auch nur mündlich, Nachsicht gewährt. An eine besondere Form ist die „Erklärung des Berechtigten" (§. 510) nicht gebunden, — weil ja eine Gefälligkeit des Berechtigten gegen den Verpflichteten nicht diejenigen rechtlichen Folgen haben kann, welche die Negligenz nach sich zieht: Strieth. IV. 80—83 (v. J. 1851).

---

tionibus nicht ab exordio talis obligationis, sondern ab initio cujusque anni computirt werden muß." (v. Hymmen Beitr. Samml. VIII. S. 27 ad VII.)

216) Diese Regierung hatte ihrerseits bis dahin immer nur auf Verjährung der einzelnen jährlichen Gefälle rc. erkannt.

217) Hier wurde also die Ausnahme von der Regel auf den Beweis grober mala fides beschränkt (Ludwig in v. Kamptz J. B. a. a. O. S. 83), mithin bei Weitem enger begränzt und eben dadurch die Regel noch mehr verstärkt, als schließlich nach A. L. R. der Fall ist. (Anm. 214.)

Haben es sonach die §§. 509. 510 h. t. lediglich mit der Extinctiv-Verjährung der affirmativen Rechte zu thun, so findet sich die Lösung der großen Frage von der Acquisitiv-Verjährung dieser Rechte allerdings nicht unmittelbar angeschlossen an die hier durchgeführten Grundsätze. Des inneren Zusammenhanges wegen mag jedoch auch die Ersitzbarkeit der affirmativen Rechte (oben Bd. I. S. 334. 335) an dieser Stelle in Erwägung gezogen werden.

Von grundsätzlich weittragender Bedeutung ist der mit seinen Gründen hier zu analysirende Plenarbeschluß vom 5. Febr. 1849 (Präj. 2092): J. M. Bl. 1849 S. 208 fg.; Entsch. XVII. 10—19. Durch denselben ist die Frage:

> ob ein affirmatives Recht als Gegenleistung für ein „correspondirendes" („entsprechendes") Recht des Verpflichteten durch Acquisitiv-Verjährung erworben werden könne?

in ganz allgemeiner und durchgreifender Weise bejahend entschieden worden. Den Anlaß dazu hatte freilich nur die specielle, das s. g. Schärfkorn betreffende Streitfrage (oben Bd. I. S. 149, Anm. 270) gegeben. Ein Dorfschmidt hatte den Besitzer eines Rittergutes wegen Verabreichung von Schärfgetreide in Anspruch genommen und diesen Anspruch auf Acquisitiv-Verjährung gegründet, indem die Besitzer des Rittergutes seit länger als 30 Jahren stets gegen Verabreichung des Schärfgetreides und Benutzung von zwei Beeten Acker ihre Schärfarbeit in seiner Schmiede hätten verrichten lassen. Allein die Entscheidung der Special-Frage führte nothwendiger Weise zur Entscheidung der Principien-Frage. Dahin drängten schon die Hauptgründe, welche dem Anspruche des Dorfschmidts entgegen gestellt worden waren: 1) die Verjährung sei überhaupt nicht zur Constituirung wechselseitiger Rechte und Verbindlichkeiten geeignet, sondern nur eine einseitige Erwerbungsart, d. h. eine solche, die auf der einen Seite nur Rechte und auf der anderen nur Verbindlichkeiten erzeugen könne (oben S. 110); 2) es sei eine res merae facultatis, bei welchem Handwerker Jemand die Gegenstände seines Bedarfs fertigen lassen wolle, und aus der auch lange Jahre fortgesetzten Entnahme derselben bei einem und demselben Sachverständigen, könne niemals ein Recht durch Verjährung abgeleitet werden.

Vorweg bedurfte es sogar erst der Beseitigung jedes Zweifels gegen die (im A. L. R. nirgends allgemein ausgesprochene) Ersitzbarkeit der affirmativen Rechte überhaupt, — zumal wegen des diesen Rechten im possessorischen Rechtswege versagten Schutzes (oben Bd. I. S. 334 fg.). Zur Beseitigung jenes Zweifels genügte jedoch schon die allgemeine Erwägung, daß der fortgesetzte ungestörte Besitz auch bei affirmativen Rechten dieselben Wirkungen für die Verjährung äußern muß, welche er nach allgemeinen Regeln mit sich führt. Und dazu trat noch die besondere Erwägung der im A. L. R. (II. 7. §. 144. 146; 11 §. 861: oben Bd. I. S. 331) ausdrücklich zugelassenen Ersitzung bäuerlicher Dienste, Abgaben, Zehnten.

Nun war der Weg gebahnt für die Ersitzbarkeit auch eines solchen affirmativen Rechts, welches die Gegenleistung für ein correspondirendes Recht des Verpflichteten bildet. Dabei konnten solche Fälle keine Schwierigkeit bereiten, in denen etwa die Verpflichtung des Berechtigten als eine bloße Zugabe, als ein untergeordnetes Nebenverhältniß erscheint, weil ja ein Recht dadurch, daß ihm gewisse Lasten oder Verpflichtungen ankleben, noch nicht aufhört, für den Berechtigten ein Recht zu sein. Wohl aber blieb es zunächst fraglich, wie das Verhältniß sich gestalten müsse, wenn das auf jeder Seite stehende Recht als eine Hauptsache aufzufassen ist, die Verpflichtungen beider Theile sich als Leistung und Gegenleistung entsprechen, beide Personen also gegenseitig berechtigt und verpflichtet sind.

In einem solchen Falle würde sich ein zweiseitiges Rechtsverhältniß durch Verjährung allerdings nicht in dem Sinne begründen lassen, als ob durch die 30jährige Ausübung des Rechts auf der einen Seite zugleich ein Recht für die andere Seite durch Verjährung erworben würde. Allein dessen bedarf es auch gar nicht. Denn wie zur Ersitzung eines Lehnsverhältnisses, eines Patronatrechts, einer Holzgerechtsame nichts weiter erforderlich ist, als daß der Ersitzende neben der Ausübung des von ihm prätendirten Rechts auch die entsprechende Gegenleistung erfüllt, so kann es sich auch mit dem fraglichen Rechte des Dorfschmidts nicht anders verhalten.

Ein feiner Unterschied darf hierbei freilich nicht übersehen werden. Denn bei den Lehns- wie bei den Patronat-Verhältnissen liegt die Gegenseitigkeit schon in der gesetzlich bestimmten Natur des Instituts, nach welcher dem Rechte des Vasallen wie des Patrons gewisse charakteristische Pflichten entsprechen; wogegen das Verhältniß zwischen Holzberechtigung und Forstdienst, als Leistung und Gegenleistung, nicht sowohl durch den Charakter eines gesetzlich normirten Instituts gegeben, als vielmehr durch den Privatwillen der Betheiligten begründet ist. In der Mitte liegt das fragliche Recht des Dorfschmidts. „Einerseits beruht die Gegenseitigkeit desselben nicht auf einer allgemeinen gesetzlichen Norm, wie beim Lehn oder Patronat, sondern nur auf dem Willen der Betheiligten; andererseits ist doch diese Gegenseitigkeit in Folge eines inneren, die Betheiligten dahin treibenden

Bedürfnisses, zu einem ganz regelmäßigen Charakter des Institutes geworden, der sich schon in dem Namen desselben Schärfgetreide, d. i. Getreide, welches als Vergeltung für das Schärfen gegeben wird, ausdrückt."

Daraus ergibt sich dann die Folgerung, daß das Recht auf Schärfgetreide, und zwar in seiner besonderen Gestaltung durch die ihm entsprechende Pflicht, gleich dem Lehn- und Patronatverhältniß besessen werden kann, und daß derjenige, welcher die Ersitzung eines solchen Rechts auf Schärfgetreide geltend machen will, auch seinerseits während der Verjährungszeit geschärft haben und seine Verbindlichkeit dazu anerkennen muß. Und so wird schließlich aus dieser Lösung der Special-Frage der allgemeine Satz abstrahirt, welcher den Inhalt des Plenarbeschlusses bildet: ein affirmatives Recht ist **auch als Gegenleistung** für ein correspondirendes Recht des Verpflichteten ersitzbar. Freilich nur dieser Satz. Die weitere Erörterung der innerlich damit zusammenhängenden Frage:

> „inwiefern bei dem Recht auf Entrichtung von Schärfgetreide die dabei vorkommenden Verhältnisse der Zulässigkeit der Verjährung überhaupt oder in besonderen Fällen, z. B. wenn eine Besitzveränderung bei dem verpflichteten Grundstück eingetreten ist, entgegenstehen,"

wird zur Beurtheilung des jedesmal vorliegenden Rechtsfalles verwiesen.

Aber auch diese specielle Frage, deren Kern sich dahin fassen läßt: ob das Recht auf Schärfgetreide auch als ein objectiv dingliches Recht könne besessen werden, hat zugleich eine allgemeine und grundsätzliche Bedeutung. So viel ergibt sich schon aus dem Ganzen der Plenarberathung, daß diejenige Ansicht nicht durchdrang, welche gerade bei dem Schärfgetreide das vermeintlich unumstößliche Erforderniß der Ersitzbarkeit eines affirmativen Rechts vermißte: daß nämlich

> ein solcher Besitz stattfinde, der als eine Einwirkung auf eine verpflichtete Sache des Anderen, als eine Beschränkung des Eithums desselben an dieser Sache sich darstelle, dadurch einen selbstständigen dauernden Zustand auf Seiten des Berechtigten begründe, und mittelst des letzteren ein dauerndes dingliches Recht zu schaffen geeignet sei. (J. M. Bl. a. a. O. S. 209.)

Direct wird jedoch in den Gründen (Entsch. XVII. 18) dem Gedanken des früheren Plenarbeschlusses vom 27. April 1840 (Präj. 845) nicht entgegen getreten, obgleich dieser in der That ebenfalls die Ersitzbarkeit des Rechts auf Schärfgetreide, als eines dinglichen Rechts, wesentlich eingeengt hatte. Denn nach diesem früheren Pl. B. soll die Dinglichkeit eines dem Besitzer einer Schmiede von der Gutsherrschaft vertragsmäßig gegen die von ihm zu leistende Schmiedearbeit eingeräumten, und im Hypothekenbuche der Schmiede, nicht aber im Hypothekenbuche des herrschaftlichen Gutes eingetragenen Rechtes, von dem Gutsherrn das Schärfgetreide zu fordern, dadurch allein nicht begründet werden, daß die Contrahenten gegenseitig die Erfüllung des Vertrages angefangen und hierdurch ihre Befugnisse in Ausübung gebracht haben: weil weder zu dem Titel (dem Vertrage) der modus acquirendi (der Besitz der Sache, zu welcher das Recht stattfinden soll,) hinzugekommen sei, noch ein besonderes Gesetz dem mit dem Besitz der Sache nicht verbundenen Rechte (auf Schärfgetreide) die Dinglichkeit beigelegt habe, und weil die in einem solchen Falle den körperlichen Besitz vertretende hypothekarische Eintragung fehle. (J. M. Bl. 1840 S. 295, Nr. 222; Entsch. V. 291—299.)

Freilich läge es nun eigentlich in der Macht des in dem Pl. B. v. 27. April 1840 ausgesprochenen Gedankens, nicht blos der gerade in der Frage vom Schärfgetreide schwankenden und streitenden, oder doch vielgestaltigen Praxis (oben Bd. I. Anm. 270: Entsch. V. 292. 293; VII. 341—354 [Pl. B. 14. März 1842]; Präj. 2003 [v. J. 1848]; Präj. 2133 [v. J. 1849]: Entsch. XVIII. 405—415; vgl. Koch Beurtheilung der Entsch. S. 374—377) zu Hülfe zu kommen, sondern auch einen weiter führenden Grundsatz zu gewähren für die Frage von der Ersitzbarkeit der affirmativen Rechte überhaupt. Allein es läßt sich nicht verkennen, daß die Consequenzen der einengenden Auffassung, welche sich in dem Pl. B. v. 1840 findet, mit der durch den Pl. B. v. 1849 der Ersitzbarkeit affirmativer Rechte, und zwar ganz im Geiste des Allg. Landrechts, eingeräumten weiteren Ausdehnung unfehlbar in Conflict gerathen würden, wenn nicht eben die Praxis jene Consequenzen zu ziehen, weislich unterlassen und statt dessen an den dem Pl. B. v. 1849 zu Grunde liegenden Anschauungen festgehalten hätte. Daher finden sich überall Spuren der Anerkennung des von hypothekarischer Eintragung unabhängigen dinglichen Charakters gewisser dauernder Rechtsverhältnisse, Zustände und Leistungen, sei es auf Grund ihrer Notorietät, sei es auf Grund ihrer eigenthümlichen Natur selbst: Entsch. VIII. 174 ff.; XIV. 272; XVI. 200 ff.; XVIII. 316 ff. Darum ist insbesondere gerade auf der Grundlage des Pl. Beschlusses v. 1849 in allgemeiner und durchgreifender Weise anerkannt worden, daß die vermöge eines speciellen Titels einem Grundstücke auferlegte Verpflichtung zur Entrichtung einer fortdauernden

Abgabe (einer beständigen Last) auch ohne Eintragung in das Hypothekenbuch dieses Grundstücks den dinglichen Charakter erlangen kann, wenn sie während verjährungsmäßiger Zeit entrichtet, und dem später nachfolgenden Besitzer bekannt geworden war: Entsch. XXVII. 297—304 (v. J. 1854). Es kann aber nicht nur auf diese Art ein affirmatives Recht durch Ersitzung allein zur Entstehung gelangen, also überhaupt die Dinglichkeit eines Rechts durch Verjährung begründet werden, sondern es kann auch eine ursprünglich ohne Rechtsgrund erfolgte hypothekarische Eintragung eines affirmativen Rechts (in specie wieder: einer fortdauernden Abgabe, — einer „fortdauernden Schuldigkeit für ein aufgehobenes Hütungsrecht" —) durch Ersitzung convalesciren: Entsch. XL. 144—149 (v. J. 1858). Auch zur Begründung der Ersitzbarkeit des Erbpachtrechts (vor dem Ablösungsgesetze vom 2. März 1850) ist die in dem Pl. B. v. 1849 durchgedrungene Rechtsauffassung erfolgreich benutzt worden: Entsch. XLIII. 61—69 (Strieth. XXXVI. 320—327: v. J. 1860; oben Bd. I. S. 335); vgl. auch Entsch. XVII. 452 ff.; XXIX. 123 ff.

Im Einzelnen mögen sich immerhin einige Schwankungen in der Praxis entdecken lassen. Doch hängen diese, wie es scheint, mehr mit der Auffassung des concreten Falles, als mit den allgemeinen rechtlichen Voraussetzungen zusammen. Die Schwierigkeit liegt dann in der concreten Abgränzung der vorübergehenden obligatorischen Rechte von den fortdauernden affirmativen Rechten; wie dies schon oben Bd. I. S. 332. 333 in der Lehre vom Besitz angedeutet ist und weiter unten in der speciellen Lehre von der Ersitzung (ad §. 579 ff. h. t.) noch in nähere Erwägung zu ziehen sein wird. So verschieden aber auch hiernach die Entscheidungen der Praxis in den einzelnen Fällen ausfallen mögen: die dem Pl. B. v. 1849 gleichsam als Unterlage dienende, stillschweigende Voraussetzung eines fortdauernd unter den Parteien bestehenden, selbst dinglichen Rechtsverhältnisses, bleibt dabei unerschüttert. Dies wird ausdrücklich erklärt in den Gründen einer sehr lehrreichen Entscheidung aus der neuesten Zeit: Strieth. LV. 248—257 (v. 1864); obgleich in dem dort vorliegenden Falle, der eine gewisse jährliche Abgabe für das Aufziehen und Schmieren einer Kirchenuhr betraf, thatsächlich nicht das Vorhandensein eines affirmativen Rechts im Landrechtlichen Sinne, sondern nur die Existenz gewisser obligatorischer gegenseitiger Leistungen Anerkennung fand, d. h. solcher Leistungen, welche, wenn sie auch in bestimmten Zeiträumen wiederkehrten, deshalb doch nicht als fortdauernde, sondern immer nur als neue, durch die jedesmalige Leistung erfüllte und getilgte Schuldigkeiten angesehen werden könnten.

Bei der im Vergleich mit der sonst geläufigen Begründung der Dinglichkeit eines Rechts vermittelst der Verjährung, nicht unbedenklichen Entscheidung über einen jährlichen Grundzins in Strieth. III. 99—101 (v. J. 1851), scheint allerdings der Schwerpunkt mehr auf der mangelnden Wissenschaft des angeblich Zinspflichtigen gelegen zu haben. (Koch Comm. Ausg. 4. zu §. 137 A. L. R. I. 2.)

Daran aber dürfte kaum zu zweifeln sein, daß die Entscheidung der Frage:

> ob gegen das im Eigenthum liegende Recht etwas zu thun oder nicht zu thun, nur ein Untersagungsrecht (auf dem eigenen Grundstücke etwas nicht zu thun) durch Verjährung erworben werden könne (§. 506. 507 h. t.), oder auch ein affirmatives Recht (etwas zum Vortheile des herrschenden Grundstückes zu thun)?

anders, als im Jahre 1843 (Arnsb. Archiv IX. 540—549), nämlich nicht verneinend, sondern bejahend ausgefallen sein würde, wenn sie nach Erlaß des Pl. B. v. 1849 zu fällen gewesen wäre.

E. Im Zusammenhange mit der nach dem Systeme des Landrechts an die hypothekarische Eintragung geknüpften Rechtssicherheit werden endlich

> die in das Hypothekenbuch („des belasteten Grundstückes": Koch Comm.) eingetragenen Rechte auf unbewegliche Sachen

sowohl gegen das Erlöschen durch bloßen Nichtgebrauch, als gegen die Ersitzung eines entgegenstehenden Rechts geschützt: §. 511 h. t. (Sav. V. 406.)[218]) Vgl. A. L. R. I. 18 §. 659. 667; 20 §. (493.) 534. 648. (21 §. 96;) 22 §. 49. (II. 7 §. 143: Sz. Schlußrevision S. 151; Rechtsf. I. 176; IV. 148—150; Strieth. VII. 216; IX. 240 —247.)

Die hypothekarische Eintragung wirkt hier gleich dem Besitze oder der fortwährenden Ausübung der Rechte. Doch läßt sich nach geltendem Preußischem Recht nicht, wie sonst wohl nach Deutschen Rechten (Gruchot VII. 428—431), behaupten, daß gegen den Inhalt des Hy-

---

218) Dieser §. 511, von dem sich in den Vorarbeiten keine Spur findet, ist erst bei Gelegenheit der letzten Revision, auf einen von Sz. aus dem, „was bei den verschiedenen speciellen Materien angenommen worden", abstrahirten Vorschlag, eingeschaltet: Mat. S. 567. (Auch S. 569 ad a.)

pothekenbuchs überhaupt keine Art von Verjährung stattfinde. (Gesetzrev. S. 124.) Denn unser §. 511 spricht nur von Rechten „auf" unbewegliche Sachen (A. L. R. I. 2. §. 126. 127. 130) und bezieht sich seinem Inhalte nach nicht auf das Eigenthum, sondern auf andere dingliche Rechte (iura in re), „wie dies aus den Worten selbst folgt, und aus der Bestimmung des §. 504 h. t. und dem Plenarbeschluß vom 6. März 1854[219]) hervorgeht. Nur bei dinglichen Rechten außer dem Eigenthum vertritt die Eintragung im Hypothekenbuche die Stelle der **Uebergabe.** Diese ist bei dem Eigenthumserwerbe, abgesehen von gesetzlichen Ausnahmen, wesentlich. Die Eintragung im Hypothekenbuche allein ist für Erwerb und Verlust des Eigenthums ohne Einfluß": Entsch. XXXIV. 132. 133 (v. J. 1856); Strieth. XXXVII. 232 (v. 1860).[220])

---

219) Zu A. L. R. I. 10. §. 7 ff.: Entsch. XXVII. 287—297. (Präj. 2501.) Hier wird die Stellung der beiden Hauptmodi zum Erwerbe von dinglichen Rechten an Grundstücken erwogen und die Frage:

> ob derjenige, welcher im guten Glauben von dem eingetragenen Besitzer ein Grundstück kauft, dasselbe aber nicht übergeben erhält, dennoch, dem Naturalbesitzer gegenüber, Eigenthumsrechte] gewonnen habe,

„nach der bestehenden Gesetzgebung" verneint.

220) Im Einklange mit dem Präj. 219 (oben S. 118) ist übrigens auch an den §. 511 h. t. die weitere Entwickelung der Ansicht angeschlossen worden, daß die Verjährung der persönlichen Forderung durch die Fortdauer resp. Verfolgung des Hypothekenrechts nicht gehindert werde. So heißt es in einer, den Zweck und die praktische Handhabung des Verjährungs-Gesetzes vom 31. März 1838 erläuternden Justiz-Ministerial-Verfügung vom 9. Mai 1840:

> „Hypothekarisch eingetragene Forderungen sind, so lange sie im Hypothekenbuche eingetragen stehen, einer Verjährung überhaupt nicht unterworfen (§. 511 Tit. 9, §. 534 Tit. 20 Thl. I des Allg. Landrechts). Diese Begünstigung beschränkt sich zwar auf das dingliche Element der Forderung (das Hypothekenrecht), und die persönliche Verbindlichkeit des Schuldners unterliegt den gewöhnlichen Regeln der Verjährung. Nach denselben fängt indeß die Klagverjährung von dem Tage an, an welchem die Erfüllung der Verbindlichkeit zuerst gefordert werden konnte (§. 545 Tit. 9 Thl. I des Allg. Landrechts). Dies wird in Beziehung auf den blos persönlichen Schuldner einer Hypothekenforderung in der Regel erst derjenige Zeitpunkt sein, an welchem der spätere Besitzer des verpfändeten Grundstücks mit den Zinsen im Rückstande bleibt, oder das Kapital zu zahlen außer Stande ist. So lange die Zinsen des Hypothekenkapitals gezahlt werden, kann eine Verjährung nicht anfangen, da ein Recht durch die theilweise Ausübung desselben in seinem ganzen Umfange erhalten wird (§. 570 Tit. 9 Thl. I des Allg. Land-

So findet der Grundsatz des §. 511 Anwendung auf das Vorkaufsrecht: Entsch. VI. 394; auf das Pfandrecht: Entsch. IX. 273; auf den Fall der §§. 429. 430. A. L. R. II. 7: Präj. 1349 (v. J.

---

rechts). Der Gläubiger hat daher, so lange die Zinsen gezahlt werden, keine Veranlassung, den blos persönlichen Schuldner in Anspruch zu nehmen." (J. M. Bl. 1840 S. 174.)

Noch weiter geht eine Ausführung des höchsten Gerichtshofes aus d. J. 1843: „Das persönliche Recht und das Hypothekenrecht sind genau zu trennen. Jedes der beiden Rechte ist ein für sich bestehendes, selbstständiges Recht. Jedes ist durch eine besondere Klage verfolgbar. Der Gläubiger hat die persönliche Klage gegen seinen ursprünglichen Schuldner, und die Pfandklage gegen den Besitzer der verpfändeten Sache. Diese beiden Verpflichteten sind nicht gemeinschaftlich Verpflichtete, nicht Solidar= oder Mit=Schuldner aus einer und derselben Verbindlichkeit, ein jeder derselben haftet vielmehr aus einem besonderen Rechtsgrunde, nämlich der persönliche Schuldner aus der ursprünglichen Verbindlichkeit, der Besitzer der Sache aus dem Besitze. Der Gläubiger hat, wenn die verpfändete Sache in den Händen eines andern, als des persönlichen Schuldners, sich befindet, gegen beide ein alternatives, in der Ausübung seiner Wahl überlassenes Recht. Die Dauer des einen ist von der Dauer des anderen nicht unbedingt und nothwendig abhängig. Der Gläubiger kann das eine aufgeben, das andere dagegen behalten. Jedes der beiden Rechte hat besondere, für sich bestehende Wirkungen; ein jedes derselben unterliegt auch in der Ausführung seinen besonderen Erfordernissen. A. L. R. I. 20 §. 44 seq. §. 494 seq. Die beiden Rechte müssen auch in Ansehung der Verjährung von einander gesondert werden. Die Verjährung soll die Klage gegen die Verpflichteten auf die Erfüllung der Verbindlichkeit ausschließen. Hat der Gläubiger ein alternatives, persönliches und dingliches, in der Ausübung von einander unabhängiges Recht, so ist für ihn eben deshalb auch die Möglichkeit vorhanden, das Recht auf das Pfand gegen den Besitzer der Sache, und das Recht aus der Schuldverbindlichkeit allein gegen den persönlich Verpflichteten selbstständig durch eine Klage zu verfolgen. Die persönliche Klage und die Pfandklage laufen, ihrer Natur nach, neben, und unabhängig von einander. Deshalb kann auch die persönliche Klage durch Verjährung erlöschen, die dingliche Klage dagegen fortbestehen. Der Grund der Verjährung besteht in der Nichtausübung des Rechts. Wird dieses gegen den persönlich Verpflichteten, der Möglichkeit ungeachtet, nicht ausgeübt, dasselbe dagegen, als dingliches, gegen den Besitzer der Sache, auf diese selbst, verfolgt, so liegen auch, in Beziehung auf das persönliche Recht, die Erfordernisse der Verjährung vor, in Hinsicht auf das dingliche Recht dagegen nicht. Dieser innere Grund im Rechtsverhältnisse selbst rechtfertigt die Annahme: „„das Erlöschen des persönlichen Rechts durch Verjährung könne von der Fortdauer des

1843); ja selbst auf die blos protestativisch eingetragenen Ansprüche (Unterbrechung der Extinctiv-Verjährung durch Eintragung einer Protestation): Entsch. XXXVII. 79—84 (Strieth. XXVII. 174—179), v. J. 1857. (Unten Anm. 315.) Dagegen bleibt die Anwendung des §. 511 ausgeschlossen, wo es sich überhaupt nicht um den Verlust von Rechten durch Extinctiv-Verjährung handelt (wie z. B. in dem Falle des viel bestrittenen §. 143 A. L. R. I. 16): Entsch. XXXVI. 80. 81; ferner, wo es sich um hypothekarische Forderungen handelt, welche vor erfolgter Regulirung des Hypothekenwesens nach §. 2. der Verordnung vom 16. Juni 1820 (Ges.-Samml. S. 106) gehörig angemeldet und bescheinigt sind: Präj. 965 (v. J. 1840).

Auch ist angenommen worden, daß die Bestimmung des A. L. R. über den Ausschluß der Verjährung „in Beziehung auf die im Hypo-„thekenbuche eingetragenen Rechte auf unbewegliche Sachen (§. „511)", auf die alten Danziger Erbbücher nicht bezogen werden kann: Entsch. (XVIII. 536.) XIX. 312—317 (Präj. 2180 b., v. J. 1850.)[221]) Denn die Landrechtliche Bestimmung steht im inneren Zusammenhange mit der strengen Form unseres Hypothekenbuches, wie solche jenen alten Erbbüchern noch nicht eigen war. (A. a. O. S. 316 fg.) Eben deshalb wurde auch die Berichtigung des Besitztitels auf den Grund der Verjährung für die erste Regulirung eines Hypothekenbuches, aber auch nur für diese, zugelassen: Rescr. vom 11. Januar 1833. (v. Kamptz Jahrb. XLI. 271.)

---

dinglichen Rechts allein nicht abhängig sein"". Dieselbe findet aber auch in den Gesetzen ihre vollkommene Bestätigung." (Entsch IX. 271. 272.)

Hieran schließt sich, auf Grund der Anwendung des im §. 511 unseres Titels (9) in Ansehung der dinglichen Rechte überhaupt ausgesprochenen Grundsatzes auf das Pfandrecht, als eine einzelne Art des dinglichen Rechts, die Entwickelung der oben ausgeführten Ansicht des höchsten Gerichtshofes ad 246 ff. A. L. R. I. 20., wo, in der Lehre vom Pfandrecht, näher darauf einzugehen ist. Es muß jedoch auch schon hier, in der Lehre von der Verjährung, und zwar unten zum §. 562 h. t., der Conflict beleuchtet werden, in welchen diese systematische Trennung des persönlichen und des dinglichen Rechtselements mit der bei den Wirkungen des thatsächlichen Anerkenntnisses (§. 562 h. t.) wieder eintretenden combinatorischen Behandlung jener beiden Rechtselemente unvermeidlich geräth.

221) In der Präj. Samml. II S. 13 heißt es hier weniger correct: „in Beziehung auf die im Hypothekenbuche eingetragenen unbeweglichen Rechte." Denn die Hypothek hat zwar Immobilien zu ihrem Gegenstande, gehört aber nicht selbst zu den s. g. unbeweglichen Rechten: oben Bd. I S. 142, besonders Anm. 256.

Im Uebrigen braucht man nicht gerade (mit den Gesetzrevisoren S. 124) eine Ausnahme von der Regel unseres §. 511 zu finden in der (schon vor dem Gesetze vom 31. März 1838 §. 2 Nr. 5, wenngleich noch nicht in so kurzen Fristen, zugelassenen) Verjährung der rückständig bleibenden Zinsen von eingetragenen Forderungen, so wie der Rückstände anderer wiederkehrender Hebungen.[222]) Denn dergleichen Zinsen und Hebungen lassen sich füglich als bewegliche Erzeugnisse oder Abfälle von dem eingetragenen Capitale oder Stammrechte ansehen, — nach Art der von einem Immobile abgelösten Mobilien.

Ein Rückblick auf die ad A—E gewonnenen Resultate wird hiernach genügen, um den Gedankengang des A. L. R. folgendergestalt in ein System zu bringen:

I) Gegenstände der Verjährung sind:

1) Rechte des Eigenthums, wenn das Object aus dem Besitze des Eigenthümers gekommen ist: §. 504 h. t.;

2) Untersagungs-Rechte gegen res merae facultatis: §. 507;

3) Persönliche Rechte an einen Anderen und Rechte auf fremdes Eigenthum: §. 508; folglich auch affirmative Rechte: §. 509. 510.

Also sind

II) nicht Gegenstände der Verjährung:

1) Rechte des Eigenthums, so lange das Object in dem Besitze des Eigenthümers sich befindet: §. 504;

2) Res merae facultatis als solche: §. 505. 506;

3) Hypothekarisch eingetragene Rechte: §. 511.

F. Zur Abgränzung der Gegenstände der Verjährung gehört auch noch der §. 664 h. t.: „Rechte gegen ausdrückliche Verbotsgesetze können durch keine Verjährung erworben werden."

Dieser, im (gedr.) Entw. noch fehlende Paragraph bildet zwar jetzt den Abschluß der Bestimmungen über die, unserem System eigenthümliche, an die Stelle der s. g. praescriptio immemorialis getretene s. g. Fünfzigjährige Präscription; wie er denn auch lediglich im An-

---

222) Nach dem Gesetze v. 1838 a. a. O. (Ges. Samml. S. 250) verjähren mit dem Ablaufe von 4 Jahren die Forderungen „wegen der Rückstände an vorbedungenen Zinsen, an Mieths- und Pachtgeldern, Pensionen, Besoldungen, Alimenten, Renten und allen andern zu bestimmten Zeiten wiederkehrenden Abgaben und Leistungen, es mag das Recht dazu im Hypothekenbuche eingetragen sein oder nicht."

schluß an die Frage von der praescr. immem. entstanden ist.[223]) Allein in der That ist sein Charakter ein viel allgemeinerer. Denn seine Bestimmung ist auf alle Arten der Verjährung, mit Ausnahme der Klagverjährung, anwendbar.[224]) Die Fassung aber ist so objectiv gehalten,

---

223) Schon Kircheisen hatte den von ihm in durchgreifender Fassung vorgeschlagenen §. 876:

> Die Befugniß, wider ein verbietendes Gesetz zu handeln, kann nicht durch Verjährung erworben werden (Mat. S. 438),

schließlich — und zwar nach vorgängiger Verwerfung der ganzen Immemorial-Verjährung — mit der Bemerkung zu rechtfertigen gesucht: „Die Sachen, welche von der Verjährung ganz ausgenommen sind, müssen auch nicht per praescriptionem immemorialem verjährt werden, sonst entstehet eine höchst schädliche praescriptio contra legem prohibitivam." (Mat. S. 446.) Inzwischen kam man erst bei der Umarbeitung des (gedr.) Entwurfes wieder auf die Frage zurück: „ob praescriptio immemorialis contra prohibitivam stattfinde?" Sz. erklärte dieselbe für identisch mit der, bereits im Titel von Gesetzen, entschiedenen Frage: ob einem Verbotsgesetze per non usum oder per observantiam in contrarium derogirt werden könne. „Soll hier etwas, um eine scheinbare Lücke zu vermeiden, gesagt werden, so kann es nur der Satz sein: daß gegen ausdrückliche Verbotsgesetze keine Rechte durch Verjährung erworben werden können". (Sz. Mat. S. 558.) So entstand der dem jetzigen §. 664 völlig gleichlautende §. 666 (Mat. S. 597), welchen Sz. auch noch gegen den letzten, eine gewisse Beschränkung forderndeu Einwurf eines Mitgliedes der Gesetz-Commission (L. Mat. S. 597. 598), so wie gegen die von gewissen Rechtslehrern gebilligte Zulassung der praescr. immem. contra legem publicam prohibitivam, aufrecht zu halten wußte (Mat. S. 599, 600 ad c). Vgl. Gruchot VIII. 281—284 (besonders wegen der gemeinrechtlichen Controverse).

224) Die Gesetzrevisoren (S. 148. 149) halten zwar den im §. 664 h. t. ausgesprochenen Satz für schwankend, weil man mit dem Ausdruck „Verbotsgesetz" keinen genau zu bestimmenden Begriff verbinden könne. Sie prüfen aber doch die beiden Seiten seiner Anwendbarkeit: auf Ersitzung (insofern Sachen und Rechte gewisser Art entweder überhaupt oder doch von bestimmten Personen nicht erworben werden können) und auf Verjährung (dinglicher Rechte: oben Anm. 180) durch Nichtgebrauch (in denjenigen gesetzlichen Einschränkungen des Eigenthums, welche keiner Abänderung durch Privatwillkühr unterliegen: A. L. R. I. 8. §. 190. 191 — oben Bd. I S. 452). Bei der Klagverjährung finden sie (mit Recht) ein Verbotsgesetz an und für sich ungedenkbar, „weil diese jedesmal auf einem bestimmten Gebotsgesetz beruhet".

Im Principe ist es übrigens unbestritten, daß unter den „ausdrücklichen Verbotsgesetzen" des §. 664 s. g. absolute Gesetze (oben Bd. I. S. 90, Anm. 197) zu verstehen sind, d. h. solche Gesetze, deren Uebertretung das öffentliche Interesse verletzen würde: Thöne §. 306 („. . . welche direct eine gewisse Handlung oder Unterlassung untersagen"); Born. §. 91 zu Anfg. und §. 111 g. E. (welche „nicht im Interesse der Privaten gegeben sind", sondern „das Staatsinteresse betreffen"); Koch (Lehrb.) §. 163 ad I. 1 („d. h. abdaß noch immer der Römische Satz hierher paßt: Ubi lex inhibet usucapionem, bona fides possidenti nihil prodest. (24 pr. de usurp. XLI. 3; Entsch. V. 159. 212: unten Anm. 229.)

Auch fehlt es nicht an mannichfaltiger Anwendung des im §. 664 ausgesprochenen Grundsatzes in unserer Gesetzgebung und Praxis.[225])

Einer principiellen Erörterung sind die verschiedenen Kategorien der Verbotsgesetze des §. 664. unterworfen worden bei Gelegenheit der

---

solute Gesetze"). Vgl. auch das (in v. Rönne's Ergänzungen ad §. 664 h. t. beigebrachte) Justiz-Min.-Rescript v. 29. Dcbr. 1820, welches gerade aus dem Worte „ausdrücklich" folgert, daß nur diejenigen Gesetze hierher gehören, „deren Ueberschreitung, „auch wenn die berechtigte Partei konsentirt, eine unerlaubte Handlung involvire."

225) Eine Hindeutung auf zwei obsolete Stellen des A. L. R. mag hier ihren Platz finden.

Nach §. 155 A. L. R. II. 7. konnte die Gutsherrschaft entwichene Unterthanen „überall und zu allen Zeiten aufsuchen, und zur Rückkehr nöthigen"; weil — wie Sz Schlußrev. S. 151 bemerkt — „der entwichene Unterthan selbst niemals in bona fide sein, also auch die Freiheit nicht präskribiren kann." Vgl. die revidirte Märkische Gesinde-Ordnung vom 11. Febr. 1769 Tit. IV §. 9 (N. C. C. Bd. 4. Sp. 5360): „Kein Unterthan soll auch künftig seine Befreyung von der Unterthänigkeit oder Dienstpflichtigkeit durch Verjährung erlangen, gestalten derselbe nach der in dieser Gesinde-Ordnung getroffenen Verfügung sich beständig in mala fide befindet." Augenscheinlich wird hier der Mangel an bona fides gerade wegen der prohibitiven Natur der betr. Gesetze angenommen. — Die mildernde Bestimmung im §. 160 A. L. R. II. 7. (Reclamation binnen 10 Jahren rc.), welche Sz. a. a. O. aus der alten Schlesischen Gesinde-Ordnung ableitet, findet sich übrigens auch schon in fine des allegirten §. 9 der rev. Märk. Ges.-Ordnung. Ja noch früher war anerkannt worden, es sei „die Zurückforderung eines Unterthanen von einem Possessore desselben, als eine vindicatio rei utilis, so wie alle andern Actiones reales der gewöhnlichen Praescription unterworffen": Rescr. v. 14. Febr. 1739. (C. C. M. Contin. I. Sp. 241 fg.)

Nach §. 176 A. L. R. II. 17 sollten „nur diejenigen Magisträte und Gerichtsobrigkeiten, welche sich vor dem Jahre 1777 in einem auf Privilegia oder auf rechtsgültige Verjährung gegründeten Besitze, von dem aus ihrer Gerichtsbarkeit an andere Orte innerhalb der Königlichen Lande gehenden Vermögen, Abfahrts- oder Abschoßgelder zu fordern, befunden haben, dabey noch ferner geschützt werden." So weit also die prohibitive Natur des Gesetzes reichte, blieb die Ersitzung eines solchen Abschoßrechts abgeschnitten. Es war nämlich der im Jahre 1777 innerhalb der Königlichen Lande gänzlich verbotene Abschoß oder Abzug im Jahre 1787 in gewissen Gränzen wieder hergestellt worden: N. C. C. Bd. 6. Sp. 1051—1054 (Circulare v. 25. Novbr. 1777) und Bd. 8. Sp. 1601—1604 (Declaration v. 15. Octbr. 1787). Erst im Jahre 1816 wurde der §. 176 A. L. R. II. 17 definitiv aufgehoben: Verordnung vom 21. Juni ej. a. ad 1 (Ges. Samml. S. 200); vgl. Strieth. XV. 376—378 (v. J. 1855).

Entscheidung einer particularrechtlichen Frage: ob nämlich nach der Stettiner Bau-Ordnung v. J. 1624 (nicht blos durch Vertrag, sondern auch) durch Verjährung das Recht erworben werden könne, durch einen auf den Hof des Nachbarhauses führenden Wasserfluß nicht blos Regenwasser, sondern auch andere, und zwar unreine, Flüssigkeiten abzuleiten: Entsch. L. 111—119 (Strieth. XLVI. 347—353: v. J. 1862). Hier werden nun grundsätzlich aus einander gehalten:

1) solche Verhältnisse, denen im öffentlichen Interesse jede rechtliche Anerkennung versagt wird, — wo es also der Privatwillkühr unbedingt verboten bleiben muß, eine mit dem öffentlichen Interesse unvereinbare Einrichtung, sei es durch Vertrag, sei es durch Verjährung, zu begründen[226];

2) solche, an sich zulässige und anerkannte Rechtsinstitutionen, bei denen durch ausdrückliche gesetzliche Vorschrift — ausnahmsweise, in Rücksicht auf das praktische Bedürfniß, — die Verjährung als Erwerbsart ausgeschlossen wird, die Vertragsfreiheit aber, wenn auch in gewissen Schranken, aufrecht erhalten bleibt.

Die Eigenthümlichkeit der Kategorie ad 2, liegt darin, daß dabei nicht unmittelbar, sondern nur mittelbar das Interesse der Staatsbehörde berührt wird. Es gehören dahin die Vorschriften des §. 511 h. t. (keine Ersitzung gegen hypothekarische Rechte), des §. 164 der Gemeinheitstheilungs-Ordnung v. 7. Juni 1821 und Art. 12 des Ergänzungs-Gesetzes v. 2. März 1850 (Verbot der Ersitzung gewisser Grundgerechtigkeiten), des §. 11 der Gewerbe-Ordnung v. 17. Januar 1845 (Verbot der Ersitzung gewisser ausschließlicher Gewerbsberechtigungen). Unter diese Kategorie wurde denn auch der fragliche Fall aus der alten Stettiner Bau-Ordnung gebracht und deshalb die Unzulässigkeit der Ersitzung, trotz der Zulässigkeit der Rechtsbegründung durch Vertrag, angenommen.[227])

---

226) Vgl. z. B. Deich-Gesetz v. 28. Januar 1848 §. 16 (Ges. Samml. S. 57): „Eine Befreiung von der Deichpflicht kann künftig auf keine Weise, auch nicht durch Verjährung, erworben werden.“

227) Aus den Worten und dem Zusammenhange der trefflich redigirten alten Vorschriften wurde deducirt, daß hier nicht etwa nur die eine Erwerbungsart (durch Vertrag) genannt, die andere aber (durch Verjährung) mit gemeint worden sei (wie im §. 191 A. L. R. I. 8., eben wegen der Natur der dort berührten Verhältnisse, was von den „Willenserklärungen“ gesagt ist, auch von der Verjährung gilt, also Vertrag und Verjährung auf ganz gleichem Fuße stehen: oben Bd. I. S. 452), sondern daß man (aus guten Gründen) für die Erwerbung einer gewissen Grundgerechtigkeit (dem Nachbarhause andere Flüssigkeiten, als Regenwasser, zuzuführen) die Verjährung

Besonders reichhaltig sind in den agrarischen Gesetzen (oben Bd. I. S. 161) und in den Forst-Gesetzen solche Bestimmungen, welche als „Verbotsgesetze" aufgefaßt werden müssen und eben deshalb einen Rechtserwerb durch Verjährung nicht zulassen.

So ist die Auferlegung unfixirter Laudemien als **gesetzlich untersagt** erachtet worden, weil seit dem Erlaß des Cultur-Edicts vom 14. Sptbr. 1811 (Ges.-Samml. S. 300 ff.) das Bestreben der Gesetzgebung darauf gerichtet war, das Grundvermögen möglichst theilbar zu machen, die Verwandlung getheilten Eigenthums oder erblicher Besitzrechte in volles Eigenthum zu erleichtern und die diesem Zwecke entgegenstehenden Hindernisse, insbesondere das in dem, bei Besitzveränderungen zu entrichtenden Laudemium und anderen unbestimmten Abgaben gefundene Hinderniß, zu beseitigen. Es hat deshalb ein Recht, dergleichen unfixirte Laudemien zu fordern, seit jener Zeit auch durch Verjährung nicht erworben, und die vorher angefangene Verjährung nicht vollendet werden können: Präj. 1863 (v. 29. April 1847: Samml. I. S. 323; Entsch. (XIV. 461.) XV. 242—249).[228]) Vgl. auch Strieth. III. 122—126 (v. J. 1851).

Eben so ist in den Bestimmungen des Cultur-Edicts vom 14. Sptbr. 1811 (§. 7) und des Regulirungs-Gesetzes von demselben Tage (§. 16: Ges.-Samml. S. 286 fg.) ein Verbotsgesetz erkannt worden, vermöge dessen sich die Ersitzung fortwährender Dienste irgend einer Art als unzulässig darstellt: Erk. des Ob. Trib. v. 14. Dcbr. 1852. (Zeitschrift des Revisions-Collegiums für Landes-Cultur-Sachen Bd. 6. S. 193.)

Der §. 37 des angeführten Cultur-Edicts bestimmt, daß es — zur Hebung des Nachtheils, welcher der Fischerei in gewissen kleineren Gewässern hie und da durch das Flachs- und Hanf-Röten entsteht — „von der Willkühr des Besitzers abhängen soll, ob er solches ferner gestatten will oder nicht." Auch in dieser gesetzlichen Bestimmung ist die prohibitive Natur nicht zu verkennen. Der §. 37. hindert deshalb sowohl die Vollendung einer vorher angefangenen, wie den Beginn einer neuen Ersitzung eines derartigen Rechts zum Fl. u. H.-Röten: Entsch. LI. 110—114 (v. J. 1864).

---

ausgeschlossen und nur einen auf Willens-Erklärung gegründeten Titel als zulässig erachtet habe.

228) Auf denselben Grundsätzen beruhet auch schon das (wenige Tage früher, am 17. April 1847, ergangene) Erkenntniß des Ob. Tribunals: Rechtsf. I. 46—48.

Eine Constitution vom 14. Juli 1749 hatte den Schlesischen Gutsbesitzern

die Vertretung der auf eingezogenen wüsten Bauergütern haftenden Rustical-Onera

auferlegt, sofern nicht (bei den betr. Provinzial-Verwaltungsbehörden) nachgewiesen sei, daß die bei einem herrschaftlichen Vorwerke befindlichen Bauerhöfe schon im Jahre 1633 eingezogen gewesen. Dieses Gesetzes ungeachtet, hatten mehrere Gutsherrschaften die Leistung der herrschaftlichen Dienste und Zinsen von den eingezogenen Höfen auf die besetzt gebliebenen Stellen übertragen, indem sie theils die Constitution auf herrschaftliche Prästanda nicht für anwendbar hielten, theils ihr vermeintliches Recht durch Verjährung erworben zu haben glaubten. Auch waren den Gutsherrschaften günstige Erkenntnisse des Geheimen Ober-Tribunals in den Jahren 1767 und 1768 ergangen. Als jedoch in neuerer Zeit bei Gelegenheit einer Dienst-Ablösungs-Sache die Frage von Neuem zur Entscheidung gelangte, wurde der Plenarbeschluß vom 24. Febr. 1840 (Präj. 844) gefaßt, nach welchem jene Vertretungs-Pflicht der Schlesischen Gutsbesitzer auch auf die der Herrschaft zu leistenden Dienste sich bezieht und eine Verjährung hiergegen nicht stattfindet. Von entscheidender Bedeutung ist dabei die Auffassung der Const. v. 1749 als eines wahren Verbotsgesetzes: Entsch. V. 199—212.[229]) (J. M. Bl. 1840 S. 176 Nr. 126. Koch Beurtheilung der ersten zehn Bände Entsch. S. 359—361.)

Die schon durch das Cultur-Edict v. 14. Sptbr. 1811 angebahnte Verbesserung des Verfahrens bei Gemeinheitstheilungen, namentlich vermittelst der Ausgleichung der culturschädlichen Servituten, ist durch die Gemeinheitstheilungs-Ordnung vom 7. Juni 1821 (Ges.-Samml. S. 53 ff.) ausgeführt worden. Der Zweck dieses Gesetzes geht dahin: die bisher gemeinschaftlich ausgeübte Benutzung ländlicher Grundstücke zum Besten der allgemeinen Landescultur aufzuheben, oder, so lange sie noch besteht, möglichst unschädlich zu machen. Im §. 2 wer-

229) Vgl. insbesondere S. 205. 211 und S. 212: „Seit Publication der Const. konnte daher eine Verjährung nicht anfangen, zumal die Gutsherrschaften, welche jenes Gesetz kennen mußten, offenbar in bösem Glauben gewesen sein würden, und bei Eintritt eines Verbotsgesetzes nach der angeführten L. 24" (oben S. 135) „der gute Glaube nichts nützen soll. Vor Publication der Const. dagegen war eine Verjährung gar nicht möglich, weil, wenn diese für zulässig erachtet worden wäre, der Gesetzgeber in der Const. nicht ein über hundert Jahre zurückführendes Normaljahr (1633) hätte festsetzen können."

den deshalb gewisse Gemeinheiten — nach besonderen Classen der Weide-, Forst- und anderen Berechtigungen, an denen sie stattfinden, — zur Aufhebung designirt. Im §. 27 werden feste Schranken gezogen, innerhalb deren durch Verträge und Willenserklärungen die Gemeinheitstheilung soll ausgeschlossen werden können. Der §. 164 endlich verordnet: „Neue Gemeinheiten, deren Aufhebung die jetzige Ordnung bezweckt (§. 2), können nur unter der Beschränkung des §. 27 und **nur** durch schriftlichen Vertrag errichtet werden." Wollte man nun den Zweck des Gesetzes nicht vereiteln, so mußte man dasselbe consequent so auslegen, daß die Entstehung neuer Gemeinheiten überhaupt möglichst verhindert, daß also jede andere als die im §. 164 abgegränzte Entstehungsart für unzulässig erklärt werde. Hielt man demgemäß die prohibitive Natur des Gesetzes fest, so blieb die Verjährung als eine der früher erlaubt gewesenen Arten der Entstehung neuer Gemeinheiten fortan grundsätzlich ausgeschlossen, was um so nöthiger war, als die meisten Gemeinheiten gerade auf Verjährung sich gegründet hatten, und, wenn die Verjährung zulässig geblieben wäre, noch jetzt sich gründen würden. D. h. man mußte annehmen, daß nach der Publication der G. Th. Ordnung die Verjährung nicht nur nicht anfangen, sondern auch nicht einmal — wenn vorher angefangen — fortgesetzt und vollendet werden durfte. Inzwischen war die Auslegung des §. 164 ungemein controvers. Und erst der Plenarbeschluß vom 9. Dcbr. 1839 (Präj. 757) erklärte die vor der Publication der G. Th. Ordnung angefangene, jedoch nicht vollendete Verjährung der im §. 2. bezeichneten Berechtigungen für unterbrochen (eben durch die Verkündung der gedachten Ordnung), und deshalb die Fortsetzung der Verjährung für nicht zulässig: J. M. B. 1839 S. 432 Nr. 350; Entsch. V. 153—166. Dieser Auffassung ist denn auch, freilich mit einer gewissen Modification, die Anerkennung des Gesetzgebers zu Theil geworden, in der Declaration v. 31. März 1841. (Ges.-Samml. 1841 S. 75 fg.)[230]) Daran schließt sich endlich noch an: die durchgreifende

230) In den §§. 1. 2. dieser Declaration wird die Tendenz des §. 164. der G. Th. Ordnung dahin aufgefaßt: die Verjährung in Ansehung aller im §. 2 daselbst bezeichneten Gerechtsame vom Tage der Publication des Gesetzes ab auszuschließen. In dem §. 3. der Declaration wird aber auch ein bereits früher angefangener, nur noch nicht bis zur Vollendung der Verjährung fortgesetzter Besitz mit dem Zeitpunkte der Publication jener Ordnung für unterbrochen und wirkungslos erklärt, also das Princip der Unterbrechung aller damals noch nicht vollendeten Verjährungen angenommen. Demgemäß konnte nur die bereits zur Zeit der Publication der

Bestimmung in dem Ergänzungsgesetze vom 2. März 1850 Art. 12 (Ges.-Samml. S. 142 fg.) — unter Ausdehnung des §. 164 der G. Th. Ordnung auf die nach Art. 1. aufzuhebenden Gemeinheiten —: „In Ansehung dieser Gemeinheiten wird daher der Lauf der erwerbenden Verjährung, wenn eine solche noch stattfinden könnte, mit dem Tage, an welchem dieses Gesetz in Kraft tritt, unterbrochen."

Für das Verhältniß des §. 164. der G. Th. Ordnung zu den demselben verwandten französischen Gesetzen ist lehrreich der Fall in den Entsch. XLVI. 166—177 (v. 1861), betr. die Waldberechtigungen im vormaligen Königreich Westphalen.

Nach §. 219. 220. A. L. R. I. 22. darf der nur zum Raff- und Leseholz-Berechtigte keine Aexte, Beile, oder andere Instrumente, wodurch stehende Bäume oder Aeste herunter gebracht werden können, mit in den Wald nehmen: bei Verlust der Axt, außer der Bestrafung nach den näheren Bestimmungen der Provinzial-Forstordnungen. Daß gegen die hierin liegenden Verbotsgesetze (vgl. J. M. Bl. 1854 S. 106 Nr. 22: oben Bd. I. S. 376) keine Art der Verjährung zulässig sei, ist vielfach erkannt worden.

So ist insbesondere in dem §. 14. des (die Herstellung eines systematischen Forst-Haushaltes bezweckenden) Schlesischen Forstregulativs vom 26. März 1788, welcher den gesetzlichen Begriff des Raff- und Leseholzes definirt, um dem Mißbrauche des Rechtes zum Einsammeln solches Holzes vorzubeugen, ein ausdrückliches Verbot für die zum

---

G. Th. Ordnung vollendet gewesene Verjährung noch als gültige Erwerbsart der hier in Frage stehenden Berechtigungen gelten. Allein für diejenigen, welche sich nach Publication der G. Th. Ordnung im ruhigen Besitze der schon früher ausgeübten Berechtigungen dieser Art befunden hatten, bedurfte es eines Schutzes gegen die Härten und Nachtheile, welche für sie aus der undeutlichen Fassung des §. 164 hervorgehen konnten. Und dieser Schutz ist ihnen gewährt worden durch die dem Grundsatze des §. 3 der Declaration in dem §. 4. derselben zu Theil gewordene, der rückwirkenden Kraft der Declaration eine wünschenswerthe Schranke setzende Modification. Denn nach §. 4. werden auch die nach Publication der G. Th. Ordnung (v. 1821) bis zur Publication der Declaration (v. 1841) vorgenommenen Besitz-Acte berücksichtigt, und es wird im Wesentlichen nur der Nachweis verlangt, daß die Verjährung vor Publication der Declaration vollendet sei. Vgl. Löwenberg Beitr. Bd. I. S. 167—202 (besonders S. 173. 187. 189 ff. 195. 196). Auch für die Beweis- und Gegenbeweis-Frage nach §. 4. der Decl. v. 1841: Entsch. XL. 134—138 (Strieth. XXXI. 345—348: v. J. 1858); XLVIII. 50—54 (v. J. 1862); und für die Allgemeingültigkeit der Decl.: Strieth. XLV. 139 (v. 1862), betr. das Herzogthum Westphalen.

Raff- und Leseholz-Berechtigten gefunden worden: und zwar nicht nur ein Verbot in Betreff des Gebrauches der Axt, sondern auch das Verbot, zu ihrem Feuerungsbedarf anderes Holz sich anzueignen, als was, dem gesetzlichen Begriffe nach, zum Raff- und Leseholz gehört. Eben deshalb ist jede Verjährung dagegen unzulässig. Vgl. Präj. 1555 (v. J. 1845): die Raff- und Leseholz-Berechtigten können nach §. 664 A. L. R. I. 9. seit der Publication des Holzregulativs durch Verjährung ein Recht auf den Gebrauch der Axt und auf das nicht zum Raff- und Leseholz gehörige Holz nicht erwerben. Entsch. XVII. 410—417 (v. J. 1849): eine Brennholzgerechtigkeit auf „das nöthige Holz von liegendem oder Klaubholz" gibt kein Recht auf Entnehmung des Brennbedarfs aus dem Windbruche; ein solches Recht kann auch nicht durch Verjährung erworben werden. Präj. 2246 (v. J. 1850): nur durch eine vor der Publication des Forstregulativs v. 1788 vollendete Ersitzung (oder durch ein nachher mit dem Fiscus getroffenes ausdrückliches Abkommen) kann eine Brennholzgerechtigkeit von größerem Umfange, als §. 14. gestattet, (in den Forsten des Fiscus, von ehemaligen Schlesischen Amtsunterthanen,) erworben sein. (Entsch. XX. 465—471.)[231]) Präj. 2629 (v. J. 1855): Der §. 14. ist auch für Privatforsten maßgebend. Er verbietet die Ueberschreitung der Raff- und Leseholz-Gerechtigkeit überhaupt und nicht blos den Gebrauch der Axt, welche nur als eines der gewöhnlichen Mittel zur Ueberschreitung beispielsweise angeführt ist. (Entsch. XXXI. 83—88.)[232]) Ferner Entsch. XLIII. 178—180 (v. J. 1860): das Recht auf Leuchtkien ist so wenig wie das auf Brennholz, dem §. 14. entgegen, ersitzbar. Endlich noch Entsch. XLVI. 156—166 (Strieth. XLII. 261—271: v. J. 1861): für die nach allen Seiten durchgreifende Bedeutung des §. 14.

In gleichem Sinne sind ähnliche Bestimmungen anderer Forstord-

---

231) S. 465 ad 2. ist hier das Präj. irrthümlich mit der Zahl 2276 bezeichnet. Die richtige Zahl 2246 (Präj. Samml. II. S. 118) findet sich schon in der Reihenfolge der Präjudicien am Ende des XX. Bandes der Entsch. S. 537 (nur daß hier wieder in Folge eines Druckfehlers auf S. 565, anstatt auf S. 465, verwiesen ist).

232) In diesem Falle wurde es sonach für verboten erklärt: das trockene noch an den Bäumen befindliche Holz mit den Händen oder mit Haken abzubrechen. In einem anderen (für das Verhältniß zwischen dem Schlesischen Forstregulativ und einem Urbarium interessanten) Falle: eine Säge zu benutzen. (Strieth. IX. 244 fg.) Vgl. auch den Fall in Strieth. XLII. 261 ff. (wo S. 271 noch andere, für unzulässig erachtete Instrumente namhaft gemacht werden) und einen (nicht Schlesischen) Fall in Strieth. XV. 145—150 (gegen die Benutzung eiserner Haken 2c.).

nungen aufgefaßt worden, namentlich der Westpreußischen und der Pommerschen: Rechtsf. I. 39—41 und III. 259—261 (v. J. 1847).

In der Ostpreußischen Forst-Ordnung vom 3. Dcbr. 1775 haben die auf Verminderung der Holzverschwendung und auf Beschränkung der Freiholzberechtigung berechneten Bestimmungen einen prohibitiven Charakter. Hierauf beruhet das Präj. 2706 (v. J. 1859), welches den Erwerb einer Freiholzberechtigung mittelst Verjährung nach §. 7. Tit. VI. der gedachten Forst-Ordnung nur in dem Falle, wenn die Verjährung schon bei Publication der F.-O. vollendet gewesen, für zulässig erklärt, nach diesem Zeitpunkte aber Anfang oder Fortsetzung einer Verjährung nicht gestattet: Entsch. (XL. 481 fg.) XLI. 85—90.

Wie weit die früheren Französischen Gesetze im Großherzogthum Berg den Charakter von Prohibitivgesetzen in Betreff der Erbpachtsverhältnisse hatten, darüber sind zu vergleichen die Entscheidungen XVII. 452—457 (v. 1848) und XXIX. 123—132 (Präj. 2540, v. J. 1854: Samml. II. S. 120 fg.).

Nach §. 117. A. L. R. II. 16. gebührt dem Grundeigenthümer der s. g. Erbkux, welcher nach §. 118. von dem Grunde und Boden, auf welchem das Bergwerk betrieben wird, nicht getrennt, noch besonders veräußert werden kann. In dieser Bestimmung liegt allerdings ein Verbotsgesetz, gegen welches (nach §. 664 u. T.) eine Verjährung unstatthaft ist: Strieth. XXIV. 358 (v. J. 1857). Allein der Gesetzgeber hat nur eine solche Trennung vom Grunde und Boden verbieten wollen, vermöge deren weder der Grundeigenthümer, auf dessen Grund und Boden die Fundgrube befindlich ist, noch der Gutsherr, in dessen gutsherrlichem Territorium dieselbe liegt, den Erbkux besitzen soll. Inwiefern aber der Gutsherr „den Vorzug vor dem Grundeigenthümer darauf habe", soll nach den Provinzialgesetzen beurtheilt werden. (A. L. R. II. 16. §. 119.) Wenn also der Erbkux von der Bergbehörde, nach Maßgabe ihrer Auffassung der in der provinziellen Bergordnung enthaltenen Bestimmungen, dem Gutsherrn statt des Grundeigenthümers zugeschrieben, und von dem Gutsherrn durch rechtsverjährte Zeit besessen worden ist, so steht seiner Ersitzung die Vorschrift des §. 118. keinesweges als Verbotsgesetz entgegen: Entsch. XLV. 107—112 (Strieth. XXXVIII. 60—64: v. J. 1860). Und damit steht es auch durchaus nicht in Widerspruch, daß noch neuerlich die Frage:

ob nach den Vorschriften des Allg. Landrechts das Recht des Eigenthümers des Grund und Bodens, in welchem sich die

Fundgrube befindet, auf den Erb- oder Grundkux durch den bloßen Nichtgebrauch verloren gehen, mithin die unter dem früheren Rechte begonnene Verjährung unter dem Allg. Landrechte fortlaufen und vollendet werden könne?

verneinend entschieden worden ist: Entsch. LIII. 250—260 (Strieth. LV. 54—62: v. J. 1864). Vgl. oben S. 113 (ad A).

Ueberhaupt ist es hier die Aufgabe der Praxis, die nicht immer leicht erkennbaren Gränzlinien scharf zu ziehen zwischen prohibitiver und nicht-prohibitiver Natur gewisser gesetzlicher Bestimmungen, und demgemäß zwischen Ausschließung und Zulassung der Verjährung. So hat z. B., neben der prohibitiven Natur so mancher forstgesetzlicher Bestimmungen, nicht übersehen werden dürfen, wenn gerade in Beziehung auf die Ersitzung eines gewissen Rechtes (in specie: der Waldweide oder des Hütungsrechts in den Königlichen Forsten) den Bestimmungen einer Forstordnung der Charakter eines Prohibitivgesetzes nicht beizulegen war: Präj. 1483 (v. J. 1844) und Entsch. XII. 444 (in den Gründen zum Präj. 1680, v. J. 1846: S. 436 ff.). So ist in einer Wegeordnung ein Verbotsgesetz gegen eine gewisse Art von Beflößung nicht erkannt worden: Strieth. XXXVII. 170 fg. (v. J. 1860). Selbst in Ansehung der im Achten Titel des A. L. R. dem Privateigenthum auferlegten „gesetzlichen Einschränkungen" kommt es, trotz des im Allgemeinen durchgreifenden Unterschiedes zwischen den Einschränkungen zum öffentlichen und zum nachbarlichen Besten (oben Anm. 224 und 227 und Bd. I. S. 452), doch noch im Einzelnen auf eine sorgfältige Scheidung der Verhältnisse an. So ist u. A. die Unzulässigkeit der Verjährung gegen die Vorschriften §§. 71—73. 78—80 (Tit. 8) angenommen worden, wo es sich um die Wegräumung gewisser baulicher Anlagen handelte: oben Bd. I. S. 415. (Anm. 887.) Dagegen konnte der §. 99. nicht zu den Verbotsgesetzen gerechnet werden, durch welche die Verjährung ausgeschlossen wird: a. a. O. S. 418. (Präj. 1723.) Vgl. dazu noch, in Betreff des Gesetzes vom 28. Febr. 1843: Strieth. LXI. 161—166 (v. J. 1865). Hinwiederum mußte — wenngleich erst nach vorgängigen Schwankungen — die Ersitzung eines den Vorschriften der §§. 125. 126 (trotz der systematischen Stellung derselben) derogirenden Rechts für unstatthaft erklärt werden: a. a. O. S. 433 fg. Aber weder in Ansehung des §. 138, noch in Ansehung des §. 174 kann die Zulässigkeit der gewöhnlichen Extinctiv-Verjährung einem gegründeten Bedenken unterliegen: Gruchot Beitr. VII. S. 379 fg. (Appell. Erk. aus d. J. 1862, ad §. 138); oben Bd. I. S. 450 (ad §. 174).

3. Agere non valenti non currit praescriptio.[233])

Mit dem Marginale: „Allgemeine Grundsätze" besonders ausgestattet, schließt sich an die Bestimmungen des A. L. R. über die s. g. Gegenstände der Verjährung, ein Abschnitt an, der in der That nur einen Theil der allgemeinen Grundsätze enthält: §. 512—534 h. t. (§. 590. 633 eod.; II. 8. §. 2353.) Der leitende Gedanke dieses Abschnittes läßt sich kurz dahin charakterisiren, daß die hier zur Ueberschrift gewählte Regel der gemeinrechtlichen Praxis näher bestimmt und begränzt werden soll (Strieth. XXXIX. 140; Entsch. XLV. 39), indem sie in Betreff des Anfanges der Verjährung weiter, in Betreff des Fortlaufes enger gefaßt wird, als nach Römischem Rechte. (So zu sagen: praescriptio . . . non incipit, semel coepta currit: unten Anm. 258, Sz.) D. h. es gibt eine ganze Reihe von Fällen, in denen keine Negligenz angenommen wird, also auch keine poena negligentiae — gegen den ohne seine Schuld an der Aeußerung seiner Thätigkeit verhinderten Willen — stattfinden darf und deshalb der Anfang der Verjährung ausgeschlossen sein soll. (§. 512—527 h. t.) Treten aber die hier berücksichtigten Hindernisse erst nach einmal angefangener Verjährung ein, so nimmt die Verjährung ihren Fortlauf, mit Vorbehalt der restitutio in integrum für den Fall, daß die letzten vier Jahre nicht hindernißfrei waren. (§. 530—534: unten Anm. 274.) Nur die s. g. iustitia denegata soll nicht blos den Anfang, sondern auch den Fortlauf der Verjährung hindern. (§. 528. 529.)

---

233) Diese von den neueren Juristen ausgesprochene Regel ist nur eine consequente Fortbildung der für den Anfang der Verjährung aufgestellten Grundbedingung: actio nata; auch beschränkt sie sich eigentlich auf gewisse besondere Fälle des Römischen Rechts, in denen eine Rechtsregel die Klage hemmt, ohne das Recht zu zerstören (Stillstand oder Suspension der Klagverjährung): Sav. V. 408. 409. Vgl. Puchta §. 90 ad 3. f: „die Zeit, wo rechtliche Hindernisse der Anstellung der Klage entgegenstehen" . . . . „ruhende Verjährung" und Mühlenbruch §. 123 ad 3: Der Lauf der Verj. wird nur gehemmt, wenn das Hinderniß ein juristisches ist. „Darum ist denn die Regel: agere non valenti n. c. pr. keineswegs allgemein giltig".

Im Preuß. Landrecht v. 1721 findet sich eine ziemlich durchgreifende Anerkennung dieser Regel, und zwar in dem mehrfach angeführten vierten Titel des dritten Buches Art. III. §. VIII: „Desgleichen so einer sonsten redlich und nothwendig verhindert wird, daß er zu Recht nicht kommen, excipiren oder klagen mag, und solches darthun und beweisen kan, so hat alsdann die praescription und Verjährung auch kein statt. Non enim valenti agere nulla currit praescriptio. Wie auch allbereit hievon oben" (Art. II. §. III. ff., von Nothständen, Abwesenheit 2c.) „Meldung geschehen." Vgl. Entsch. XIV. 369; auch unten Anm. 249 u. 271.

Im Wesentlichen entspricht dieser Behandlung der Sache schon die in den §§. 410—420 des (gedr.) Entwurfes[234]) angenommene Theorie, deren Begründung in der (bereits oben S. 85 fg. angeführten) Anmerkung zum Entw. unmittelbar an die Behauptung der blos positiven Natur der Verjährung angeschlossen wird: „So wie aber überhaupt der Gesetzgeber die Obliegenheit, für die Vorbeugung und Verhütung solcher" (weit aussehender verwickelter) „Prozesse zu sorgen, seiner Hauptpflicht, die Bürger des Staats bey ihrem Eigenthum und Rechten zu schützen, immer unterordnen muß, so müssen, auch bei der Verjährung, die Bestimmungen so gefaßt werden, daß nicht an sich klare und wohl hergebrachte Rechte, durch eine ganz unverschuldete Unwissenheit ihres Inhabers, oder durch unwidertreibliche Hindernisse in deren Verfolgung, verlohren gehen. Daher ist nöthig gefunden worden, den an sich so billigen und vernünftigen, aber

234) Die Vorbereitung dieser §§. 410—420 findet sich: in Klein's Materialien §. 264—266. 278. 294—297 (Mat. S. 410 ff.); in Kircheisen's Entw. §. 777. 778. 786. 787. 860. 899. 900. 904. 935—938 (Mat. S. 424 ff.); im s. g. Ersten Entw. §. 5—9. 13—18. 53. 56 (Mat. S. 457 ff.).

Die einzelnen §§en des (gedr.) Entwurfes und des A. L. R. entsprechen einander, wie folgt:

Entw. §.	L. R. §.	Entw. §.	L. R. §.
410.	512.	416.	515.
411.	513.	417.	530.
412.	514.	418.	531.
413.	516.	419.	532.
414.	518.	420.	533.
415.	524.	(424.)	(526.)

Erst bei der Umarbeitung des (gedr.) Entwurfes eingeschaltet und zum Theil noch im letzten Stadium umgestaltet sind die jetzigen §§. 517, 519—523, 525, 527—529, 534.

Vgl. insbesondere

zu §. 517: Mat. S. 519 (Sz. ad 3); S. 568 (§. 525);

zu §. 519. 520: Mat. S. 519. 520 (Sz. ad 4 u. Concl.); S. 568 (§. 527. 528 mit Note 1);

zu §. 521: Mat. S. 568—570 (mit der Note 1. zu diesem erst im letzten Stadium erschaffenen §.);

zu §. 522. 523: Mat. S. 520 (Sz. ad 5); S. 570 (§. 529. 530);

zu §. 525: Mat. S. 520 (Sz. ad 6); S. 571 (§. 532);

zu §. 527 (erst im letzten Stadium erschaffen): Mat. S. 571;

zu §. 528. 529: Mat. S. 520 (Sz. ad 5. i. f. und 8); S. 571. 572 (§. 534. 535; mit der Aenderung nach Sz. amtl. Vortrag bei der Schluß-Revision);

zu §. 534: Mat. S. 520 (Sz. ad 9); S. 573 (§. 540).

durch den heutigen Gerichtsgebrauch gemeiniglich zu sehr eingeschränkten Grundsatz: non valenti agere non currit praescriptio, da, wo von dem Anfang der Verjährung die Rede ist, in einem größern Umfange beyzubehalten, und anzuwenden. Dagegen giebt die Anwendung eben dieses Grundsatzes bey Hindernissen, welche zwischen dem Anfang und Ablauf der Verjährung eintreten, und wieder aufhören, zu sehr weitläuftigen Untersuchungen, und zu verwickelten oft sehr ins Kleinliche gehenden Zeitberechnungen Anlaß; und hat dennoch, für diesen Fall, keinen vernünftigen Grund; indem gar nicht zu vermuthen ist, daß jemand, der sich zwanzig oder dreyßig Jahre lang um sein Recht nicht bekümmert hat, just in den etlichen Wochen oder Monaten, wo er außerhalb Landes verschickt, wo die Gerichte geschlossen gewesen rc., solches ausgeübt haben würde. Es darf also nur für den Fall, wenn die Verjährungsfrist, während der Bestehung eines solchen Hindernisses abläuft, oder das Hinderniß erst kurz vor dem Ablauf der Frist gehoben wird, gesorgt werden."

Hier wird also aus dem Conflicte zweier Pflichten des Gesetzgebers, deren schwächere sich der stärkeren unterordnen müsse, das Motiv entnommen für die Hemmung des Laufes der Verjährung bei unverschuldeter Verhinderung am gehörigen Gebrauche des Rechts. Unter den unverschuldeten Hindernissen wird die Unkunde des Berechtigten besonders hervorgehoben, und der Unterschied zwischen dem Anfang und dem Fortlauf der Verjährung in einer Weise und aus Gründen vertheidigt, welche auch für unsere Praxis maßgebend geblieben sind.[235])

Dabei darf freilich nicht behauptet werden, daß in Ansehung der

---

235) Auch den Gesetzrevisoren (S. 125) erscheint dieser Unterschied ganz angemessen, weil demjenigen, gegen den eine Verjährung ablaufen sollte, während das Hinderniß fortbesteht, durch die Restitutionsfrist hinreichend vorgesehen sei. Sie verweisen dabei auf Oestr. §. 1494, wo eben dieser Unterschied angenommen ist. (Wenigstens in Beziehung auf solche Personen, welche aus Mangel ihrer Geisteskräfte ihre Rechte selbst zu verwalten unfähig sind. Gegen diese Personen kann keine Verjährung anfangen, so lange ihnen noch keine gesetzlichen Vertreter bestellt sind. Die einmal angefangene Verjährung dagegen läuft fort, nur daß sie nie früher, als binnen 2 Jahren nach den gehobenen Hindernissen vollendet werden kann. Vgl. Gruchot VII. 444.) Nach dem Code Nap. (art. 2251 ff.: Des causes qui suspendent le cours de la Prescription) gilt der Satz: Agere non valenti n. c. p., nicht generell, sondern nur in beschränkter Anwendung: Strieth. XXXVII. 268—279 (v. J. 1860).

Einer freieren Kritik mag freilich die Landrechtliche Methode zu umständlich erscheinen: unten Anm. 275 und 284.

Verjährung eine durchgehende Gleichheit des Rechts festgehalten sei. „Denn", wie in den Gründen einer neueren Entscheidung unseres höchsten Gerichtshofes generell ausgeführt wird, „alle Hindernisse, welche wegen besonderer Eigenschaften der Personen oder Sachen den Anfang und die Vollendung der Verjährung ausschließen, alle Vorrechte, welche in Ansehung des Zeitlaufs einzelnen Personen gegeben sind, sowie die gewissen Berechtigten gewährte Restitution, begründen in dieser Materie eine durchgehende Ungleichheit des Rechts. Diese Ungleichheit ist aber in allen diesen Fällen" (wie insbesondere in dem gerade zur Entscheidung vorliegenden, die Rechtsungleichheit zwischen einem Fideicommißgute und anderem Eigenthum betreffenden Falle) „keine willkürliche, sondern eine zu der positiven Natur des Instituts im Verhältniß stehende Bevorrechtung": Strieth. LIV. 320. (Unten Anm. 247.)

A. Die einzelnen Hindernisse.

Es ist bereits angedeutet worden, daß bei Weitem die meisten dieser Hindernisse nur den Anfang der Verjährung ausschließen (diese folgen hier unter a—g), während Eins derselben (unten ad h) auch den Fortlauf der Verjährung hemmt.

a) Unbekanntschaft mit der Existenz des eigenen Rechts.

Grundsätzlich darf gewiß auf die bloße Unbekanntschaft mit dem Klagrecht ein entscheidendes Gewicht nicht gelegt werden: Sav. III. 407 ff. In unserem A. L. R. ist aber auch nur der Fall gemeint, wenn Jemand „von seinem Rechte nicht hat unterrichtet sein können": §. 512 h. t. Die Vermuthung streitet jedoch dagegen, daß Jemand von seinem Rechte „keine Nachricht habe erhalten können": §. 513. Auch schützt die Rechtsunwissenheit denjenigen nicht, der „die Handlung oder Begebenheit erfahren hat, auf welche sein Recht sich gründet": §. 514.

Das gegen den Anfang der Verjährung schützende Hinderniß liegt also darin, daß der Berechtigte von der thatsächlichen Grundlage seines Rechtes nicht hat unterrichtet sein können. Nach dem Ersten Entwurfe hatte freilich der Schutz gegen den Ablauf der gesetzlichen Frist schon demjenigen zu Statten kommen sollen, welcher „von seinem Rechte nicht unterrichtet **ist**." (Mat. S. 458.) Dies genügt nicht mehr.[236]) Dagegen würde man zu weit gehen, wenn man fordern wollte,

236) Gleich auf die gegen diesen Entw. erhobenen Monita hatte Sz. (a. a. O.) die gegenwärtige Fassung in Vorschlag gebracht: „Wer von seinem Rechte nicht unterrichtet sein können" 2c. Die Frage aber: „ob Jemand von seinem Rechte habe unterrichtet sein können?" beruhet allerdings auf factischen Prämissen: Rechtsf. IV. 71.

daß es dem Berechtigten absolut unmöglich gewesen sein müsse, von seinem Rechte Kenntniß zu erhalten.

Maßgebend ist in dieser Beziehung eine Entscheidung unseres höchsten Gerichtshofes aus dem Jahre 1845, nach welcher zwar in der bloßen Abwesenheit eines Miterben ein von selbst in Gemäßheit des §. 512 h. t. den Anfang der Verjährung hindernder Umstand nicht gefunden, wohl aber der Eintritt der Verjährung als ausgeschlossen erachtet wurde, weil der abwesende Miterbe schon vor dem Erbanfalle verschollen und weder eine öffentliche Vorladung desselben oder der unbekannten Erben veranlaßt, noch sonst ein Umstand dargethan war, welcher schließen ließe, daß er von dem Erbanfalle Kenntniß hätte erhalten können. (Entsch. XII. 176—192; besonders S. 191: über die wohl in dem Falle des §. 194 A. L. R. I. 9., aber nicht in dem des §. 466 ebendas., der Unkenntniß des Erben entgegenstehende Vermuthung aus §. 513 h. t.) In den Gründen findet sich (S. 189. 190) folgende Auslegung unserer §§en 512—514: „Hiernach macht also das Gesetz augenscheinlich, und gewiß mit Recht, einen Unterschied zwischen zwei Fällen. Wenn nemlich Jemand um ein ihm zustehendes Recht sich gar nicht bekümmert und deshalb ununterrichtet von den ihm daraus erwachsenden Vortheilen bleibt, obwohl er bei gehöriger Aufmerksamkeit oder Vorkehrung der geeigneten Maßregeln, nicht wohl in Unwissenheit darüber hätte bleiben können, so soll ihn die Entschuldigung, daß er von seinem Rechte keine Kenntniß gehabt, gegen die Verjährung nicht schützen; überhaupt aber nicht vermuthet werden, daß Jemand von seinem Rechte keine Nachricht erhalten können. Gründete sich aber das Jemanden zustehende Recht nicht in den bisherigen Verhältnissen desselben, sondern entstand erst aus einer äußern Handlung oder Begebenheit, so soll es darauf ankommen, ob er diese Handlung oder Begebenheit erfahren hat; in welchem Falle ihm bei Nichtverfolgung der aus solcher Begebenheit entsprungenen rechtlichen Befugnisse eine vorgeschützte Unwissenheit der letzteren in keinem Falle gegen die Verjährung zu statten kommen soll. — Dagegen läßt das Gesetz offenbar schließen, daß, wenn ihm die fragliche Handlung oder Begebenheit unbekannt geblieben war, auch angenommen werden solle, daß er von seinem Rechte nicht habe unterrichtet sein können. Denn wollte man dies nicht annehmen, so wäre die Festsetzung des §. 514. eine völlig überflüssige; auch liegt es in der Natur der Sache, daß die Nichtkenntniß einer außer dem Wirkungskreise einer Person sich ereigneten Begebenheit derselben nicht zugerechnet werden kann."

An dieser Auslegung ist auch festgehalten worden, um den Satz zu begründen, daß es dem Berechtigten nicht absolut unmöglich gewesen zu sein brauche, von seinem Rechte Kenntniß zu erhalten, sondern daß es genüge, wenn es ihm unbekannt geblieben ist: Strieth. III. 378. 379 (v. J. 1851).

In beiden Fällen war jedoch so viel als feststehend angenommen worden, daß der Berechtigte von seinem Rechte oder von der Begebenheit, auf welche sein Recht sich stützte, keine Kenntniß gehabt habe. Als deshalb später in einem anderen Falle ein Gleiches — und zwar wiederum in Betreff der von einem Erbanfalle erlangten Kenntniß — nicht vorweg anzunehmen war, konnte, ohne jeden Widerspruch mit den früheren Entscheidungen, die im §. 513. begründete Vermuthung so ausgelegt werden, daß der Beweis der entgegen stehenden Behauptung (in specie: der Beweis, daß Jemand von einem gewissen Erbanfalle keine Nachricht habe erhalten können), unter Hinweisung auf den Rechtsgrundsatz §. 28 Pr. O. Tit. 13[237]), für erforderlich erachtet wurde. Zur Führung dieses Beweises würde aber wiederum der Nachweis der bloßen „Abwesenheit" (des betr. Erben, um dessen „Kenntniß" es sich handelte) nicht genügt haben: Entsch. XLII. 64. (Strieth. XXXVI. 246: v. J. 1860.)

Wie sehr es übrigens bei der absichtlich negativen Fassung des §. 513. auf die Umstände des besonderen Falles ankommt, das ergibt sich unter Anderem auch, wenn von fremden Handlungen die Rede ist, aus welchen Jemandem ein Recht erwächst: Gruchot VII. 431. 432 (Appell.-Erk. aus d. J. 1854[238])); wenn sich aus gewissen Umständen

---

237) Daß der nach diesem §. 28. für den Fall der Ermangelung anderer rechtlicher Präsumtionen den Ausschlag gebende Satz:

„daß keine Thatsache und keine Veränderung vermuthet wird",

einen Rechtsgrundsatz im technischen Sinne des Wortes enthält, ist durch den Plenarbeschluß vom 5. März 1849 anerkannt worden: Entsch. (XVII. 512.) XVIII. 126—133.

238) In den Gründen wird insbesondere ausgeführt, daß der §. 512. auf dem vielfach angewendeten Prinzipe der Gleichstellung des culpos Unwissenden mit dem Wissenden beruht (Entsch. XIV. 232 ff., besonders 235) — wie dies ja auch im Wesentlichen schon in der oben mitgetheilten Auslegung des Ob. Trib. v. J. 1845 an die Spitze gestellt ist —, und daß der §. 513 mit dem §. 28 Pr. O. Tit. 13 durchaus harmonirt. Die negative Fassung des §. 513 berechtigt also nicht zur Aufstellung positiver Sätze, wie: „daß Jemand von seinem Rechte Nachricht erhalten können, wird vermuthet"; oder: „wer sich auf das Nichtwissen beruft, muß dasselbe vollständig beweisen." Daraus ergibt sich die Nothwendigkeit vorsichtiger Anwendung der Präsumtion des §. 513 auf fremde Handlungen 2c.

Folgerungen für die Unkenntniß des Berechtigten geltend machen: Strieth. XXXVII. 182—184 (v. J. 1860[239])) u. dgl. m.

Vgl. auch (gegen unbegründeten Anspruch auf Schonung wegen angeblicher Unkenntniß): Entsch. VIII. 262 fg.; XXII. 302 fg.; Strieth. VII. 223.

Der (nach der Natur der Sache nur auf die Extinctiv-Verjährung bezügliche[240])) §. 515 h. t. ist freilich noch unmittelbar an das Special-Verhältniß der Unbekanntschaft mit dem betr. Rechte angeschlossen: es soll der Lauf der einmal angefangenen Verjährung dadurch, daß das Recht (um dessen Erlöschen durch Nichtgebrauch es sich handelt) in der Zwischenzeit an einen davon nicht unterrichteten Besitzer gediehen ist, nicht unterbrochen werden. Allein in der That fixirt der §. 515. zugleich schon den allgemeinen Grundsatz, welchen der §. 530 für die „anderen Hindernisse"[241]) ausspricht: daß nämlich die einmal angefangene Verjährung, ungeachtet des Eintritts irgend eines der hier (ad A. a—g) überhaupt in Rede stehenden Hindernisse, in ihrem Laufe fortfährt (semel coepta currit): Entsch. XV. 116 117; XXXIII. 458; XLI. 255.

Ein besonderer (i. J. 1851 rechtskräftig entschiedener) Fall der Anwendung des §. 515 findet sich bei Gruchot I. (74 ad V) 78 ff. (be-

239) Auch in diesem Falle ruhete die Entscheidung auf der Kenntniß oder Unkenntniß fremder Zustände oder Handlungen. Der Beklagte hatte gewisse Bauten vorgenommen, deren Errichtung ein Widerspruchsrecht des Klägers begründeten. Die Umstände sprachen dafür, daß Kläger von diesen Bauten früher keine Kenntniß hatte und haben konnte. Wenn sich also der Beklagte auf die Verjährung des klägerischen Widerspruchsrechts stützte, so lag ihm ob, den Gegenbeweis (d. i. den Beweis der Kenntniß des Klägers) zu führen.

240) Vgl. Rechtsf. IV. 52 fg. (v. J. 1848) und Koch Comm. ad §. 515 h. t.

241) Die den jetzigen §§. 515 und 530 entsprechenden §§en des Entwurfs standen neben einander. Der §. 416 des Entw. lautete schon fast wörtlich, wie der jetzige §. 515; auch stimmte der Inhalt des §. 417 Entw. materiell mit dem jetzigen §. 530. Aber der Anschluß war ein anderer. Der §. 417 begann: „Auch **Hindernisse**, die erst nach angef. Verj. eintreten"; während der §. 530 — im Gegensatze zu den beiden vorangehenden §§en von der iustitia denegata — sagen darf und muß: „Dagegen wird durch **andere Hindernisse**, die nach angef. Verj." rc. Allerdings scheidet hiernach sowohl der Entwurf wie das A. L. R. die Unbekanntschaft mit dem Rechte von den eigentlichen Hindernissen in dem Gebrauche oder in der Verfolgung des Rechts. Allein auch die Unbekanntschaft mit dem Rechte gehört zu den Hindernissen im weiteren Sinne des Wortes. Und in diesem Sinne ist hier (ad A) der Gattungsbegriff benutzt worden.

sonders 83. 85): der Fortlauf einer gegen den Erblasser begonnenen Klagverjährung wird dadurch nicht gehemmt, daß über den Nachlaß Concurs ausbricht und der Curator der Masse von jenem Anspruche nicht hat unterrichtet sein können. (Gruchot VII. 432 i. f.)

b) Behinderung im Gebrauche **oder** in der Verfolgung des Rechts.

Den allgemeinen Grundsatz stellt der §. 516 h. t. auf: „Auch gegen den, welcher sein Recht zu gebrauchen oder zu verfolgen gehindert wird, kann keine Verjährung anfangen". (Entw. §. 413: „... zu gebrauchen und zu verfolgen ꝛc.".) Der (im Entw. noch nicht vorhandene) §. 517 ist eigentlich nur zur Erläuterung hinzugefügt worden. Diese Erläuterung aber:

> daß es keinen Unterschied mache, ob das Hinderniß in der Natur und Beschaffenheit des Rechts selbst liege, oder von außen her entstehe,

beruhet lediglich auf einer Abstraction aus dem von Sz. gebilligten Monitum: daß „die Hindernisse, welche der Ausübung und Verfolgung eines Rechtes, und also auch dem Anfange der Verjährung, entgegenstehen", — auch in dem Rechte selbst liegen können, „z. E. wenn das Recht nur sub conditione suspensiva oder ex die eingeräumt, wenn keine occasio utendi vorhanden gewesen, oder wenn sonst actio nondum nota ist." (Mat. S. 519 ad 3; oben Anm. 234.) Mit Recht bemerken deshalb die Gesetzrevisoren (S. 126): es solle durch den §. 517 nichts anders gesagt sein, als daß kein Anspruch verjähren kann, so lange nicht actio nata ist; kein Recht durch unterlassene Ausübung verloren gehen kann, so lange keine Gelegenheit zur Ausübung gegeben ist. (§. 543—545 h. t.)

Daß aber in den zu combinirenden §§. 512 und 516[242]) wirklich die allgemeinen Regeln über die gesetzlich geltenden Hindernisse der Verjährung aufgestellt und demgemäß in den §§. 518—529 nur Beispiele[243]) solcher Hindernisse gegeben sein sollen, hat die Praxis mit wesentlichem Erfolge anerkannt, indem es danach möglich war, auch ein unter den gesetzlichen Beispielen nicht namentlich mit aufgeführtes

242) Diese Combination drängt sich auch in praktischen Fällen nicht selten von selbst auf, — besonders wo es sich um Zurückweisung der Behauptung von Hindernissen handelt. J. M. Entsch. XXXIX. 267.

243) Daneben lassen sich auch füglich (mit Koch Comm. ad §. 513) in den §§. 518 ff. Ausnahmen von der im §. 513 aufgestellten Regel finden. Denn es ist wohl zu vermuthen, daß der rei publicae causa absens etc. etc. von seinem Rechte keine Nachricht habe erhalten können.

Hinderniß dennoch unter eine der allgemein gefaßten Kategorien des Gesetzes zu bringen (z. B. den Nießbrauch unter die Kategorie des §. 512): Entsch. XV. 118. 119; unten Anm. 254 u. 276.

So bietet denn insbesondere die „so allgemeine und in der Natur liegende" Vorschrift des §. 512. den Anhalt zur Auslegung sonst zweifelhafter Fragen. Sie muß bei allen Verjährungsarten zur Anwendung kommen, wenn sie nicht ausdrücklich in einem besonderen Falle ausgeschlossen ist. Daher ihre Anwendung auf den Fall des §. 440 A. L. R. II. 2: Strieth. IX. 189. 190 (oben S. 100). Daher aber auch ihre Unanwendbarkeit auf solche Fristbestimmungen, welche nicht zu den ächten Verjährungsfristen gehören: Strieth. XLVIII. 324 (oben S. 101).

So erzeigt sich ferner das in dem §. 516 ausgesprochene allgemeine Prinzip:

> daß gegen den, welcher sein Recht zu gebrauchen oder zu verfolgen gehindert wird, keine Verjährung anfangen kann,

als ein solches, welches nicht nur in den gleich folgenden besonderen Fällen (z. B. bei Abwesenden, bei Militairpersonen in Kriegszeiten ꝛc.) Platz greift, sondern auch später (§. 535) in Betreff der Extinctiv-Verjährung, eine überaus wichtige Anwendung auf die Verhältnisse der Minderjährigen findet: Entsch. XV. 120. 121[244]) (während allerdings in Betreff der Ersitzung im §. 593 wesentlich und absichtlich von dem Grundsatze des §. 516 abgewichen wird: ebendas. S. 124).

Hindernisse im Sinne des §. 516 lassen sich nun in gewissen thatsächlichen, zumal localen, Verhältnissen und Umständen leicht erkennen. So z. B. in der unterbrochenen Communication zwischen dem Orte, wo der Berechtigte sich aufhält, und demjenigen, wo das Recht gegen den Verpflichteten verfolgt werden muß: Rechtsspr. I. 105. 106 (noch aus dem Jahre 1815, in einer Wechselsache); in der Unbekanntschaft des Gläubigers mit dem Wohnorte seines Schuldners (ohne daß es noch der Ausbringung einer Edictalladung im letzten Wohnorte des Schuldners bedarf): Strieth. X. 74. 75 (v. J. 1853); in dem Latitiren des Schuldners (ohne daß es, so lange die Verjährung noch nicht begonnen hat, der Klage-Anmeldung bedarf): Strieth. XVI. 110—

---

244) Auch in anderem Zusammenhange wird das Prinzip des §. 516 gelegentlich zu den Gründen gerechnet, welche einen Minderjährigen gegen den Anfang einer Verjährung (natürlich wieder nur: einer ächten Verjährungsfrist) schützen: Strieth. L. 299 (oben S. 101).

112 (v. J. 1851): ja unter besonderen Maßgaben auch in der Unbekanntschaft des Gläubigers mit der (erst nach Entstehung der Schuld) erfolgten Wohnorts-Veränderung des Schuldners: wenn nämlich der Schuldner sich auf eine nach den Gesetzen seines neuen Domicils eingetretene kürzere Verjährung gründen will; für welchen Fall dann nicht, wie gewöhnlich, von dem Gläubiger der Beweis der Existenz des Hindernisses, sondern von dem Schuldner der Nachweis gefordert worden ist:

> daß der Gläubiger von der Veränderung des Wohnsitzes des Schuldners (und dadurch zugleich von der, aus dieser Veränderung allein für das Schuldverhältniß entstandenen Kraft des neuen Gesetzes) so zeitig Kenntniß erhalten habe, daß er noch vor Ablauf der kürzeren Verjährungsfrist die Klage gegen den Schuldner in dem Gerichtsstande des neuen Domicils hätte anstellen können.[245])

Mannichfaltig sind die praktischen Anwendungen der ein Ganzes bildenden §§. 516. 517 in ihrer Combination mit einzelnen rechtlichen Fragen und Verhältnissen. So vornehmlich in Combination mit der Frage von der actio nata (§. 545 h. t.): Entsch. III. 173. 174 („wo von Anfang an ein Hinderniß des Gebrauchs und der Verfolgung eines Rechts nicht vorhanden war, beginnt der Lauf der Verjährung durch Nichtgebrauch mit der Entstehung desselben; wenn aber ein solches Hinderniß bestand, so fängt die Verjährung von dem Augenblicke an, wo es gehoben wird"); XIII. 22 (Anfang der 3jährigen Verjährung erst mit dem Zeitpunkte, wo ein [späterer] Schaden eintritt und zur Kenntniß des Berechtigten gelangt: oben Bd. I. S. 308 ad a); XXXIX. 266 fg. (gegen willkürliche Verschiebung des Anfangspunktes der Verjährung); Strieth. XIX. 127 fg. 129 (bei einer Regreßklage: oben Bd. I. S. 310 Anm. 568).

Bei den s. g. iura discontinua (§. 543. 544 h. t.) ist der Anfang der Extinctiv-Verjährung nur abhängig von dem Eintreffen der ersten Gelegenheit; hat sich dann nach dem Eintritt der gesetzlichen Zahl

---

245) Präj. 1524 (v. J. 1845) ad d: Präj.-Samml. I. S. 36; Entsch. XI. 232—239. („Verklagter hat die Bedingungen der Anwendbarkeit der neuen Verordnung nicht blos in Beziehung auf sich, sondern auch in Beziehung auf den Kläger darzuthun": S. 238 a. a. O.) Diese Auffassung steht allerdings im Zusammenhange mit dem leitenden Prinzip der prozessualischen Bedeutung der Verjährung (oben Bd. I. S. 116. 117); allein gerade gegen dieses Prinzip machen sich mehr und mehr die gewichtigsten Bedenken geltend: Koch Comm. Ausg. 4. Anm. 44 zur Einl. A. L. R. §. 33; Foerster Preuß. Privatr. Bd. I. S. 60—62. (§. 11 ad 7.)

von Gelegenheiten, innerhalb des Zwischenraumes zwischen der letzten Gelegenheit und dem Endpunkte der Verjährungsfrist kein neuer Gelegenheitsfall ereignet, so wird der Ablauf der Verjährung dadurch nicht aufgehalten. „Dieses Nichteintreffen einer neuen Gelegenheit ist ein erst nach angefangener Verjährung eintretendes Hinderniß, und zwar ein solches, welches in der Natur und Beschaffenheit des Rechts selbst liegt“: Entsch. XX. 118. 119.

Bei dem getheilten Eigenthum — in specie an einem dem Fideicommißbande unterliegenden Gute, welches ein Dritter als freies Allode in Besitz genommen hatte (und, bei fehlender Eintragung der F. C.-Eigenschaft, auch hatte in Besitz nehmen dürfen) — müssen die beiden Eigenthümer (in specie der F. C.-Besitzer als Untereigenthümer und die ganze Familie als Obereigenthümer) gehindert gewesen sein, ihr Recht, sei es für sich oder in Verbindung mit einander, gegen den dritten Besitzer zu verfolgen, wenn ihnen der Schutz gegen den Anfang der Verjährung auf Grund der §§. 516. 517 (590) zu Statten kommen soll. War also die Ersitzung gegen den (aus jenen beiden gebildeten, sein Recht nicht gebrauchenden) vollen Eigenthümer vollendet, so wirkt sie auch gegen alle einzelnen Glieder der Familie, — insbesondere auch gegen jeden einzelnen Anwarter als solchen: Entsch. XIX. 131. 132. Darauf beruhet die Entscheidung: „Der actio revocatoria eines F. C.-Gutes steht die Allodialersitzung des Gutes durch einen Dritten, ohne Rücksicht auf die Zeit, da der Revocant in das F. C. succedirte, entgegen.“ (S. 128.)

Dagegen hat die Familie gegen die das Nutzungsrecht des zeitigen F. C.-Inhabers betreffenden Dispositionen desselben, so lange dies dauert, kein Widerspruchsrecht. Die Anwarter können deshalb z. B. die Einräumung einer Servitut durch den F. C.-Inhaber, beziehungsweise die Besitzergreifung derselben durch einen Dritten, rechtlich nicht verhindern, sie haben auch keine Veranlassung, sich darum zu bekümmern, und kein Klagerecht, so lange sie zum Besitz nicht gelangen; ihnen stehen also die §§. (512.) 516. 517 zur Seite. Daher das Präj. 2704 (v. J. 1859): „Die im §. 122 Tit. 4. Thl. II. des A. L. R.[246]) zugelassene dreißigjährige Verjährung kann gegen ein Fideicommiß, als solches, nur in soweit von Wirksamkeit sein, als sie in einer Weise begonnen hat, wodurch sämmtliche F. C.-Interessen-

---

246) Dieser §. lautet: „Einzelne Rechte des Fideicommisses, oder auf dasselbe, können durch dreißigjährige Präscription erlöschen, oder gegen das Fideicommiß erworben werden“.

ten gebunden sind." (Entsch. [XL. 481.] XLI. 247—257; hier besonders S. 255. Bei Striethh. XXXIII. 223—232.)[247])

Verwandt damit ist das Präj. 2216 (v. J. 1850): „Durch die, rechtsverjährte Zeit hindurch von dem Vasallen ohne Genehmigung und Wissen der Agnaten gestattete Ausübung einer Forstgerechtsame auf einem Lehngute, wird diese Servitut durch Verjährung zwar gegen den Lehnsbesitzer erworben, und muß von seiner Descendenz und seinen Erben oder seinem Singularsuccessor anerkannt werden; dieselbe verliert aber ihre Gültigkeit, sobald das Lehngut auf einen Agnaten, der nicht Erbe des Vorbesitzers geworden ist, übergeht." (Entsch. XIX. 486; Präj. Samml. II. S. 13.)[248])

Auch auf den §. 32 (resp. §. 62) A. L. R. II. 4: „So lange die Stiftungsurkunde" (resp. die Fideicommiß-Urkunde) „nicht gerichtlich verlautbart worden, soll keine Klage daraus angenommen werden",

---

247) Das Präj. 2704 beschäftigt sich mit dem getheilten Eigenthum und beantwortet die Frage: „ob und wieweit die incuria oder der dolus des nutzbaren Eigenthümers bezüglich die Verjährung den Miteigenthümern an der Proprietät zum Nachtheil gereicht?" In der Beantwortung dieser Frage wird die Verjährung gegen den Obereigenthümer und gegen die Anwarter auf Grund der §§. 512. 516. 517. für ausgeschlossen erachtet, „quia — agere non valenti non currit praescriptio." Beim Lehn und nicht minder beim beständigen Familien-Fideicommiß kann der Anwarter auch durch die Omissionen seines Vorbesitzers seine Rechte nicht verlieren. In Betreff der Verjährung ist hiernach der Anwarter begünstigt, nicht weil er factisch, sondern weil er rechtlich behindert ist, ein Klagerecht auszuüben, von dem es überhaupt zweifelhaft ist, ob es ihm jemals zu Statten kommt, da sein Recht in seiner Totalität davon abhängt, daß er zur Succession gelangt. — So sind die Gründe des Präj. 2704 weiter entwickelt und befestigt in einer Entsch. aus d. J. 1864: bei Striethh. LIV. 314—320. Auch steht damit durchaus nicht im Widerspruch eine etwas frühere Entsch. aus demselben Jahre (1864), nach welcher die Verjährung einer Grundgerechtigkeit gegen ein F. C. allerdings anfangen kann, wenn dem Verjährenden die F. C.-Eigenschaft des dienenden Grundstücks nicht bekannt und solche auch in dem Hypothekenbuche nicht vermerkt war. Denn es tritt hier der Fall ein, welchen das Präj. 2704 für die Ersitzung gegen ein Familien-F. C. offen läßt, d. h. die Ersitzung hat in einer Weise begonnen, wodurch sämmtliche F. C.-Interessen gebunden sind: Entsch. LI. 278—282.

248) Die Gründe sind erst später bei Gelegenheit einer, dieses Präjudiz auch auf den Fall der zur Zeit der Besitzausübung bereits erfolgten Aufhebung des lehnsherrlichen Nexus anwendenden Entscheidung aus d. J. 1857 mitgetheilt worden: Entsch. XXXVI. 238. 239. (Besonders weil „nicht vermuthet werden könne, daß die Agnaten von der Ausübung des Rechts überhaupt und insbesondere davon Kenntniß erhalten, daß der Prätendent ein Recht gegen sie selbst geltend machen wolle". Vgl. auch die in der Anm. 247. allegirte Entsch. bei Striethh. LIV. 318 fg.

konnten unsere §§. 516. 517 Anwendung finden. D. h. der §. 32. hemmt die Verfolgung der stiftungsmäßigen Rechte vor Gericht, so lange die Stiftungsurkunde nicht verlautbart und bestätigt ist: Strieth. XLV. 111—115 (v. J. 1862).

Ueber die der Klageanstellung entgegenstehenden Hindernisse hinaus sind die §§. 516. 517 — in einer freilich nicht ganz unbedenklichen Weise: Deutsche Gerichts-Zeitung v. J. 1862 S. 153 ad IV — auf den Fall der Fruchtlosigkeit einer ununterbrochen nachgesuchten Urtelsvollstreckung, d. h. auf ein, der erfolgreichen Vollstreckung eines Judicats entgegenstehendes Hinderniß angewendet und ist die fruchtlos abgelaufene Execution als ein „Hinderniß der Rechtsverfolgung" in dem Maße anerkannt worden, daß dadurch „der Anfang der neuen Verjährung, welcher das Recht, die Execution zu verlangen, unterliegt (und welcher im weiteren Verlaufe das erstrittene Recht selbst unterworfen ist)" gehindert werde: Entsch. XLV. 82—87 (v. J. 1861).

Endlich wird auch der Concurs des neueren Verfahrens, seinem Wesen und seiner Wirkung nach, als ein die Verfolgung der Wechselklage gegen den Gemein-Schuldner und folgeweise auch deren Verjährung ausschließendes Hinderniß (im Sinne der §§. 516. 517. 528 h. t.) angesehen: Strieth. XXXI. (144 fg.) 348—351. (XXXII. 162 ad b; XXXIII. 216.) Die Verjährung der Wechsel-Regreßansprüche gilt deshalb so lange für ausgeschlossen, als der Wechsel-Gläubiger verhindert ist, eine Wechsel-Klage gegen den Wechsel-Verhafteten selbst anzustellen, d. h. (nach §. 8. 9. der Concurs-Ordnung) bis zur Beendigung des über dessen Vermögen anhängigen Concurses: Entsch. XL. 263 (Strieth. XXXI. 344). Vgl. noch Strieth. XXXVIII. 79; XLI. 197.

c) Abwesenheit im Dienste des Staates.

Der (gedr.) Entwurf hatte nur einen ganz einfachen Satz aufgestellt (§. 414): „Abwesenheit außerhalb Landes, im Dienst des Staats, wird allemal als ein Hinderniß in Verfolgung seines Rechts angesehen." Gegen verschiedene Monita hielt Sz. die schon in den Vorarbeiten von ihm (Mat. S. 462. 480) und auch von Anderen (S. 460. 465) eifrig vertretene Ansicht fest, daß die „Abwesenheit" nicht auf solche zu extendiren sei, welche nur in einer anderen Königlichen Provinz sich befinden, oder in ihren Privat-Angelegenheiten reisen, „da beide ihre Angelegenheiten durch mandatarios besorgen können und müssen." Dagegen werde die absentia rei publicae causa wohl auch den Gesandten an fremden Höfen „zufallen können." (Mat. S. 519 fg.

ad 4.) Es wurde jedoch concludirt: „Außerhalb der Provinz rei publicae causa." (S. 520.) Aber auch dieses Conclusum erlitt noch, ohne ersichtlichen Grund (S. 568), eine Aenderung, ehe es zur Abrundung der in das A. L. R. übergegangenen Theorie kam. Danach ist nunmehr

α) der Aufenthalt „zum Dienste des Staats" in fremden Landen ein Hinderniß gegen den Anfang der Verjährung überhaupt: §. 518 h. t. Auch soll

β) keine, ein gewisses Grundstück betreffende Verjährung gegen den Eigenthümer desselben anfangen, so lange dieser „zum Dienste des Staats" „auch nur in einer andern Königlichen Provinz sich aufhält": §. 519. Dagegen kann

γ) in beiden Fällen (α u. β) die Verjährung ihren Anfang nehmen, während der Abwesende „auch nur auf eine Zeit lang" (in die Heimath resp. in die Provinz) zurückgekehrt ist: §. 520.

Der Hauptübelstand dieser Theorie liegt in der Begünstigung der bloßen Abwesenheit außerhalb der Provinz (d. i. außerhalb des betr. Obergerichtsbezirks: §. 622 h. t. vgl. mit §. 50. eod. u. Tit. 21. §. 482; Entsch. VII. 387).[249]) Ganz im Einklang mit den nicht durchgedrungenen Ansichten der Redactoren (Mat. S. 462. 465[250]),

249) Allerdings findet sich auch schon im Corp. Jur. Frid. P. II. Lib. III. Tit. V. §. 23 (in der Lehre von den Hindernissen der Verjährung; vgl. §. 39. 40.) der Satz: „Es kan also keine Usucapion gegen denjenigen allegiret werden, welcher ex justa causa abwesend gewesen, das ist, sich ausser der Provintz, wo er sein Domicilium hat, aufgehalten hat; welchenfalls der Besitzer die Usucapion von dem Tage an, da der Eigenthümer zurück gekommen, anfänget"; während das Preuß. Landrecht v. 1721 im dritten Buche Tit. IV. Art. II. §. III. (oben Anm. 233) den Boden des gemeinen Rechts nicht verlassen und als rei publicae causa absentes („in Geschäfften der Gemeinde, oder von wegen des gemeinen Nutzes verschicket" rc.) nur diejenigen berücksichtigt hatte, welche „lange Zeit nicht einheimisch und im Lande gewesen." Nach Römischem Rechte handelt es sich für die durch öffentlichen Dienst Verhinderten überhaupt nicht sowohl um Hemmung der Verjährung, als um restitutio in integrum: Unterholzner Verjährungslehre §. 137; Born. §. 92 ad 1. a; Gruchot VII. 433. 434; Sav. III. 424. 425. („Die Abhaltung durch Amtsgeschäfte (sie mag mit Abwesenheit verbunden seyn oder nicht) schützt gegen die Verjährung der doli actio"; 3. C. de dolo II, 21); 426 („die Abwesenheit ist eigentlich die einzige etwas umfassende Veranlassung" der Restitution gegen Klagverjährungen); IV. 441; VII. 161 ff. (besonders 169 fg. 186).

250) Sz. und v. T. bemerken ausdrücklich, daß gegen die mehrentheils außerhalb ihrer Provinz in Militair- oder Civil-Diensten stehenden Gutsbesitzer („Personen von Stande") nicht leicht eine Verjährung stattfinden würde.

rügen dies auch die Gesetzrevisoren (S. 126): „Alle Civil- und Militairbeamte, die außerhalb der Provinz, in der sie angestellt sind, Grundstücke besitzen, würden durch den §. 519 hinsichtlich derselben gegen den Anfang der Verjährung geschützt seyn."

Dazu kommt eine in der praktischen Anwendung der §§. 519. 520 fast unauflösliche Verwickelung, durch welche die kritische Bemerkung, daß die Bestimmungen dieser §§en, „wie alle vom Gesetzgeber ausgedachte und erfundene Satzungen", für das praktische Rechtsleben unbrauchbar seien (Koch Comm. Ausg. 4. „Nachträge und Berichtigungen" S. 284), vollkommen gerechtfertigt erscheint.

Schon die spezielle Frage über die Tragweite des §. 519 war nicht unbedenklich. Es ist wohl gelegentlich auch von unserem höchsten Gerichtshofe die Ansicht ausgesprochen worden, daß (im Gegensatz zu einer etwa nach §. 516 als Hinderniß anzusehenden Abwesenheit) die bloße Entfernung aus der betreffenden Provinz nach §. 518 ff. u. 621 ff. nur bei der Acquisitivverjährung in Betracht komme: Entsch. XXIV. 428 (v. J. 1853). Allein schon die Gesetzrevisoren (S. 126) hatten angenommen, daß der §. 519, wenn auch keineswegs eine Klagverjährung (es wäre denn, daß man an die Vindication als eine auf das Grundstück sich beziehende Klage gedacht hätte), so doch eine Verjährung (dinglicher Rechte) durch Nichtgebrauch oder eine gegenüberstehende Erwerbung durch Besitz unterstelle. Und als endlich einmal die Nothwendigkeit eintrat, die Frage grundsätzlich zum Austrage zu bringen, so erging eine Entscheidung, durch welche jede andere Deutung vollständig verworfen und die Beziehung des §. 519 nicht nur auf die Verjährung durch Besitz, sondern auch auf die Extinctiv-Verjährung, anerkannt, und zwar theils aus der systematischen Stellung des §. 519 unter den allgemeinen Grundsätzen und aus dem Citat im §. 590, theils aus der inneren Beschaffenheit des §. 519, als einer besonderen Anwendung der zweifellos beide Verjährungsarten umfassenden Regel des §. 516, hergeleitet wurde, so daß namentlich (im gerade vorliegenden Falle) die Verjährung einer das Grundstück betreffenden actio revocatoria von der Anwendung des §. 519. nicht ausgeschlossen blieb: Entsch. XXVII. 318—325, besonders 323 fg. (Strieth. XI. 285—293: v. 1854).

Schwieriger mußte sich die Anwendung des §. 520 gestalten, wegen der unklaren Begränzung der Dauer der Rückkehr. Das: „auf eine Zeit lang" ließe sich freilich wohl so auffassen, daß die Begränzung der Dauer dem richterlichen Ermessen nach den Umständen des besonderen Falles anheim gegeben sein sollte. So nahmen es auch die Gesetzrevisoren (S. 126) an, die jedoch de lege ferenda die Fixirung der Zeit auf eine bestimmte Frist (einen Monat) vorziehen wollten, — in billiger Berücksichtigung der Möglichkeit, daß eine kurze Zeit des Aufenthalts in der Heimath von den Dienstgeschäften so in Anspruch genommen werde, daß dem Zurückgekehrten für seine eigenen Angelegenheiten nichts davon übrig bleibe. Allein eine sehr sorgfältig begründete Entscheidung aus d. J. 1861 hat es vorgezogen, in dem §. 520 eine durchschneidende, mit dem Augenblick der Rückkehr anwendbare Vorschrift anzuerkennen, um die als Anwendung der §§. 513. 516. auftretende, aber unbillige Ausnahmebestimmung des §. 519 auf das Engste zu deuten und der auf die Milderung derselben abzielenden, die Regel wieder herstellenden Vorschrift des §. 520 vollen Spielraum zu gönnen. Diese Auffassung wird durch die Worte und durch die allgemeine Natur der Vorschrift unterstützt. Durch die Worte („auch nur auf eine Zeit lang"): denn sie können auch einen rasch vorübergehenden Zeitraum umfassen. Durch die Natur der Vorschrift: denn alle Zeitfristen von einer bestimmten Dauer bedürfen einer scharfen Festsetzung ihres Anfanges, und das Gesetz ist oft genöthigt, die Zeitgränze in höchst positiver Weise nach einem allgemeinen Durchschnitt, ohne Rücksicht auf die realen Umstände des besonderen Falles, zu ziehen. Es bleibt also zwar dem Richter überlassen, zu beurtheilen, ob überhaupt eine Rückkehr im Sinne des §. 520 erfolgt sei; aber eine derartige richterliche Bestimmung der erforderlichen Zeit des Aufenthalts würde zu offenbaren Unzuträglichkeiten führen. Damit die Verjährung gegen Jemand beginne, kann es nur darauf ankommen, ob er von seinem Rechte unterrichtet sein konnte. (§. 512.) „Hiernach wird denn das im §. 519 aufgestellte exceptionelle Hinderniß des Anfanges der Verjährung gegen den rei publicae causa absens durch dessen Rückkehr beseitigt, wie kurz auch die Zeit seines Aufenthalts in der betreffenden Provinz gewesen sein möge."[251]) Es treten

251) Auch nach älteren Deutschen Rechtsquellen beginnt sogleich mit der Rückkehr des Abwesenden der Lauf der Verjährungszeit, selbst wenn er noch nicht von dem ihm nachtheiligen Vorgange Kenntniß erhalten hat: Unterholzner Verj. §. 89 (Anm. 301). Auf diese „Uebereinstimmung mit unserem Landrecht" (Born. §. 92 ad 1. a. Note 3; Entsch. XLV. 95), welche den Redactoren wohl nicht vorgeschwebt hat, scheint jedoch um so weniger ein Gewicht gelegt werden zu dürfen, als ja nach Deutschem Rechte die Abwesenheit überhaupt in einem weit größeren Umfange (nicht blos als Abwesenheit rei publicae causa) Berücksichtigung fand: Unterholzner a. a. O. Anm. 298 ff.

also rücksichtlich dieses Anfanges die allgemeinen Regeln ein, insbesondere die Regel des §. 513, daß nicht vermuthet wird, es habe Jemand von seinem Rechte keine Nachricht erhalten können; nur mit Vorbehalt des Gegenbeweises für den Zurückgekehrten: daß es ihm während seines Aufenthalts in der Provinz nicht möglich gewesen sei, jene Nachricht zu erhalten: Entsch. XLV. 87—97. (Strieth. XLII. 136—145.)[252])

d) Gutsverpachtung.

Nach §. 521 h. t. kann zum Nachtheile eines Grundeigenthümers „keine Verjährung gegen dessen Pächter", wohl aber eine Verjährung gegen den Verwalter, angefangen werden.

Die fast zufällige Entstehung dieses §en bei Gelegenheit der „letzten Revision" ist schon oben (Anm. 234), unter Hinweisung auf die betr. Stelle der Mat., angedeutet worden. Sz. bat „darüber nachzudenken: ob zum Nachtheile des Eigenthümers praescriptio exstinctiva durch die Unterlassungen, und praescriptio acquisitiva durch die Duldungen oder Leistungen seines Pächters oder administratoris anfangen könne?" Er glaubte nach dem Geiste des Gesetzbuches das principium annehmen zu können: „daß zwar nicht gegen den Pächter, wohl aber gegen den administratorem, praescriptio tam exstinctiva quam acquisitiva anfangen könne." Wollte man, was eigentlich das Richtige wäre, in Ansehung des Verwalters dasselbe gelten lassen, was in Ansehung des Pächters, so würde die Präscription gar zu sehr eingeschränkt und der nachlässige Eigenthümer, welcher sich um seine Sache gar nicht bekümmert, zu sehr begünstigt werden. So entstand der §. 521, im wesentlichen Zusammenhange mit. Tit. 7 §. 103—105 (oben Bd. I. S. 365 fg.).

Die Gesetzrevisoren (S. 126. 127) halten den §. 521, so weit derselbe sich auf den Pächter bezieht, weder für gemeinrechtlich begründet[253]), noch für grundsätzlich gerechtfertigt. Es werde dadurch der

---

252) Die zweifelhafte Auslegung der §§. 519. 520. kam hier auch noch in einer anderen (von Koch schon in der ersten Ausg. seines Commentars, ad §. 519 h. t. Anm. 24, angeregten und in der vierten Ausg., Nachtr. S. 284, weiter erörterten) Beziehung zur Sprache: ob nämlich das Gesetz voraussetze, daß der Eigenthümer des Grundstückes auch in der Provinz, wo es liege, einen Wohnsitz habe, von welchem er nur zeitweise im Staatsdienste entfernt lebe. Das Ob. Trib. hat sich gegen die Annahme einer solchen Voraussetzung erklärt: Entsch. XLV. 90.

253) Inzwischen hatten es doch angesehene Rechtslehrer mit diesem Hinderniß der Verjährung, besonders gestützt auf 12. C. de acqu. et retin. poss. VII. 32 (Sav. III. 93. Note e), recht ernstlich gemeint: Born.

Beweis der Verjährung ungebührlich erschwert, ja bei gewissen, seit Menschengedenken verpachtet gewesenen Gütern die Verjährung beinahe ganz ausgeschlossen. Auch befinde sich derjenige, der ein Gut aus eigener Willkür verpachtet hat, keinesweges in der Lage, daß man ihn demjenigen gleich stellen könnte, bei welchem eine Unmöglichkeit der Rechtsverfolgung eintritt.[254])

Die Praxis hat in der That bei der Anwendung des §. 521 nicht geringe Bedenken und Schwierigkeiten zu überwinden gehabt.

Ueber das Verhältniß desselben zum gemeinen Recht ist sie bald ins Reine gekommen. Schon im Präj. 66 (v. J. 1834 und 1841) wird ausgesprochen, daß die Vorschrift dieses §., wonach

> während der Dauer der Verpachtung einer Sache zwar eine schon vorher angefangene Verjährung fortgesetzt, nicht aber eine Verjährung zum Nachtheile des Eigenthümers angefangen werden kann,

---

§. 92. ad 1. d. Note 5; ausführlich bei Gruchot VII. 434 fg. Nr. 1. Auch das Ob. Trib. erkennt wenigstens die Existenz einer beachtenswerthen Controverse an: Präj. 66 und Rechtsf. IV. 68.

254) Die Gesetzrevisoren wollen deshalb de lege ferenda ein Hinderniß des Anfanges der Verjährung nur zu Gunsten desjenigen, dessen Eigenthum durch das von einem früheren Besitzer bestellte Pachtrecht beschränkt ist, anerkannt und denselben Grundsatz auch auf das Nießbrauchsrecht angewendet wissen. (S. 127.)

Wie man jedoch auch über das im §. 521 aufgestellte Hinderniß der Gutsverpachtung denken mag — auch Born. §. 92 ad 1. d. spricht sich mit gewichtigen Gründen dagegen aus —: anders verhält sich jedenfalls die Sache in Ansehung des Nießbrauchs, der ja bereits im Entw. Th. II. Tit. 20. §. 54. 55., als ein Hinderniß des Anfanges der Verjährung zum Nachtheile des Eigenthümers, anerkannt worden war. Die daraus hervorgegangenen §§. 91—93 A. L. R. II. 21 (Gesetz-Rev. Pensum XIII. XIV., Mot. zu Tit. 21. S. 60; Jahrb. Bd. 52. S. 38. 39) hat Sz. (Schlußrev. S. 64) in ihrer vom gemeinen Recht abweichenden Bedeutung (Strieth. XXXVII. 79) dadurch begründet: daß, „so lange die Sache sich in dem Gewahrsam des Usufructuarii befindet, der Proprietarius keine Gelegenheit, noch Veranlassung hat, sich darum zu bekümmern, was mit der Sache vorgehe, mithin Praescriptio tanquam poena negligentiae gegen ihn nicht anfangen kann; überhaupt aber kein Usufructuarius die Macht hat, etwas zum Nachtheil der Substanz, es sei committendo oder omittendo, vorzunehmen." (Entsch. L. 14. 15.) Der Subsumtion des Nießbrauchs unter die Kategorie der Hindernisse nach §. 512 h. t. ist schon oben (S. 152) gedacht worden. Hierher gehört aber noch die besondere Erwägung, daß dem Nießbraucher nach der Beschaffenheit seines Rechts noch mehr als dem Pächter das Recht zusteht, Einmischungen des Eigenthümers in die Verwaltung der Sache von sich zu weisen: Entsch. XV. 118.

in Provinzen, wo vor Emanation des Landrechts gemeines Recht üblich war, auch für diese vorlandrechtliche Zeit gilt; „indem, falls man auch nicht, der Ansicht von Rave, Carpzov, Schilter, Struben (vgl. Anm. 253) folgend, etwa annehmen wollte, daß ebenderselbe Grundsatz schon gemeinen Rechtens war, die übereinstimmende Meinung so angesehener Rechtsgelehrter, gestützt auf 12. C. de acqu. et retin. poss., doch immer soviel wirken muß, um den Grundsatz als damals controvers zu erachten." Eben dieser Controverse halber („ob Pacht dem Anfang der Verjährung gegen den Eigenthümer obstire"?) wird dann in einem späteren Falle (i. J. 1848), dem §. IX. P. P. zufolge (oben Bd. I. S. 89), „das dunkle vorlandrechtliche Gesetz im Sinne des A. L. R., d. h. gerade dem §. 521 gemäß, verstanden, ausgelegt und angewendet", mithin der Anfang der Verjährung schon vor Emanation des A. L. R. (in specie von Lichtmeß 1790 ab) ausgeschlossen: Rechtsf. IV. 68.

Eben so ist zweifellos klar gestellt worden, daß es sich im §. 521 (wie im §. 511 h. t. — oben S. 130 — und im §. 91 Tit. 21) nur um dingliche Rechte außer dem Eigenthum (um Rechte auf die Sache) handelt, so daß die Ersitzbarkeit des Eigenthums selbst nicht ausgeschlossen wird: Strieth. XXXVII. 232 fg.

Schwankender ist schon die Beurtheilung der objectiven Seite der Landrechtlichen Vorschrift. Nach dem Präj. 1424 (v. J. 1844) soll diese Vorschrift voraussetzen: „daß der Pächter das Gut selbst gepachtet hat", und dann nicht anwendbar sein, wenn nur einzelne Pertinenzien oder Gerechtsame des Gutes verpachtet worden sind. Demgemäß wird auch (i. J. 1847) der Fall der Verpachtung einer besonderen Rubrik (in specie des zu einem fiscalischen Amtsgute gehörigen Jagdrechts, — während der übrige Amts-Complex an einen Generalpächter verpachtet war,) von der Anwendung des §. 521 ausgeschlossen: Rechtsf. III. 108.[255]) Dagegen wird später (i. J. 1851) die Vorschrift des §. 521 durchgreifender aufgefaßt und

---

255) Der Grund der gesetzlichen Bestimmung des §. 521 wird hier (S. 109) allerdings lediglich von der subjectiven Seite des Verhältnisses hergenommen: weil nämlich der Grundeigenthümer, der sein Gut verpachtet hat, „nicht leicht Wissenschaft von der Ausübung solcher Handlungen, welche ihm bei fortgesetzter Duldung nachtheilig werden könnten, zu erlangen im Stande sei." Dieser Grund treffe aber nicht zu, wenn er selbst das Gut bewohne, oder durch einen Verwalter bewirthschaften lasse, und also Gelegenheit und Veranlassung habe, die ihm nachtheiligen Handlungen Dritter zu erfahren und abzuwehren.

die Entscheidung des einzelnen Falles mehr von den besonderen Umständen abhängig gemacht, also (in specie) der Fall der Verafterpachtung eines einzelnen Sees (aus einem an einen Generalpächter verpachteten Domainen-Amte) von der Anwendung des Gesetzes nicht ausgeschlossen: Strieth. I. 192—195.[256]) Vgl. noch Str. II. 32; LVI. 259 fg. (Unten S. 166.)

Subtil ist die Behandlung der subjectiven Seite des Verhältnisses. Nach einer Entscheidung aus d. J. 1852 soll durch die Wissenschaft des Eigenthümers von der die Verjährung begründenden Handlung (§. 514 h. t.: in specie von der Anlegung eines Stauwerks) die Anwendbarkeit des §. 521 ausgeschlossen werden (zumal es sich in specie nur um ein negatives Recht handelte): Strieth. VII. 220—223. (Oben S. 150.) Weiter ausgeführt wird diese Auffassung in einer Entscheidung aus d. J. 1860. Nicht darauf, daß die verpachtete Sache der Einwirkung des Eigenthümers entzogen sei, beruhe das Gesetz, — da ja der Eigenthümer auch während der Verpachtung vollkommen legitimirt sei, die dauernde Belastung seines Eigenthums zu verhindern; sondern der §. 521 trage dem Grundsatze Rechnung, daß die Besitzergreifung eines negativen Rechts nicht für vollendet gilt, wenn Der, gegen welchen die Handlung gerichtet wurde, nicht in der Lage war, ihr zu widersprechen, weil er sie nicht erfuhr. (§. 81 Tit. 7.) Der §. 521 knüpfe also an das Pachtverhältniß die Vermuthung, daß der Verpächter von der Beeinträchtigung seines Eigenthums keine Kenntniß erhielt, ohne jedoch den Nachweis von Umständen, aus welchen das Gegentheil erhelle, auszuschließen. Diese Auslegung entspreche insbesondere auch den Bestimmungen der §§. 99 u. 104 Tit. 7. Selbst die Wortfassung des §. 521, welche nicht den Anfang der Verjährung während der Verpachtung, sondern „gegen den Pächter" für unstatthaft erklärt, weise darauf hin, daß das Verbot den Eigenthümer nur gegen Nachtheil aus den Handlungen oder Unterlassungen des Pächters, insoweit seine

---

256) In den Gründen tritt auch hier wieder das subjective Moment in den Vordergrund. Die Entscheidung aus d. J. 1847 sei lediglich auf die besonderen Umstände des damaligen Falles (vgl. Anm. 255) gestützt gewesen. Im vorl. Falle habe es sich aber um eine ganz für sich bestehende Nutzung des Sees gehandelt, welche gerade durch die Verafterpachtung der besonderen Aufsicht des Verwalters (Generalpächters) entzogen worden sei. Insbesondere habe die Ueberschreitung des einem Dritten zustehenden Fischereirechts dem Verwalter gar füglich verborgen bleiben können, wenn selbst der Afterpächter davon Kenntniß erhalten hätte.

eigene Negligenz nicht concurrire, schützen solle: Strieth. XXXVII. 233—235.

Einen „directen Widerspruch" (Förster Preuß. Privatrecht Bd. I. S. 217 Note 39) mit der dazwischen liegenden Entscheidung aus d. J. 1858, nach welcher die Vorschrift des §. 521, welche nicht als eine bloße Consequenz aus dem §. 512 aufzufassen sei,

> dem Verpächter auch dann zur Seite stehen soll, wenn er von der gegen seinen Pächter geschehenen Besitzergreifung Kenntniß erlangen konnte (Strieth. XXX. 234. 235),

braucht man nicht anzunehmen, wenn man nur (mit Koch im Comm. zum §. 521) den Unterschied ins Auge faßt, ob der Verpächter die betreffende Kenntniß blos erlangen konnte, oder wirklich erhalten hat. Aber freilich spricht gerade die Subtilität dieser (zum Theil von dem Grundgedanken des §. 512 abweichenden) Unterscheidung wiederum gegen den Inhalt des §. 521 selbst. Auch läßt sich ein gewisses Schwanken in der Begründung der verschiedenen Entscheidungen nicht verkennen. Denn während in der mittleren Entscheidung dem von Sz. in Ansehung des Nießbrauchs geltend gemachten Grunde (oben Anm. 254) Raum gegeben wird: der Verpächter könne durch den Contract gehindert sein, gegen jene Besitzergreifungen die geeigneten Maßregeln zu treffen (Str. XXX. 235), wird in den beiden anderen Entscheidungen der für das Gesetz auch von Seiten streitender Parteien geltend gemachte Grund: „daß die verpachtete Sache der Einwirkung des Eigenthümers entzogen sei", verworfen (Str. VII. 222 u. XXXVII. 234); wie ja auch sonst die Behandlung des subjectiven Moments sich immer nur um das Wissen oder Nichtwissen des Verpächters bewegt: oben Anm. 255. 256 (wo das subjective Moment schon in das objective hinein spielt); Strieth. XXXIX. 140 („daß . . . die Vorschrift des §. 521 allein in der, bei dem Eigenthümer vorausgesetzten Unwissenheit von den Handlungen und Duldungen des Pächters ihren Grund hat"); LVI. 260 („daß die verpachtete Sache der näheren Beaufsichtigung des Verpächters entzogen ist") u. s. w. In der That scheint auch die Begründung der gesetzlichen Vorschrift, wenn überhaupt von einer Begründung die Rede sein kann, in der Verbindung und Vermischung der beiden Momente gesucht werden zu müssen: daß der Eigenthümer (der verpachteten, wie der zum Nießbrauch gegebenen Sache) nicht in der Lage ist „unmittelbar auf die Sache einzuwirken **und** sich davon, was mit derselben im Einzelnen vorgeht, Kenntniß zu verschaffen", wie es gelegentlich in den Gründen einer bereits in anderem Zusammenhange (oben Anm. 247) erörterten Entscheidung heißt

(Str. LIV. 317). Vgl. auch Str. II. 32 („... Einwirken ... und ... Kenntnißnahme).

Weiter greift die Verwickelung der im §. 521 einander gegenüber gestellten Rechtsverhältnisse der Verpachtung und der Verwaltung. Der Grund für die gesetzliche Bestimmung, daß wohl gegen den Verwalter, nicht aber gegen den Pächter eine Verjährung (zum Nachtheile des Gutseigenthümers) angefangen werden könne, wird im Wesentlichen darin gefunden, daß durch die Verpachtung der Eigenthümer den Besitz gewissermaßen aus den Händen gibt resp. der Willkür des — in der Ausübung seines Nutzungsrechts ziemlich freien — Pächters überläßt, und eben dadurch verhindert wird, sich in der Kenntniß von dem, was im Einzelnen mit seinem Grundstücke vor sich geht, zu erhalten (eine „factische Behinderung, gleichsam Abwesenheit von dem Gute"); wogegen die Gutsverwaltung in den Besitzverhältnissen des Gutes gar keine Aenderung hervorbringt, der Verwalter an der Sache gar keinen selbständigen Besitz hat, bloßer Detentor auf den Namen des Eigenthümers ist, das Verhältniß also gerade so steht, wie wenn der Eigenthümer selbst die Sache besäße und bewirthschaftete, mithin Alles, was gegen den Verwalter geschieht, so angesehen werden muß, als geschehe es gegen den Eigenthümer: Strieth. II. 32 fg. XXXVI. 15 fg.

Nach dieser gesetzlichen Unterscheidung gestaltet sich das Verhältniß ganz einfach, wenn das Grundstück entweder ganz in Pacht oder ganz in Verwaltung gegeben ist. In Gemäßheit der im A. L. R. aus Verwahrung und Mandat (relativ) gemischten Natur der Verwaltung (Str. II. 38) vertritt nämlich der Verwalter den Eigenthümer geradezu, wogegen der Pächter (abgesehen von der schon in der bloßen Detention liegenden Stellvertretung: oben Bd. I. S. 326. 369) den Eigenthümer so wenig vertritt, daß er nicht einmal ohne Weiteres (was doch der Nießbraucher vermag) einen Usucapions-Besitz für den Eigenthümer anfangen kann (Str. XXIX. 213; Entsch. XLIV. 127: oben Bd. I. S. 350).

Da jedoch in der Wirklichkeit jene Alternative nicht immer in ihrer scharfen Sonderung auftritt, so ergeben sich gewisse Schwierigkeiten in den Fällen der Concurrenz von Verwaltung und Verpachtung.

Im Allgemeinen ist die Frage der Concurrenz im Jahre 1851 zum Austrage gebracht und grundsätzlich je nach dem Ueberwiegen der Verwaltung oder der Verpachtung entschieden worden, und zwar im Einklange mit der in objectiver Beziehung (oben S. 162) bereits durchgeführten Unterscheidung zwischen der Verpachtung des ganzen Gutes und der Verpachtung bloßer Theile, Zubehörungen, Gerechtsame des Gutes. So weit also der Verwalter (§. 109 A. L. R. I. 14.) Detentor der Sache ist, kann die Verjährung gegen den Eigenthümer unbehindert ihren Anfang nehmen. So weit dagegen der Verwalter als Bevollmächtigter handelt, gestaltet sich das Verhältniß verschieden, je nachdem er (Namens seines Geschäftsherrn) das Gut ganz oder nur theilweise verpachtet. D. h. wenn er das Gut als Ganzes verpachtet, so ist der Anfang einer Verjährung gegen ihn so wenig wie gegen den Eigenthümer selbst für zulässig zu erachten, weil sich ja eine solche Verjährung dem Wesen nach vielmehr gegen den Pächter richten würde. Wenn aber der Verwalter das Gut nur theilweise (einzelne Pertinenzien, Gerechtsame ꝛc.) verpachtet und im Uebrigen die Bewirthschaftung des Gutes selbst behält, also anwesend und in der Lage bleibt, die rechtlichen Verhältnisse des Gutes in Acht zu nehmen: dann überwiegt die Verwaltung, und gegen den Verwalter muß dasselbe gelten, was gegen den Eigenthümer (bei partieller Verpachtung) gelten würde: Strieth. II. 29—39 (zum Theil auch bei Gruchot VII. 435—437).

Einen eigenthümlichen Fall der Concurrenz bietet hiernach die Unterverpachtung eines Theiles des Pachtgutes, dessen Hauptpächter zugleich Verwalter ist. In diesem Falle gilt bezüglich des unterverpachteten Theiles der Anfang einer Verjährung zum Nachtheile des Eigenthümers als ausgeschlossen. Denn „der Verpachtungsvertrag mit dem Hauptpächter und der Verwaltungsauftrag sind, wenn sich auch Pächter und Verwalter in Einer Person vereinigen, zwei verschiedene Rechtsgeschäfte. Die Unterverpachtung eines Theiles des Pachtgutes umfaßt nicht eine Uebertragung der Verwaltung auf den Unterpächter bezüglich dieses Theiles, und der Grund des §. 521, daß die verpachtete Sache der näheren Beaufsichtigung des Verpächters entzogen ist, trifft auch bei dem Hauptpächter als Verwalter zu": Strieth. LVI. 259—261 (v. J. 1864).

Insbesondere bedenklich ist die Frage: ob General-Domänen-Pächter im Sinne des §. 521 für Pächter oder für Verwalter zu erachten seien? (Mat. S. 662.) Die Absicht der Redactoren war gewiß dahin gegangen, dem Fiscus des gemeinen Wohles wegen nichts Weiteres als die längere Verjährungsfrist zum Voraus zu geben, und die Unmöglichkeit des Anfanges der Verjährung „gegen Domänen-Aemter und pia corpora, deren Güter fast immer verpachtet sind", zu vermeiden. (Mat. S. 255. 267.) In diesem Sinne ist denn auch mehrfach erkannt worden, daß gegen solche General-Pächter als administratores fisci die Verjährung ihren Anfang nehmen könne: Born. §. 92 ad 1. d (Note 7: Ob. Trib. Erk. aus d. J. 1835); Rechtsf. III. 108 fg. (v.

J. 1847); Strieth. I. 193 fg. (v. 1851). Allein es sind nicht nur vom Standpunkte der Staatsverwaltung Einwendungen gegen diese Auffassung erhoben worden, weil die dem General-Pächter übertragene Verwaltung sich auf gewisse von den verpachteten Objecten ganz verschiedene Gegenstände beziehe (Verwaltungs-Rescript aus d. J. 1837 bei Born. a. a. O.), sondern es haben auch die Gerichte verschiedenartig erkannt, z. B. das Ober-Tribunal selbst i. J. 1849 den Anfang der Verjährung zum Nachtheile des Fiscus gegen Domänenpächter nicht zugelassen: Zeitschr. des Revis. Coll. Bd. 3. S. 66. In neuerer Zeit ist deshalb ein Weg der Vermittelung eingeschlagen worden, welcher dahin geführt hat, das Prinzip zu wahren und doch den realen Verhältnissen Rechnung zu tragen. Das Ob. Trib. hat nämlich in den Jahren 1858 u. 1859 den Satz, daß gegen General-Pächter des Fiscus nicht die den Pächter, sondern die den Verwalter berührende Vorschrift des §. 521 zur Anwendung komme, in seiner unbedingten Allgemeinheit verworfen. „Vielmehr ist in dem einzelnen Falle nach der besonderen Beschaffenheit desselben zu prüfen, ob der Generalpächter zu dem Fiscus blos in dem Verhältnisse eines Pächters, oder nicht auch in dem eines Verwalters gestanden hat, in welchem letzteren Falle die Kenntniß desselben der des Eigenthümers gleichgestellt werden muß“: Strieth. XXXVI. 15. (Vgl. LVI. 260.)

Da nun aber gleiche Ursachen auch gleiche Wirkungen zu erzeugen pflegen, so gestaltet sich mit Leichtigkeit die analogische Anwendung der in Ansehung der Pacht gegebenen Vorschrift unseres §. 521 auf manche andere Rechtsverhältnisse, in denen der Eigenthümer gleichfalls behindert ist, seine Sache speciell zu beaufsichtigen, resp. von der Beeinträchtigung seines Eigenthumsrechts Kenntniß zu erlangen. Also vor Allem auf den Nießbrauch: Entsch. XV. 118; XXXVI. 239; aber auch auf den usus u. die habitatio: Strieth. II. 37; auf die einem Servitutberechtigten zustehende gesammte Nutzung eines Grundstückes (in specie: eines Weidereviers): Entsch. XVIII. 183 ad II. 191; auf die Vermiethung eines ganzen Grundstückes: Koch Comm. ad §. 521 h. t. Note 25. Absatz 3 (vgl. mit Entsch. XVII. 394); früher auch auf die Erbpacht: Präj. 1493 (v. J. 1844). Aber nicht auf lassitischen Grundbesitz: Strieth. XXXVII. 91—94.

Des Verhältnisses beim Nießbrauch ist schon gedacht worden (Anm. 254). Im Gegensatz zu den Gründen für die Begünstigung des Anwarters (Anm. 247) wird dem gewöhnlichen Nießbraucher gegenüber der Eigenthümer aus thatsächlichen Gründen gegen die Verjährung geschützt, nicht aber, weil ihm rechtlich die Klage versagt wäre:

Strieth. LIV. 317 (320). Einfach gestaltet sich sonach das Sachverhältniß in solchen Fällen, wie sie dem Präj. 1314 (v. J. 1843) zum Grunde liegen: „Städtische Beamte, welchen Wohnung mit Acker statt Besoldung überwiesen worden, sind als Nießbraucher anzusehen, und kann daher während des Nießbrauchs eine Verjährung wider den Eigenthümer nicht angefangen werden." Dagegen tritt wieder in dem Falle der Concurrenz mit der Verwaltung eine gewisse Verwickelung ein: so bei dem Pfarrer. (A. L. R. II. 11. §. 778: „Die Verwaltung und der Nießbrauch der Pfarrgüter gebührt dem Pfarrer.")

Früher war, auf Grund der §§. 91. 92. A. L. R. I. 21, in einer die erlöschende Verjährung wie die Ersitzung (ja eigentlich auch die Fortsetzung wie den Anfang der Verjährung) umfassenden Weise, angenommen worden, daß gegen den Pfarrer zum Nachtheil des Pfarramtes (des Pfarrbeneficii) nicht verjährt werden könne: Präj. 162 (v. J. 1837). Demgemäß wurde noch in einem späteren Falle ausgeführt, daß wegen der in einem kleineren Maße geschehenen Abführung des Zehnten an den Pfarrer das Recht der Pfarre selbst, den Zehnten in einem bestimmten größeren Maße zu fordern, durch Verjährung nicht erlösche: Strieth. V. 175—179 (v. J. 1852). Dagegen drang in Entscheidungen aus den Jahren 1859 (Strieth. XXXV. 84. 85) und 1861 (J. M. Bl. 1863 S. 283; Strieth. XLII. 370) die Ansicht durch, daß gegen den Pfarrer die Ersitzung zum Nachtheil der Pfarre zulässig sei. So gelangte die Frage vor das Plenum und es erfolgte (nachdem vorweg der zu allgemein gefaßte Wortlaut des Präj. 162 auf den Anfang der Verjährung hatte beschränkt werden müssen) der Plenarbeschluß vom 5. Octobr. 1863 (Präj. 2733): Die Verjährung kann gegen den Pfarrer zum Nachtheile der Pfarre sowohl angefangen als fortgesetzt werden. (J. M. Bl. 1863 S. 282—290; Entsch. [XLIX. 516.] L. 1—19.)[257]) Unter den in reichem

257) Der Rechtsfall, welcher den nächsten Anlaß zu diesem Pl. B. gegeben hatte, ist einige Monate später entschieden worden: Strieth. LIII. 79—83 (v. J. 1864).

Eine besondere Erörterung des Verhältnisses zwischen dem Pl. B. v. 5. Octbr. 1863 und dem Präj. 2704 (oben Anm. 247), um darzuthun, daß und warum die Grundlagen dieser beiden Präjudizien durchaus nicht im Widerspruch mit einander stehen, findet sich in den Gründen der mehrfach erwähnten Entsch. aus d. J. 1864 bei Strieth. LIV. 314 ff.

Ein innerer Zusammenhang waltet auch ob zwischen dem Pl. B. v. 5. Octbr. 1863 und dem Pl. B. v. 4. Mai desselben Jahres. In den Gründen des Pl. B. v. 4. Mai wird zwar gelegentlich noch an der älteren Auffassung der Pfarrverwaltung (dem Präj. 162 gemäß) festgehalten (Entsch.

Maße gegen einander abgewogenen Gründen pro et contra war es hauptsächlich die Combination des Nießbrauchs und der (allerdings unter der Aufsicht der Kirchenvorsteher resp. des Patrons stattfindenden) Verwaltung in der Stellung des Pfarrers, welche den Ausschlag für die Entscheidung des Plenums gab. (Entsch. L. 13.)

e) Krieg als solcher nur für Militairpersonen: §. 522 h. t. und

f) Justitium für Alle: §. 523 h. t.

Dieser beiden Hindernisse hatte der (gedr.) Entwurf — ungeachtet voraugegangener Anregungen (Mat. S. 414. 444. 457. 461 fg.) — noch nicht besonders gedacht. Schließlich erkannte jedoch Sz. an, daß unter den Hindernissen gegen den Anfang der Verjährung auch „des justitii, ingleichen, ratione der Militairpersonen, des Krieges, welcher sie aus ihren Standquartieren entfernt," ausdrücklich gedacht werden müsse. (S. 520 ad 5.) So entstanden, in enger Verbindung unter einander, die beiden Bestimmungen:

§. 522. Gegen Militairpersonen, welche des Krieges wegen ihr Standquartier verlassen müssen, kann eine Verjährung erst nach geendigtem Kriege, oder nach einer während des Krieges (diese Worte sind erst im letzten Stadium eingeschaltet worden: Mat. S. 570) erfolgten Entlassung aus den Kriegsdiensten anfangen.

§. 523. Bey andern Personen hindern Krieg und andere Landplagen den Anfang der Verjährung nur in so fern, als damit ein Stillstand der Rechtspflege verbunden ist.

Der Gegensatz zwischen Militairpersonen (§. 522) und anderen Personen (§. 523) ist hier insofern nur ein scheinbarer, als im §. 523 das Gewicht in keiner Weise auf dem s. g. tempus hostilitatis als solchem (Gruchot VII. 438. 439), sondern vielmehr ausschließlich auf dem Stillstand der Rechtspflege liegt, dessen Wirkung dieselbe sein muß für alle Menschen: für Militair- wie für andere Personen, die Ursache des Stillstandes mag nun in einem Kriege (also auch wohl in einer Belagerung: Rescr. 17. Mai 1814 in den Jahrb. III. 262 fg. und Koch Comm. ad §. 529 h. t.), oder in einer anderen Landplage liegen. Dagegen gehört der §. 522 allerdings zu den Bestimmungen über „die besonderen Rechte der Militairpersonen": §. 41 A. L. R. II. 10; weshalb denn auch die Anwendbarkeit des §. 522 (wegen dieser

---

XLIX. 20); doch collidiren in den letzten Resultaten die (von einander unabhängigen) Entscheidungen der beiden Pl. Beschlüsse v. 1863 in keiner Weise. (Entsch. L. 16.)

besonderen Art der absentia oder quasi absentia rei publicae causa: Gruchot VII. 437 fg.; Sav. III. 425 Note 1; VII. 170. 171) auf alle diejenigen, welche Amts- oder Berufshalber den Truppen ins Feld gefolgt sind (und zwar nicht blos de lege ferenda: Gesetzrev. S. 127 i. f., sondern auch de lege lata: Born. §. 92 ad 1. b. Note 1; Koch Comm. ad §. 522 h. t.), so wie auf Marinepersonen (Förster Preuß. Privatrecht Bd. I. S. 216 Note 37), unbedenklich erscheint.

Das nicht unbedenkliche Verhältniß unseres §. 523 zu den §§. 528. 529. kann erst unten ad h) in nähere Erwägung gezogen werden.

g) Gewisse persönliche Verhältnisse.

α) Zwischen Eheleuten kann, so lange diese Ehe dauert, keine Verjährung anfangen: §. 524 h. t. (Wörtlich ebenso schon im gedr. Entw. §. 415.[258])) Vgl. Gruchot VII. 439 fg.

β) Auch zwischen Vätern und Kindern ist, „so lange letztere sich in Gewalt der erstern befinden", der Anfang der Verjährung ausgeschlossen: §. 525 h. t. (Entsch. XXVIII. 82.) Ein Satz, der im gedr. Entw. noch nicht ausgesprochen war, aber mit Rücksicht auf die „par ratio wie zwischen Eheleuten" eingeschaltet wurde: Mat. S. 520 (Sz. ad 6) und S. 571. Vgl. Gruchot VII. 440.

γ) Der Vormund kann eine Verjährung gegen seinen Pflegebefohlenen nicht anfangen, „so lange er der Vormundschaft über ihn noch nicht förmlich entlassen ist": §. 526 h. t. Die Verwandtschaft dieser Bestimmung (γ) mit der unmittelbar vorangehenden (β) ist einleuchtend. Im gedr. Entw. hatte der entsprechende, aber den jetzigen §. 526 noch nicht ganz deckende §. 424 (dem überdies die allgemeinen Vorschriften zum Schutze der Minderjährigen gegen den Anfang der Extinctiv-Verjährung vorangeschickt waren[259])) die Verjährung durch Nichtgebrauch von Seiten des Vormundes (oder Curators) gegen den (großjährig gewordenen) Pflegebefohlenen „nicht eher, als nach ge-

---

258) In dem Ersten Entw. hatte der entsprechende §. 15 (nachdem schon früher Anregungen dazu gegeben waren: Mat. S. 410 fg., 441,) gelautet: „Eheleute können, so lange diese Ehe dauert, gegen einander durch Verjährung kein Recht verlieren." (Mat. S. 464.) Durch die daran geschlossene kurze, aber für die ganze Lehre charakteristische Bemerkung von Sz.: „Non incipit. Incepta currit, salva restitutione" wurde die gegenwärtige Fassung vorbereitet. (Unten Anm. 272.)

259) Entw. §. 421—423 (in die jetzigen §§. 535—537 übergegangen, doch nicht ohne erhebliche Abänderung).

legter Schlußrechnung"[260]) anfangen lassen wollen. Dagegen wurde erinnert, daß der Zeitpunkt, wo die Präscription anfange, genauer bestimmt werden müsse: „ob von dem Tage der gelegten, der communicirten oder der abgenommenen Schlußrechnung." Sz. wollte den Tag der communicirten Schlußrechnung annehmen, weil alsdann der gewesene Pflegebefohlene in Stand gesetzt sei, sich um seine Angelegenheiten selbst zu bekümmern. (Mat. S. 522 ad 2.) Da jedoch der §. 424 nur von der Extinctiv-Verjährung gehandelt hatte (während der im Uebrigen schon wörtlich gleich lautende §. 13 des Ersten Entwurfs auf jede Art der Verjährung gegangen war: Mat. S. 464), so hielt Sz. auch noch eine ausdrückliche Bestimmung über den an sich „wohl unzweifelhaften" Punkt für nicht ganz überflüssig: „daß ein Vormund contra pupillum keine praescriptionem acquisitivam anfangen könne." (Mat. S. 538 ad 3.) Aus dem darauf erfolgenden Conclusum: „Ist ein Generale. Bis der Vormund Decharge erhalten hat" ging dann der in dem gegenwärtigen §. 526 (Entsch. XV. 123) ausgesprochene Grundsatz hervor, welcher in der Praxis auch auf den Pfarrer als Verwalter des Kirchen-Aerariums Anwendung gefunden hat, weil dieses nicht im Stande ist, seine Rechte gegen ihn wahrzunehmen. Es wurde deshalb (in einem drittinstanzlichen Erkenntniß: Centralblatt v. 1837 S. 809. 810) entschieden, daß die Ersitzung eines Rechts von Seiten des Pfarrers gegen das Kirchen-Aerarium (in specie: des Rechts, gewisse Reparaturkosten für die Pfarrgebäude aus dem Kirchen-Vermögen zu entnehmen,) unzulässig sei. Imgleichen wurde später dem §. 526 „ein determinirendes Gewicht" beigelegt, als es sich um die Beurtheilung des Verhältnisses zwischen der Kirche und den Kirchenverwaltern überhaupt handelte, ganz nach Analogie des Verhältnisses der Minderjährigen zu ihren Vormündern. Demnach wurde das Verhältniß der Kirchengesellschaften zu den Kirchenverwaltern, hinsichtlich des ihrer Aufsicht und Verwaltung anvertrauten Kirchen- und Pfarr-Vermögens, als ein solches bezeichnet, welches insbesondere den Patron rechtlich unfähig mache, während der Dauer seiner Patronats-Verwaltung in Beziehung auf die derselben unterworfenen Kirchen- und Pfarr-Grundstücke, gegen die betreffende Kirchengesellschaft einen Usucapions-Besitz zu erlangen: Entsch. XXXIII. 121—130 (v. J. 1856). Dagegen ist nunmehr durch

260) Dieser terminus a quo war schon in den Vorarbeiten vorgeschlagen worden, und zwar generell für jedes, nach Erforderniß der Gesetze fremder Aufsicht und Verwaltung unterworfene Vermögen: Mat. S. 410 (§. 264) und S. 441 (§. 899).

den Plenarbeschluß vom 17. Juni 1861 (Präj. 2716) entschieden worden: „Der §. 526 gestattet **keine** analoge Anwendung auf den Kirchen-Patron." (Entsch. XLV. 33—47. J. M. Bl. 1861 S. 161—166.[261])) Die streitige Rechtsfrage war, unter directem Anschluß an die im J. 1856 ergangene Entscheidung (S. 130 a. a. O.), in folgender Fassung an das Plenum gelangt:

> Macht das Verbot des §. 526 ohne Weiteres auch den Patron rechtlich unfähig, während der Dauer seines Patronats in Bezug auf die demselben unterworfenen Pfarrgrundstücke gegen die betreffende Kirchengesellschaft einen, ihn zur erwerbenden Verjährung (nach §. 629 h. t.) befähigenden Besitz zu erlangen?

Das Plenum modificirte jedoch die Fassung dahin:

> Gestattet der §. 526 auf den Kirchen-Patron eine analoge Anwendung, oder nicht?

Und auf der Verneinung dieser Frage beruhet der kurz gefaßte Plenarbeschluß, welcher die Uebertragung eines vormundschaftlichen Verhältnisses auf den Patron hauptsächlich um deswillen zurückgewiesen hat, weil der Patron nicht sowohl die Verwaltung als vielmehr die Aufsicht zu führen hat und weil sein Recht nicht als ein obrigkeitlich übertragenes vormundschaftliches, sondern als ein selbstständiges „unterobrigkeitliches" Recht anzusehen ist.

δ) „Auch kann ein Pächter, Verwalter oder anderer unvollständiger Besitzer einer Sache, in Ansehung derselben eine Verjährung gegen den, in dessen Namen er besitzt, zu Gunsten seiner eigenen Sache während seiner Besitzzeit nicht anfangen": §. 527 h. t.

In diesem, erst im letzten Stadium der Redaction fast zufällig (auf Grund einer in Betreff des Pächters aufgeworfenen Frage) entstandenen §.en (Mat. S. 571) wird allerdings zwischen dem Pächter und jedem „anderen unvollständigen Besitzer" der Verwalter aufgeführt, der doch bekanntlich, wie der Depositar, nur die Gewahrsam, nicht den unvollständigen Besitz der Sache hat: §. 2 A. L. R. I. 14. Materiell erscheint jedoch die Bestimmung des Gesetzes eben so zutreffend, wie für den unvollständigen Besitzer (vgl. A. L. R. I. 20. §. 250; 21. §. 91)[262]), auch für den Verwalter, ja auch für solche Aufseher, denen

---

261) Der bei Strieth. XLII. 367—371 unter dem 8. Novbr. desselben Jahres mitgetheilte Rechtsfall ist allerdings ganz dem Pl. B. gemäß entschieden worden; es war aber ein anderer Rechtsfall, welcher die nächste Veranlassung zu diesem Pl. B. gegeben hatte.

262) Ausnahmen, die freilich durch die besondere Natur der Verhältnisse

nicht einmal zugleich eine Verwaltung übertragen ist, z. B. Förster, Wegewächter u. s. w.: Gesetzrev. S. 128; mit einem Worte, grundsätzlich für Jeden, dem die Gewahrsam einer Sache anvertraut ist (nemo sibi causam possessionis mutare potest)[263]): Born. §. 92 ad 1. e Note 1.

Ueberdies hat die Praxis unseren §. 527 auch in solchen Fällen zur Anwendung gebracht, wo der in Frage stehende unvollständige Besitzer der fremden Sache seinerseits eine Sache, zu deren Gunsten er eine Verjährung hätte anfangen mögen („zu Gunsten seiner eigenen Sache"), nicht gerade zu vollem Eigenthume, sondern nur zu unvollkommnerem Rechte besaß. So ist in Schlesien den Dreschgärtnern die Ersitzung des Rechts zur Behütung der Wege, Triften und Raine nicht zugestanden worden: Koch Schles. Archiv III. 644. So konnten früher die Lassiten gegen ihre Gutsherrschaft eine Grundgerechtigkeit nicht ersitzen. Wurden jedoch dergleichen unvollständige Besitzer durch Ertheilung erblicher Besitzrechte zu vollständigen Besitzern und resp. Eigenthümern, so wurden sie auch verjährungsfähig gegen den Grundherrn: Entsch. XII. 436. 439. 442. (Präj. 1680, v. J. 1846: „Im Gefolge des durch die Allerh. Cab.-Ordre v. 20. Febr. 1777 verliehenen erblichen Besitzrechtes sind die Besitzer von Domainen-Bauerhöfen Grundgerechtigkeiten für ihre Höfe gegen den Fiscus durch Verjährung zu erwerben fähig geworden;" oben S. 143.) Rechtsf. IV. 331—333 (v. 1848). Entsch. XXXIII. 37. 38 (v. 1856: oben Bd. I. S. 358).

h) Versagung des rechtlichen Gehörs.

Erst bei der Umarbeitung des gedr. Entwurfs wurde, nach dem Antrage verschiedener Monenten, von Sz. vorgeschlagen: unter den Hindernissen gegen den Anfang der Verjährung auch „des justitii, ingleichen, ratione der Militairpersonen, des Krieges, welcher sie aus ihren Standquartieren entfernt" (oben S. 169), „und der **Machtsprüche**, welche Jemand an der Ausübung und Verfolgung seines Rechtes hindern", ausdrücklich zu gedenken. (Mat. S. 520 ad 5.) Dazu begehrte Sz. noch eine Ausnahme von der Regel des §. 417 (jetzt §. 530) in odium der Machtsprüche dahin: daß solche auch den Fortlauf der Verjährung hindern sollten. (Ebendas. ad 8.)

---

gerechtfertigt werden, finden sich: I. 18. §. 658. 812; 21. §. 95 (Entsch. XXXIII. 128).

263) Vgl. oben Bd. I. S. 359. (Der dort allegirte Fall aus den Rechtsspr. I. 31 ff. gehört in der That nicht unter den §. 527: Koch Comm. ad h. §.)

So entstanden die (in das A. G. B. v. 1791 als §§. 528. 529 übergegangenen) §§. 534. 535 des umgearbeiteten Entwurfs:

„Gegen den, welcher durch einen Machtspruch in der Ausübung und Verfolgung seines Rechtes gehindert wird, nimmt keine Verjährung ihren Anfang.“

„Auch hindert ein im Laufe der Verjährung ergangener Machtspruch die Fortsetzung derselben so lange, als die Wirkung des Machtspruchs dauert.“

Da jedoch nach der Cab. Ordre vom 18. Dcbr. 1793 in diesen §§en der Ausdruck „Machtspruch“ weggelassen und „in einen schicklicheren verändert“ werden sollte (Mat. S. 562; Mathis **XI.** 236), so wurden, auf den Vorschlag von Sz. (Mat. S. 571. 572; Schlußrevision S. 13), diese beiden §§en so gefaßt, wie sie jetzt im A. L. R. lauten:

§. 528. Gegen den, welchem das rechtliche Gehör versagt wird, kann keine Verjährung angefangen werden.

§. 529. Auch wenn ein solches Hinderniß im Laufe der Verjährung eintritt, wird die Fortsetzung derselben so lange unterbrochen, als das Hinderniß dauert.

Aus dieser Entstehungsgeschichte ergeben sich sofort zwei Momente als zweifellos feststehend: 1) daß der §. 529 untrennbar mit dem §. 528 zusammenhängt, daß also die Hemmung (nicht blos des Anfanges, sondern auch) des Fortlaufes der (einmal angefangenen) Verjährung nur dem hier ad h. aufgeführten Hinderniß eigen ist, nicht aber bei den Hindernissen ad a—g. stattfindet[264]); 2) daß der Ausdruck: „so lange unterbrochen“, im §. 529 incorrect gebraucht ist und nur eine Umschreibung des Wortes „ruhen“ in sich schließt, — eine Umschreibung, welche in dem vorher angeführten §. 535 des umgearb. Entw. besser gelungen war: „hindert . . . so lange“ ꝛc.[265])

Bedenklicher aber erscheint das Verhältniß unserer §§.en zu dem §. 523, dessen Erwägung deshalb (oben S. 170) hierher verwiesen

---

264) Gesetzrev. S. 128; Born. §. 92 ad 2. Note 2; Thöne §. 294 ad 7 (S. 458 fg.); Mat. (Studien) S. 662.

265) „Unterbrechung ist der technische Ausdruck für den Fall, wo eine ganz neue Verjährung beginnen muß“: Gesetzrev. S. 128 i. f. So wird der Ausdruck „unterbrechen“ correct gebraucht im §. 601 h. t. (Entsch. XXXVIII. 79—81), so wie in den §§. 651—653 h. t.; nicht minder im §. 850 I. 11. Dagegen wird die Zeit des Ruhens der Verjährung correct nur „abgerechnet“ oder „nicht mit in Anschlag gebracht“: §. 597. 598 h. t.; II. 11. §. (872.) 873. Vgl. Thöne a. a. O. und Förster Preuß. Privatr I. 217 Note 44.

worden ist, indem es sich dabei schließlich um den Umfang und die Tragweite des ad h. aufgestellten Hindernisses der Verjährung handelt.

Aus der Entstehungsgeschichte der §§. 528. 529 geht hervor, daß das Justitium (jetzt §. 523) und die Machtsprüche von Hause aus neben einander gestellt, aber in so weit nicht auf ganz gleichem Fuße behandelt wurden, als die Machtsprüche (in odium derselben) auch den Fortlauf der Verjährung hindern sollten. Enthalten nun die jetzigen §§. 528. 529 blos eine andere Fassung der beiden früheren §§en von den Machtsprüchen — wie ja in der That nach der bereits angeführten Cab. Ordre v. 18. Decbr. 1793 nur ein schicklicherer Ausdruck für „Machtspruch" gewählt werden sollte, auch der Großkanzler in seinem Immediatberichte vom 4. Januar 1794 nur davon Meldung thut, daß die §§. 528. 529 „anders gefaßt" worden seien (Jahrb. XLI. 41 fg.) —: so lassen sich füglich die jetzigen Bestimmungen über das versagte rechtliche Gehör als ein bloßes Surrogat der entsprechenden früheren Bestimmungen über den Machtspruch ansehen; dergestalt, daß was früher für den Machtspruch gelten sollte, jetzt für das versagte rechtliche Gehör gelten muß, — aber auch nur für dieses, also namentlich nicht für das Justitium als solches. Dazu kommt, daß der §. 523 an und für sich (vgl. oben ad e. f.) offenbar objectiv aufzufassen und keineswegs blos auf Nicht-Militairpersonen zu beschränken ist. D. h. der §. 523 handelt, ungeachtet seiner Anfangsworte: „Bey andern Personen" (d. h. bei anderen, als Militair-Personen), von der Wirkung des Stillstandes der Rechtspflege in objectiver Weise, also von dieser Wirkung für alle Menschen. Oder sollte sich daran zweifeln lassen, daß irgend eine Landplage, mit welcher ein Stillstand der Rechtspflege verbunden ist, auch den Militairpersonen als Hinderniß des Anfanges der Verjährung zur Seite stehen muß? Also unter Anderem insbesondere wieder der Krieg, sofern damit ein solcher Stillstand verbunden sein sollte, auch den ihr Standquartier nicht verlassenden Militairpersonen?

Implicite scheinen schon die Gesetzrevisoren diese Auffassung gebilligt zu haben, indem sie, unter Verwerfung der Beziehung des §. 529 auf alle vorhergehenden Bestimmungen (also implicite auch auf §. 523), das „versagte rechtliche Gehör" lediglich als an die Stelle des „Machtspruchs" getreten behandeln. (S. 128.) Ausdrücklich haben sich unsere angesehensten Rechtslehrer dafür ausgesprochen. So Bornemann (schon in der ersten Ausg. §. 123 ad 2. Note **, und eben so in der zweiten Ausg. §. 92 ad 2 Note 2): „. . . auch wird das rechtliche Gehör in der That nur dem versagt, welcher durch eine vom Richter nicht ausgegangene ungesetzliche Verfügung von dem Rechtswege ausgeschlossen wird. Selbst ein Justitium wird man in Gemäßheit des §. 523 kaum als in dem §. 528 mitbegriffen erachten können."[266]) Auch Koch (und zwar gleichfalls schon in der ersten Ausg. seines Commentars) folgert aus der Entstehung und Zusammengehörigkeit der §§. 528. 529, daß unter der „Versagung des rechtlichen Gehörs" zu verstehen sei: die „Verschließung des Rechtsweges durch einen außerordentlichen besonderen Befehl, für einen bereits eingetretenen Fall, ... z. B. wenn dem kompetenten Richter durch höhere Macht verboten wird, wegen eines gewissen Anspruchs einer bestimmten Person oder einer bestimmten Klasse von Personen, deren Klage anzunehmen und darüber im ordentlichen Rechtswege zu entscheiden. Nicht dahin gehören allgemeine Verordnungen, wodurch gewisse Angelegenheiten den Gerichten entzogen werden, oder die Fälle, wo das zuständige Gericht nach allgemeinen Vorschriften gewisse Prozesse sistirt oder eine Klage aus Rechtsgründen per decretum zurückweist. Auch ein Stillstand der Rechtspflege (justitium) fällt nicht unter dieses Hinderniß. §. 523."

Die neuere Praxis hat jedoch keinen Anstand genommen, den §. 529 nicht blos auf den Fall des §. 528, sondern auch auf den des §. 523 zur Anwendung zu bringen.

Abgesehen von gelegentlicher Bezeichnung „des" („einzigen") Ausnahmefalles im §. 528 (Entsch. XV. 121; XXVIII. 83)[267]), sind auch bloße Sistirungs-Gesetze, also reine Fälle des Justitiums, unter dem Gesichtspunkte der §§. 528. 529 aufgefaßt worden.

So hatte eine Cab.-Ordre vom 5. Mai 1815 angeordnet: es sollten in den mit den Königlichen Staaten wieder vereinigten Provinzen die gutsherrlichen und bäuerlichen Verhältnisse in ihrem damaligen Zustande provisorisch belassen, die Gesetzkraft der diesfälligen Edicte vom 14. Sptbr. 1811 bis zur Revision der auf jene Verhältnisse sich beziehenden Gesetzgebung ausgesetzt, „auch alle Prozesse, welche in den wieder gewonnenen alten und neuen Provinzen darüber, so wie in

---

266) Untergeordneter Art ist der von Bornemann und Thöne (a. a. O.) gerügte Irrthum Grävell's (Verj. S. 139), als ob eine Versagung des rechtlichen Gehörs in jedem Falle gefunden werden müsse, wo auf eine rechtlich begründete Klage „nicht die Gebühr verfügt" werde. Dagegen verdient es Anerkennung, daß Grävell (S. 140), wie auch die Gesetzrevisoren (S. 128) bemerkt haben, die richtige Ansicht von der ausschließlichen Beziehung des §. 529 auf den §. 528 vertheidigt hat.

267) Die Parteien freilich berufen sich öfters, wo es gerade ihrem Interesse entspricht, auf die ausschließliche Verbindung des §. 529 mit 528: Entsch. XI. 235; XIV. 366. 367.

den neuen über die Auslegung und Anwendung der vormaligen französischen Gesetze, entstanden sind, mit Beibehaltung des actuellen Besitzstandes, suspendirt bleiben." (Jahrb. [V.] Heft 10. S. 8.) Diese, in der That niemals als Gesetz publizirte, vielmehr lediglich als Instruction für die Gerichtsbehörden in schwebenden Prozessen („wie die wirklich anhängig gemachten Prozesse zu behandeln seien": Entsch. XXIII. 8) ergangene Cab.-Ordre veranlaßte durch ihre nicht ganz präzise Fassung (ebendas. S. 4 i. f.) einige Schwierigkeiten, nachdem durch spätere Gesetze (1820 und resp. 1825) die Suspension jener Prozesse wieder aufgehoben worden war. In einem besonderen Falle kam es darauf an, zu entscheiden, ob die Cab.-Ordre qu. nach §. 529 als ein solches Hinderniß zu betrachten sei, welches die Einklagung gewisser bäuerlicher Präſtationen unmöglich gemacht habe. Ein Kläger war mit seinem Anspruche auf dergleichen, seit 1810 (d. i. seit der Einführung der Fremdgesetze) während voller 30 Jahre nicht verrichtete (jährliche) Leistungen, auf Grund eingetretener Extinctiv-Verjährung, abgewiesen worden. Er erhob die Nichtigkeitsbeschwerde wegen Verletzung der §§. 528. 529, weil durch die Suspension der Prozesse die Verjährung unterbrochen worden sei, oder doch geruhet habe, und die Landrechtlichen Grundsätze der Extinctiv-Verjährung sonach unanwendbar gewesen seien. Diese Beschwerde wurde durch das Ob. Tribunals-Urtheil vom 6. April 1848 zurückgewiesen und demgemäß das Präj. 2010 dahin gefaßt: „Die in der C. O. v. 5. Mai 1815 verordnete Suspension der bäuerlich-gutsherrlichen Prozesse in den wiedergewonnenen und neuen Provinzen traf nicht alle Prozesse dieser Art, sondern nur diejenigen, deren Entscheidung von Auslegung und Anwendung der fremdherrlichen Gesetze abhing; sie steht daher nicht als Justitium dem Laufe der Verjährung in anderen Prozessen entgegen." Entsch. XVII. 314—319; auch Rechtsf. IV. 22—24.) Inzwischen blieb die Hauptfrage:

> ob und inwieweit die C. O. für die wirklich von ihr betroffenen Ansprüche eine Versagung des rechtlichen Gehörs und eine Unterbrechung der Verjährung nach §§. 528. 529 bewirkt habe,

zweifelhaft und wurde in entgegengesetzter Art entschieden. Der in dieser Beziehung eingetretene Conflict ist dann durch den Plenar-Beschluß vom 21. Juni 1852 (Präj. 2385), nach vorgängiger Bejahung der Frage:

> ob zur Unterbrechung der Verjährung die Anstellung der Klage erforderlich war,

entschieden worden, wie folgt: „Die in der Allerh. C. O. v. 5. Mai 1815 verordnete Suspension der gutsherrlich-bäuerlichen Prozesse in den wiedergewonnenen und neuen Provinzen, hat nicht alle derartige Prozesse, sondern nur solche betroffen, deren Entscheidung von Auslegung und Anwendung der fremdherrlichen Gesetze abgehangen haben würde.[268]) Eine Unterbrechung der Verjährung durch das angeordnete Justitium ist nur hinsichtlich solcher derartiger Ansprüche eingetreten, wegen welcher der Prozeß entweder schon anhängig war, oder während der Dauer der Suspension wirklich angestellt worden ist." (Präj. Samml. II. S. 122. J. M. Bl. 1852 S. 298—300. Entsch. XXIII. 1—13. Strieth. VI. 186—192.)

Das Sistirungs-Gesetz vom 9. Octbr. 1848 (Ges.-Samml. S. 276—279) erstreckte sich, nach richtiger Auffassung, nicht auf Rückstände der darin gedachten Abgaben und Leistungen. Ohne Verstoß gegen den §. 529 war deshalb anzunehmen, daß die Fortsetzung der Verjährung in Beziehung auf diese Abgaben und Leistungen durch jenes Gesetz nicht unterbrochen worden ist: Präj. 2504 (vom 21. März 1854[269]): Präj. Samml. II. S. 158. Entsch. XXVIII. 262 ad II — 269).

Auch das Sistirungs-Gesetz vom 13. Juni 1853 (Ges.-Samml. 1853 S. 324; 1854 S. 160) ist gelegentlich in besondere Erwägung gezogen und nicht als ein Hinderniß in der rechtlichen Verfolgung gewisser Ansprüche erkannt worden: Strieth. XLIX. 237—242 (v. J. 1863).[270])

Die eigentlich entscheidende Anwendung des §. 529 auf den Fall des §. 523 findet sich aber in einem Ob. Trib.-Erkenntnisse aus d. J. 1861: Entsch. XLV. 97—102. (Strieth. XL. 338—342.) In einem aus dem Großherzogthum Posen an das Ob. Tribunal gelangten Rechtsfalle handelte es sich nämlich um die Entscheidung der Frage, ob der Justizstillstand aus der Zeit vom 30. Januar bis zum 12. Decbr. 1807 den Fortlauf einer früher angefangenen Ersitzung gehemmt habe, oder nicht. Der höchste Gerichtshof entschied sich für die Hemmung des Fortlaufs und verwarf die Ansicht, daß ein Justizstillstand nur den

268) So weit eine Wiederholung des Präj. 2010, nur mit einer kleinen Veränderung der Construction. Das: „abgehangen haben würde" (statt des früheren: „abhing") scheint namentlich klarer auf den Umstand hinzudeuten, daß es sich häufig nicht von vorn herein übersehen ließ, ob bei der Entscheidung auf die Französischen Gesetze werde zurückgegangen werden müssen.

269) Wenige Wochen später ist die durch das Gesetz v. 9. Octbr. 1848 angeordnete Sistirung von Verhandlungen und Prozessen völlig aufgehoben worden: Gesetz v. 1. Mai 1854 (G.-S. S. 257).

270) Unten ad §. 551 h. t.

Anfang der Verjährung hindere, nicht aber den Fortlauf derselben hemme. Dabei wurden für die Subsumirung des Justizstillstandes (§. 523) unter die Vorschrift des §. 528 (woraus sich die Anwendung des §. 529 auf den Fall des §. 523 von selbst ergibt) im Wesentlichen zwei Momente geltend gemacht: 1) der Wortlaut des Gesetzes, welches nur die Versagung des rechtlichen Gehörs voraussetze, wie ja eine solche Versagung ohne Zweifel in der Anordnung eines Justizstillstandes liege, möge durch diese Anordnung für die bestimmte Zeit der Rechtsweg vollständig oder wegen gewisser Ansprüche verschlossen werden; 2) die Natur der Maßregel selbst, welche durch den von Seiten der Staatsregierung angeordneten Stillstand der Rechtspflege willkürlich in die vom Gesetze geordnete Justizpflege eingreife, die Betheiligten hindere, ihre Rechte zu verfolgen, und sie eben so treffe, wie ein Machtspruch, oder ein außerordentlicher besonderer Befehl, der den Rechtsweg für einen bereits eingetretenen Fall verschließe. Hiernach wird schließlich in der Bestimmung des §. 523 nur eine specielle Anwendung des im §. 528 aufgestellten allgemeinen Grundsatzes auf die Frage gefunden:

> in wiefern der Krieg und andere Landplagen bei Personen, die nicht zum Militair gehören, dem Anfange der Verjährung entgegenstehen?

Dieser Auffassung steht freilich nicht nur der Umstand, daß in dem §. 523 die Antwort auf die hier formulirte Frage nicht sowohl in Ansehung der Nicht-Militairpersonen, als vielmehr objectiv in Ansehung des Stillstandes der Rechtspflege überhaupt gegeben wird (oben S. 175), sondern auch die ganze Entstehungsgeschichte der §§. 528. 529 entgegen, nach welcher sich in dem speciell auf den Machtspruch oder dessen Surrogat beschränkten §. 528 schwerlich ein allgemeiner Grundsatz erkennen läßt, von dem der §. 523 nur eine specielle Anwendung enthalten sollte. Allein andererseits darf nicht verkannt werden, daß, wenn man gesetzliche Bestimmungen der Art, wie solche in den §§. 523 u. 528 ausgesprochen sind, ohne Rücksicht auf ihre Entstehungsgeschichte, als etwas Gegebenes und in sich Abgeschlossenes auffaßt, die Subsumirung des Justitiums unter die Versagung des rechtlichen Gehörs (denegata iustitia) materiell gerechtfertigt erscheint, zumal wenn man den vom Ober-Tribunal mit Recht so stark betonten Eingriff in die vom Gesetze geordnete Justizpflege nach seiner ganzen praktischen Wirksamkeit ins Auge faßt. So hat auch nach den, dem gemeinen Recht entsprechenden Bestimmungen des Preußischen Landrechts von 1721 angenommen werden müssen, daß die Verjährung nicht blos während eines Krieges oder einer anderen großen Noth (wie Wassersnoth und Pestilenz), sondern überhaupt bei eingetretenem Stillstand der Rechtspflege (in specie wieder bei einem Justitium im Posenschen aus der Zeit vom 28. Febr. 1807 bis zum 20. Januar 1808) geruhet habe: Entsch. XIV. 365—369. (Das Datum des Ob. Trib. Erkenntnisses constirt nicht; das Appell.-Urtheil war vom 15. Juli 1846.)[271])

Wie übrigens auch der Concurs, in Ansehung der gehemmten Verfolgung von Wechselklagen, unter dem Gesichtspunkte des versagten rechtlichen Gehörs aufgefaßt wird, das ist bereits oben ad §§. 516. 517 (S. 156) angedeutet worden. Nur so viel mag hier noch beiläufig erwähnt werden, daß unsere §§. 528. 529 nicht für anwendbar erachtet worden sind auf die (kürzere) Verjährung gewisser, dem Rechtswege nicht unterworfener Forderungen der Staatsbeamten (nach dem Gesetze vom 31. März 1838): Entsch. LIV. 258—274 (besonders 272).

B. Die Wiedereinsetzung in den vorigen Stand.

Die Preußische Gesetzgebung — so wird mit Recht in den Entsch. VI. 391 bemerkt — ist den Restitutionen überhaupt abhold, indem sie auf andere Weise gegen Rechtsverletzungen möglichst zu sichern sucht. Insbesondere sind deshalb die s. g. restitutiones in integrum ex capite aetatis in unserem Gesetzbuche nicht beibehalten, sondern vielmehr (mit zwei beschränkten Ausnahmen: oben Bd. I. S. 196, Anm. 322) „stillschweigend abgeschafft worden": S. z. Schlußrevision S. 186 ad 1) und

---

271) Preuß. L. R. v. 1721 Buch III. Tit. IV. Art. II. §. III: „Es gilt aber und laufft keine Praescription oder Verjährung gegen und wieder die, denen grosses Gewässers und Fluth oder anderer Noht halben, für Gericht zu klagen unmüglich. Wie auch nicht in Sterbens-Zeiten ꝛc. ꝛc. Welches auch statt hat in Krieges-Läufften und Unfrieden. Dann es soll dieselbige Zeit, da der Krieg und Unfriede währet, an der Praescription abgezogen und abgekürtzet werden. In Anmerckunge, dieweil auch in Krieges- und Sterbens-Läufften, die Praescription und Verjährunge ruhet und gleichsam schläffet. Wann aber der Krieg nnd das Sterben auffgehöret, so gehet die Zeit wieder an, wird continuiret und aneinander gerechnet." (Eine sorgsame Beschreibnng der s. g. praescriptio dormiens, im Gegensatze zu der Unterbrechung oder usurpatio im technischen Sinne.) Vgl. auch oben Anm. 233.

Selbst auf einige Rescripte des Großen Kurfürsten aus den Jahren 1671 und 1674 kann hier zurück geblickt werden, weil dieselben auf die s. g. Subducirung des tempus belli von dem Laufe der Präscriptionen und Verjährungen (nach Maßgabe des Reichsabschiedes vom J. 1654) eingehen und die praescriptio dormiens (bei dem zweifellos festgestellten Justitium) charakterisiren: C. C. M. Th. II. Abth. I. Sp. 161 ff. (No. XL—LXII. und XLVI.)

S. 192—195 (in einem besonderen Promemoria). Da jedoch die dem Anfange der Verjährung entgegen stehenden Hindernisse (ursprünglich in allen, nach dem A. L. R. immer noch in den allermeisten Fällen) den Fortlauf der Verjährung nicht hemmen sollen, wenn sie erst nach angefangener Verjährung eintreten: §. 530 h. t. (Entw. §. 417: oben Anm. 241), so bedurfte es der besonderen Fürsorge für die beiden Fälle: „wenn die Verjährungsfrist, während der Bestehung eines solchen Hindernisses abläuft, oder das Hinderniß erst kurz vor dem Ablauf der Frist gehoben wird": oben S. 146. Zu diesem Behufe ist denn hier der Wiedereinsetzung in den vorigen Stand ein gewisser Spielraum gegönnt worden[272]), und zwar schon durch die §§. 418—420 des (gedr.) Entwurfes[273]), welche fast wörtlich in die §§. 531—533 A. L. R. übergegangen sind, nur daß im §. 532 durch die Hinzufügung des Wortes „ebenfalls" (Mat. S. 572) die beabsichtigte Gleichstellung der beiden Fälle, um welche es sich handelt, schärfer hervorgehoben und im §. 533 die Vererbung der Rechtswohlthat mit klaren Worten auf „die dazu noch rückständige Frist" beschränkt, der §. 534 aber neu hinzugefügt worden ist, um den „Effect" der rest. in int. ex §§. 418. 419 (jetzt 531. 532) zu bestimmen (Sz. Mat. S. 520 ad 9). Eine von Sz. noch gelegentlich (Mat. S. 520 ad 7), „um Mißverständnisse zu vermeiden", geforderte ausdrückliche Erklärung,

> „daß, sobald das Hinderniß gehoben ist, die Präscription zu laufen anfange",

scheint als selbstverständlich erkannt zu sein und ist in unsere Gesetze nicht aufgenommen worden.

Sonach wird

a) wenn die Verjährung vor erfolgter Hebung des Hindernisses abläuft, imgleichen

b) wenn das Hinderniß erst innerhalb der letzten vier Jahre vor Ablauf der Verjährungsfrist wieder gehoben wird,

die Wiedereinsetzung in den vorigen Stand innerhalb vier Jahren nach erfolgter Hebung des Hindernisses dem Verhinderten selbst: §. 531.

---

272) Sz. Mat. S. 464: ... salva restitutione. (Oben Anm. 258.)

273) Ueber die allmähliche Entstehung dieser §§en findet sich die Auskunft in den Mat. S. 414: §. 296. 297; S. 445: §. 937. 938; S. 457 fg.: Sz. Erläuterung des Grundgedankens, unter Application auf die Minderjährigen, in gedrängter Fassung; S. 464 u. 479: §. 16. 17. 53; S. 481: Concl. Das beneficium restitutionis propter impedimenta wird generaliter auf vier Jahre festgesetzt. Vgl. unten Anm. 284 i. f.

532 h. t., eventuell — wenn dieser vor gehobenem Hindernisse oder vor Ablauf der vier Jahre stirbt —, innerhalb der dann noch rückständigen Frist, dem Erben gewährt: §. 533, und zwar mit der Wirkung, daß demjenigen, welcher von dieser Rechtswohlthat den gehörigen Gebrauch macht, die Verjährung nicht entgegengesetzt werden kann: §. 534.[274]) Uebrigens ist der Charakter dieser Rechtswohlthat ein so genereller, daß sie selbst für die privilegiirten juristischen Personen nur unter eben den Umständen stattfindet, „als dieß beneficium einem Jeden, contra quem praescribitur, zu Statten kommt": Sz. Mat. S. 554 ad 3.[275])

Mit dieser Auffassung (Anm. 274) scheint zugleich ein theoretisches Bedenken in Ansehung des Falles, wenn das Hinderniß erst in den letzten vier Jahren der Verjährungsfrist eintritt (Born. §. 92 ad 2), von selbst erledigt zu sein; obgleich sich nicht verkennen läßt, daß durch ein kurz vor dem Ablaufe der Verjährungsfrist einfallendes Hinderniß die Zulässigkeit der Restitution ungebührlich verlängert werden kann. (Thöne §. 295, S. 460; Koch Comm. ad §. 531 h. t., Note 35.)

Nicht frei von Schwierigkeiten war dagegen die Beseitigung gewisser anderer Bedenken, welche sich praktisch geltend machten. Diese Bedenken bezogen sich theils auf die Beschaffenheit der hier in Frage stehenden Hindernisse, theils auf die Form der Geltendmachung des Restitutions-Anspruches, theils auf die Behandlung der Restitution bei den s. g. kürzeren Verjährungsfristen.

Was zunächst die objective Beschaffenheit der hier in Frage stehenden Hindernisse betrifft, so konnte es kaum einem gegründeten Bedenken unterliegen, die für Hindernisse der Art allgemein eingeführte Restitution auch bei dem besonderen Hindernisse, welches der Nießbrauch bereitet, zuzulassen, wenngleich die §§. 91 ff. A. L. R. I. 21. der Restitution nicht ausdrücklich erwähnen. Hierauf beruhet das Präj.

274) Kurz zusammengefaßt: die rest. in integr. wird ertheilt, wenn die letzten vier Jahre des Laufes der Verjährung nicht hindernißfrei waren: oben S. 144.

275) Immerhin scheint Sav. VII. 133 Note e nicht mit Unrecht der Landrechtlichen Methode, nach welcher erst der Verjährung freier Lauf gelassen und nachträglich Restitution gewährt wird, die einfachere Abhülfe vorzuziehen, welche das Französische Recht (Code Nap. art. 2252 ff.: La prescription ne court pas etc.), wie schon das neuere Römische Recht (Sav. III. 420 ff. 427; VII. 157 Note a. 159 ad D), dadurch bereitet hat, daß es die Verjährung in den hierher gehörenden Fällen ipso iure hemmt. (Oben Anm. 235.) Andere neuere Gesetzgebungen schließen die Restitution auch bei der Verjährung gänzlich aus: Gruchot VII. 443. (Oestr. §. 1450.)

1843 (v. J. 1847): „Die Wiedereinsetzung in den vorigen Stand gegen den Ablauf der Verjährung" [oder: „gegen die vollendete Verjährung, bei nach Anfang derselben eingetretenem Hinderniß",] „steht auch dem Eigenthümer einer in Nießbrauch gegebenen Sache zu". (Entsch. [XIV. 455.] XV. 113—119; Präj. Samml. I. S. 37.)[276])

Bedenklicher mochte sich die subjective Seite der Frage gestalten. Zwar gelangte man mit Leichtigkeit und Sicherheit zur Versagung der Restitution in dem Falle, „wenn der Eigenthümer von dem Besitz und Anspruch des Verjährenden unterrichtet, und im Laufe der Verjährung das Hinderniß zu beseitigen im Stande war:" Präj. 1280 (v. J. 1843: Samml. I. S. 37; Entsch. VIII. 258—263); Strieth. XXXVI. 11 ad d. 17 (v. J. 1859). Allein damit war noch keinesweges die Frage entschieden: ob allgemein und ohne Ausnahme jedes von dem Eigenthümer selbst („willkürlich") geschaffene Hinderniß genüge, um auf Grund dieser subjectiven Beschaffenheit des Hindernisses die Abweisung des im Uebrigen objectiv begründeten Anspruches auf Restitution zu rechtfertigen.

Berührt wurde diese Frage allerdings schon in den Gründen zu dem eben angeführten Präj. 1280. Dies geschah jedoch nur in hypothetischer Fassung: Man möge es mit dem Kläger (der in dem damals zur Entscheidung vorliegenden Falle die Verpachtung des betr. Grundstückes als ein der Verjährungs-Vollendung sich entgegen stellendes Hinderniß angesehen wissen wollte) anerkennen, „daß eine Verpachtung den im §. 531 erwähnten Hindernissen zu subsumiren sei, wiewohl es noch sehr zweifelhaft sein möchte, ob ein **selbst**erschaffenes Hinderniß in diese Kategorie gehöre?" (Entsch. VIII. 261.) Freilich blickt schon durch diese hypothetische Fassung nicht sowohl ein Zweifel an der Richtigkeit, als vielmehr die Ueberzeugung von der Richtigkeit der Ansicht hindurch, daß in der That ein selbsterschaffenes Hinderniß den Anspruch auf Restitution gänzlich abzuschneiden geeignet sein würde. Nur machte es die Beschaffenheit des besonderen Falles nicht erforderlich, auf die Erörterung und Lösung dieses „Zweifels" damals näher einzugehen. Vielmehr wurde bei der Entscheidung jenes Falles eine freiwillige Verabsäumung der Restitution darin gefunden, daß das angebliche Hinderniß, welches durch Anmeldung und Verfolgung der Negatorien-Klage hätte beseitigt wer-

---

276) Wegen der Subsumtion des Nießbrauchs unter die allgemein gefaßten Kategorien der gesetzlich anerkannten Hindernisse als solcher ist schon oben das Nähere beigebracht worden: S. 152.

den können, lediglich durch den freien Willen des Eigenthümers fortbestehend geblieben war. Unerläßliche Bedingung der Restitution auf Grund des §. 531 sei, nach dem inneren Zusammenhange desselben mit §. 514 h. t. und §. 99. 104 Tit. 7, das Zutreffen zweier Voraussetzungen des §. 531, oder doch der einen oder der anderen dieser Voraussetzungen: 1) daß der Eigenthümer von dem gegen ihn zu verjährenden Rechte keine Kenntniß gehabt habe; 2) daß er davon zwar unterrichtet, jedoch der Verpachtung oder eines anderen Hindernisses wegen, die Vollendung der Verjährung abzuwenden nicht im Stande gewesen sei. Beide Voraussetzungen aber erwiesen sich in dem besonderen Falle als nicht zutreffend. (Entsch. VIII. 262. 263; vgl. oben S. 150.)

Unberührt blieb die subjective Seite der Frage — die Bedeutung des „selbsterschaffenen" Hindernisses — in den Entscheidungsgründen zu dem Präj. 1843, welche sich auf die Deduction der objectiven Zulässigkeit der Restitution im Falle des durch den Nießbrauch geschaffenen Hindernisses beschränkten. (Entsch. XV. 115 ff.: oben S. 183.) Es erscheint deshalb auch kaum zulässig, aus diesen Entscheidungsgründen eine Schlußfolgerung auf die damalige Ansicht des höchsten Gerichtshofes über eine nicht in den Bereich der Prüfung gezogene Frage herleiten zu wollen.

Dagegen ist in einer neueren Entscheidung (aus d. J. 1860), unter Anknüpfung an den §. 521 h. t., die Frage: „ob auf eine Verpachtung, als ein selbst geschaffenes Hinderniß, der §. 531 Anwendung leide?" zum Austrage gebracht und die Verneinung dieser Frage ausdrücklich „als Regel" angenommen worden, weil die in den §§. 512—534 ausgesprochenen Grundsätze aus der Rechtsregel non valenti agere non currit praescriptio hergenommen seien (oben S. 144), im vorliegenden Falle aber der Eigenthümer von der gegen ihn selbst (vor erfolgter Verpachtung) angefangenen Verjährung Kenntniß gehabt und die Folgen seiner Duldung oder Handlung gekannt haben müsse, derselbe auch diese Folgen durch die Negatorien-Klage zu beseitigen, noch vor Ablauf der Verjährungsfrist resp. während der Verpachtung des Grundstücks, im Stande gewesen sei: Strieth. XXXIX. 139—141.[277])

277) Allem Anscheine nach ist das von Gruchot VII. 442. 443 beigebrachte Appellations-Erkenntniß gerade dasjenige, welches durch diese Ob. Trib. Entscheidung, unter Verwerfung der Nichtigkeitsbeschwerde, gebilligt wurde. In den Gründen des App.-Erkenntnisses findet sich u. A. folgende

Unverkennbar entspricht diese Auffassung der schon von den Gesetzrevisoren in ihrer gegen den §. 521 h. t. gerichteten Kritik begründeten Ansicht, daß man denjenigen, der ein Gut aus eigener Willkür verpachtet hat, keinesweges demjenigen gleich stellen dürfe, bei welchem eine Unmöglichkeit der Rechtsverfolgung eintritt (oben S. 160 fg. mit Anm. 254); wie denn überhaupt das dem Anspruche auf Restitution entgegen tretende subjective Moment des „selbstverschaffenen" Hindernisses mit dem in der Anwendung des §. 521 sich geltend machenden subjectiven Momente der Wissenschaft des Eigenthümers von den Handlungen oder Duldungen des Pächters (oben S. 163 ff.) in enger Verbindung steht. Es scheint deshalb auch in den verschiedenen Aussprüchen des höchsten Gerichtshofes nicht sowohl (mit Koch Comm. a. a. O. Note 36) ein Mangel an innerer Uebereinstimmung, als vielmehr lediglich eine Folge der fast unvermeidlichen Subtilität in der Anwendung gewisser künstlich construirter Gesetzes-Bestimmungen gefunden werden zu dürfen.

Was nunmehr die Form der Geltendmachung des Restitutions-Anspruches betrifft, so hat die schon von Grävell (Verj. S. 142 Note *) aufgestellte und von Bornemann (bereits in der ersten Ausg. §. 123 ad 2, und eben so in der zweiten Ausg. §. 92 ad 2) gebilligte Ansicht:

> daß es eines besonderen Antrages „auf Ertheilung der Wiedereinsetzung in den vorigen Stand" nicht bedürfe, daß es vielmehr genüge, „wenn das an sich aufgehobene Recht durch Anstellung einer Klage, oder Vorbringung einer Exception, oder auf irgend eine andere Weise ausgeübt werde",

in der Praxis volle Anerkennung gefunden. Zwar hat der Richter nicht von Amtswegen auf die Zulässigkeit der Restitution Rücksicht zu nehmen; denn es handelt sich um eine der vom Gegner behaupteten Verjährung entgegenzusetzende Rechtswohlthat, welche der factischen Begründung bedarf und vom Richter nicht suppeditirt werden kann (§. 531: Antrag; §. 534: Rechtsausübung): Gruchot VII. 441. 442 (Ob. Trib. Entsch. aus d. J. 1858). Allein die Restitution

---

treffende Bemerkung über die Natur der Restitution: „Diese Rechtswohlthat ist nicht als eine dem Grundstücke annexe, auf jeden Besitzer übergehende zu betrachten, sie ist vielmehr eine in dem Grundsatze: non valenti agere non currit praescriptio wurzelnde, an die Person desjenigen Eigenthümers geknüpfte Befugniß, gegen welchen die Verjährung vollendet ist. Diese Annahme wird durch die im §. 531 gebrauchte Bezeichnung desselben durch das Wort „„der Verhinderte"" ganz außer Zweifel gestellt."

braucht nicht in einem besonderen, darauf allein gerichteten Prozeßverfahren nachgesucht, sondern kann im Wege der Einrede oder Replik geltend gemacht werden: Präj. 2334 (v. J. 1851).

Dieses Präjudiz (Samml. II. S. 13 fg.; Entsch. XXII. 9—15) erstreckt sich freilich zunächst nur auf die Restitution der Minderjährigen.[278] Die allgemeine Anwendbarkeit des ausgesprochenen Grundsatzes ergibt sich jedoch schon aus den Gründen, welche der Deutung, als ob es nach §. 531 überhaupt zur Erlangung der Restitution eines besonderen Klageantrages bedürfe, mit Entschiedenheit entgegen treten und mit Recht weder in dem Zurückgehen auf die (Römische) Quelle dieses Rechtsmittels, noch in der Fassung des §. 531 selbst, einen genügenden Anlaß zu jener Deutung erkennen. Die prozessualische Form der Geltendmachung des Anspruches auf Restitution, sei es im Wege der Klage, sei es im Wege der Einrede oder Replik, erscheint deshalb allgemein zulässig: Entsch. XXVIII. 83 i. f. (Strieth. XIII. 189 i. f.: v. J. 1854); Strieth. XXX. 157 (v. J. 1858).[279] Vgl. Koch Comm. a. a. O. Note 37 i. f. 44 i. f. 47.

Was endlich die Zulässigkeit der Restitution gegen den Ablauf der s. g. kürzeren Verjährungsfristen angeht, so erklärten schon die Gesetzrevisoren (a. a. O. S. 129) eine vierjährige Restitution gegen eine nicht vier Jahre umfassende Verjährungfrist für eine verwerfliche Anomalie. Sie wollten deshalb (de lege ferenda) in solchen Fällen die Restitution nicht auf längere Zeit gestatten, als die Verjährung selbst zu ihrem Ablaufe erfordert. Auch Bornemann (in der ersten Ausg. §. 123 ad 2 Note * und eben so in der zweiten Ausg. §. 92 ad 2 Note 1) fand eine Lücke im Gesetzbuche, indem er mit den Gesetzrevisoren annahm, daß die Redactoren bei der vierjährigen Re-

278) Die Streitfrage, ob die Minderjährigkeit (genauer: der Zustand der Bevormundung) überhaupt zu den „Hindernissen" im Sinne des §. 531 zu zählen sei, wird, des besseren Zusammenhanges wegen, erst in der besonderen Lehre von der Verjährung gegen Minderjährige erörtert: unten V. 2. A.

279) In dem ersten Falle (1854) hatte der Kläger sich wenigstens in zweiter Instanz auf die Restitution ausdrücklich berufen, und dies wurde für genügend erachtet. In dem zweiten Falle dagegen (1858) waren zwar die zur Begründung der Restitution gehörenden thatsächlichen Verhältnisse unter den Parteien schon in erster Instanz verhandelt und festgestellt, die Restitution selbst aber nicht eher als nach Abschluß derjenigen Verhandlungen gesucht worden, innerhalb deren Gränzen sich nach den Prozeßgesetzen der Rechtsstreit in der Appellations-Instanz zu bewegen hat, — und deshalb wurde die Einrede der Restitution nicht mehr für zulässig erachtet.

stitutions-Frist nur die zehn- und mehrjährige Verjährung im Auge gehabt haben konnten.

In der That schien nach der den Gesetzen einmal gegebenen Fassung nur die Alternative übrig zu bleiben: entweder unbedingte Zulassung der Restitution auch bei jenen kürzeren Verjährungsfristen, weil sie eben allgemein aufgestellt sei, oder gänzliche Ausschließung derselben, weil der Gesetzgeber schwerlich daran gedacht habe. (Thöne §. 295, S. 461.) Dabei würde dann allerdings die Entscheidung zu Gunsten des ersten Gliedes dieser Alternative nach der buchstäblichen Auslegung der Gesetze mehr für sich gehabt haben. Inzwischen hat sich die neuere Praxis einen Weg gebahnt, um das Ziel der Ausschließung jener Restitution schon nach bestehendem Rechte zu erreichen.

Den ersten Anstoß gab die s. g. restitutio ex causa minorennitatis. (Anm. 278.) Nach §. 535 h. t. kann die Verjährung durch bloßen Nichtgebrauch gegen (Unmündige und) Minderjährige, während der Minderjährigkeit, nicht anfangen. Nun wurde es fraglich, ob dieser §. auch auf die durch das Gesetz vom 31. März 1838 eingeführten kürzeren Verjährungsfristen, insbesondere wegen der Rückstände vorbedungener Zinsen, Anwendung finde. Diese Frage wurde durch das Präj. 1802 (v. J. 1846), gegen die Annahme der beiden Vorderrichter, verneint. Danach beginnt der Lauf jener kürzeren Verjährungsfristen auch gegen minderjährige und bevormundete Personen: Präj. Samml. I. S. 409; Jurist. Wochenschr. 1847 Sp. 94—96; Entsch. XIV. 209—213.

Der Schwerpunkt der Gründe dieser Entscheidung liegt in der objectiven Beschaffenheit der Forderungen, um welche es sich hier handelt. (S. 211 fg. a. a. O.) Das Gesetz vom 31. März 1838 habe den Zweck, die „Unsicherheit des Rechts" zu beseitigen, die „bei Forderungen, welche entweder sogleich oder in kurzer Zeit berichtigt zu werden pflegen, aus der langen Dauer der für die Verjährung durch Nichtgebrauch im Allg. Landr. Thl. I. Tit. 9. §§. 546 u. 629 vorgeschriebenen Fristen entsteht" (Proömium des Gesetzes). Deshalb unterscheide das Gesetz nicht, ob die Forderungen bevormundeten, oder ob sie gesetzlich selbstständigen Personen zustehen; wie ja in der That selbst Ansprüche der pia corpora (§. 1. No. 3: Schulanstalten ꝛc.), namentlich der Kirchen (§. 2. No. 1), ingleichen Ansprüche des Fiscus (§. 2. No. 8), der kurzen Verjährung unterworfen sind. Das Gesetz sehe überall nicht auf die Person des Berechtigten, sondern auf die Natur der Forderung, so namentlich zu §. 2. No. 5 bei den Alimenten. Weil es in dem Zwecke des Gesetzes gelegen habe, daß alle Privilegien der

Personen der Berechtigten außer Anwendung bleiben mußten, deshalb habe es diese Privilegien nicht besonders vorbehalten, sondern „als unvereinbar mit seinem Zwecke als beseitigt angenommen", und daher ohne allen Unterschied die kurzen Verjährungsfristen angeordnet. Sollten diese bei Minderjährigen und bei denen, welche Rechte der Minderjährigen haben (unten V. 2. B), in irgend einer Weise modifizirt werden, so hätte dies besonders gesagt sein müssen.

Hiernach wird der §. 11 des (im §. 3 des Gesetzes vom 31. März 1838 besonders vorbehaltenen) Gesetzes „über die Verjährungsfristen bei öffentlichen Abgaben", vom 18. Juni 1840, welcher ausdrücklich bestimmt:

> „Die in diesem Gesetze festgesetzten Fristen laufen auch gegen Minderjährige und bevormundete Personen, so wie gegen moralische Personen, denen gesetzlich die Rechte der Minderjährigen zustehen, ohne Zulassung der Wiedereinsetzung in den vorigen Stand, jedoch mit Vorbehalt des Regresses gegen die Vormünder und Verwalter" (Ges.-Samml. 1840 S. 142),

nicht als eine Ausnahme angesehen, sondern als eine Anerkennung des in der Tendenz und in dem Gesammtinhalte des Gesetzes vom 31. März 1838 zu findenden und ausnahmelos zur Anwendung zu bringenden Grundsatzes, daß die Verjährung bestimmter Forderungen ihrer Natur nach ohne Rücksicht auf die subjectiven Eigenschaften und sonstigen Privilegien der Berechtigten, allgemein in den bezeichneten kurzen Fristen eintreten solle.

Zur Bestärkung dieser Auffassung werden auch noch angezogen: die Zollgesetze aus den Jahren 1818, 1819, 1838[280]), die Verordnung

---

280) Der allegirte §. 108 der Zoll- und Verbrauchs-Steuer-Ordnung vom 26. (nicht: 21.) Mai 1818 (Ges. Samml. S. 131) bestimmt: „Zu viel erhobene Gefälle sollen . . . aus der Staatskasse zurückgezahlt werden, wenn binnen Jahresfrist, vom Tage der Versteuerung an gerechnet, der Anspruch auf den Ersatz angemeldet und bescheinigt wird. Geschieht dies nicht, so geht nach Ablauf dieser Frist der Anspruch verlohren." Der all. §. 58 der Ordnung zum Gesetz wegen Versteuerung des inländischen Branntweins ꝛc. vom 8. Febr. 1819 (Ges. Samml. S. 111) enthält eine ganz gleich lautende Bestimmung. Der all. §. 62 des Gesetzes wegen Untersuchung und Bestrafung der Zollvergehen vom 23. Januar 1838 (Ges. Samml. S. 90) scheint nicht hierher zu gehören, da derselbe lediglich von der Verjährung der Strafen handelt. (Vielleicht ist §. 60 ebend. gemeint: Vorbehalt der binnen Jahresfrist geltend zu machenden Ansprüche auf Erstattung des Erlöses ꝛc.)

wegen des Staatsschuldenwesens, v. 17. Januar 1820[281]) (überall kurze Verjährungsfristen, ohne Unterscheidung zwischen minderjährigen und nicht-minderjährigen Berechtigten), imgleichen der §. 177 A. L. R. I. 14 (Präj. 884: oben Anm. 189).

Endlich wird gerade in Betreff der damals im Streit befangenen rückständigen Zinsen, zur Unterstützung der Ansicht,

> daß das Gesetz, wenn es auf die Minderjährigkeit ein Gewicht legen wollte, dieses Umstandes hier besondere Erwähnung hätte thun müssen,

die Analogie einer solchen ausdrücklichen Festsetzung in dem §. 850 A. L. R. I. 11. geltend gemacht: „Doch kommt dem Gläubiger bey dieser Art der Verjährung" (§. 849: Verjährung der [vorbedungenen] Zinsen nach Zehn Jahren) „alles das zu statten, was den Anfang der gewöhnlichen Verjährung durch Nichtgebrauch hindert, oder deren Fortsetzung unterbricht" (oben Anm. 265); worin zugleich der Beweis gefunden wird, daß auch auf den §. 849 l. c. nicht die Vorschrift des §. 535 u. T. von selbst anwendbar erschienen sei.[282]).

Dieser Auffassung getreu, entschied der höchste Gerichtshof demnächst den eigenthümlichen Fall einer Forderung des nach verändertem Münzfuße gesteigerten Werthes gewisser Capitalszinsen: Striethorst IV. 115—127 (v. J. 1851). Der Appellations-Richter hatte den beklagter Seits erhobenen Einwand der 4jährigen Verjährung aus dem Gesetze vom 31. März 1838 verworfen, weil sich unter den Klägern Minorenne befanden, denen nach §. 537 u. T. eine 4jährige Restitutionsfrist zu Statten komme. Das Gesetz v. 1838 habe in dieser Rücksicht die allgemeinen Grundsätze über die Verjährung nicht abge-

---

281) Der §. XVII dieser Verordnung (Ges. Samml. 1820 S. 15) fixirt „den Verjährungstermin bei Zinsrückständen von Staatsschuld-Dokumenten auf Vier Jahre von der Verfallzeit an gerechnet," und zwar auch in Beziehung auf die damals bereits verfallenen und uneingezogen gebliebenen Zinsen, „dergestalt, daß das Recht zur Einforderung von Zinsrückständen der letztgedachten Art mit dem 1. Januar 1824 ein für allemal erloschen ist. Die auf solche Art verjährten Zinssummen fallen dem allgemeinen Tilgungsfonds zu, ohne daß von Seiten der Interessenten späterhin irgend ein Anspruch in dieser Beziehung rechtlich begründet werden kann."

282) Gerade hierauf haben sich auch die Gründe zum Präj. 2476 (oben S. 98 fg.) ausdrücklich zurück bezogen, nach Aufstellung des allgemeinen Gesichtspunktes: daß es, wo das Gesetz besondere Fristen regelt und nicht auf die Verjährungs-Einreden hinweist, überhaupt bedenklich sei, auf Einreden einzugehen, welche aus dem Privilegium der Minderjährigen herrühren: Entsch. XXVI. 269 (Oben S 96.)

ändert. Es sei vielmehr bei der Berathung desselben (nach den Mittheilungen im J. M. Bl. 1841 S. 110) die Frage, ob die Restitution bei den kürzeren Verjährungsfristen auszuschließen, der weiteren legislativen Bestimmung vorbehalten geblieben. (Str. a. a. O. S. 120.) Das Ober-Tribunal erachtete jedoch den hiergegen gerichteten Angriff der Nichtigkeitsbeschwerde für begründet, indem es die Frage, welche bei der Legislation „in suspenso geblieben sein" möge, auf sich beruhen ließ und an den Entscheidungsgründen zum Präj 1802 festhielt, durch welche jene Restitution als „mit dem Zwecke des Gesetzes vom 31. März 1838 nicht vereinbar" dargethan sei. (S. 127.)

Endlich wurden die Gründe des Präj. 1802 auch auf andere Restitutions-Ursachen anwendbar befunden. So erging in einem Falle verjährter Rückstände von einem Jagd-Erbpachts-Canon, unter Verwerfung der vom Fiscus nachgesuchten Restitution, das Präj. 2387 (v. J. 1852): „Gegen die kürzeren Verjährungsfristen, welche das Gesetz vom 31. März 1838 eingeführt hat, kann die Wiedereinsetzung in den vorigen Stand aus §. 177 A. L. R. I. 14. nicht gesucht werden." (Präj. Samml. II. S. 191 im Nachtrag; Entsch. XXIII. 104—106.) Das schon früher auf den §. 11 des Gesetzes vom 18. Juni 1840 gelegte Gewicht wurde hier (S. 106) noch durch die Erwägung verstärkt, daß dieser §. 11 die Wiedereinsetzung in den v St. gerade bei solchen Forderungen ausschließt, „deren Beitreibung am Wenigsten zu erlassen, und von deren Eingange öffentliche Einrichtungen und öffentliches Wohl abhängig sein müssen." Und in einem Falle der zweijährigen Verjährung einer kaufmännischen Waaren-Forderung motivirte der höchste Gerichtshof die Verwerfung der wegen angeblicher Unbekanntschaft mit dem Aufenthalte des Beklagten von Seiten des Klägers nachgesuchten Restitution, durch den für alle Restitutions-Ursachen angenommenen Grundsatz: daß gegen die durch das Gesetz vom 31. März 1838 eingeführten kürzeren Verjährungsfristen die Wiedereinsetzung in den v. St. aus den §§. 531. 532 h. t. überhaupt nicht zu gewähren sei: Entsch. L. 100—107 (v. J. 1863).

Auch in dem zuletzt angeführten Falle hatte der Appellations Richter die in den §§. 531. 532 gedachte Wiedereinsetzung i. d. v. St. auch gegen die kürzeren Verjährungsfristen zulässig erachtet, „da die Bestimmungen dieser §§en ihrem Wortlaute nach sich auf alle Arten der Verjährung bezögen und ganz allgemeine Grundsätze für dieselben enthielten, keineswegs aber eine Ausnahme bei kürzeren, als den gewöhnlichen Verjährungen, bestimmten." (S. 103.) In den gegen diese Auffassung gerichteten Gründen (S. 104—107) ging nun das Ober-

Tribunal zunächst auf die (oben S. 186 mitgetheilte) Ansicht der Gesetzrevisoren zurück, ohne jedoch eine — nach der Beschaffenheit des gerade vorliegenden Falles nicht erforderliche — Entscheidung der Prinzipien-Frage treffen zu wollen: ob die in den §§. 531. 532 gedachte 4jährige Restitutionsfrist überhaupt nur bei der zehn- und mehrjährigen Verjährung Platz greife. Dann aber stützte es den Grundsatz,

> daß gerade gegen den Ablauf der in dem Gesetze vom 31. März 1838 begründeten Verjährungen keinerlei Restitution Statt finde,

ganz auf die Gründe der Präjj. 1802 und 2387, — mit der zum Schluß gemachten Nutzanwendung: daß die durch das Gesetz v. 1838 bezweckte Beseitigung der Unsicherheit des Rechts nicht herbeigeführt werden würde, wenn es allen denjenigen, deren Forderungen in Gemäßheit jenes Gesetzes schon mit dem Ablaufe von 2 und resp. 4 Jahren verjähren sollen, in den Fällen der §§. 531. 532 gestattet sein sollte, noch innerhalb vier Jahren von der Zeit des gehobenen Hindernisses auf Wiedereinsetzung anzutragen. Wäre hierüber nach dem Erscheinen des Gesetzes v. 31. März 1838 auch wirklich noch ein Bedenken gewesen, so sei dieses Bedenken doch jedenfalls durch den, die Restitution selbst den Minderjährigen 2c. versagenden §. 11 des Gesetzes vom 18. Juni 1840 beseitigt worden.

Es läßt sich nun freilich nicht verkennen, daß man nach Lage unserer Gesetzgebung mit guten Gründen pro et contra disputiren kann. Zwei Prinzipien stehen hier einander gegenüber: Schutz des Eigenthums und der Rechte (nach der Anm. zum Entw., oben S. 145 fg., die „Hauptpflicht" des Gesetzgebers), und Abschneidung verwickelter Prozesse (die „untergeordnete Obliegenheit" des Gesetzgebers, im Interesse der Rechtssicherheit, ut certa sint rerum dominia). Dem ersten dieser Prinzipien verdankt die Schonung des Berechtigten ihren Ursprung: daher die Hemmung des Laufes der Verjährung wegen unverschuldeter Hindernisse; daher die Restitution gegen die abgelaufene Verjährung in bestimmten Fällen. Dem zweiten Prinzip dagegen verdankt unter Anderem die straffere Anziehung der Verjährungs-Gesetze ihren Ursprung: so die Einführung kürzerer und durchgreifender Verjährungsfristen, die Versagung der Restitution. Je nachdem man nun das eine oder das andere jener Prinzipien in den Vordergrund stellt, kann man in der vorliegenden, zunächst auf die durch das Gesetz v. 31. März 1838 eingeführten kürzeren Verjährungsfristen beschränkten Frage die eine oder die andere Entscheidung rechtfertigen. Legt man mit dem Ob. Trib. das ganze Gewicht auf den in diesem Spezialgesetze ausgesprochenen Zweck der Rechtssicherheit, so kann man die allgemeinen gesetzlichen Bestimmungen über die Hemmung des Laufes der Verjährung und über die Restitution, als mit diesem Zwecke unverträglich, für den Umkreis des Spezialgesetzes stillschweigend ausgeschlossen erachten und in dem §. 11 des Gesetzes vom 18. Juni 1840 die Anerkennung einer (nur nicht direct ausgesprochenen) Regel[283]) finden: daß nämlich die kurze Verjährung gewisser objectiv eigenthümlicher Forderungen in durchgreifender Weise und ohne Rücksicht auf sonstige den Berechtigten aus subjectiven Gründen zustehende Schutzmittel eintreten soll. Hält man dagegen an dem allerdings überwiegenden Prinzip des Rechtsschutzes fest, so kann man ohne allen Zwang gegen die Ansicht des Ober-Tribunals folgendes Argument geltend machen. Die allgemeinen Bestimmungen der Gesetze über die Hemmung des Laufs der Verjährung und über die Restitution müssen auch bei allen einzelnen Arten der Verjährung zur Anwendung gelangen, wenn das Gesetz nicht bei diesen einzelnen Arten eine Ausnahme macht und jene allgemeinen Bestimmungen ausdrücklich ausschließt. Also sind die Verjährungs-Privilegien der Minorennen ꝛc. auch bei den durch das Gesetz v. 1838 eingeführten kürzeren Fristen zulässig, weil das Gesetz sie nirgends ausdrücklich ausgeschlossen hat. Also bildet der §. 11 des Gesetzes v. 1840 eine Ausnahme von der allgemeinen, unangetastet gebliebenen Regel des privilegiirten Schutzes der Minorennen ꝛc.

Hiernach hatten die Gerichte zweiter Instanz, welche mit einer gewissen Zähigkeit an der dem Ob. Trib. entgegengesetzten Ansicht festhielten, gute Gründe genug für sich.[284])

283) Ein ähnlicher Fall der Auffassung eines Spezialgesetzes als Anwendung einer — nur nicht ausdrücklich angegebenen — allgemeineren Regel findet sich oben Bd. I. S. 103 (betr. A. L. R. Anh. §. 78).

284) Zu den bereits angeführten Appellations-Urtheilen (Entsch. XIV. 209 ff.; Strieth. IV. 120; Entsch. L. 103) kommt hier noch das von v. Rönne (Ergänz. und Erläut. ad h. t.) allegirte Kammergerichts-Präj. No. 21 (aus d. J. 1853), nach welchem die in dem Gesetz v. 31. März 1838 festgesetzten Verjährungsfristen auch gegen Minderjährige und bevormundete Personen zu laufen beginnen (soll wohl heißen: „nicht zu l. b."), und die Vorschrift des §. 535 h. t. durch das G. v. 31. März 1838 für die darin bezeichneten Fälle nicht außer Kraft gesetzt ist, — vor Allem aber das durch das Appellationsgericht zu Breslau bestätigte, in sehr sorgfältiger und ausführlicher Motivirung dem Präj. 1802 entgegentretende erstinstanzliche Erkenntniß aus d. J. 1853 in der Arnsb. Jur. Monatsschr. S. 193—200. (Vgl. v. François in der Jur. Wochenschr. 1847 Sp. 313—317.) Nur in Einem der oben beigebrachten Fälle (Entsch. XXIII. 106) hatte sich der

Allein dennoch ist es der Zug eines wahrhaft praktischen Bedürfnisses, welcher unseren höchsten Gerichtshof auf den von ihm eingeschlagenen Weg geführt zu haben scheint. Schon der Code Nap., der doch im Uebrigen bei der einfacheren Methode des neueren Römischen Rechts geblieben war, den Lauf der Verjährung in den geeigneten Fällen gleich ipso iure zu hemmen (oben Anm. 275), hatte jede Restitution gegen gewisse eigenthümliche kurze Verjährungen (quelques prescriptions particulières) ausgeschlossen: Art. 2278. Les prescriptions dont il s'agit dans les articles de la présente section, courent contre les mineurs et les interdits; sauf leur recours contre leurs tuteurs. (Löwenberg Beitr. I. 118. Vgl. auch Code Nap. art. 1676.) Um so mehr mußte sich bei der verwickelteren Landrechtlichen Methode, erst der Verjährung freien Fortlauf zu lassen und nachträglich Restitution zu gewähren, das Bedürfniß fühlbar machen, in den Fällen gewisser aus objectiven Gründen einer kürzeren Verjährung unterworfener Forderungen die Restitution definitiv abzuschneiden, und zwar nicht blos in den Fällen des Gesetzes v. 31. März 1838. Wenngleich also das Ob. Trib. die Prinzipienfrage auch noch in dem neuesten der angeführten Erkenntnisse (v. J. 1863: oben S. 190 fg.) unentschieden gelassen hat — wie denn in der That nicht die bloße Kürze der Verjährungsfrist (unter zehn Jahren), sondern die objective Beschaffenheit der besonderen

---

Appellations-Richter in Uebereinstimmung mit dem Präj. 1802 befunden. Doch theilen gelegentlich auch noch andere Obergerichte die Ansicht, daß die Restitution bei den Verjährungsfristen des Gesetzes v. 1838 unzulässig sei: J. M. Bl. 1841 S. 109 ad 2 (Königsberg 1841) und Gruchot VII. 541 (Hamm 1862).

Die Geschichte der Entstehung des Gesetzes vom 31. März 1838 (Löwenberg Beitr. Bd. I. S. 116—118), in Verbindung mit den Motiven zum §. 11 des Gesetzes vom 18. Juni 1840 (Löwenb. S. 136 und J. M. Bl. 1841 S. 110 ad 2), läßt sich freilich eher für als gegen die Zulässigkeit der Restitution benützen.

Der Fehler liegt wohl in der Redaction unseres Gesetzbuches selbst. Nach der Adoption des Grundsatzes, daß die dem Anfange der Verjährung entgegen stehenden Hindernisse doch den Fortlauf derselben nicht hemmen sollen, erwies sich für dieses besondere Verhältniß die im Allgemeinen grundsätzlich verworfene restitutio in integrum als unentbehrlich, um Härten zu vermeiden (oben S. 181). Als man aber die Restitutionsfrist „generaliter" auf vier Jahre festsetzte (oben Anm. 273), scheint man in der That an den Unterschied zwischen kürzeren und längeren Verjährungsfristen nicht gedacht zu haben. Und so ist denn auch die von Koch (im Comm. ad §. 531 h. t. Anm. 37) gegen die „Verstümmelung des Instituts der Restitution" gerichtete Kritik keinesweges zu hart. Vgl. oben Anm. 235 und 275.

Forderung als Entscheidungsnorm würde dienen müssen[285]) —, so hat sich doch die Gesetzgebung selbst veranlaßt gesehen, in sehr wichtigen und weitgreifenden Beziehungen jenem praktischen Bedürfnisse gerecht zu werden. In Betreff der öffentlichen Abgaben ist dies durch den bereits erörterten §. 11 des Gesetzes vom 18. Juni 1840 geschehen. (Oben S. 188.) Und gerade diesem Sen ist noch in neuerer Zeit der Art. 149 des Allg. Deutschen Handelsgesetzbuches (der sich auf die fünfjährige Verjährung der Klagen gegen die Handelsgesellschafter nach Maßgabe der Artikel 146 ff. beziehet) fast wörtlich nachgebildet worden:

> „Die Verjährung läuft auch gegen Minderjährige und bevormundete Personen, so wie gegen juristische Personen, denen gesetzlich die Rechte der Minderjährigen zustehen, ohne Zulassung der Wiedereinsetzung in den vorigen Stand, jedoch mit Vorbehalt des Regresses gegen die Vormünder und Verwalter." (Ges. Samml. 1861 S. 511.)

4. **Verträge über die Verjährung.**

Die dem A. L. R. eigenthümliche Unterordnung der Verjährung unter die Verträge der Parteien ist schon bei Gelegenheit der Lehre von den Gegenständen einer rechtsgültigen Willenserklärung (oben Bd. I. S. 159, Anm. 283) angedeutet worden.

Daß nach Römischer Rechtsanschauung die Verjährung iuris publici und deshalb der Privatwillkühr entzogen war, hätte kaum einem Zweifel unterliegen dürfen: Sav. V. 411; Puchta §. 89 Note d; Born. Erörtr. S. 120.[286]) Allein auf dem Gebiete des Ge-

---

285) Treffend ausgeführt ist dies in einem (nach Anm. 284 in Betreff des Gesetzes v. 1838 dem Ob. Trib. beipflichtenden) Erkenntnisse des Appellationsgerichts zu Hamm aus d. J. 1862 (bei Gruchot VII. 540. 541). Hier wird das Gewicht nicht „auf die Dauer der Frist an sich" gelegt, sondern auf die Natur der betr. Forderung. Und daraus ergibt sich insbesondere die Folgerung, daß der Anwendbarkeit des §. 535 h. t. Nichts im Wege steht, wenn es sich um die kürzere Verjährung der außercontractlichen Entschädigungsansprüche aus §. 54 A. L. R. I. 6., oder der Ansprüche auf Gewährleistung aus den §§. 343. 344 A. L. R. I. 5. handelt.

Nicht minder würde unter Anderem unser §. 535 auch auf die einer kurzen (2jährigen) Verjährung unterworfene Pflichttheils-Klage aus §. 440 A. L. R. II. 2. anwendbar sein: Entsch. XLIV. 193 (oben S. 100).

286) Savigny hält deshalb einen Vertrag für ganz unwirksam, durch welchen vor Ablauf der Verjährung (unter Anderem gleich bei Abschluß des Rechtsgeschäfts, worauf sich künftig eine Klagverjährung beziehen könnte) die Verjährung ganz ausgeschlossen, oder in ihren Bedingungen oder Wirkungen modificirt werden soll. (S. 411 a. a. O.) Dagegen erscheint es ihm durchaus zulässig, nach Ablauf der Verjährung „dieselbe durch

meinen Rechts haben sich, hauptsächlich wegen der den Parteien nicht abzuschneidenden Herrschaft über ihre Privatrechte, manche Stimmen dafür erhoben, daß die Verengung wie die Erweiterung der gesetzlichen Verjährungsfristen durch Privatwillkühr zuläßig und von praktischem Nutzen sei. Zwar gerade der noch zur Zeit der Vorarbeiten zu unserem Gesetzbuche so einflußreiche Rave (de praescriptione §. CLXVII) hatte sich für die, wie er sie (im Jahre 1766) nannte, communissima opinio ausgesprochen, nach welcher die Frage, ob der Verjährung überhaupt entsagt werden könne (an praescriptioni renunciari queat), insbesondere der hierher gehörige Theil dieser Frage:

> an in antecessum per conventionem aliquis se obligare possit, se praescriptionis auxilio contra alterum nunquam uti velle?

apodiktisch verneinend beantwortet wurde, mit durchgreifender Berufung auf die öffentlich-rechtliche Natur der (in utilitatem publicam oder in usum publicum eingeführten) Verjährung.[287]) Jedoch verfocht schon Rave's Commentator Eichmann (Note t ad §. alleg., Ausg. v. J. 1780,) die entgegengesetzte Ansicht mit besonderem Eifer, indem er namentlich auszuführen suchte, daß eine in den Gesetzen nicht positiv verbotene Entsagung solcher Vortheile, welche, wenngleich des öffentlichen Nutzens halber durch die Gesetze eingeführt, doch materiell lediglich zum status privatus gehören, also insbesondere die Entsagung der dem einzelnen Staatsbürger aus der Verjährung erwachsenden Vortheile (renunciatio exceptionis praescriptionis), für zuläßig erachtet werden müsse, quia neque res publica inde damnum sentit, neque ius tertii laeditur.[288])

Vertrag aufzuheben, das heißt auf die durch dieselbe erlangten Vortheile ganz oder theilweise zu verzichten." (S. 412.) Die Bedeutung der Verträge in Beziehung auf eine bereits vollendete Verjährung kann jedoch erst im Zusammenhange mit der Landrechtlichen Lehre von der Unterbrechung der Klagverjährung (unten II. 3. ad §. 564 h. t.) vollständig gewürdigt werden.

287) Sogar der andere Theil der Frage: an quis effectum validae praescriptionis factae sua voluntate remittere possit, wurde von Rave und seinen (übrigens von ihm nicht namhaft gemachten) Gewährsmännern in gleich durchgreifender Weise verneint! Freilich meinte R. schließlich, daß dergleichen Renunciations-Fälle (der einen wie der anderen Art) nicht leicht vorkommen würden.

288) Auch Brunnemann (an der von Gruchot VII. 584 beigebrachten Stelle) hatte lange vor Eichmann eine ähnliche Meinung, wenngleich nur in der Form eines Bedenkens, ausgesprochen: . . . pactum, ut non currat praescriptio, non valere putant, cum praescriptio ob favorem

In neuerer Zeit sind vor Allen Thibaut und Unterholzner als die Vertreter dieser Ansicht zu bezeichnen.

Thibaut hatte es von jeher für allgemein zugestanden und für zweifellos gehalten, daß die Parteien die gesetzlichen Verjährungstermine durch Vertrag abkürzen können. Denn wer sein Recht ganz und auf der Stelle aufgeben könne, dem müsse auch das Minus erlaubt sein, daß er sich zum Verlust noch gewisse Termine vorbehalte. Nicht minder hatte Th. früher die Meinung vertheidigt, daß es den Parteien ohne alle Beschränkung frei stehe, auszumachen: es solle unter ihnen die gesetzliche Verjährung verlängert werden, oder gar keine Verjährung statt finden. Denn die Verjährung sei überhaupt nur für den zweifelhaften Fall durch die Gesetze eingeführt, indem nach den Gesetzen selbst (7 §§. 5. 6; 8 §. 4. C. VII. 39) die ganze Verjährung wegfalle, wo Jemand das Recht seines Gegners anerkenne. In einem der Verjährung entsagenden Vertrage liege aber gerade eine solche Anerkennung.[289]) Später jedoch entschied sich Th. dafür, daß die Verlängerung nicht über die praescriptio longissimi temporis hinaus gehen dürfe.[290])

Unterholzner[291]) findet es „natürlich", daß derjenige, welcher eine die Wirkungen der Verjährung ausschließende Verabredung für sich hat, die Berufung auf dieselbe (pacti exceptio) demjenigen ent-

publicum introducta. Sed id dubium, cum ob securitatem privatorum principaliter introducta.

289) Thibaut System des Pandekten-Rechts, Ausg. 6 (v. J. 1823), §. 1016: „Die richterliche" (praescriptio iudicialis) „darf natürlich nie die gesetzlichen Termine verengen; wohl aber darf die testamentarische und vertragsmäßige" (praescriptio testamentaria, conventionalis) „die gesetzlichen Termine verengen oder erweitern, sofern nicht einseitig die Rechte dritter Personen dadurch verletzt werden. Daher kann auch der Richter die Einrede der Verjährung nie von Amts wegen geltend machen." Die oben mitgetheilten Gründe stammen aus den von Th. im Jahre 1825 gehaltenen Vorlesungen. (Einleuchtend erscheint die Schwäche des von der „Anerkennung" hergenommenen Arguments, so weit dasselbe ohne Unterschied für die vor und nach dem Ablaufe der Verjährung geschlossenen Verträge geltend gemacht und nicht auf die erst nach vollendeter Verj. geschlossenen Verträge beschränkt wird: oben Anm. 286.)

290) Zusatz späterer Ausgaben (Ausg. 9, v. J. 1846 [besorgt von v. Buchholtz], §. 195) zu der (übrigens unverändert gebliebenen) Stelle, welche in der vorigen Anm. ausgeschrieben ist: „Nur die praescriptio longissimi temporis" (d. i. v. 30. 40. 100 Jahren) „kann nicht willkürlich erweitert werden, und ist vom Richter ungebeten zu berücksichtigen." Vgl. unten Anm. 306.

291) Verjährungslehre §. 28. (Fast wörtlich wiedergegeben in Weiske's Rechtslexicon XII. 333. 334.) Vgl. unten Anm. 307.

gegen setzen kann, welcher von der Verjährung für sich Gebrauch machen will. Das aus dem ius publicum herstammende Bedenken sucht U. durch die Erwägung zu beseitigen, daß die Betheiligung des Gemeinwohls (bei der Abschneidung der Rechtsstreitigkeiten, diesem allgemeinen Zwecke aller Verjährung,) doch nur als eine mittelbare anzusehen sei. Der nächste Zweck bleibe immer, „die Einzelnen, welche durch veraltete Ansprüche bedroht sind, dagegen in Schutz zu nehmen.“[292]) Was stünde dann aber im Wege, daß der Einzelne dem Vortheile entsage, den ihm die Gesetze gewähren?“[293])

Unsere Redactoren scheinen nun in diesem Falle weniger auf die Wissenschaft und Praxis ihrer Zeit zurück gegangen, als vielmehr ihrem eigenen — freilich hin und her schwankenden — Raisonnement gefolgt zu sein.

Nach dem Kircheisen'schen Entw. (§. 946. 948: Mat. S. 445. 446) sollte die einem Vertrage beigefügte Entsagung des Einwandes der Verjährung nichtig sein, dagegen durch Verträge die Verjährungszeit verkürzt werden können.

Der s. g. Erste Entwurf unterschied überaus correct und durchgreifend zwischen den Verträgen vor und nach abgelaufener Verjährung, indem er die ersteren verwarf, die letzteren zuließ: „§. 37. Wenn die Gesetze zur Ausübung eines Rechtes eine bestimmte Frist vorgeschrieben haben, steht es nicht in der Willkühr der Parteien, solche zu verlängern, oder zu verkürzen. §. 38. Sie können aber sich des ihnen zustehenden Rechtes“ (d. i. augenscheinlich: des aus der Verjährung bereits erlangten Rechtes) „durch Vertrag begeben.“ (Mat. S. 473.) Hiermit war nun Ein Mitglied der Gesetz-Commission (H.) ganz einverstanden, während ein Anderes (K.) den Paciscenten die Freiheit lassen wollte, „sich der Verjährung zum voraus zu begeben“, wogegen ein dritter Monent (v. T.) den ganzen §. 37. auszuscheiden und den Parteien volle Freiheit zu gewähren anrieth: den von den Gesetzen vorgeschriebenen Termin, z. B. zur Ziehung des Zehents, Ausübung der Hütung u. s. w., nach den besonderen Verhältnissen und Localverfassungen zu verlängern oder zu verkürzen.“ (Mat. S. 473 fg.) Sz. erklärte sich

292) Aehnlich schon Brunnemann oben Anm. 288.

293) Aehnlich schon Eichmann in der oben angeführten Erläuterung zu Rave.

Weiter findet Unterholzner für seine Auffassung eine Stütze in der L. 31. §. 22. de aedil. ed. XXI. 1. Diese Stütze scheint jedoch der Argumentation gänzlich entzogen zu sein durch die Gegenbemerkung von Sav. V. 412, daß die Stelle überhaupt nicht von der Klagverjährung spricht. Vgl. unten Anm. 304.

in Ansehung der Verkürzung mit dem letzten Monenten (v. Tevenar) einverstanden: „warum sollten Parteien nicht festsetzen können, daß ein gewisses Recht, wenn es z. E. binnen 10 Jahren nicht exercirt würde, oder ein Darlehn, wenn es binnen 10 Jahren nicht zurückgefordert würde, erloschen sein solle." In Ansehung der Verlängerung dagegen hielt Sz. die Entscheidung der Frage für maßgebend, „ob überhaupt der Präscription renunciirt werden könne." „Herr Heidenreich verneint, Hr. Könen bejaht solche. Ich würde pro negativa sein; denn praescriptio est juris publici; sie ist zum Besten des Ganzen und ad finiendas lites eingeführt. Kann ihr also nicht entsagt, so können auch die Fristen nicht in antecessum verlängert werden." (S. 474.)

Das hierauf erfolgende Conclusum kehrte jedoch, auffallend genug, die Sache gerade um und brachte ein formelles Moment hinzu, welches von entscheidender Bedeutung geblieben ist: „Verkürzt kann die Frist per pactum nicht werden, verlängert aber und der Präscription ganz renunciirt werden, wenn das pactum gerichtlich insinuirt und in den Grund- und Lagerbüchern eingetragen worden." Demgemäß wurden die entsprechenden §§en des (gedr.) Entwurfes dahin gefaßt:

§. 446. Ueberhaupt hängt es von der Willkühr der Partheyen ab, den ihnen vortheilhaften Würkungen der Verjährung zu entsagen.

§. 447. Dagegen können die in den Gesetzen zur Verjährung bestimmten Fristen durch Verträge nicht abgekürzt werden.

§. 448. Sollen diese Fristen durch Verträge verlängert werden, so müssen diese gerichtlich verlautbart, und wenn die Sache ein Grundstück betrifft, in den gerichtlichen Grund- und Lagerbüchern verzeichnet seyn.

§. 449. Ein gleiches muß geschehen, wenn der Verjährung durch einen Vertrag, zum voraus, gänzlich entsagt werden soll.

In der mehrerwähnten großen Anmerkung zum gedr. Entw. (oben S. 85 u. 145) wurde zur Begründung dieser neuen Theorie nichts weiter gesagt, als daß aus dem Zwecke der Verjährung, Gewißheit der Eigenthums-Rechte zu befördern und schädliche Prozesse zu verhüten, auch folge, daß nach §. 448. 449. Verträge gegen die Präscription gerichtlich verlautbart werden müssen. (Mat. S. 503 ad 3. [Sz.]) Dagegen wurde die neue Theorie von den Beurtheilern des Entwurfs aufs Lebhafteste angegriffen, und zwar von dem Standpunkte beider, hier einander entgegen stehender Prinzipien, „indem", wie Sz. in seiner Revision den Stand der Sache zusammenfaßt, „einige Monenten gegen die nachgegebene Verlängerung der Verjährungsfristen und gegen die in antecessum geschehene Renunciation der Verjährung protestiren, weil die Lehre von der Verjährung ad leges publicas gehöre, die zum gemeinen Besten eingeführt worden, et quibus per pacta privatorum derogari non potest; Andere hingegen auch die Abkürzung der Verjährungsfristen per pactum contra §. 447. erlauben wollen, weil ja per pactum einem jeden Rechte, und secundum §. 449 der ganzen Verjährungsfrist entsagt werden könne, qui autem potest majus potest quoque minus." Offenbar führte die Consequenz zur Annahme der letzteren Meinung, der dann auch Sz. mit der Bemerkung beitrat: „Wenn man einmal annimmt, daß der Verjährung in antecessum ganz entsagt, und daß die Frist dazu per pactum verlängert werden kann, so ist kein Grund vorhanden, warum nicht auch kürzere Fristen dazu per pactum sollten bestimmt werden können. Eigentlich erlischt alsdann das Recht freilich nicht per praescriptionem, sondern vermöge des Vertrags, wodurch der Berechtigte erklärt, sich seines Rechtes zu begeben, wenn er solches binnen der bestimmten Frist nicht ausüben würde. Am Ende ist aber doch der Effect derselbe, und ich sehe nicht ab, warum man dergleichen pactum nicht gelten lassen wolle." (Mat. S. 530.)

So kam es denn zu den §§. 571. 572 des umgearbeiteten Entwurfes (Mat. S. 578), welche den jetzigen §§. 565. 566 genau entsprechen, nur daß es in dem ersten dieser beiden §§en anstatt: „bei Schließung eines Vertrags der Verjährung der daraus entstehenden Rechte auch im voraus zu entsagen", im A. L. R. (und eben so schon im A. G. B. v. 1791) heißt: „der Verjährung und dem daraus entstehenden Rechte" ꝛc. Doch blieb das „neue principium" auch noch im letzten Stadium nicht ohne Anfechtung, indem Ein Mitglied der Gesetz-Commission (L.) dagegen geltend machte: daß man im Interesse der Sicherheit des Eigenthums und der Rechte die Verjährung eher befördern als erschweren sollte, ein Anderes (H.): daß es „viele Streitigkeiten machen" werde, „zumal wenn die gerichtliche Verlautbarung nicht bekannt wird". (S. 578.) Sz. vertheidigte dagegen die einmal angenommenen Prinzipien, unter Hinweisung auf die nicht ohne Noth einzuschränkende „bürgerliche Freiheit im Contrahiren", mit einer neuen Wendung: „Ein Dritter kann dadurch niemals gefährdet werden. Die Rechte, welche präscribirt werden sollen, sind entweder dingliche oder persönliche. Erstern Falles muß ein solches Pactum im Hypothekenbuche eingetragen werden, wodurch aller Ungewißheit und Gefährdung eines Dritten sattsam vorgebeugt ist. Ist von einem persönlichen Rechte die Rede, so geht die demselben entgegenstehende Pflicht doch nur auf den Erben über, welchem die Gesetze andere Mittel an die Hand geben, sich durch Edictal-Citation der Gläubiger von der Beschaffenheit und den Lasten des Nachlasses zu versichern." (Mat. S. 579. Jahrb. LII. 10.)

Nur zur endlichen Abgränzung des Gegenstandes wurde, nach dem Concl.: „Add., daß keine pacta indefinita dieser Art stattfinden", noch der gegenwärtige §. 567 erschaffen und hinzugefügt. (Mat. S. 579.) Erst in der s. g. Schlußrevision (Mat. S. 579; Jahrb. XLI. 14) kam Sz., in der gedrängten Vertheidigung der §§. 565—567, auch auf die s. g. „gemeinste Meinung", freilich der früheren Anführung von Rave (oben S. 195) geradezu entgegen: „Die unter den Rechtslehrern streitige Frage: in wiefern die Präscription per pactum ausgeschlossen werden könne? ist hier nach der gemeinsten, auch bei dem Tribunal recipirten, Meinung, entschieden. Der §. 566 ist freilich neu, weil man, außer bei uns, von Hypothekenbüchern nichts weiß. Er ist aber auch wohl zur Aufrechthaltung des Glaubens der Hypothekenbücher nothwendig."

Hiernach ist durch das A. L. R. der Privatwillkühr in ihren Bestimmungen über die Verjährung — natürlich vorausgesetzt, daß es sich um „bestimmte" Geschäfte und Gegenstände handelt — ein materiell unbegränzter, nur formell durch das Erforderniß der gerichtlichen Verlautbarung resp. Eintragung beschränkter, Spielraum gelassen worden, wie folgt:

§. 565. Ueberhaupt hängt es von den Parteien ab, bey Schließung eines Vertrags der Verjährung und dem daraus entstehenden Rechte, auch im Voraus, zu entsagen, ingleichen kürzere oder längere Fristen dazu, als die gesetzmäßigen sind, zu verabreden.

§. 566. Es muß aber ein solcher Vertrag, bey Strafe der Nichtigkeit dieser Verabredung, gerichtlich verlautbart, und wenn er ein Grundstück, oder ein darauf eingetragenes dingliches Recht betrifft, in den gerichtlichen Grund- und Hypothekenbüchern verzeichnet werden.

§. 567. Verträge dieser Art, die nicht ein bestimmtes Geschäft, oder einen bestimmten Gegenstand betreffen, sind, so weit sie etwas über die Verjährung bestimmen sollen, ohne rechtliche Wirkung.

Nach der Natur der Sache passen übrigens gesetzliche Vorschriften dieser Art von selbst nur auf die Extinctiv-Verjährung. Und in der That scheint Sz. lediglich durch ein unbedachtes Monitum bei der Revision des gedruckten Entwurfes zur Hinzufügung des Paragraphen verführt worden zu sein, welcher im A. L. R. (wie schon im umgearbeiteten Entwurfe) den Schluß des ganzen Abschnittes von der Verjährung bildet:

§. 669. Von Verträgen über die Verjährung durch Besitz gilt alles das, was wegen der Verträge über die Verjährung durch Nichtgebrauch vorgeschrieben ist. (§. 565 sqq.)[294])

Aber auch die Anwendung unserer Vorschriften auf die Extinctiv-Verjährung unterliegt prinzipiell und praktisch den erheblichsten Bedenken. Prinzipiell (de lege ferenda) sprechen sich die Gesetzrevisoren (S. 171. 172) dafür aus, die Verjährung als ein staatsrechtliches Institut jeder Verlängerung durch Privatwillkühr zu entziehen, und (in Nachahmung der beiden großen neueren Gesetzbücher[295] eine im Voraus erfolgte Entsagung der Verjährung, so wie die Verabredung einer längeren, als in den Gesetzen vorgeschriebenen Frist, für unzulässig zu erklären, weil durch die Zulassung solcher Verträge der Zweck des Instituts nach Belieben vereitelt werden könne: „Von der Abkürzung einer Verjährungsfrist durch Verträge darf nämlich" nach ihrer weiteren Ausführung „gar nicht die Rede seyn, denn es ist keine Verjährung, wenn durch Privatwillkühr irgend eine Verbindlichkeit unter der Bedingung übernommen wird, daß der Berechtigte seinen Anspruch in einer bestimmten Zeit geltend machen müsse. Der Erfolg eines solchen Abkommens ist nach den allgemeinen Grundsätzen von den Wirkungen der Verträge zu beurtheilen, und gehört nicht in die Theorie der Verjährung."[296])

---

294) Vgl. Mat. S. 558 (Sz.): „Daß de pactis super praescriptione acquisitiva eben das gelte, was bei der exstinctiva (n. 10), könnte mit ein Paar Worten beigefügt werden" und S. 600: §. 671 des umgearbeiteten Entwurfs (jetzt §. 669). Dieser §. entzieht sich jedoch von selbst der praktischen Anwendung. Die Undenkbarkeit eines Vertrages zwischen dem Usucapions-Besitzer und dem Eigenthümer ist von Gruchot (VIII. 299) mit voller Schärfe nachgewiesen worden. Auch Bornemann (Ausg. I. §. 143; Ausg. II. §. 112) hatte sich von jeher gegen diesen Theil der Landrechtlichen Bestimmungen erklärt.

295) Code Nap. art. 2220: On ne peut, d'avance, renoncer à la prescription.... Oestr. §. 1502: Der Verjährung kann weder im voraus entsagt, noch kann eine längere Verjährungsfrist, als durch die Gesetze bestimmt ist, bedungen werden. (Vgl. unten Anm. 310.)

Eine eigenthümliche, schwerlich haltbare Mitteltheorie (Unzulässigkeit des Verzichts überhaupt und der Verlängerung der 30jährigen Verjährung; — Zulässigkeit der Abkürzung überhaupt und der Verlängerung kürzerer Verjährung bis zu 30 Jahren) ist neuerlich in das Sächs. Gesetzbuch übergegangen: Gruchot VII. 585 fg.

296) Von unseren Autoren hat sich Thöne (§. 328) den Revisoren lediglich angeschlossen. Bornemann (a. a. O. oben Anm. 294) verthei-

Praktisch waren nach der Bemerkung der Gesetzrevisoren (i. J. 1829) Erfahrungen, welche auf die Zweckmäßigkeit oder Unzweckmäßigkeit der Bestimmungen §. 565—567 hätten schließen lassen, nicht gemacht worden. Nur auf das Conclusum der Gesetz-Commission vom 22. Octbr. 1795, welches sich auf eine vor der Publication des Allg. Landrechts erfolgte Entsagung der Wechsel-Verjährung bezog, vermochten die Gesetzrevisoren zu verweisen. [297]).

---

digt in Ansehung der Extinctiv-Verjährung die Landrechtlichen Bestimmungen; nur daß er schließlich bei gewissen Forderungsrechten (wenn nämlich kraft eines allgemeinen Rechtsgrundes ein bestimmter Anspruch erhoben und das unbestimmte Forderungsrecht in ein bestimmtes verwandelt wird), so wie überhaupt bei allen kürzeren Verjährungsfristen, das Landrechtliche Requisit der gerichtlichen Form für entbehrlich hält. Koch (Comm. ad §. 564. 565.) ist grundsätzlich gegen die Landrechtliche Theorie. Und Gruchot (VII. 580) ist nicht nur der Ansicht, daß diese Bestimmungen unseres Landrechts der Natur und dem Zwecke der Verjährung zuwiderlaufen, sondern bemerkt überdies, daß dieselben durch die Formvorschrift des §. 566 der praktischen Anwendbarkeit fast gänzlich entzogen seien und deshalb für den Rechtsverkehr aller Bedeutung entbehren.

297) Ein Jude aus Kalisch hatte im Jahre 1791 auf der Margarethen-Messe zu Frankfurt a. d. O. an einen dortigen Kaufmann über eine gewisse auf die nächstkommende Frankfurter Reminisceremesse zu bezahlende Summe einen Wechsel ausgestellt, in welchem es u. A. hieß: „. . . und begeben uns . . . aller Wechselverjährung oder Präskription des Wechselrechts, so nach Leipziger und andrer Orten Wechsel- und Gerichtsordnungen eingeführt" rc. Im Jahre 1793 entstand zwischen dem Cessionar des Wechselgläubigers und dem Wechselschuldner ein Rechtsstreit, in dessen Verlaufe folgende mit Gründen pro affirmativa und pro negativa sorgfältig ausgestattete, vom 30. Sptbr. 1795 datirte Anfrage der Südpreußischen Regierung zu Posen an die Gesetz-Commission gebracht wurde: „Wird durch die in einem sonst an sich gültigen Wechsel von dem Wechselschuldner geschehene Entsagung der Wechselpräskription, die Wechselkraft unbestimmt auf eine zu Recht beständige Weise konservirt?" Die G. C. präcisirte diese Frage dahin: „ob dem Einwande der Verjährung in einem Wechsel rechtsbeständig entsagt werden könne?" und beschränkte ihr Conclusum vom 22. Octbr. ej. a. darauf: „daß im vorliegenden Falle die von einem Kalischer Juden im Jahre 1791 erfolgte Entsagung der Verjährung eines von ihm ausgestellten Wechsels für verbindlich zu achten, und mithin im Jahre 1793 aus diesem Wechsel ein wechselmäßiger Anspruch stattgefunden habe." Durch das Confirmations-Rescript vom 9. Novbr. ej. a. wurde jedoch der Mittheilung dieses Conclusums an die Südpr. Reg. noch das generelle „Bedeuten" beigegeben: „daß bei Wechseln, die nach dem 1. Juni 1794 ausgestellt worden, die Vorschriften des allgemeinen Landrechts Th. I. Tit. IX. §. 565, da in Ansehung der Wechsel keine Ausnahme darin gemacht ist, auch Anwendung finden müssen": Stengel Beitr. X. 273—280.

Uebrigens war schon in einem Rescripte an die Ostpreußische Regierung

In der That drängte sich auch später zunächst wieder lediglich die Frage auf, wie es mit der (schon von Rave's Commentator an der oben S. 195 angeführten Stelle als sehr üblich bezeichneten[298]) Entsagung der Wechsel-Verjährung zu halten sei. Das Präj. 9, welches (Samml. I. S. 305) ohne Jahr und Datum ad Concl. 22. Octbr. und Rescr. 9. Nov. 1795 (Anm. 297) eingetragen ist, lautet: „Der Wechselverjährung kann unter Beobachtung der Vorschrift Bd. I. 9. §. 566 gültig entsagt werden." Nach einer gelegentlichen Bemerkung in den Gründen einer Ob. Trib. Entscheidung (Strieth. XXXVIII. 211) „beruht" dieses Präjudiz auf dem Rescripte aus d. J. 1795. Es scheint jedoch fast, als ob Präj. 9 vielmehr aus einem Ob. Trib. Erk. vom 16. Januar 1833 (Rechtsspr. IV. 138—142) gezogen sei. Jedenfalls ist auch nach Einführung der Allg. Deutschen Wechsel-Ordnung, welche der Verträge über die Verjährung gar keine Erwähnung thut, erkannt worden, daß einem Wechselschuldner, der durch gerichtlichen Act vor Ablauf der Frist auf die Verjährung des Wechsels verzichtet hat, die Einrede der Verjährung nicht ferner zustehe: Strieth. XXXVIII. 208—212 (v. J. 1860).[299]) Im Allg. Deutschen Handelsgesetzbuche

---

vom 28. Decbr. 1791 ausgesprochen worden: „Da nach bisherigen gemeinen Rechten die Frage:

in wiefern die Praescription per Pactum ausgeschlossen werden könne?

zweifelhaft ist; das allgemeine Gesetzbuch aber Th. I. Tit. IX. §. 566 nur einem Pacto judiciali diese Wirkung beyleget; So muß hiernach auch die Wirksamkeit der angezeigten Clausul in den dort üblichen Jüdischen Wechseln in Ansehung künftiger Fälle um so mehr beurtheilt werden, je weniger der Rigor Cambialis Begünstigung verdient" rc. Dabei wurde jedoch in Ansehung der damals schon vorhandenen Wechsel jener Art auf die noch zu constatirende „bisherige Observanz" verwiesen (N. C. C. Bd. 9. S. 281. 282); wie denn auch bald darauf eine dahin attestirte Observanz: „daß Wechsel, welche . . . von . . . außerhalb den Königl. Staaten wohnhaften Schuldnern an Einländern ausgestellt worden, vermöge des in dem Wechsel selbst enthaltenen Pacti, auch nach Ablauf der sonst gesetzlichen Wechsel-Präscription annoch die Kraft eines wirklichen Wechsels behalten", durch das Rescr. v. 23. März 1792 (a. a. O. Sp. 903. 904) selbst „ratione futuri" bestätigt und zur Aufnahme in das künftige Provinzial-Gesetzbuch (als „Ausnahme von den allgemeinen Principiis des Gesetzbuchs Th. I. Tit. IX. §. 566 und Th. II. Tit. VIII. §. 908—913") designirt, wenngleich schließlich i. J. 1802 nicht ohne erhebliche Beschränkung in das Ostpreußische Provinzialrecht Zusatz 142 übernommen worden ist.

298) . . . non raro debitor cambialis exceptioni praescriptionis, qua rigor cambialis exstinguitur, renunciare solet.

299) Die Gründe dieser Entscheidung übersehen keinesweges, daß die Wechselverjährung 1) nicht eine bloße Vermuthung der Tilgung (§. 568

ist es — was hier beiläufig angeführt werden mag — ausdrücklich zugelassen worden, die Haftbarkeit des Verkäufers für die Mängel der Waare auf kürzere oder längere als die gesetzlich bestimmten Verjährungs-Fristen „vertragsmäßig" festzusetzen, ohne daß dazu eine besondere (oder gar eine gerichtliche) Form erfordert wird. (Art. 349.)

Eine eigenthümliche Schwierigkeit ist dann aber der neueren Praxis aus der Frage erwachsen, ob gewisse vertragsmäßige Frist-Bestimmungen zu den Verträgen über die Verjährung zu zählen seien, oder nicht, indem von der Beantwortung dieser Frage je nach der Beschaffenheit des besonderen Falles die wichtige Folge abhängt, ob die für den raschen Verkehr so beschwerliche gerichtliche Form erfüllt werden müsse, oder umgangen werden könne. Es sind dieses die bereits oben S. 97 erwähnten, von der Praxis den ächten Verjährungs-Fristen nicht beigezählten, vertragsmäßig festgesetzten Fristen zur prozessualischen Geltendmachung gewisser Rechte.

Darauf bezieht sich zuerst das Präj. 1722 (v. J. 1846: Samml. I. S. 39; Entsch. XIV. 222): „Die in einem Vertrage enthaltene Stipulation, daß die dadurch begründeten Rechte bei Verlust derselben binnen einer bestimmten Frist geltend gemacht werden müssen, namentlich die in den Schlußzetteln der vereidigten Berliner Kourtiers sich vorfindende Bestimmung:

---

h. t.) begründet, sondern die wechselmäßige Verbindlichkeit selbst erlöschen macht, und 2) nur durch Behändigung der Klage oder Streitverkündigung (anders als nach §. 551 ff.) unterbrochen wird. Daraus soll jedoch die Unzulässigkeit eines die Verjährung ausschließenden (in der Allg. Deutschen Wechselordnung nicht ausdrücklich verbotenen) Vertrages nicht folgen, „da es sich nicht um Veränderung der Wirkung wirklich eingetretener Verjährung oder um derartige Unterbrechung, sondern um gänzliche Ausschließung derselben handelt." Freilich wird weiter ausgeführt, daß eine solche Ausschließung nur zwischen den jedesmaligen Contrahenten wirke, ohne das obligo der anderen Verpflichteten zu berühren 2c. — Im Ganzen hängt diese Behandlung der die Wechsel-Verjährung ausschließenden Verträge innerlich zusammen mit der Begründung des Präj. 2210 (v. J. 1850), wonach die Verjährung überhaupt auch bei den im Bereiche des A. L. R. entstandenen Wechselverbindlichkeiten nach den Grundsätzen des A. L. R. beurtheilt wird: Entsch. XIX. 260—265.

Ueber die, theils aus der Entstehungsgeschichte der Allg. D. W. O., theils aus der Natur des Wechselrechtes selbst entlehnten, hier nicht weiter zu erörternden Bedenken gegen die Zulässigkeit solcher die Wechsel-Verjährung ausschließenden Verträge vgl. Strieth. XXXVIII. 208 Anm. *; Deutsche Gerichtszeitung 1861 S. 43 fg. u. 243; Koch Comm. zum A. L. R. II. 8, Art. 78 der Allg. D. W. O., Anm. 21.

> Auch müssen überall die Rechte aus dem gegenwärtigen Geschäfte in den nächsten sechs Wochen nach dem Erfüllungstage durch gerichtliche Klage geltend gemacht werden, widrigenfalls selbige unbedingt erlöschen, und nicht mehr verfolgt werden können,

ist nicht als ein Vertrag über die Verjährung anzusehen."

Der specifische Grund für diese Entscheidung (hier abgesehen von der schon oben S. 95 ff. beigebrachten Charakteristik der nicht unter den eigentlichen Begriff der Verjährung fallenden Fristen) liegt darin, daß die in den Schlußzetteln vereinbarte sechswöchentliche Frist weder mit dem Ausdruck Verjährung von den Contrahenten selbst bezeichnet sei, noch im Falle der Nichtinnehaltung den Erfolg der Extinctiv-Verjährung — praesumtionem solutionis — nach sich ziehe. Der Gegentheil würde den nach §. 569 h. t. gegen die Verjährung zugelassenen Beweis als vollständig erbracht einräumen und doch die Unstatthaftigkeit der Klage behaupten können. Der Fristbestimmung habe die Absicht zu Grunde gelegen, das ganze Geschäft, wie es dessen Natur mit sich bringe, innerhalb eines kurzen Zeitraums zu beschränken; die Rechte aus demselben seien von Anfang an nur mit der Maßgabe der Ausübung innerhalb dieser Frist (welche darin den auch sonst noch geläufigen für die Erfüllung eines bestimmten Vertragsrechts u. dgl. m. vereinbarten Fristen ganz gleich stehe) erworben worden. Es lasse sich nicht annehmen, „daß es Absicht des Gesetzes gewesen, alle diese im Geschäftsleben so häufigen, in größeren Verträgen fast unvermeidlichen Präclusiv-Fristbestimmungen der gerichtlichen Abschließung zu unterwerfen." Jedenfalls dürfe ein „Ausnahmegesetz" der vorliegenden Art im zweifelhaften Falle über seinen Wortlaut nicht ausdehnend erklärt werden. (Entsch. XIV. 226.)

Hatten so die s. g. Zeitkaufsgeschäfte*) den ersten Anstoß gegeben, so machten sich bald darauf die Schwierigkeiten und Bedenken bei den Assecuranz-Verträgen in weiterem Umfange geltend. Darauf beziehen

*) Notorisch ist überdies neuerlich (i. J. 1866) für Berlin die kaufmännische Üsance constatirt worden, daß aus allen Zeitkäufen über coursirende öffentliche Papiere, welche einen Börsencours haben, namentlich über Staatspapiere und Eisenbahn-Actien, die Rechte in den nächsten sechs Wochen nach dem Erfüllungstage bei Verlust derselben durch gerichtliche Klage geltend gemacht werden müssen, — also auch dann, wenn die Parteien nicht unter Zugrundelegung eines eine solche Stipulation enthaltenden Schlußzettels der vereideten Fonds-Makler resp. unter Bezugnahme auf die in solchen Schlußzetteln enthaltenen Stipulationen contrahirt haben.

sich die oben S. 97 genau allegirten Entscheidungen aus den Jahren 1849. 1851. 1860. (Entsch. XVII. 361 ff. XXI. 64 ff. Strieth. XXXVIII. 34 ff.)

In dem ersten der hier entschiedenen Rechtsfälle lautete eine unter der Ueberschrift „allgemeine Bedingungen" vorkommende Bestimmung eines Feuerversicherungs-Vertrages: „Jeder nicht innerhalb sechs Monaten nach dem Unfall festgestellte oder nicht vor den Richter gebrachte Entschädigungs-Anspruch ist erloschen." In dem zweiten Falle: „Alle nicht innerhalb Jahresfrist nach dem Brande entweder festgestellten oder vor Schiedsrichter gebrachten Ansprüche auf Entschädigung sind erloschen." In dem dritten Falle war nach einer besonderen Bestimmung des einem Lebensversicherungs-Vertrage zu Grunde liegenden Statutes der Versicherungs-Gesellschaft „in allen Fällen, wo Seitens eines Versicherten oder gehörig legitimirten Police-Inhabers und zwischen der Gesellschaft Streitigkeiten stattfinden," (sic) „der Versicherer oder dessen Rechtsnachfolger gehalten, in einer Präclusivfrist von sechs Monaten vom Tage ab, wo ihm das Document insinuirt ist, in welchem die Direction seinen Anspruch zurückgewiesen hat, Klage anzustellen, widrigenfalls alle Ansprüche an die Gesellschaft erlöschen."[300])

---

300) Beispielsweise mag noch angeführt werden, daß es in den einer Police der Aachen-Münchener Feuer-Versicherungs-Gesellschaft in neuester Zeit beigedruckten s. g. „Allgemeinen Versicherungs-Bedingungen" unter dem Rubrum „Präjudizfälle" heißt: „Alle nicht innerhalb 6 Monaten nach dem Brande entweder rechtsgültig von der Gesellschaft anerkannten oder vor den zuständigen Richter gebrachten Ansprüche auf Entschädigung sind durch den bloßen Ablauf jener Frist, ohne daß es irgend einer Erklärung Seitens der Gesellschaft bedürfte, erloschen." Desgleichen in den s. g. „Versicherungs-Bedingungen" der Preußischen Hagel-Versicherungs-Actien-Gesellschaft zu Berlin (Amtsblatt 1865 Stück 4. Beil. 4. S. 4. §. 22): „Wenn über die Entschädigung eine schriftliche Einigung ohne Vorbehalt zwischen dem Versicherten und der Gesellschaft nicht stattgefunden hat, und der Versicherte nicht bis zum 15. November des Schadenjahres vor dem zuständigen Richter klagbar geworden ist, so sind seine Ansprüche auf Schadenersatz erloschen."

Auch in den großen Provinzial-Feuersocietäts-Reglements, welche durch die Gesetz-Sammlung veröffentlicht werden, finden sich ähnliche Bestimmungen. So z. B. Ges.-Samml. 1865 S. 44 (§. 49): „Binnen einem Jahre von dem Tage ab, an welchem die Entscheidung der Provinzialdirektion darüber, ob und in welcher Höhe eine Brandentschädigung zu gewähren sei, dem Betheiligten zugestellt worden ist, müssen alle in Folge des Brandes gegen die Sozietät zu erhebenden Ansprüche geltend gemacht, und wenn dieselben Seitens der Sozietät nicht anerkannt werden, im Wege Rechtens, Falls dieser offen steht, verfolgt werden. Nach Ablauf dieser Frist erlischt das

In allen diesen Bestimmungen hat nun das Ober-Tribunal, und zwar mehrentheils im Einklang mit den Vorderrichtern, Verträge über die Verjährung („Vereinbarungen über eine von den Gesetzen abweichende Verjährungszeit", in specie „Verabredungen einer kürzeren Verjährungsfrist",), welche also zu ihrer Gültigkeit der gerichtlichen Form bedurft hätten, nicht gefunden, sondern lediglich die Festsetzung einer „Bedingung" erkannt, welche in einem gewissen Falle von dem Versicherten resp. dessen Rechtsnachfolger erfüllt werden müsse, wenn er überhaupt aus dem Assecuranzvertrage ein verfolgbares Recht erlangen solle.

Die Ausführung dieser, den Begriff der „Bedingung" in seiner technischen Bedeutung nach §. 100 A. L. R. I. 4. (Abhängigmachung des aus einer Willenserklärung entstehenden Rechts „von einem Ereigniß, welches eintreffen oder nicht eintreffen soll",) festhaltenden Ansicht ist in mehrfachen Wendungen erfolgt. In Betreff der Feuer-Ver-

---

Recht." S. 45 (§. 52): „. . . Vom Tage der Festsetzung der Brandentschädigung durch die Provinzialdirektion ab, müssen bei solcher alle Ansprüche der (Real-) Gläubiger an die Sozietät bei Verlust des Rechtes zu deren Geltendmachung binnen Jahresfrist angemeldet, und wenn dieselben Seitens der Sozietät nicht anerkannt werden, im Rechtswege, Falls dieser offen steht, verfolgt werden." (G. S. 1863 S. 1863 S. 560 [§. 49]: „. . . Wird die Benachrichtigung" [Anzeige des erlittenen Brandschadens] „nicht innerhalb 14 Tagen erstattet, so geht der Versicherte seines Anspruchs auf die Schadenvergütung verlustig, jedoch unbeschadet der Rechte der Gläubiger der dritten Rubrik des Hypothekenbuchs, welche ihre Ansprüche binnen 6 Monaten präclusivischer Frist, vom Tage des Brandes oder Blitzschlages an, bei der Sozietät geltend machen können.') Vgl. Gef.-Samml. 1864 S. 434 (§. 98): „Wo der Weg Rechtens zulässig und von den Interessenten gewählt ist, muß die Klage innerhalb sechs Monaten" (nach dem Ablaufe einer vorgängig zur Einlegung des Recurses an den Oberpräsidenten resp. zur Provocation auf den Weg Rechtens gestellten Präclusivfrist von 6 Wochen) „bei dem behörigen Gerichte angestellt werden, widrigenfalls die Festsetzung der Direktion (insbesondere über die Brandschadenvergütigung) „in Rechtskraft übergeht". Eben so Ges.-Samml. 1863 S. 529 (§. 46) und 1865 S. 50,(§. 69). Noch kürzer 1863 S. 568 (§. 75): „Die betreffende **Klage** muß binnen sechs Wochen präklusivischer Frist nach Empfang der Entscheidung des Oberpräsidenten oder derjenigen Vorinstanz, gegen deren Bescheid der dadurch Beschwerte den Rechtsweg einschlagen will, **bei dem zuständigen Gerichte angebracht** werden." (Diese Ausdrucksweise findet sich auch in dem die Entschädigung für die Aufhebung der Grundsteuer-Befreiungen zc. betreffenden Gesetze vom 21. Mai 1861 §. 16 [Ges. Samml. S. 334]: „Die gerichtliche Klage muß binnen einer Präklusivfrist von drei Monaten nach Empfang der schließlichen Entscheidung der Kommission bei dem zuständigen Gerichte eingereicht werden.")

sicherungen wird die Annahme einer Bedingung, „von deren Erfüllung oder Nichterfüllung innerhalb der verabredeten Frist der Erwerb oder Verlust des Entschädigungsanspruchs abhängig gemacht werde", auf folgende Gründe gestützt. Der Entschädigungsanspruch des Versicherten werde dadurch allein, daß ein Brand eingetreten sei, noch nicht begründet, sondern es müsse zugleich feststehen, daß die versicherten Gegenstände durch den Brand zerstört oder beschädigt oder verloren gegangen seien. Dieses Ereigniß — daß der Brand die versicherten Gegenstände betroffen habe —, mit der hinzutretenden Maßgabe, daß die Existenz und der Betrag des Schadens binnen sechs Monaten resp. innerhalb eines Jahres festgestellt, oder binnen dieser Frist die richterliche Feststellung nachgesucht worden, sei es, was den Entschädigungsanspruch begründen solle. Nicht ein absolutes, von der wirklich erfolgten Beschädigung allein abhängiges Recht solle dem Versicherten eingeräumt sein, sondern das Recht desselben solle erst mit der Beobachtung dieser Contractsbestimmung zur vollen und vollendeten Wirksamkeit gelangen. Das concurrirende „Ereigniß", von dessen Eintritt das Recht des Versicherten resp. die contractmäßige Pflicht des Versicherers abhängen solle, sei die erfolgte Feststellung des Schadens, oder doch die Anbahnung dieser Feststellung vermittelst der Provocation auf richterliche Entscheidung binnen der verabredeten Frist. Also „nur erst durch Erfüllung der Bedingung" solle das Recht erwachsen und zur Geltung kommen. Das Kriterium der Verjährung — Veränderung an Rechten vermöge unterlassener Ausübung (§. 500 h. t.) — treffe hier nicht zu, wie sich besonders darin zeige, daß, sobald außergerichtlich die Feststellung des Schadens erfolgt sei, nun die gerichtliche Verfolgung trotz Ablaufs der bestimmten Zeit zulässig bleibe, eine Verjährung also nicht stattfinde. (Entsch. XVII. 363 fg. und XXI. 66.)[301] In Betreff der

301) Daran schließt sich noch gegensätzlich die Erläuterung der Landrechtlichen Vorschriften über die Verjährung der Rechte aus Assecuranzverträgen (II. 8. §. 2346 ff., besonders §. 2352. 2353: oben Anm. 187). Hier sei die Frist, innerhalb welcher der Versicherte richterliche Hülfe nachsuchen müsse, mit Recht als Verjährungs-Frist bezeichnet. Denn es werde ein bereits bestehendes und verfolgbares Recht (ein festgestellter Anspruch, da die Frist der Verjährung von der Liquidestellung des Schadens beginnen solle,) vorausgesetzt, — nicht ein Recht, dessen Entstehung von der Nachsuchung der richterlichen Hülfe innerhalb einer gewissen Frist abhängig gemacht worden sei, welches also erst durch eine Pflichterfüllung des Versicherten erworben werden solle (wobei eben jene Liquidestellung des Schadens durch eine Zeitfrist bedingt sei). Auch der Umstand wird hier (XVII. 365) nicht außer Acht ge-

Lebens-Versicherung wird als erstes und allgemeines Erforderniß des geltend zu machenden Anspruchs ins Auge gefaßt, daß dieser Anspruch bis zum Eintritt eines bestimmten Tages (nämlich spätestens am letzten Tage einer sechsmonatlichen, von der Insinuation des Zurückweisungs-Bescheides zu berechnenden Frist) im Wege der Klage verfolgt und die letztere beim Gericht angebracht werde. Geschehe dieses nicht, so greife nicht etwa die Vermuthung Platz, daß die Verbindlichkeit der Gesellschaft inzwischen getilgt worden, sondern es solle überhaupt, weil die aufgestellte Bedingung der gerichtlichen Verfolgung innerhalb des gesetzten Zeitraums nicht erfüllt worden, ein verfolgbares Recht nicht bestehen. Der Contract habe alsdann ein solches Recht nicht erzeugt. Es werde **nicht blos das Klagerecht** abgeschnitten, sondern jedes Recht des Versicherten ausgeschlossen. Die Absicht des Gesetzgebers (vgl. oben S. 205) könne nicht dahin gegangen sein, „dergleichen im Verkehrsleben und insbesondere bei Verträgen mit Assecuranz-Anstalten vorkommende und für den Geschäftsbetrieb unvermeidliche Präclusiv-frist-Bestimmungen der gerichtlichen Abschließung zu unterwerfen". (Strieth. XXXVIII. 37 fg.)

Dieser ganzen Auffassung ist Koch[302]) mit großer Schärfe entgegen getreten. Wenn irgend der Gegenstand einer Verabredung die Dauer des Klagrechts (Anspruchs) betreffe, so sei die Verabredung ein Vertrag über die Verjährung. In den hier fraglichen Fällen habe es sich aber lediglich um die Anwendung einer Klage innerhalb einer gewissen Frist gehandelt. Jede Klage erlösche durch den Ablauf einer gesetzlich für sie bestimmten Frist. Diese Frist könne willkürlich von den Contrahenten verändert werden, aber nur in der §. 566 bestimmten (gerichtlichen) Form. Wenn nun das Ob. Trib. diese Form dadurch umgehen wolle, daß es die willkürliche Fristbestimmung als Bedingung auffaßt, so widerspreche dieses sowohl der rechtlichen Natur der Bedingung als der Wirkung derselben. Denn die Feststellung des Schadens sei keine wahre Bedingung, sondern gehöre zur Bestimmung des Quantums der durch den Feuerschaden aus dem Versicherungscontracte entstandenen Forderung; die Fristbestimmung sei gleich-

---

lassen, daß nach Ablauf der auf Seeschäden bezüglichen Fristen nicht blos die sonstige Landrechtliche praesumtio solutionis eintreten, sondern der Anspruch ganz erlöschen soll. (§. 2353 a. a. O.)

302) In den bereits oben Anm. 188, mit einem vorläufigen Bedenken über den leitenden Gesichtspunkt der „Bedingung", angeführten Stellen seines Commentars zum Allg. Landrecht.

falls keine Bedingung, folglich enthalte die Verabredung gar keine Bedingung. Die Wirkung einer Bedingung aber bestehe nur darin, daß das bedingte Rechtsgeschäft, je nachdem die Bedingung eintreffe oder unerfüllt bleibe, entweder als aufgelöst oder als unwiderruflich zu betrachten sei. Wie solle nun bei einem von der einen Seite vollständig erfüllten lästigen Geschäfte der Erfüllende durch die Versäumung der zur Einforderung der Gegenleistung formlos bestimmten Frist um sein ganzes Recht aus der Erfüllung kommen können? Aus dem Nichteintreffen der Bedingung könne nie ein Verlust des Rechts, sondern nur die Auflösung des Geschäfts folgen. Wäre aber bei der Verabredung, daß die Entschädigungsforderung mit dem Ablaufe der Frist erloschen sein solle, die Absicht der Parteien überhaupt auf eine Bedingung gerichtet gewesen, so hätte dies nur eine resolutive Bedingung sein können, also ein bereits vorhandenes Recht zur Voraussetzung haben müssen: ein Recht, welches noch gar nicht existent geworden sei, könne nicht erlöschen.

In der That scheint der hier in den betreffenden Urkunden selbst gebrauchte Ausdruck „Bedingung" (oben Anm. 300, auch Ges. Samml. 1864 S. 430, §. 79 u. dgl. m.) nicht sowohl in dem technischen Sinne einer conditio (oben Bd. I. S. 180) verstanden werden zu müssen, als vielmehr in dem modernen Sinne einer besonderen Vertrags-Bestimmung, Clausel, Stipulation, kurz alles dessen, was die Parteien unter einander, wie man zu sagen pflegt, „ausbedungen" haben.[303]) So fehlt es auch in den erörterten Entscheidungen und deren Gründen keineswegs an Stellen, in welchen diese s. g. Bedingungen geradezu und ganz einfach als „Stipulationen", „Bestimmungen der Police" oder „Vertragsbestimmungen" bezeichnet werden. (Entsch. XIV. 222 [im Texte des Präj. 1722] und 223; XVII. 363. 364; XXI. 67; Strieth. XXXVIII. 37.) Ist dieses aber der Fall, so handelt es sich hier um solche Vereinbarungen, welche nicht etwa die gesetzlichen Bestimmungen über die Verjährung der erst aus dem Vertrage hervorgehenden Rechte und Klagen zu ändern resp. zu beschränken beabsichtigen, sondern vielmehr gleich von Hause aus die Substanz des Vertrages affiziren und das Recht selbst nicht anders als in dieser bestimmten Fristbegränzung constituiren; wie dies schon Rave (de praescr. §. CLXVIII) in Beziehung auf dergleichen Fälle angenommen hatte:

303) Dieser incorrecte Sprachgebrauch findet sich im Allg. Landrechte selbst: z. B. I. 5. §. 125. 142. 423 (oben Bd. I. S. 209, Anm. 343). Vgl. auch A. L. R. I. 11. §. 135: „bedungenermaßen"; ferner §. 285. 308. 311 u. s. w.

Puto tamen non propriam in his caussis occurrere praescriptionem, sed magis simplicem interitum iuris ex voluntate partium propter non obseruatum tempus conuentum adesse.[304])

Mit dieser Auffassung stimmen auch die oben (S. 199 u. 201) beigebrachten Ansichten im Wesentlichen überein, welche Sz. gelegentlich und die Gesetzrevisoren prinzipiell ausgesprochen haben.[305]) Und

304) Vgl. noch eine weitere Bemerkung von Sav. in der oben Anm. 286 angeführten Stelle (V. 412, Note s), wo der Begriff der Verjährung von der Hand gewiesen wird, wenn „aus dem Vertrage noch nicht eine actio nata abgeleitet werden kann" (wie in der oben Anm. 293 angeführten Römischen Stelle).

305) Sz. Mat. 530: das Recht erlösche hier eigentlich nicht per praescriptionem, sondern vermöge des Vertrages rc.: Gesetzrev. a. a. O.: der Erfolg eines solchen Abkommens sei nach den allgemeinen Grundsätzen von den Wirkungen der Verträge zu beurtheilen und gehöre gar nicht in die Theorie der Verjährung. Freilich scheinen nebenbei sowohl Sz. als die Gesetzrevisoren auch dem Gesichtspunkte der „Bedingung" nicht abhold gewesen zu sein, indem Jener sagt: der Berechtigte erkläre „sich seines Rechtes zu begeben, wenn er solches binnen der bestimmten Frist nicht ausüben würde"; Diese: die Verbindlichkeit sei „unter der Bedingung übernommen, daß der Berechtigte seinen Anspruch in einer bestimmten Zeit geltend machen müsse".

Auch Bornemann, dem die gegenwärtige Controverse noch nicht vorlag, hat doch (an der oben Anm. 294 u. 296 schon berührten Stelle) zu scheiden gesucht, was eigentlich zu den Verträgen über die Verjährung gehöre, und was nicht. Wenn also z. B. der Berechtigte bestimmt, daß derjenige, dem er den Besitz einer Sache oder eines Rechts eingeräumt hat, nach 3, 10 oder 50 Jahren, falls er ihn so lange im ruhigen Besitz lasse, das Eigenthum der Sache oder des Rechts erlangen solle: so gründet sich alsdann nach B.'s Auffassung der Erwerb des unangefochten gebliebenen Besitzers nicht auf die Verjährung, sondern auf den mit dem Anderen sub conditione suspensiva (? — ein si voluero ist doch immer keine ächte Bedingung! —) geschlossenen Vertrag, so daß es nur darauf ankommen könne, ob dieser in der gehörigen Form errichtet worden sei. Ferner will B. in allen Fällen, wo es sich um solche Forderungsrechte, die auf einem speziellen Titel beruhen, so wie um Rechte auf fremdes Eigenthum handelt, jeden auf Abkürzung der Verjährungsfristen hinzielenden Vertrag, so materiell wie formell, ausschließlich unter die Regeln der Schenkung gestellt wissen. (Die Realisirung der Schenkung sei freilich theils in die Zukunft hinausgeschoben, theils von einer fortgesetzten freiwilligen Unterlassung des Berechtigten abhängig gemacht.)

In neuester Zeit hat sich endlich Förster, gegen Koch, für die Auffassung des Ober-Tribunals entschieden, daß Verabredungen über Fristen nicht als Verträge über die Verjährung anzusehen sind. (Preuß. Privatr. I. 296 Note 97.) Dafür spricht insbesondere die Consequenz des Zusammenjedenfalls wird dadurch der kaum zu bezweifelnden Absicht des Gesetzgebers und dem offenkundigen und unabweislichen Bedürfniß der Praxis besser genügt, als mit der scheinbar buchstäblich richtigeren Anwendung der Vorschrift des §. 566 über die gerichtliche Form der die Verjährung betreffenden Verträge.

Im Uebrigen haben einige andere, bei der Anwendung der Landrechtlichen Vorschriften über diese eigenthümliche Art der Verträge noch aufgetauchte Bedenken leicht beseitigt werden können.

So hat die Praxis keinen Anstand genommen, die nach §. 565 buchstäblich nur „bey Schließung eines Vertrags" gestattete Verabredung in Betreff der Verjährung (in specie die Entsagung der Verjährung) auch noch nach Eingehung des Hauptvertrages zuzulassen, weil mit dem in dem Gesetze bezeichneten Nebenvertrage in der That nur der gewöhnlich vorausgesetzte Fall gemeint, aber keineswegs eine s. g. conditio sine qua non aufgestellt sein soll: Rechtsspr. IV. 141 (v. J. 1833); Strieth. XXXVIII. 209. 211 (v. J. 1860); Koch Comm. ad §. 565 Anm. 2.

Ferner ist unbedenklich anzunehmen, daß die im §. 566 „bey Strafe der Nichtigkeit" vorgeschriebene gerichtliche Form sich nur auf die Verabredung über die Verjährung, nicht aber auf den Hauptvertrag bezieht, der in formeller Hinsicht seinen eigenen Regeln unterworfen bleibt, so daß eventuell — im Falle der Vernachlässigung der gerichtlichen Form — nur die Verjährungs-Clausel hinfällig wird: Koch. Comm. ad §. 566 Anm. 4.

Das durch das Gesetz vom 23. April 1821 (Ges. Samml. S. 43 fg.: oben Bd. I. S. 213) in anderen Beziehungen aufgehobene Erforderniß der gerichtlichen Verlautbarung ist für den Fall des §. 566 (vgl. Allg. Ger. Ordnung Th. II. Tit. 1. §. 3 ad 2. a) unverändert bestehen geblieben. Die Bedeutung der im §. 566 überdies vorgeschriebenen hypothekarischen Eintragung des betr. Vertrages (in specie über die Ausschließung der Verjährung von mehr als vierjährigen Zins- und Prästations-Rückständen) tritt besonders hervor, wo es sich darum handelt, auch den Singular-Successor für verpflichtet zu erachten: Arnsb. Arch. XV. 282 fg. ad II. u. 297 fg. (Strieth. II. 61 u. 73: v. J. 1851). Vgl. auch Unterholzner Verj. §. 28 i. f.

---

hanges mit der im Gegensatze zur Verjährung entwickelten Begriffsbestimmung der „Frist", welche dem Rechte schon an sich eine zeitliche Schranke setzt, so daß das Recht gar nicht zur Entstehung kommt, wenn es nicht innerhalb dieser Frist ausgeübt worden ist. (Förster I. 210.)

Daß in Strafsachen die Verjährung in Betreff der vom Gesetze vorgeschriebenen Fristen oder Wirkungen einer abweichenden Bestimmung der Parteien selbst in den Fällen nicht unterliegt, wo es sich um die strafrechtliche Verfolgung eines Vergehens (Str. G. B. §. 187) in den Formen des Civilprozesses handelt, ist durch eine Entsch. aus dem Jahre 1855 festgestellt worden: Strieth. XVIII. 236—238.

Mit der Frage von den Gränzen der Privatverträge über die Verjährung läßt sich nun noch schließlich ohne Zwang die im gemeinen Recht höchst bestrittene Frage in Verbindung setzen: ob der Richter die Verjährung von Amtswegen zu berücksichtigen habe, oder nicht. So hatte auch Thibaut aus der ursprünglich von ihm zugelassenen unbegränzten Privatwillkür in der Verengung oder Erweiterung der gesetzlichen Termine die Folgerung gezogen, daß der Richter die Einrede der Verjährung nie von Amts wegen geltend machen könne; wogegen Derselbe später, als er die praescriptio longissimi temporis jeder willkürlichen Erweiterung entzogen wissen wollte, annahm, daß der Richter diese besondere Art der Verjährung „ungebeten" zu berücksichtigen habe.[306])

Unterholzner erklärt sich ohne weitere Distinctionen gegen die Berücksichtigung der Verjährung von richterlichen Amtswegen. Er fordert zwar nicht eine förmliche und namentliche Berufung auf die Verjährung, sondern hält es für genügend, wenn etwa der Beklagte deutlich zu erkennen gibt, daß er losgesprochen zu werden erwarte, weil der Kläger es mit seinem Anspruche so lange habe anstehen lassen. Allein eine Hinweisung auf den Zeitablauf als auf ein rechtliches Schutzmittel dürfe schon um deswegen nicht fehlen, weil sonst der Gegner keine Veranlassung habe, sich darüber zu erklären, ob er z. B. nicht behaupten und beweisen könne, daß eine Unterbrechung der Verjährung eingetreten sei. Ueberdies sei der Richter nicht befugt, Jemandem die Vortheile der Verjährung auch wider seinen Willen aufzudringen.[307])

---

306) Oben Anm. 289. 290.

307) Unterholzner Verjährungslehre §. 138; Weiske Rechtslexicon XII. 543. — Im Zusammenhange hiermit steht in der bereits oben Anm. 291 angeführten Stelle (Rechtslex. XII. 334) — zur Begründung der Zulässigkeit privater Verträge über die Verjährung, insbesondere der Zulässigkeit eines ausdrücklichen Verzichts auf die Verjährung, — die weitere Ausführung, daß gerade weil der Schutz der Verjährung nicht von

In der gemeinrechtlichen Praxis hat jedoch die Ansicht das Uebergewicht behauptet, nach welcher der Richter von Amts wegen auf die Verjährung Rücksicht nehmen muß, sobald aus den Acten erhellt, daß das eingeklagte Recht durch Verjährung bereits erloschen ist.[308]) Dieser Ansicht entspricht auch das Preußische Landrecht von 1721 (und eben so schon v. 1685) in einer bemerkenswerthen Stelle des Ersten Buches („Vom Gerichtlichen Proceß") Tit. XXV. („Von zerstöhrlichen Schutzwehren oder ausleschlichen Einreden", d. s. exceptiones peremptoriae) Art. IV. („Von Einreden oder Auszügen wieder eine verjährte Klage") §. IV.: „Ob aber der Richter über die Praescription und Verjährung, so ex actis dargethan, ex officio könne erkennen, wird weitläufftig, ambiguè & variè bey den Rechtsgelehrten disceptiret. Wir lassen uns aber hierinn derer Meynung gefallen, daß die Verjährung und praescription da sie manifestè bewiesen und dargethan, oder der Richter dessen aus den Actis gewiß seyn könte, erkannt und ex Officio ergäntzet oder suppliret werden solle, wann gleich die Partheyen sich in den Acten darauff nicht gezogen: Wie dann auch schon zuvor dessen etliche praejudicia in Unserm Hoff-Gericht verhanden, darbey Wir es gäntzlich verbleiben lassen." Die gerade entgegengesetzte Auffassung findet sich (etwa 30 Jahre später) im C. J. Fr. P. II. Lib. III. Tit. V. §. 45: „Die Exceptio praescriptionis[309]) kan auch post litem contestatam, und in ipsa executione opponiret werden, wann dieselbe in continenti liquid ist ꝛc. Der Richter aber kan diese Exception, **welche in Facto beruhet,** niemalen ex Officio suppliren."

In den Vorarbeiten zum A. L. R. blieb diese Frage nicht unberührt. Nach dem Kircheisen'schen Entw. §. 947 (Mat. S. 446)

Amtswegen gewährt werde, sondern ausdrücklich nachgesucht werden müsse, nun auch in der unterlassenen Berufung ein stillschweigender Verzicht auf die Verjährung zu befinden, — und zwar für ganz zulässig zu erachten sei, was doch nicht der Fall sein würde, wenn die Verjährung lediglich auf Gründen des gemeinen Wohles beruhete. (Allerdings scheint hier wieder die bereits oben Anm. 289 berührte Schwäche der Argumentation hervorzutreten, welche, ohne gehörige Unterscheidung der vor und nach dem Ablaufe der Verjährung sich äußernden Privatwillkür, dasjenige, was auf das Verhältniß nach bereits vollendeter Verjährung paßt, ohne Weiteres auch für das Verhältniß vor vollendeter Verjährung gelten lassen will.)

308) Aus eigener Wissenschaft bezeugt Born. §. 113 (Ausg. I. §. 144) diese Praxis für das Ob. App. Gericht zu Greifswald.

309) Ueber diesen Ausdruck (der auch im §. III. des hier oben angeführten Art. IV. Pr. L. R. 1721 vorkommt: „Praescriptionis Exceptio oder Auszug der Verjährung") vgl. oben Anm. 175.

sollte der Richter „von Amtswegen auf die Verjährung bei der Entscheidung zu achten" schuldig sein, „wenngleich die Parteien solche nicht ausdrücklich für sich anführen." Dieser §. war zwischen die beiden (oben S. 197 angeführten) §§en gestellt, welche sich auf die Verträge über die Verjährung bezogen. Da jedoch in dem s. g. Ersten Entwurfe eine entsprechende Bestimmung nicht wieder vorkam, so monirte ein Mitglied der Gesetz-Commission (Scherer) zu den beiden (oben S. 197 fg. ausführlich besprochenen) §§. 37. 38, welche gleichfalls von den Verträgen über die Verjährung handelten: „Post §. 38 würde ich einschalten: der Richter kann auf eine Verjährung, wenn der Beklagte solche nicht eingewandt, von Amts wegen nicht erkennen." Auf Sz.'s Gegenbemerkung, daß dieser Satz auf „unsere Proceßordnung" nicht passe, erging das Conclusum: „Das Monitum cessirt". (Mat. S. 474.) Damit wurde die ganze Frage fallen gelassen. Im A. L. R. findet sich deshalb eine Entscheidung derselben überhaupt nicht.[310]) Was aber die von Sz. in Bezug genommene Prozeßordnung betrifft, so paßte allerdings die (von Scherer vorgeschlagene) Beschränkung des Richters nicht füglich zu der Instructions-Maxime.

Schon die Prozeßordnung v. J. 1781 (Buch I. des Corp. Jur. Frid.) hatte Th. I. Tit. 3 §. 6 und Tit. 7 §. 7 vorgeschrieben, daß bei der Aufnehmung der Klage der Kläger u. A. darüber vernommen werden solle, „ob Beklagter sich vielleicht mit der Verjährung schützen möchte", und nicht minder, daß bei der Aufnehmung der Antwort auf

---

310) Andere neuere Gesetzbücher haben eine ausdrückliche Entscheidung der Art getroffen. So der Code Nap. art. 2223: Les juges ne peuvent pas suppléer d'office le moyen résultant de la prescription. Oestr. §. 1501: Auf die Verjährung ist, ohne Einwendung der Parteyen, von Amts wegen kein Bedacht zu nehmen. — Beide Gesetzbücher verwerfen also die Berücksichtigung der Verjährung von Amts wegen, — und zwar beide im Zusammenhange mit dem von ihnen (C. N. 2220, Oestr. 1502: oben Anm. 295) der Privatwillkür versagten Spielraum.

Hiernach findet sich bei den verschiedenen Auffassungen der Privatverträge über die Verjährung nicht einmal in der Beziehung eine Uebereinstimmung der Rechtslehrer und der Gesetzgeber, daß etwa diejenigen, welche die Privatwillkür einschränken, zu einer gleichmäßigen Behandlung der Verjährung durch den Richter gelangt wären. Vielmehr fordern die Einen (wie Kircheisen u. Thibaut a. a. O) gerade insoweit als die Privatwillkür ein Ende hat, die Berücksichtigung der Verjährung von Amts wegen, die Anderen (wie Scherer und die eben angeführten neueren Gesetzbücher) die Nicht-Berücksichtigung von Amts wegen; während noch Andere (wie Unterholzner und die ihm Beipflichtenden) der Privatwillkür freien Spielraum lassen und gerade um deswillen die Verjährung nicht von Amts wegen berücksichtigt wissen wollen.

die Klage nachzufragen sei, „ob dem Beklagten die Verjährung zu statten komme.“ Beide Bestimmungen finden sich auch in der Allg. Gerichtsordnung (v. J. 1793) wieder: Th. I. Tit. 5. §. 6 u. Tit. 9. §. 6. Hier ist jedoch im §. 11 (Tit. 9.) noch eine besondere Vorschrift hinzugekommen, über die von dem Instruenten zu berücksichtigenden und zu erörternden „Rechtsausflüchte (Exceptiones juris) oder Rechtswohlthaten, welche dem Beklagten zu Statten zu kommen scheinen.“ Und da heißt es denn am Schluß wörtlich: „Wenn übrigens der Richter nach geschlossener Instruktion, und indem die Sache zur Abfassung des Erkenntnisses vorgelegt werden soll, Exceptiones juris, die aus dem entwickelten Fakto zu folgen scheinen, und die gleichwohl bei der Instruktion nicht gerügt worden sind (worunter auch der Einwand der Verjährung gehört), zu bemerken glaubt; so muß er, vor Abfassung des Erkenntnisses, eine nähere Vernehmung der Parteien darüber von Amtswegen veranlassen.“ Vgl. noch Pr. O. 1781 Th. I. Tit. 7 §. 15 mit A. G. O. Th. I. Tit. 9 §. 16 und Pr. O. 1781 Th. IV. Tit. 5 §. 16. 17. (Entsch. VII. 314 fg.)

So ist also in unsere Gesetzgebung, noch unter der Herrschaft der Instructions-Maxime, die Ansicht von der dem Richter ex officio obliegenden Berücksichtigung des Einwandes der Verjährung nicht ohne Modification und nur mit der Maßgabe übergegangen, daß es an der nöthigen factischen Grundlage nicht fehlen darf und daß der Richter vor Aburtheilung der Sache erst noch die Parteien darüber hören muß.

Ohne eine actenmäßige Grundlage sollte freilich schon nach der zuvor berührten gemeinrechtlichen Praxis, so wie nach dem Pr. L. R. von 1721, die Verjährung nicht ex officio supplirt werden. Und das C. J. Fr. a. a. O. (§. 45) ging jedenfalls zu weit, wenn es eine solche Supplirung des Einwandes der Verjährung um deswillen abschnitt, weil derselbe „in facto beruhet“. Denn daß der Richter das „factum“ suppeditiren oder auch nur suppliren sollte, war von keiner Seite behauptet oder zugelassen worden. Eben deshalb erscheint auch die von Unterholzner (a. a. O.: oben Anm. 307), zur Widerlegung der Berücksichtigung der Verjährung von Amtswegen, gelegentlich (in seiner Anm. 497) aufgestellte Voraussetzung nicht zutreffend: als ob jemals behauptet worden wäre, daß der Richter einen thatsächlichen Umstand, der gar kein Gegenstand gerichtlicher Verhandlungen gewesen sei, bei seiner Entscheidung zum Grunde legen könnte; wenngleich man übrigens der weiteren Ausführung von U. wohl beipflichten mag, daß der Richter die Vortheile der Verjährung Jemandem wider seinen Willen aufzudringen auch da nicht berechtigt sei, wo das gerichtliche Verfahren nicht auf einem bloßen Anhören der Parteien beruhe, sondern durch ein selbstthätiges Erforschen der Wahrheit von dem Richter zu seinem Ziele geleitet werde.

Es ist nun zwar gelegentlich auch die Behauptung aufgestellt worden, daß die ganze Frage von den angeblich officio iudicis zu supplirenden Exceptionen unpraktisch sei, weil doch der Richter Nichts aus seiner Privatkenntniß benutzen dürfe, der Kläger aber sich hüten werde, die Thatsachen zu berühren, welche eine Exception begründen könnten. Allein dagegen greift die Bemerkung durch, daß die Exception der Klagverjährung durch bloße Rechnung begründet wird, — wie die exc. Sc. Velleiani durch die persönliche Bezeichnung der beklagten Bürgin, deren Geschlecht ja von dem Kläger nicht verheimlicht werden kann: Sav. V. 188 (Note p).

In unserer neueren Praxis haben die durch die Verordnungen vom 1. Juni 1833 und 21. Juli 1846 eingeführten Grundsätze der Verhandlungs-Maxime nicht ohne Einfluß auf die Richterliche Behandlung des Einwandes der Verjährung bleiben können.

Zuerst gab im Jahre 1841 eine bei der Anwendung des Gesetzes vom 31. März 1838, über die kürzeren Verjährungsfristen, in den Gerichtshöfen aufgetauchte Verschiedenheit der Ansichten den Anstoß zu einer grundsätzlichen Erörterung der Frage: ob eine Klage, welcher der Einwand der Verjährung des erhobenen Anspruchs entgegen zu stehen scheine, in dem Falle, wenn darin des Einwandes der Verjährung keiner Erwähnung geschehe, ohne Weiteres durch ein Decret zurückgewiesen werden dürfe? Das für die Praxis demnächst maßgebend gewordene Resultat jener im Schooße des Justiz-Ministeriums und sämmtlicher höheren Gerichtshöfe des Landes gepflogenen Erörterung[311]) bestand im Wesentlichen — und zwar ebensowohl für die im

---

311) Es waren Berichte erfordert worden und eingegangen: von dem Geh. Ob. Tribunale, dem Tribunale zu Königsberg, dem Ober-Appellations-Senate des Kammergerichts, dem Ober-Appellations-Gerichte zu Posen, dem Kammergerichte und den damaligen 18 Ober-Landes-Gerichten. Nur Fünf Ober-Landes-Gerichte bejaheten die oben formulirte Frage, erklärten sich also für die unbedingte Zurückweisung der Klage. Alle übrigen Gerichtshöfe verneinten die Frage: Zwei derselben stimmten sogar (ohne irgend eine der in das oben mitgetheilte praktische Resultat übergegangenen Modificationen) für die unbedingte Zulassung der Klage, indem sie eine Berücksichtigung des Einwandes der Verjährung bei der Prüfung der eingereichten Klage überhaupt nicht für zulässig hielten, weil abzuwarten sei, ob der Beklagte von diesem Einwande Gebrauch machen werde.

ordentlichen Prozeß nach Vorschrift der Prozeß-Ordnung, wie für die nach Maßgabe der Verordnung vom 1. Juni 1833 über den Mandats-Prozeß rc. (resp. der Verordnung vom 9. Febr. 1817 im Großherzogthum Posen) anzustellenden Klagen — darin, daß

1) eine Klage, welcher der Einwand der vollendeten Verjährung des erhobenen Anspruchs entgegen zu stehen scheine und in welcher auch nicht der nach §. 569 h. t. zu führende vollständige Gegenbeweis angetreten sei, zur Mittheilung an den Beklagten sich nicht eigne; daß vielmehr in einem solchen Falle

2) der Kläger zur besseren Substantiirung seiner Klage aufgefordert oder vorgeladen werden müsse, unter der Androhung: daß wenn diesem Mangel nicht binnen der ihm zu bestimmenden Frist oder in dem Termine abgeholfen werden sollte, die Acten auf seine Kosten würden reponirt werden. (J. M. Bl. 1841 S. 190—192 u. 307. 308.)

Bald darauf wurde den hierbei überhaupt in Frage stehenden s. g. exceptiones iuris (§. 11 Pr. O. a. a. O.) noch eine tiefer eingehende Erläuterung zu Theil durch den Pl. Beschl. vom 14. März 1842 (Präj. 1108): „Rechtseinwendungen im weiteren Sinne, welche den Klagegrund selbst betreffen, und mithin den Mangel eines Klagerechts an und für sich behaupten, ist der Richter befugt, zur Vertheidigung des Verklagten bei der Entscheidung des Prozesses von Amtswegen sofort geltend zu machen. Eigentliche Rechtseinwendungen dagegen, welche den Anspruch des Klägers durch ein entgegenstehendes selbstständiges Recht des Verklagten aufheben sollen, darf der Richter nur berücksichtigen, wenn er vorher die Vernehmung der Parteien über dieselben veranlaßt hat." (J. M. Bl. 1842 S. 155 fg., Num. 76; Präj. Samml. I. S. 233 fg.; Entsch. VII. 308—322.)[312])

Für die Tragweite der damaligen Controverse ist auch die gegen das Erforderniß der schon in der Klage zu beseitigenden Einrede der Verjährung aus verschiedenen Gesichtspunkten aufgetretene Polemik von besonderem Interesse: Arnsb. Archiv XI. (v. J. 1845) S. 509—511 u. 661—664 (Sommer); 645—656 u. 657—661 (Scheele); Koch Preuß. Civilproceß (Civilproceßrecht Th. I.), Berlin 1848, S. 267 Note 4 und S. 328.

312) Der erste Senat hatte früher angenommen, daß nach §. 11 Pr. O. Tit. 9. der erkennende Richter in allen Fällen an die Anführungen des Beklagten gebunden sei und den Beklagten nur durch ein Resolut darauf aufmerksam machen könne, daß der Klage, nach den derselbeu zum Grunde gelegten Thatsachen, die rechtliche Begründung fehle. Später wollte jedoch derselbe Senat die Vorschrift des §. 11 auf die „wahren Einreden" beschränkt, also nicht mehr auf solche zur Vertheidigung des Beklagten dienende Anführungen ausgedehnt wissen, durch welche blos der Klagegrund bestritten oder

Durchgreifender hat sich jedoch die neuere Praxis, nach Emanation der Verordnung über das Verfahren in Civilprocessen, vom 21. Juli

---

bemängelt wird. So kam die Sache vor das Plenum, welches sich für die neuere Ansicht entschied und folgenden Beschluß faßte: „Die in der letzten Periode des §. 11 Tit. 9. der Proceß-Ordnung enthaltene Vorschrift" (Veranlassung einer näheren Vernehmung der Parteien rc.) „bezieht sich nur auf eigentliche exceptiones juris, mithin auf solche Einwendungen, die zum wenigsten den factischen Klagegrund nicht bestreiten. Sie ist daher nicht anwendbar auf Einwendungen — im weiteren Sinne —, die den Klagegrund selbst treffen und also den Mangel eines Rechtes, an und für sich, beim Kläger aufdecken." Zu den Fällen der letzteren Art, also der freien Beurtheilung des Klage-Fundaments durch den erkennenden Richter, wurde nun der damals gerade zur Entscheidung gebrachte Fall gerechnet, in welchem der erkennende Richter eine zum Nachtheile des Klägers gereichende Auslegung eines Contractes annehmen mußte, welche der Beklagte selbst der Klage nicht entgegen gesetzt hatte, worüber also die Parteien sich nicht hatten auslassen können. In den Gründen des Pl.-Beschlusses findet sich eine lichtvolle Darstellung des auch in unserer Gerichts-Ordnung wiederzuerkennenden Unterschiedes zwischen der verneinenden Antwort des Beklagten und dem Vorbringen eigentlicher (den an sich begründeten Anspruch des Klägers aufhebender) Exceptionen. Vgl. Koch Beurtheilung der ersten zehn Bände Entsch. (Berlin 1847) S. 512. 513 und Civilproceßrecht Th. II. (1852) S. 132: „Durch diesen Satz" (Pl. B. 14. März 1842) „soll der Unterschied zwischen den Mängeln in den Erfordernissen zur Begründung einer Klage und den gegen eine wohlbegründete Klage möglichen Exceptionen bezeichnet werden."

In den Gründen dieses Pl. Beschlusses ist noch schließlich in Erwägung gezogen worden, wie sich die Bestimmung des Art. 3 No. 1 der Declaration vom 6. April 1839 (Ges. Samml. S. 127) zu der durch den Pl. B. entschiedenen Frage verhalte. Nach der Decl. a. a. O. soll nämlich zu den Fällen einer Verletzung wesentlicher Prozeßvorschriften, welche die Nichtigkeitsbeschwerde begründen, auch gezählt werden: „wenn der Implorant über eine der Entscheidung zum Grunde gelegte Thatsache oder über einen zum Grunde gelegten Rechtseinwand, worüber er hätte gehört werden sollen, nicht gehört worden ist." Hierin ist nun zwar mit Recht ein Prinzip, nach welchem die Frage zu entscheiden wäre:

> wann eine Partei über einen s. g. Rechtseinwand oder über eine Thatsache gehört werden müsse,

nicht gefunden, vielmehr sind in dieser Hinsicht lediglich die Vorschriften der Prozeß-Ordnung für maßgebend erachtet worden (Entsch. VII. 321. 322). Allein des inneren Zusammenhanges wegen mag hier doch auf einige Entscheidungen aus der gerade in Beziehung auf die angeführte Stelle der Decl. v. 1839 reichhaltigen Praxis verwiesen werden: Rechtsf. II. 49. 50 (v. J. 1847: Vernichtung eines Erkenntnisses, weil Implorant über den der Appell.-Entsch. zum Grunde gelegten Rechtseinwand nicht gehört worden war: „daß die Verjährung seines Jagdrechts um deshalb, weil den Bauern die Jagd verboten gewesen, unstatthaft sei"); 320 (v. 1847: die Partei ist über einen der Entscheidung zu Grunde gelegten Rechtseinwand

1846 (Ges.-Samml. S. 291 ff.), gestaltet. In einem besonderen Falle war die Klage auf Nichtigkeitserklärung eines am 20. Dcbr. 1821 abgeschlossenen Vertrages erst am 9. Dcbr. 1854, also nach länger als 30 Jahren, angebracht worden. Hierauf stützte der Beklagte, freilich erst in der Revisions-Instanz, den Einwand der Verjährung durch Nichtgebrauch. Und nun erkannte das Ob. Tribunal (im Jahre 1856), daß dieser Einwand aus dem Grunde, weil derselbe erst in der Revisions-Instanz erhoben war, überhaupt nicht weiter zu berücksichtigen sei. Die weitere Ausführung dieses Grundes ist von so allgemeiner und bleibender Bedeutung, daß dieselbe hier in ihrem ganzen Zusammenhange wörtlich mitgetheilt werden mag: „Nach §. 11 Th. I. Tit. 9 der A. G. O. wird zwar der Einwand der Verjährung zu den exceptiones juris gerechnet und dem Richter vorgeschrieben, dergestalt von Amtswegen darauf zu rücksichtigen, daß er, wenn er solchen Einwand bei Abfassung des Urtels bemerkt, eine nähere Vernehmung der Parteien darüber zuvörderst noch verfügen soll. Indessen ist diese Vorschrift durch Nr. 1. §. 5 der Verordnung vom 14. Dcbr. 1833 u. Nr. 1 Art. 3 der Declaration vom 6. April 1839" (vgl. hierunter Anm. 312) „dergestalt näher und anders bestimmt, daß es eine Nichtigkeit sein soll, wenn der Richter einen solchen Rechtseinwand berücksichtigt, ohne daß die Parteien darüber gehört worden sind. Dieses Hören der Parteien kann und darf aber, nach den Grundsätzen der Verhandlungsmaxime in den Verordnungen vom 1. Juni 1833 und vom 21. Juli 1846, **vom Richter von Amtswegen gar nicht mehr verordnet**, sondern nur dadurch bewirkt werden, daß der Einwand **von der Partei selbst** in den zulässigen Proceßschriften oder bei der mündlichen Verhandlung zur Kenntniß und Erklärung des Gegentheils gebracht werde. Ist solches nicht geschehen, so hat nach den jetzt geltenden Proceßvorschriften der er-

---

nur dann zu hören, wenn es dabei auf Erörterung von Thatsachen ankommen kann, die den Einwand selbst zu erledigen vermögen, z. B. bei der Einrede der Verjährung); Strieth. IV. 183 (v. 1851); XI. 262 (v. 1854); XIV. 9 (v. 1854); XVI. 92 (v. 1854: Einwand der Incompetenz des ordentl. Gerichts nicht von Amtswegen zu suppeditiren); LV. 194 (v. 1864: die dem Richter von Amtswegen zustehende Prüfung der Passiv-Legitimation nicht bis zur Suppeditirung von Rechtseinwänden auszudehnen); Entsch. XXXIV. 402 (v. 1856: der erst in der Nichtigkeits-Beschwerde vorgebrachte Einwand der mangelnden Activ-Legitimation als unstatthaftes Novum ꝛc.); XXXVIII. 321 fg. (v. 1857) und 358 (v. 1858); L. 358 fg. (v. 1863) u. s. w.

kennende Richter dergleichen Einwand **gar nicht mehr zu beachten.** Es kann also auch aus der Vorschrift des §. 11 a. a. O. kein Argument mehr hergenommen werden, um die Zuläfsigkeit des Einwandes der Verjährung in der Revisions-Instanz zu deduciren. Vielmehr ist der vom Verklagten vorgebrachte Einwand der Extinctiv-Verjährung eine neue Einwendung, welche sich auf die Thatsache gründet, daß der Vertrag am 20. Dcbr 1821 schon abgeschlossen, die Klage auf dessen Annullirung aber erst am 9. Dcbr. 1854, nach Verlauf von mehr als 30 Jahren, angestellt worden. Nach §. 18 Th. I. Tit. 15 der A. G. O. darf aber in der Revisions-Instanz, wenn der Verklagte neue, auf Thatsachen sich gründende Einwendungen erst in der dritten Instanz aufstellt, — sobald es nicht die noch in der Execution privilegiirten Einwendungen sind, — darauf gar keine Rücksicht genommen werden." (Entsch. XXXIII. 459. 460.)[313]

Es scheint auch nicht, als ob die Praxis in der Anwendung dieser Grundsätze erheblich schwanke. Zwar findet sich in den Entsch. XXXVII. 79—84 ein Fall aus dem Jahre 1857, in welchem der Einwand der Verjährung durch Nichtgebrauch weder in erster noch in zweiter Instanz von dem Beklagten erhoben, vielmehr von dem Richter zweiter Instanz von Amtswegen der Entscheidung zum Grunde gelegt worden war.[314] Inzwischen hatte die Nichtigkeits-Beschwerde „wegen der Auf-

---

313) Das auch in andereu Beziehungen wichtige Erkenntniß findet sich vollständig abgedruckt in den Entsch. XXXIII. 451—468, mit einigen Abkürzungen bei Strieth. XXI. 250—261. In den Gründen des hier (Entsch. 460, Strieth. 254) in Bezug genommenen Erkenntnisses vom 23. Sptbr. 1851 (bei Strieth. II. 361—366) war nur ganz kurz und gelegentlich (S. 365) ausgesprochen worden, daß der erst in der Revisions-Instanz gegen die Klage erhobene Einwand der erlöschenden Verjährung „nach §. 18 Tit. 15 der Prozeß-Ordnung nicht zu berücksichtigen" sei.

Der Rechtsfall, welcher den Anlaß zu dem Plenarbeschluß vom 5. Juli 1852 (betr. die Verpflichtung des Fiscus zur Zahlung von Zinsen: J. M. Bl. 1852 S. 276. 277; Entsch. XXIII. 271—277) gegeben hatte, ist bei Strieth. V. 358—362 mitgetheilt Dort findet sich in den Gründen (S. 360 fg.) die hier zu beachtende Auffassung der, die von Amtswegen zu berücksichtigenden Rechtseinwendungen betreffenden Bestimmung des §. 11 Pr. O. Tit. 9, als einer „lediglich das Prozeß-Verfahren betreffenden" und zu den „wesentlichen Prozeßvorschriften" (deren Verletzung die Nichtigkeitsbeschwerde begründet) nicht zu zählenden Vorschrift, so wie die Behandlung des erst in der Nichtigkeits-Instanz vorgebrachten Einwandes der Verjährung als eines unzulässigen Novums.

314) So heißt es wörtlich in den Entsch.-Gründen a. a. O. S. 80; während sich in der Mittheilung desselben Rechtsfalles bei Strieth. (XXVII. 175) angegeben findet, daß Beklagter eventuell den Einwand, „daß die strei-

nahme dieses Einwandes selbst" einen Angriff wider das Appellations-Urtel nicht gemacht, sondern sich nur darauf gegründet: daß einer Verjährung des streitigen Dienstrechts durch Nichtgebrauch die im Hypothekenbuche eingetragene Protestation entgegen gestanden habe.[315]) Sonst würde das Ob. Tribunal wohl ohne Zweifel jene von Amtswegen erfolgte Aufnahme des Einwandes der Verjährung ausdrücklich verworfen haben. Denn wo etwa der höchste Gerichtshof den Einwand der Verjährung von Amtswegen berücksichtigt oder noch in dritter Instanz zugelassen zu haben scheint, da fehlt es nicht an der erforderlichen factischen Grundlage (oben S. 216). So werden z. B. die Gründe einer (bereits oben Bd. I. S. 253 allegirten) die Vertretungspflicht der Banquiers aus dem Verkaufe aufgebotener Werth-Papiere betreffenden Ob.-Trib.-Entscheidung v. J. 1859 mit der Erwägung des in den vorangegangenen Verhandlungen gar nicht erwähnten Einwandes der Verjährung dahin abgeschlossen, daß, wenn auch den Klägern ein Gewährleistungs-Anspruch auf Grund der §§. 329 ff. A. L. R. I. 5. wirklich erwachsen wäre, derselbe doch durch Verjährung erloschen sein würde, weil sie ihn nicht innerhalb der in den §§. 343. 344 ibid. angeordneten Frist geltend gemacht hatten. Die aus diesen Gesetzesstellen auf den vorliegenden Fall gezogenen rechtlichen Folgerungen hatten jedoch eine actenmäßige Unterlage von Thatsachen, welche vollkommen ausreichten, um die gesetzliche Klage-Frist entweder von sechs Monaten nach dem Empfange der Actien, oder von drei Monaten nach der von dem Aufgebote und der Amortisation erlangten Kenntniß, ohne Weiteres richtig und erschöpfend abmessen und deren Ablauf berechnen zu können: Entsch XLI. 39. 40. (Striethorst XXXIII. 75. 76.) Aehnlich verhielt es sich in einem (gleichfalls schon in anderem Zusammenhange, oben S. 137, berührten) i. J. 1864 bei dem Ob. Trib. zur Entscheidung gelangten Falle. Hier hatte der Beklagte erst in dritter Instanz gewisse Gesetze allegirt, um seine allerdings schon früher erhobene Einrede zu begründen: daß die klägerischer Seits angefangene erwerbende Verjährung „durch gesetzliche Vorschriften" unterbrochen worden sei. Und nun wurde die Frage, ob diese erst in dritter Instanz bezogenen Gesetze überhaupt berücksichtigt werden könnten, aus folgenden Gründen bejahend

---

tige Verpflichtung durch Verjährung erloschen sei", erhoben, der erste Richter diesen Einwand verworfen, der Richter zweiter Instanz dagegen denselben für durchgreifend erachtet habe. Aus dem was vorliegt, ist nicht ersichtlich, ob hier ein Mißverständniß stattgefunden hat.

315) Oben S. 132 zu §. 511 h. t.

entschieden: „Der Verklagte war vollkommen befugt, seine Einrede auf die Anführung zu beschränken, daß die von dem Kläger behauptete Verjährung durch Gesetze unterbrochen sei. Dem erkennenden Richter lag es alsdann ob, zu prüfen, ob dergleichen Gesetze existirten, und er konnte denselben nicht darum die Anwendung versagen, weil sie von der Partei nicht angezogen waren. Selbstverständlich freilich ist die Anwendung solcher Gesetze, wie überhaupt, auch in solchen Fällen davon abhängig, daß die dazu erforderlichen thatsächlichen Unterlagen in dem concreten Falle angetroffen werden". (Entsch. LI. 112.)[316])

316) Es ist das alte: Jus novit curia. Vgl. noch Entsch. L. 358 (oben Anm. 312 i. f.): „Die Entscheidung der Frage: welche Gesetze auf einen bestimmten Fall zur Anwendung zu bringen sind, gehört ausschließlich zu den Functionen des Richteramtes, deren Ausübung unabhängig von den An- und Vorträgen der Parteien eintritt." Wenn also der Appellations-Richter die von den Parteien gar nicht in Anregung gebrachte Frage, ob ein nach den Bestimmungen des Handelsgesetzbuches zu beurtheilendes Handelsgeschäft vorliege, seiner Beurtheilung unterzogen hatte, so konnte darin die unzulässige Suppeditirung eines Rechtseinwandes, über welchen die Parteien erst hätten gehört werden müssen, nicht gefunden werden.

Kolibri 360 GmbH
Ferdinand-Jühlke-Straße 7
99095 Erfurt, Deutschland
produktsicherheit@kolibri360.de